# Théâtre 1

Le Manège – L'Autre
Si tu mourais… – Elle t'attend
La Vérité – La Mère – Le Père

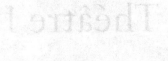

Cet ouvrage a été édité avec le soutien de la SACD.

Couverture : *Les Amants*, René Magritte, 1928
© Adagp, 2012

© L'avant-scène théâtre / Collection des quatre-vents, 2012
ISBN : 978-2-7498-1229-8 – ISSN : 1636-8843

FLORIAN ZELLER

# Théâtre 1

## Le Manège – L'Autre
## Si tu mourais… – Elle t'attend
## La Vérité – La Mère – Le Père

Collection des quatre-vents contemporain

Florian Zeller a publié plusieurs romans, dont La Fascination du pire (Prix Interallié 2004) et La Jouissance (2012). Ses pièces de théâtre sont jouées en France comme à l'étranger. Il est, selon Laurent Terzieff, « un des rares auteurs d'aujourd'hui qui répondent à ce que l'art, toutes disciplines confondues, exige : une vision personnelle de l'existence où les fantômes de l'auteur rejoignent nos propres fantômes et qui élargit notre conscience de la vie ».

# Préface

# Les illusions perdues

*par Olivier Celik*

LES ŒUVRES COMPLÈTES consacrent généralement une carrière d'écrivain, et s'envisagent le plus souvent au crépuscule d'une entreprise littéraire marquante. Avec Florian Zeller, né en 1979, il en va évidemment tout autrement.

Plusieurs raisons ont rendu nécessaire cette présente édition. D'abord, elle comprend sept textes, ayant chacun connu une production majeure au théâtre, parfois plusieurs : ils ont ainsi reçu ce parachèvement ultime qu'est la création scénique pour le répertoire dramatique. Ils ont été ciselés par l'expérience du plateau, subtilement modifiés — bien que le manuscrit originel de l'auteur soit toujours très abouti — et sont désormais aptes à être rassemblés dans un ouvrage qui les fixe dans leur forme et les inscrit dans une histoire littéraire.

Vient ensuite une raison plus fondamentale encore : réunir autant de pièces, c'est mettre à jour les grandes lignes de force de textes qui ont chacun leur propre genèse, et qui semblent parfois se contredire ou marquer des ruptures.

Mais dès lors qu'ils sont rassemblés surgissent des évidences remarquables : continuité des thèmes et des enjeux, permanences d'écriture, même puissance dramatique du verbe. Remarquablement homogène, le théâtre de Florian Zeller sait ce qu'il doit à ses aînés du répertoire comme à ses parents les plus proches, tel Harold Pinter, dont l'auteur partage l'usage abondant des dialogues énigmatiques et des silences qui ne le sont pas moins.

Ce théâtre, dans sa forme, est étonnamment classique. On n'y trouvera pas de coquetteries typographiques qui encombrent bien souvent l'écriture contemporaine. On n'y cherchera pas d'invention langagière, d'expérimentation linguistique, de situation limite, d'écriture plastique. Et c'est tant mieux : car c'est en respectant les conventions traditionnelles du théâtre que Florian Zeller peut les détourner et faire surgir de l'inattendu au cœur de situations éprouvées. C'est en jouant le jeu des codes dramatiques qu'il les renouvelle. Sans fracas, sans manifeste, mais avec une efficacité redoutable.

En utilisant le plus souvent des changements de personnages (*Le Manège*, *La Mère*, *Le Père*) ou en déstructurant l'évolution linéaire de la narration (*Elle t'attend*, *La Mère*, *Le Père*), tout en conservant dans l'écriture un réalisme désarmant, l'auteur crée des écarts tels qu'ils convient directement le lecteur ou le spectateur, placé dans une sorte d'entre-deux, à une projection imaginaire quasi hypnotique de son intimité. Ce processus, qui donne aux pièces de Florian Zeller leur tonalité dramatique et profondément mélancolique, résiste étonnement bien lorsqu'il est appliqué à des genres qui, comme le vaudeville (*La Vérité*), ne paraissent pourtant pas souffrir l'ajout de tout ce qui pourrait entraver la précision et la mécanique de l'enchaînement des situations.

Reste qu'il ne s'agit pas là d'une méthode, ou d'une recette d'écriture. Il y a de toute manière chez l'auteur une exigence artistique et une sincérité qui à elles seules suffiraient pour s'en persuader. Mais il y a dans ce théâtre une écriture qui, comme rarement, constitue à elle seule le véritable moteur dramatique des pièces. C'est, de ce point de vue, un théâtre pur, où le mot suppose l'action, sans qu'aucun artifice ne soit requis.

Et c'est justement dans ce pouvoir dramatique du mot que réside la force de ce travail. En ce sens, ce théâtre n'est pas psychologique. Il est plutôt, si l'on veut, à la fois désincarné et incarné. De ses personnages, l'on ne connaît que le prénom et l'âge, parfois la profession, cette dernière précision pouvant n'être qu'une indication générale de scénographie et de mise en scène dans un théâtre économe de didascalies. Le parcours personnel de chaque protagoniste importe peu, mais c'est dans son rapport verbal à l'autre qu'il doit être saisi, l'autre étant le plus souvent un autre soi-même.

Pour autant, ce théâtre n'est pas un théâtre de fantômes et ne manque pas de chair ni de réalité. Certes, les personnages ne se touchent jamais. S'il n'y a pas d'érotisme et de sensualité, il n'y est pourtant question que d'amour, au centre de toutes les conversations. Les protagonistes, par exemple, sont souvent amateurs de vin, de whisky ou de vodka, ce qui les rattache à la vie et au plaisir du corps, l'alcool jouant ici en plus un rôle d'intermédiaire ou d'initiateur du dialogue. Et c'est par les mots échangés que les personnages avancent à tâtons dans les méandres de leurs vies intérieures, se précipitant sans le savoir dans les abîmes douloureux où l'altérité les plonge.

Chaque mot, dans son ambivalence première, évoque l'infinie subtilité des variations de sens, qui rappelle la virtuosité de *Pour un oui ou pour un non* de Nathalie Sarraute. Chaque mot est un point de pivot qui peut faire basculer la pièce dans une tonalité nouvelle. On est toujours sur le fil, toujours suspendus à ces mots si simples qu'ils en deviennent ambigus, toujours confrontés à la complexité de leurs interprétations : comment comprendre l'exacte signification de ce titre au conditionnel, *Si tu mourais…* ?

Ce théâtre entièrement animé par son écriture crée un suspens et une inquiétude permanents. Les lecteurs et les spectateurs, sans cesse renvoyés à leurs propres fantasmes et questionnements, y trouvent naturellement leur compte. Les metteurs en scène, eux, sont confrontés à la nécessité de choisir un sens et de prendre parti pour imaginer une représentation concrète, quitte à se perdre en chemin. Au fil des répétitions, ils en mesurent toute la difficulté, ce qui explique en partie l'engouement que suscite ce théâtre mystérieux, où les pièces ne cessent de se répondre.

D'où un autre intérêt majeur de cette édition : car en choisissant de présenter les pièces en respectant leur chronologie d'écriture, l'on assiste d'une part à une exploration toujours plus fine et plus complexe des grandes figures de ce qui constitue désormais une œuvre, et, d'autre part, à une curieuse correspondance temporelle entre une création littéraire et la vie de son auteur.

Prenons les sept textes. *Le Manège* est le premier d'entre eux, et précède de quelques mois l'écriture de *L'Autre*. Ce sont deux tentatives de placer quelques personnages à l'orée de la vie amoureuse dans un jeu symbolique et pervers, destiné à éprouver la solidité de l'amour. Dans *L'Autre*, le jeu est le moteur même d'une pièce à la fois abstraite et brûlante qui doit beaucoup à Marivaux comme à Sagan. Il comporte des règles, gages de sécurité affective, mais qui sont évidemment contestées par la réalité des pulsions et la volatilité des humeurs. Dans *Le Manège*, le jeu est encore le paradigme d'une pièce où les personnages permutent sans cesse, les plongeant ainsi dans les vertiges et les angoisses de l'amour naissant. Les deux pièces, d'une étonnante maturité de la part de celui qui les écrit à 25 ans à peine, semblent directement renvoyer aux questionnements existentiels de son auteur.

*Elle t'attend* ancre un peu plus ses personnages dans une vie adulte, tout comme *Si tu mourais…* *La Vérité*, qui est une véritable comédie, met en scène des quinquagénaires emportés dans la confusion du triangle amoureux de la femme, du mari et de l'amant. Les deux dernières pièces évoquent des personnages de plus en plus âgés. Fait nouveau, dans celles-ci surgissent les personnages des enfants. Les couples deviennent mère-fils (*La Mère*), ou père-fille (*Le Père*). Les vies conjugales des enfants sont un éternel recommencement – ce qui participe au désenchantement de ce théâtre –, perturbées comme toujours par l'autre, père ou mère : un tiers extérieur qui matérialise une menace permanente des fragiles équilibres de l'existence.

En moins de dix ans d'écriture, l'auteur aura en quelque sorte vécu tous les âges de l'amour : soixante ans de vie conjugale, soixante ans de vie qui pèse sur les nerfs, qui conduit les êtres vers une tragique amnésie (*Le Père*) ou vers une irréversible folie (*La Mère*).

Le théâtre de Florian Zeller est un théâtre de la vie conjugale et de ses paradoxes. Dans toutes les pièces, le couple est soumis à une nécessité impérieuse comme à une impossibilité fondamentale. Il ne peut exister, mais il doit exister. Il est une entité élémentaire du soi. Et l'on sait à quel point, chez Florian Zeller, être seul signifie ne pas être du tout. Celui qui renonce à la vie conjugale est condamné à ne pas vivre, à l'image du frère dans *Elle t'attend*, personnage erratique rendu inerte par sa solitude et son refus de partager son existence.

Dans ce théâtre, le couple n'est jamais saisi dans sa plénitude mais dans sa crise. Crise du couple naissant, crise du couple déclinant. On pense au scepticisme radical de Cioran et à sa démystification de l'amour. On pense au théâtre de Strindberg, théoricien du « meurtre psychique » — l'amour est une blessure narcissique infligée à l'autre —, avec une pièce qui, parfaite coïncidence, s'intitule *Père*. Étrange similitude dans la vision pessimiste de l'existence, même défiance radicale vis-à-vis de l'autre, même constat de cette vie à deux vouée à l'échec. « Les époux sont condamnés à se blesser aux épines en voulant cueillir les roses », écrira le dramaturge suédois dans *L'Abbaye*...

Tous les motifs du théâtre de Florian Zeller semblent pouvoir se lire à l'aune de cette réalité implacable. Si le couple échoue, si la quête de soi dans l'autre conduit inéluctablement à des impasses, alors ce théâtre est bien un jeu de masques, un jeu cruel qui rend confuses les frontières entre le mensonge et la vérité, le réel et l'imaginaire. L'adultère ou la démence paraissent devoir être les seuls horizons de la vie conjugale. La transparence — autrement dit la vérité — est le ver dans le fruit. « Des avantages de la taire aux inconvénients de la dire », comme le souligne avec ironie le sous-titre de *La Vérité*.

Qui sait si, aujourd'hui, le théâtre de Florian Zeller, tel qu'il est rassemblé ici, n'est pas finalement parvenu à la fin d'une étape ? L'œuvre, si profondément cohérente soit-elle dans ses motifs comme dans ses préoccupations, connaîtra sans doute de nouvelles inflexions. Cependant, le climat souterrain d'un univers dramatique à la fois familier et singulier paraît toujours devoir être marqué du sceau de cette terrible désillusion de la vie.

Florian Zeller est un écrivain d'une effrayante lucidité. Avec ses sept premiers textes, il échafaude une œuvre majeure fondée sur la déconstruction des illusions. Voilà ce qui ôte à ce théâtre pourtant très alerte toute forme de légèreté, et qui lui confère cette remarquable gravité. Mais tout projet littéraire d'importance peut-il se concevoir autrement qu'à partir d'une déception originelle ?

O. C.

# Le Manège

## Personnages

NICOLAS
MARIE
STÉPHANE
ADELINE

*La création du* Manège *a eu lieu le 28 janvier 2005 au Petit Montparnasse[1] dans une mise en scène de Nicolas Briançon et avec la distribution suivante : Nicolas Vaude (Nicolas), Marine Delterme (Marie), Nicolas Briançon (Stéphane) et Anne Charrier (Adeline).*

# ACTE I

## 1

*Nicolas est installé sur le canapé, en peignoir. Marie ramasse quelques affaires qui traînent. Elle a l'air pressée.*

**NICOLAS :** *(avec un enthousiasme excessif)* Ce qui est pratique, dans le fait de dormir sur un canapé, c'est que ça laisse pas mal de temps pour réfléchir…

**MARIE :** *(indifférente)* Ah ?

**NICOLAS :** Oui. On a beau dire, un canapé ne remplacera jamais un vrai lit. Même un bon canapé. C'est une chose qu'il faut admettre : on ne ferme pratiquement pas l'œil de la nuit… Sur un canapé… Ça laisse du temps pour réfléchir.

**MARIE :** Ça ne peut pas te faire de mal…

**NICOLAS :** Très juste. Enfin, ça dépend à quoi on réfléchit.

**MARIE :** Sans doute.

**NICOLAS :** Et tu sais à quoi je réfléchissais ? Hein ? Je repensais au jour où on s'est rencontrés. Toi et moi. Tu t'en souviens ? Je suis sûr que tu ne te souviens pas.

**MARIE :** De quoi ?

**NICOLAS :** Du jour où on s'est rencontrés…

**MARIE :** Si. Pourquoi j'aurais oublié ?

**NICOLAS :** Je ne sais pas. On oublie les choses, souvent. Alors ? Je suis sûr que tu ne t'en souviens pas vraiment…

MARIE : C'était chez cette amie qu'on avait en commun. Elle avait organisé un dîner…

NICOLAS : Ah, tu n'as pas oublié. Ça me touche. Au fond, ça s'est passé d'une façon plutôt banale, non ? C'est ce que je me disais cette nuit, sur le canapé. On a toujours l'impression qu'il nous arrive des choses extraordinaires, tu as remarqué ? Mais en réalité, tout se passe toujours d'une façon plutôt banale : c'est vrai, un dîner, une amie en commun… Comment s'appelait-elle, déjà ? Jeanne, je crois. Oui, c'est ça : Jeanne !

MARIE : Louise… Elle s'appelait Louise.

NICOLAS : Louise ? Tu crois ?

MARIE : Oui. C'était chez Louise. À la fin du dîner, tu as trouvé un prétexte pour me demander mon numéro de téléphone. Tu vois que je m'en souviens. Tu m'as appelée quelques jours plus tard, et nous nous sommes retrouvés dans le bar d'un grand hôtel. C'est là qu'on s'est embrassés…

NICOLAS : Dans le bar d'un grand hôtel ? Pas du tout… Ce n'est pas là qu'on s'est embrassés pour la première fois. Tu te trompes. Ou alors tu confonds avec un autre ! On s'est embrassés le soir même. On s'est embrassés directement chez Jeanne…

MARIE : Louise !

NICOLAS : C'est ça : directement chez Louise ! Le premier soir. C'est là qu'on s'est embrassés pour la première fois. Tu ne te souviens plus de notre premier baiser ?

MARIE : Je te dis que je m'en souviens très bien. Quand même… Ce sont des choses qui s'incrustent dans la mémoire… D'ailleurs, si tu veux des détails, il n'y avait presque personne dans le bar de cet hôtel. Un pianiste jouait seul, un morceau, un air triste. Ça donnait une ambiance… particulière. Je ne sais pas : comme s'il allait se passer *quelque chose de particulier*.

NICOLAS : Pendant le dîner, on a un peu discuté… Puis,

quand on est sortis de table, on s'est écartés des autres, pour ne pas être vus… Je t'ai embrassée sur un canapé semblable à celui-ci !

MARIE : Oui. C'est un beau souvenir. Le bar d'un grand hôtel.

NICOLAS : À l'époque, tu me trouvais infantile. Je me souviens, tu disais souvent que tu me trouvais infantile. On ne savait jamais si c'était un compliment ou un reproche. Dans ta bouche.

MARIE : Ah non ?

*Un temps.*

NICOLAS : Tu te rends compte, c'était il y a déjà trois ans. C'est fou, quand on y pense. On a l'impression que c'était hier. Non ?

MARIE : Eh oui… Le temps passe vite.

NICOLAS : Et le jour où on s'est quittés ? Je suis sûr que tu ne t'en souviens pas précisément.

MARIE : Arrête…

NICOLAS : Tu as déjà oublié les raisons, non ? Je me trompe ?

MARIE : S'il te plaît…

NICOLAS : Les raisons de notre dispute. Je suis sûr que tu as effacé tout ça de ta mémoire.

MARIE : Tu vas pas recommencer ?

NICOLAS : *(comme pour la défier)* Recommencer quoi ? *(Un temps. Puis, pour se rattraper.)* Et sinon, tu es heureuse avec…

MARIE : Hein ? En fait, pour tout te dire, je n'avais pas imaginé que je tomberais si rapidement amoureuse de quelqu'un d'autre. Je veux dire, après nous, après notre histoire.

NICOLAS : Ah ? Moi non plus.

MARIE : Et si tu veux tout savoir : oui, je suis heureuse. Mais c'est vrai que le fait que tu habites « temporairement » ici… C'est un peu étrange, pour moi, de te voir tous les jours, comme ça, sur mon canapé. Mais une fois que tu seras rentré chez toi, je pense que j'y penserai moins. Et comme tu m'as dit que tu n'allais pas tarder à rentrer chez toi, je pense que je ne vais pas tarder à moins y penser.

**NICOLAS :** À propos, je voulais te remercier encore une fois pour ton canapé. Très confortable. Non, vraiment.

**MARIE :** Oui, il y a dix jours, il est vrai que tu m'as demandé si je pouvais te dépanner pour une soirée ; sur le moment, « pour une soirée », je n'y ai pas vu d'inconvénient.

**NICOLAS :** Tu étais absente… Sinon, je ne me serais pas permis.

**MARIE :** C'est sûr… Tu n'es pas du genre à t'imposer !

**NICOLAS :** Tu m'avais dit que tu partais pour le week-end avec ton nouveau fiancé… Comment s'appelle-t-il, déjà ?

**MARIE :** Stéphane…

**NICOLAS :** C'est ça : Stéphane… C'est avec lui que tu sors ce soir ?

**MARIE :** Oui, nous allons dîner.

**NICOLAS :** Très bien. Tu sors comme ça ?

**MARIE :** Non… J'ai une robe que j'ai déposée au pressing. D'ailleurs, il faut que j'aille la chercher avant qu'il n'arrive…

**NICOLAS :** Ah, il passe te prendre ? Je verrai peut-être à quoi il ressemble…

**MARIE :** Écoute, justement, non, je préférerais qu'il ne te voie pas.

**NICOLAS :** Ah ? D'accord. Je comprends.

**MARIE :** *(prenant son courage à deux mains)* Pour tout te dire : je préférerais que tu partes aujourd'hui de chez moi…

**NICOLAS :** Aujourd'hui ?

**MARIE :** Oui. Avant ce soir. Avant qu'il ne passe me prendre.

**NICOLAS :** Je ne savais pas que ma présence était si désagréable…

**MARIE :** Il y a dix jours, tu m'as demandé de te prêter mon appartement pour une nuit. Tu m'as dit que c'était pour organiser un dîner. Tu ne pouvais pas le faire chez toi parce que ton appartement est une espèce de… Enfin, parce que tu vis dans une chambre.

**NICOLAS :** Oui, c'est sûr qu'on est mieux chez toi !

**MARIE :** *(calmement)* Justement : c'est chez moi ! Je suis enchantée d'apprendre que tu te sens bien chez moi. Mais je voudrais moi aussi pouvoir me sentir bien chez moi. Et pour que je me sente bien chez moi, il faut que tu partes aujourd'hui, tu comprends ? Il faut que tu partes aujourd'hui de chez moi…

**NICOLAS :** Pardon d'exister…

**MARIE :** Mais essaye de comprendre un peu… Je te laisse les clés de mon appartement. Tu me dis : une nuit. Très bien. Si je peux t'aider, je le fais sans hésiter. Mais là… Quand je rentre de week-end, je découvre que tu es encore là. Alors que tu m'avais dit : pour une nuit… Pour organiser un dîner…

**NICOLAS :** Tu avais l'air plutôt contente de me voir…

**MARIE :** J'ai besoin d'être seule. Parfois. D'ailleurs, n'importe qui a besoin d'un peu de solitude. Et ça fait maintenant une semaine que tu vis sur mon canapé. Ça fait une semaine que tu ne sors pas, que tu es en permanence dans mon salon, là, sur mon canapé.

**NICOLAS :** N'exagérons rien….

**MARIE :** Écoute, je te parle sincèrement. J'ai essayé d'être patiente. Je me suis dit que tu avais sans doute un problème dont tu ne voulais pas me parler. Je ne sais pas. Un chagrin d'amour. Tu revenais vers moi pour que je te console, ou je ne sais quoi. Tu avais peut-être besoin d'une présence féminine… Tu vois comme je suis bête : je me suis même dit que…

**NICOLAS :** Que ?

**MARIE :** Enfin bref, aujourd'hui, j'ai seulement l'impression que tu profites de mon appartement. Oui, maintenant, c'est ce que je crois. De mon appartement comme du reste : parce que tu as toujours été de ceux qui profitent. Comme les enfants, justement. Tu restes toute la journée à lire, à regarder la télé, à grignoter…

**NICOLAS :** Il faudrait savoir, tu m'as dit que je devais faire comme chez moi…

**MARIE :** En général, Nicolas, quand on dit à quelqu'un de faire comme chez lui, c'est une formule de politesse ! Je pense que tu es à peu près la seule personne au monde à prendre ça au premier degré.

**NICOLAS :** La prochaine fois, quand tu joues sur les mots, préviens-moi avant… Ça évitera les malentendus !

**MARIE :** Écoute, tout ça, je l'ai toléré. Stéphane était en vacances. Mais maintenant, c'est fini, tu comprends ? Il faut que tu partes. Il n'est encore jamais venu ici et je pense qu'il serait assez surpris de découvrir que j'abrite un autre homme chez moi.

**NICOLAS :** Tu ne m'abrites pas, Marie. Tu me dépannes.

**MARIE :** Si tu veux. En tout cas, je te dis les choses simplement. Il va passer tout à l'heure me chercher pour dîner. Je veux qu'entretemps tu sois parti.

**NICOLAS :** C'est impossible.

**MARIE :** Quoi ?

**NICOLAS :** C'est impossible. Je regrette vraiment.

**MARIE :** Comment ça, impossible ?

**NICOLAS :** Oui ! Je ne peux pas quitter ce canapé…

**MARIE :** Tu te moques de moi ?

**NICOLAS :** Non, je te promets. Sortir de cet appartement, pour moi, ce serait un peu l'équivalent d'un suicide… D'un suicide affectif, je veux dire.

**MARIE :** Quoi ? Qu'est-ce que tu racontes encore ? Tu as peur de quoi ? D'attraper un rhume en sortant ? Très dangereux pour toi…

**NICOLAS :** Je suis sérieux, Marie.

**MARIE :** Mais je te demande uniquement de rentrer chez toi, dans ta chambre… De ne pas me torturer, tu comprends ? Pourquoi tu dis ça ? Explique-toi ! Un suicide affectif ! Tu as des problèmes ? Hein ?

**NICOLAS :** Oui.

**MARIE :** Tu as des problèmes ?

**NICOLAS :** Oui…

**MARIE :** Tu as des problèmes ?

**NICOLAS :** Non.

**MARIE :** Alors ? Je compte sur toi, Nicolas. C'est important
   pour moi. Il faut que tu comprennes… Stéphane sera là
   dans deux heures, hein ? Il faut que tu me comprennes.
   Tu comprends ?

**NICOLAS :** Oui, oui… Je comprends…

*Elle lui caresse la joue.*

**MARIE :** Merci.

*Noir.*


## 2

*Stéphane (dans la même position que Nicolas) est maintenant allongé sur
le canapé. Marie sort de la cuisine. Il se redresse un peu. Elle vient prendre
un objet posé sur la table et repart vers la cuisine. Elle hésite à lui dire quelque
chose. Ne dit finalement rien. Et sort.*

*Noir.*


## 3

*Nicolas est toujours sur le canapé. Seul.*

**NICOLAS :** Oui, ce qui est pratique, dans le fait de dormir sur
   un canapé, c'est que ça laisse pas mal de temps pour réfléchir. Moi, en tout cas, je n'ai pas oublié les raisons. Et
   je mets tout ça dans mes nuits blanches. C'était en été. Elle
   était dans un « grand hôtel ». Nice. La veille de son concert.
   Le soir, elle se retrouve dans un ascenseur avec un type
   qu'elle avait déjà repéré dans le hall de l'hôtel. Il est
   très bien habillé. Je ne sais pas pourquoi, je me dis qu'il
   pourrait être anglais. Il te parle. Tout se passe entre le

rez-de-chaussée et le troisième étage. L'ascenseur. Oui, il te parle, et tu ne sais pas d'où vient le trouble que tu ressens. Puis il te propose de prendre un dernier verre. Comme ça, sans transition. Un dernier verre avant quoi ? Curieusement, il ne le précise pas. Mais tu refuses ! Par réflexe. En vérité, tu n'as pas eu le temps de considérer véritablement ce qu'il te proposait. Mais le soir, toute seule dans ta chambre, tu repenses à tout ça. Tu repenses à sa phrase. Tu l'as d'abord trouvée déplacée. Boire quelque chose… Si tard. Mais maintenant, elle te semble plus séduisante. Cette brutalité avec laquelle il te l'a proposé… Oui, tu y repenses dans ta chambre. S'il te le proposait de nouveau, à cet instant, tu accepterais… Et justement, il te le propose de nouveau. Le téléphone sonne dans ta chambre, et tu es prise d'une saleté de frisson. Il n'a pas grand-chose à faire pour te convaincre. Tu te sens flattée. Vous convenez de vous retrouver au bar de l'hôtel. Pour boire un dernier verre. Avant de descendre, comme tu penses à tout, tu te changes. Tu mets, par exemple, les sous-vêtements que tu as achetés dans la journée. Tu te dis : au cas où. Au cas où quoi ? Toi non plus, curieusement, tu ne le précises pas. Il t'attend déjà en bas. Il est tard. Je l'imagine avec son accent de mauvais séducteur, son accent d'Anglais, et toi la mauvaise proie, si facile : « Je suis tellement heureux que vous soyez venue. Pour tout vous dire : j'avais peur d'avoir été trop direct… Ce coup de fil… Mais avouez que je n'avais pas le choix. Je ne pouvais pas vous laisser partir comme ça. Ne jamais plus vous revoir, ce n'était pas possible… Vous m'en voulez ? » Ah, la comédie. Vous commandez à boire. Il prend un perroquet. Le nom t'amuse, tu ne sais pas ce que c'est. Pourtant tu commandes la même chose. Pastis, liqueur de menthe ! Vous discutez. Il a plein de belles phrases toutes prêtes. Il tire sur les bonnes ficelles, il connaît les femmes… Et à un moment, vous vous embrassez.

C'est ça. Quant à la suite, elle se déroule sans doute dans sa chambre. À moins que ce ne soit dans la tienne. Dans les deux cas, c'est ce qu'on appelle, dans le langage courant, une salope !

*Marie entre au même moment. Elle n'a rien entendu.*

**MARIE :** Tu disais ?

**NICOLAS :** Pardon ?

**MARIE :** Tu m'a appelée ?

**NICOLAS :** Non, non…

*Elle traverse la scène vers l'autre porte. En passant, elle prend son manteau. Avant de partir, elle se retourne, en lui faisant un geste de la main.*

**MARIE :** Bon. Alors, tu claques la porte derrière toi, hein ! Il arrive dans deux heures.

**NICOLAS :** Qui ?

**MARIE :** Stéphane… S'il te plaît. Je compte sur toi.

**NICOLAS :** Dans deux heures ?

**MARIE :** Oui. Je vais chercher ma robe. Tu claques la porte derrière toi. Promis ? À bientôt.

*Elle sort.*

**NICOLAS :** À bientôt.

*Noir.*

# ACTE II

*La scène est vide. Marie entre dans le salon avec une robe emballée. Elle constate que Nicolas n'est plus sur le canapé. Elle tape un peu les coussins. Elle se déshabille et met sa robe propre. Nicolas entre par la porte de la cuisine.*

**NICOLAS :** Ah, tu es rentrée ?

**MARIE :** *(sursaute)* Hein ! Tu m'as fait peur ! Je croyais que tu étais parti… Tu es encore là ? *(Elle voit qu'il n'est plus en peignoir.)* Tu t'es habillé… *(Il s'approche pour l'aider à fermer sa robe par derrière.)* Dis, j'espère que je n'ai pas été trop directe tout à l'heure…

**NICOLAS :** Trop directe ? Non, pas du tout. C'est normal.

**MARIE :** Quand je t'ai demandé de partir…

**NICOLAS :** Non, non.

**MARIE :** C'est gentil. Je voulais seulement que tu comprennes… Enfin, je préférais être claire. Entre nous.

**NICOLAS :** Oui, oui, je comprends…

**MARIE :** Je me suis dit qu'en étant claire, tu comprendrais que je voulais que tu sois parti à mon retour…

**NICOLAS :** Oui, oui… C'est l'avantage de la clarté : au moins, c'est clair… Et donc tu vas dîner ce soir ?

**MARIE :** Oui. Stéphane passe me prendre dans une heure. On va sans doute boire un verre ici, avant d'y aller…

**NICOLAS :** Ah ? Et pourquoi vous n'allez pas boire un verre au restaurant ? Ce serait peut-être plus confortable, non ?

**MARIE :** *(premier regard inquiet)* Non… Et puis il m'a dit qu'il amenait une bouteille.

**NICOLAS :** Ah ? Très bien. Et tu y vas avec cette robe-là ?

**MARIE :** Oui, pourquoi ?

**NICOLAS :** Non, pour rien.

*Elle se coiffe devant le miroir. Il s'avance vers le canapé. Elle le regarde encore d'un air inquiet. Il s'assoit.*

**MARIE :** Et toi ? Tu fais quoi ce soir, *du coup* ?

**NICOLAS :** Je sais pas encore… Je ne suis pas fatigué, mais je n'ai pas tellement envie de sortir. Je sais pas. Je crois que je ne vais pas bouger…

**MARIE :** Mais…

**NICOLAS :** Hum ?

**MARIE :** Je veux dire… Tu ne vas rien faire ?

**NICOLAS :** Non, je crois pas.

**MARIE :** Mais… tu t'es habillé ?

**NICOLAS :** Oui, c'est vrai… J'avais pensé… Mais finalement…

**MARIE :** Nicolas… Tu te souviens que… Enfin, tu te souviens que je t'ai demandé de partir avant que Stéphane vienne me chercher ?

**NICOLAS :** Oui, je me souviens que tu me l'as demandé…

**MARIE :** Et ?

**NICOLAS :** Et, je te l'ai dit. C'est impossible.

**MARIE :** Quoi ?

**NICOLAS :** Je ne peux pas partir.

**MARIE :** Comment ça ?

**NICOLAS :** Je viens de te le dire : c'est impossible.

**MARIE :** Explique-toi !

**NICOLAS :** Je suis amoureux.

**MARIE :** *(un peu décontenancée, comme si c'était une déclaration)* Quoi ? Mais… Pourquoi tu dis ça comme ça ? Aujourd'hui… Aussi brutalement… Je…

**NICOLAS :** Je ne le dis pas brutalement ! Je dis seulement que je suis amoureux.

*Marie s'assoit à côté de lui.*

**MARIE :** Amoureux ?

**NICOLAS :** Bientôt, tu vas voir, ça va être ma faute…

**Marie :** Mais non… Mais tu sais bien que Stéphane va venir me chercher tout à l'heure…

**Nicolas :** Oui.

**Marie :** Tu le sais bien…

**Nicolas :** Oui, oui… Je le sais bien.

**Marie :** Alors…

**Nicolas :** Tout à l'heure, tu sais, je repensais à notre premier dîner.

**Marie :** Oui, tu me l'as dit.

**Nicolas :** Tu t'en souviens ? Ce dîner chez notre amie commune ?

**Marie :** Louise ! Oui, bien sûr que je me souviens…

**Nicolas :** Eh bien, c'est étrange, mais c'est exactement comme ça que ça s'est passé, cette fois encore… C'est étonnant. J'y ai beaucoup réfléchi pendant la semaine, tu sais… allongé sur le canapé. C'est comme si la vie était une partition musicale. Avec le même thème qui revient régulièrement, tu vois ce que je veux dire ? J'y ai beaucoup réfléchi. Une situation quasi identique.

**Marie :** De quoi tu parles ?

**Nicolas :** On m'invite à un dîner. J'y vais sans bien savoir pourquoi. Pour manger, sans doute. Et soudain… Je ne sais pas comment dire ! Oui, soudain, advient, justement, ce qu'on ne parvient pas à raconter…

**Marie :** Quoi ?

**Nicolas :** Elle ! Elle était là, assise à côté de moi. Comme tu l'avais été, toi, un an auparavant, le jour où on s'est rencontrés, et comme tu l'es en ce moment même, là. *(Marie se lève du canapé.)* Elle était assise à côté de moi. On nous présente. On parle, on parle… Et après…

**Marie :** Et après, quoi ?

**Nicolas :** Eh bien, comment dire, après je me perds. Après, je suis perdu. Tu sais comment je suis ! Plutôt excessif. Je me suis dit que c'était elle, tu vois ce que je veux dire… Elle et personne d'autre ! Alors que je ne la connaissais même pas ! Oui, je suis tombé amoureux, tout bêtement, et c'est à cause de ça que je ne peux pas partir de ton appartement !

MARIE : *(ironique)* Ah ? Je comprends mieux maintenant… Si c'est pour ça, alors tu peux rester. Tu peux même t'installer dans ma chambre, tant qu'on y est ! Je ne te dérangerai qu'une fois par semaine, pour faire le ménage !

NICOLAS : Mais écoute, au moins ! Tu ne cherches même pas à comprendre…

MARIE : *(en regardant sa montre)* Donc, ce dîner…

NICOLAS : Oui, elle est là, assise à côté de moi chez une amie commune, une certaine Jeanne, tu ne connais pas…

MARIE : Continue, ça m'intéresse, je prends juste une nappe dans la cuisine.

*Elle sort.*

NICOLAS : Bref, je me débrouille pour lui parler. Brillante ! Sans doute la femme la plus intelligente que j'aie rencontrée… Elle me dit qu'elle fait encore des études. Relations internationales et tout. Elle me plaisait. Elle me plaisait même beaucoup, tu comprends ? Alors je lui dis, comme ça, sans trop réfléchir aux conséquences, que c'est une drôle de coïncidence *(Marie rentre sur scène avec une nappe qu'elle va mettre sur la petite table.)* parce que moi aussi, il y a quelques années, j'ai fait des études de Relations internationales !

MARIE : Toi qui n'as jamais fait d'études !

NICOLAS : Oui, merci, je sais… C'est justement ça le problème. Parce qu'elle me demande ensuite ce que je fais, ce que je fais dans la vie, tu comprends ? Après ce que je viens de lui inventer, impossible de lui dire platement : je suis disquaire ! Non, ce n'était plus possible. Ça aurait fait louche ! Disquaire, tu t'imagines ? Un type qui fait des études de Relations internationales et qui finit disquaire ne peut être qu'un abruti !

MARIE : *(toujours indifférente)* Et qu'est-ce que tu lui as dit ?

**NICOLAS :** Le problème, c'est que je n'y connais rien, moi, aux Relations internationales ! J'ai dit la première chose qui me passait par la tête. Je lui ai dit que j'étais diplomate.

**MARIE :** Diplomate, toi ? Je vois qu'on ne se refuse rien ! Mais continue, hein… Ça m'intéresse !

*Elle sort à nouveau.*

**NICOLAS :** *(seul sur la scène)* Je lui ai même dit que si un jour elle voulait faire un stage… Pour les études, ça peut servir. Parce que dans ce domaine, à part le piston… Enfin bref, au début, c'était un prétexte pour avoir son téléphone, tu vois. Mais elle a commencé à me bombarder de questions. Sur mon activité. Sur mes responsabilités. Sur ma perception de la situation internationale ! Pour ne pas être démasqué, tu vois, et pour rendre la chose un peu plus crédible, je lui ai dit que j'étais à New York ! Être diplomate à New York, c'est quand même plus classe que d'être diplomate ici, à Paris, tu ne trouves pas ?

*Marie rentre avec un plateau sur lequel sont posés des verres à vin.*

**MARIE :** Hum ?

**NICOLAS :** *(cherchant son attention)* Oui, mais du coup, elle avait l'air étonnée, je sais pas, j'avais l'impression qu'elle doutait un peu de ce que je lui disais… Elle se demandait ce que je faisais à Paris si je travaillais à New York… J'ai senti que je m'enlisais petit à petit dans une sorte de marécage, tu comprends ? Je lui ai dit que j'avais été envoyé en mission à Paris ! Une mission internationale ! Internationale, comme les Relations du même nom ! Mais sinon, oui, j'habite à New York ! D'ailleurs, j'y retourne demain matin… Voilà comment je m'en suis sorti !

**MARIE :** Et elle t'a cru ?

**NICOLAS :** Oui. Mais mon problème, c'est que je lui ai dit que je retournais là-bas le lendemain. Sur le moment, c'était pour rendre le tout un peu plus crédible, tu comprends ? Mais du coup, je ne pouvais plus la rappeler pour lui proposer de la revoir… Puisque j'étais censé être à New York ! C'est ça, le drame !

MARIE : Pourquoi tu n'as pas décalé ton départ d'un jour ?

NICOLAS : Justement ! Je l'ai appelée le lendemain. Je lui ai dit que j'avais décalé mon départ d'une journée pour elle, pour la revoir. Et je l'ai invitée à dîner !

MARIE : Et c'est là que tu m'as demandé mon appartement, j'imagine.

NICOLAS : Je ne pouvais tout de même pas l'emmener dans ma chambre de bonne ! Elle ne m'aurait pas cru ! Un type qui vit dans une chambre de bonne ne peut pas œuvrer pour les Relations internationales, c'est impossible, ça n'existe pas !

MARIE : Donc, elle est venue ici ? Elle a dîné là avec toi. Chez moi. À cette table… C'est charmant.

NICOLAS : Oui. D'ailleurs, je dois te dire qu'elle a trouvé ton appartement magnifique !

MARIE : Merci. Ça me touche.

NICOLAS : Non, vraiment ! Je tiens à te le dire : elle a trouvé la décoration très… Enfin, tu vois ce que je veux dire. *Très raffinée.* Surtout ta chambre… Et la cuisine, aussi.

MARIE : Ah ? Surtout la chambre… Et elle habite loin ?

*Marie essaie plusieurs paires de chaussures devant une glace. Trop concernée par sa soirée à venir, elle ne donne qu'une attention secondaire à Nicolas.*

NICOLAS : Non, dans le quartier…

MARIE : C'est pour ça que tu ne sors pas d'ici depuis une semaine ?

NICOLAS : Je suis censé être à New York ! Tu ne comprends pas… On a passé une soirée incroyable, si tu savais… Mais le lendemain, j'étais vraiment obligé de prendre mon avion. Sinon, elle aurait trouvé ça louche… Je ne pouvais quand même pas décaler tous les jours mon départ pour elle ! À la fin, elle aurait compris qu'il n'y avait aucun avion, aucune organisation internationale, rien ! J'étais coincé ! Elle m'a donc accompagné jusqu'à l'aéroport.

**Marie :** Non ?

**Nicolas :** Si ! Le lendemain matin… Je ne vois pas ce qu'il y a de drôle ! J'avais préparé une fausse valise, question crédibilité. On s'est dit au revoir. On s'est embrassés. C'était déchirant. Dans le hall, les appels pour les embarquements se suivaient les uns les autres. J'ai failli le louper, ce putain d'avion ! Elle m'a fait un dernier signe, je lui ai dit que je ferais mon maximum pour revenir le plus vite possible. Voilà. Ensuite, je suis directement revenu ici pour me planquer. Et depuis j'attends.

**Marie :** Tu attends ? Tu veux dire que tu es resté scotché à mon canapé pendant pratiquement dix jours par peur de la croiser dans la rue ?

**Nicolas :** Arrête ! Je te dis que je suis amoureux. Elle habite dans le quartier ! Je suis censé être à New York, je te rappelle ! Si je la croise, je suis foutu. Si je croise quelqu'un qu'elle connaît… – je tiens à elle ! Tu comprends ? – … elle se dira que je lui ai menti.

**Marie :** Je comprends que ça te gêne, vu ton attachement sincère à la vérité…

**Nicolas :** Elle se dira que je lui ai menti parce que je me moque d'elle, alors que c'est l'inverse. Si elle découvre que je lui ai menti… Et si je lui dis la vérité, elle me trouvera ridicule…

**Marie :** C'est probable.

**Nicolas :** Donc, je suis condamné à attendre ici, sur ce canapé, qu'une nouvelle mission m'envoie en France !

**Marie :** Donc, là, si je comprends bien, tu es à New York ?

**Nicolas :** Euh, oui, là, je suis à New York…

**Marie :** Et alors ? C'est comment ?

**Nicolas :** *(regardant le canapé à droite, puis à gauche)* Ça va. Merci.

**Marie :** Et d'après tes contacts au sein des hautes organisations internationales, est-il envisageable que tu sois envoyé en mission en France dans l'heure qui suit ? Parce que je te rappelle que je t'ai demandé de partir…

**NICOLAS :** Je viens de t'expliquer ma situation… Tu ne peux pas me mettre dehors : ce serait briser mon histoire d'amour !

**MARIE :** Ce serait briser ton histoire d'amour ? Qu'est-ce qu'il ne faut pas entendre ! Et pourquoi tu ne vas pas te planquer chez toi, dans ton taudis, en attendant de revenir en France ?

**NICOLAS :** Tu exagères, ce n'est pas un taudis. Il y a une très belle vue sur les toits.

**MARIE :** Eh bien, va les contempler ! Tu resteras piteusement dans ta chambre, parce que tu n'as pas osé lui dire que tu étais disquaire à Paris !

**NICOLAS :** Ça n'a rien à voir avec le métier de disquaire…

**MARIE :** Tu ne trouves pas que c'est un peu dommage… Si tu es amoureux ! Moi, je te dis : appelle-la.

**NICOLAS :** Je ne peux pas… C'est trop tard !

**MARIE :** Dis-lui que tu es ici, à Paris ! Dis-lui la vérité ! Si elle t'aime, elle sera heureuse d'apprendre que tu ne vis pas à l'autre bout du monde. C'est aussi simple que ça !

**NICOLAS :** Mais non…

**MARIE :** Il faut que tu grandisses un peu ! On ne peut pas commencer une histoire avec une fille en lui racontant n'importe quoi du début jusqu'à la fin…

**NICOLAS :** *(comme pour la défier)* Et pourquoi ?

**MARIE :** Parce que tu l'as dit. Quand elle découvrira la vérité, elle croira que tu t'es moqué d'elle, et elle ne voudra plus te revoir. Et parce que c'est minable.

**NICOLAS :** *(vexé)* Quoi ?

**MARIE :** Oui, je te dis : on ne peut rien construire de durable à partir du mensonge !

**NICOLAS :** Tu te trompes ! Ceux qui s'aiment portent toujours des masques ! C'est connu. Ils se mentent en ayant l'impression de se dire la vérité, c'est tout. Par exemple, toi.

**MARIE :** Moi ?

**Nicolas :** Oui, toi. Tu me demandes de partir avant que Stéphane ne vienne te chercher ? Tu veux donc lui cacher que j'étais chez toi.

**Marie :** Ça n'a rien à voir.

**Nicolas :** Si, justement, c'est la même chose. Tu préfères ne pas lui parler du fait que je suis dans ton salon depuis une semaine…

**Marie :** Une semaine qui a légèrement tendance à déborder sur les dix jours !

**Nicolas :** Après tout, je comprends, c'est un sujet délicat pour lui. Il pourrait mal le prendre. Se vexer. Donc tu lui mens.

**Marie :** Je ne lui mens pas. Je ne le lui dis pas, c'est tout.

**Nicolas :** C'est la même chose. Moi, je ne lui dis pas que je suis disquaire. Tu vois bien que c'est la même chose… Et regarde la robe que tu as mise ce soir ! Tu t'es faite belle… C'est bien. Pour lui plaire, tu te présentes sous ton meilleur jour, et non sous ton jour véritable ! Ce qui reste, que tu le veuilles ou non, une façon de te vendre…

**Marie :** Tu dis n'importe quoi !

**Nicolas :** Tu crois ? Cette robe, par exemple, tu as décidé de la mettre parce que tu considères, à tort, qu'elle te va bien. Tu t'es regardée dans la glace, de face, de profil, tu t'es même tortillée sur place pour tenter de te voir de dos. Et probablement parce que tu n'y es pas parvenue suffisamment, tu en as conclu, oui à tort, qu'elle t'allait bien. Faux ?

**Marie :** Dis tout de suite que je suis grosse !

**Nicolas :** Tu t'es dit qu'elle cachait les quelques kilos que tu estimes, cette fois à raison, avoir en trop. Elle t'a plu, cette robe, parce que tu t'es dit qu'elle *dissimulait* ce que tu voulais cacher.

**Marie :** Ça ne va pas ! Qu'est-ce que tu as contre ma robe ?

**Nicolas :** Je l'accuse d'être une menteuse ! Une arracheuse de dents ! Une saloperie de la dernière espèce ! Enfin, tu te rends compte qu'elle ment d'une façon éhontée… Elle voudrait nous faire croire que tu es mince ! Scandale ! Cela devrait te gêner de la porter, toi la pure, toi la véridique ! À moins qu'elle ne mente pour te donner l'illusion de dire la vérité…

**MARIE :** Tu délires complètement, mon pauvre.

**NICOLAS :** Et lui, Antoine…

**MARIE :** Stéphane !

**NICOLAS :** Oui, Stéphane ! Je parie qu'il arrivera tout à l'heure dans son costume le plus élégant… Un costume avec des épaulettes pour arranger un peu sa carrure ! Vous essayez de vous vendre l'un à l'autre. Voilà la seule vérité ! L'exhibition de votre plus beau jour ! C'est de l'ignorance des tempêtes qu'il faudrait s'étonner. Car vous n'en n'êtes plus à vos premières tentatives, à vos premières humiliations ! Vous avez donc oublié ? Vous avez donc pardonné ?

**MARIE :** Qu'est-ce que tu racontes ?

**NICOLAS :** Tu me trouves ridicule parce que j'ai légèrement arrangé ma situation dans le seul intérêt de mes sentiments ?

**MARIE :** Oui.

**NICOLAS :** Ridicule ?

**MARIE :** Et infantile. Et bête. Et méchant maintenant…

**NICOLAS :** Bien ! Et moi, je te dis que c'est une sorte de costume, une façon élégante de me rendre digne de l'autre. Des épaulettes, si tu préfères.

**MARIE :** Tu as quand même du mal à justifier tes mensonges ! Mais je vais te dire : après tout, tu fais ce que tu veux ! Moi, je m'en moque ! La seule chose qui m'importe, je te l'ai déjà dit, c'est que tu te casses !

**NICOLAS :** Non !

**MARIE :** Quoi ?

**NICOLAS :** *(se met debout sur le canapé)* Je ne partirai pas !

**MARIE :** Descends de mon canapé ! Tu m'entends ? Descends tout de suite !

**Nicolas :** Et toi, par exemple, tu ne mens jamais ?

**Marie :** Non. Je te dis de descendre ! Tes pieds sur le canapé !

**Nicolas :** Jamais ?

**Marie :** Tes pieds !

**Nicolas :** Jamais ?

**Marie :** Le moins possible.

**Nicolas :** À moi, par exemple, tu ne me mens pas. Tu ne m'as jamais menti quand on était ensemble, par exemple ?

**Marie :** Peut-être pour des petites choses… Des choses sans importance.

**Nicolas :** Des choses sans importance ? Par exemple – et c'est un exemple que je prends au hasard, note-le bien –, par exemple, lorsque tu es allée à Nice pour ton travail, il y a six mois…

**Marie :** Tu ne vas pas recommencer…

**Nicolas :** Mais si ! Parlons un peu de ça. C'est un exemple qui mérite d'être étudié, non ? Un exemple intéressant. Qu'en penses-tu ?

**Marie :** Arrête !

**Nicolas :** Tu as déjà oublié ? C'était en été. Souviens-toi ! Tu es restée deux jours dans cette ville. Tu étais partie là-bas pour un concert… Non ? Ça ne te dit rien ? Tu logeais dans un hôtel qui donnait sur la Promenade des Anglais. Un grand hôtel. Tu as toujours aimé ça, les grands hôtels. Cette immobilité juste avant le délabrement… Ça te monte un peu à la tête.

**Marie :** Tu dis vraiment n'importe quoi.

**Nicolas :** L'Anglais ? L'ascenseur ? La chambre de l'Anglais… Non ? Vraiment, tu n'as aucun souvenir ?… C'est fou. Moi, je m'en souviens comme si j'y étais.

**Marie :** Qu'est-ce que tu cherches ?

**Nicolas :** Moi ?

**Marie :** Oui, toi ! Qu'est-ce que tu veux ?

**Nicolas :** Je ne sais pas. Mais si je me souviens bien, à l'époque, quand tu es rentrée de Nice, tu ne m'as rien raconté de cette nuit folle ? À croire que tu n'étais pas encore fanatique de la Vérité !

**MARIE :** Bon, écoute, maintenant ça suffit ! Tu fais ce que tu veux avec ta copine ! Je m'en moque, je te l'ai déjà dit. Raconte-lui tes histoires, si ça te chante ! En tout cas, tu as une heure pour partir, d'accord ? Sinon, je te promets, quand il arrive, si tu es toujours là, je…

**NICOLAS :** Tu ? *(Pas de réponse. Nicolas explose de rire. Elle s'en va.)* Tu vas où ?

**MARIE :** Je ne veux plus te voir. Je ne veux plus discuter avec toi. Je reviens dans une heure… Tu as intérêt à ne plus être là ! Vraiment, crois-moi ! Tu as intérêt.

*Elle sort.*

**NICOLAS :** « Tu as intérêt… » Qu'est-ce qu'il ne faut pas entendre… « Tu as intérêt… » N'importe quoi !

*Il hausse les épaules. S'assoit sur le canapé.*

*Noir.*

# Acte III

*La scène est vide. Soudain, on entend une sonnerie. Puis une deuxième sonnerie.*
*Nicolas apparaît en provenance de la cuisine. Il va ouvrir. C'est Stéphane, en*
*costume élégant de velours.*

**NICOLAS :** Oui ?

**STÉPHANE :** *(un peu surpris)* Bonjour… Je…

**NICOLAS :** Vous cherchez quelqu'un ?

**STÉPHANE :** Oui… J'ai rendez-vous avec Marie… Je suis
un peu en avance, mais…

**NICOLAS :** Vous êtes…

**STÉPHANE :** Oui…

*Nicolas rigole.*

**NICOLAS :** Stéphane ? Ça alors ! Oui, effectivement, vous
êtes même très en avance…

**STÉPHANE :** Elle n'est pas là ?

**NICOLAS :** Qui ?

**STÉPHANE :** Eh bien, Marie !

**NICOLAS :** *(coup d'œil en direction du salon)* Euh ! Non… Pas encore.
Elle est sortie.

**STÉPHANE :** Oui, je suis un peu en avance. Je peux peut-être
attendre à l'intérieur ?

**NICOLAS :** Euh…

*Stéphane entre.*

**STÉPHANE :** Merci. Je vous dérange ?

**NICOLAS :** Ça dépend de ce qu'on entend par « déranger »…

**STÉPHANE :** Stéphane, enchanté.

**NICOLAS :** Oui, oui, enchanté…

*Stéphane s'avance vers le canapé.*

**STÉPHANE :** C'est joli, ici. Je peux ?

**NICOLAS :** Je vous en prie. Faites comme chez moi !

*Il s'assoit.*

**STÉPHANE :** Vous habitez ici ?

**NICOLAS :** Non, non, je vous rassure.

**STÉPHANE :** C'est la première fois que je viens ici. C'est vraiment un bel appartement !

**NICOLAS :** Très bel appartement. Surtout la décoration. Marie insiste beaucoup sur la décoration… Il y a le salon. Là-bas, la cuisine. La chambre, que vous visiterez si vous êtes sage. Et surtout, par ici, la porte de sortie !

**STÉPHANE :** Je vous dérange… Je suis un peu en avance… Marie m'avait donné rendez-vous ici…

**NICOLAS :** Elle ne va sans doute pas tarder. Par ailleurs, vous ne me dérangez pas… J'allais partir d'un instant à l'autre.

**STÉPHANE :** En général, je suis toujours en retard. Mais là, pour une fois…

**NICOLAS :** Comme quoi.

**STÉPHANE :** Vous êtes un de ses amis ?

**NICOLAS :** Oui, oui. Mais moins que vous, bien entendu… Juste un ami comme ça. Un « copain ».

**STÉPHANE :** Ah ? Il en faut aussi…

**NICOLAS :** Et alors comme ça… Vous allez dîner ce soir ?

**STÉPHANE :** Oui. Enfin, on va au restaurant…

**NICOLAS :** Tiens ! Vous avez apporté une bouteille ! C'est une bonne idée… Et sinon, ça fait longtemps que…

**STÉPHANE :** Que ?

**NICOLAS :** Que vous vous voyez !

**STÉPHANE :** Ça dépend de ce qu'on entend par « longtemps » !

**NICOLAS :** Très juste.

*Nicolas ouvre la bouteille.*

**STÉPHANE :** Vous ouvrez déjà la bouteille ?

**Nicolas :** Oui ! Ce sera plus agréable pour elle… Quand elle arrivera, non ?

**Stéphane :** Peut-être… Et plus agréable pour nous ! *(Il prend le verre que Nicolas lui tend.)* Merci. Bon. À la vôtre, alors !

**Nicolas :** À la vôtre ! À la russe, tenez…

*Stéphane se lève. Ils trinquent en se prenant le bras. Un temps. Stéphane reste debout, Nicolas s'assoit. Procédé de mise en scène qui accompagne le changement de rôle progressif.*

**Stéphane :** Et vous ? vous habitez…

**Nicolas :** À Paris.

**Stéphane :** Paris est une ville épatante !

**Nicolas :** Oui, j'aime beaucoup…

**Stéphane :** Et vous vous êtes rencontrés comment, Marie et vous ?

**Nicolas :** Dans le hall d'un hôtel. On s'est croisés, tout bêtement.

**Stéphane :** C'est toujours un peu bête, une rencontre…

**Nicolas :** Vous trouvez ?

**Stéphane :** Oui. Parce que ça n'a pas de sens. Parce que c'est complètement arbitraire… Par exemple, c'est vous qu'elle a rencontré ce jour-là, mais ça aurait très bien pu être quelqu'un d'autre, non ?

**Nicolas :** Sans doute, oui.

**Stéphane :** C'était vous ; mais, par exemple, ça aurait pu être moi. En tout cas, ce n'était pas moi ; mais ça aurait pu ne pas être vous non plus. Vous voyez ce que je veux dire ? Les rôles auraient pu être inversés. Vous auriez pu être à ma place. Voilà ce que je veux dire. Et moi, à la vôtre.

**Nicolas :** Oui, oui… Les choses sont interchangeables, c'est sûr.

**Stéphane :** Parfaitement. Les êtres aussi. Par exemple, quelle est la vraie différence entre vous et moi ?

**Nicolas :** Je ne sais pas. C'est dur à dire comme ça. Il faudrait creuser…

*Un temps.*

**Stéphane :** Et ça fait longtemps que vous sortez ensemble ?

**Nicolas :** Pas tellement… Je reviens de vacances, en fait.

**Stéphane :** Ah ? Et ça fait longtemps que vous sortez ensemble ? Je veux dire : Marie et vous.

**Nicolas :** Ça date d'avant mes vacances. Je dirai : quelque chose comme trois semaines… Mais c'est la première fois que je viens ici. Pour tout dire, je ne m'attendais pas à un aussi bel appartement !

**Stéphane :** Oui, surtout la décoration, non ?

**Nicolas :** La décoration, oui. Très… oui, très raffinée.

**Stéphane :** Oui, très.

**Nicolas :** Oui. Très…

**Stéphane :** Pardon ?

**Nicolas :** Non, je disais : très raffinée, la décoration.

**Stéphane :** Ah !

**Nicolas :** Non ?

**Stéphane :** Si, si. Très. Marie attache beaucoup d'importance à la décoration. À quelle heure aviez-vous rendez-vous ?

**Nicolas :** Vers 20 heures. Mais je suis un peu en avance.

**Stéphane :** Elle ne devrait pas tarder.

**Nicolas :** Vous croyez ?

**Stéphane :** Marie a souvent du retard, mais elle ne manque jamais ses rendez-vous !

**Nicolas :** Tant mieux.

**Stéphane :** Cependant, ce soir, elle ne viendra pas.

**Nicolas :** Quoi ?

**Stéphane :** Je dis : ce soir, Marie ne viendra pas vous rejoindre ici.

**Nicolas :** Pourquoi ?

**Stéphane :** Elle m'a demandé de vous recevoir.

**Nicolas :** Vous ?

**Stéphane :** À sa place. Pour vous dire que, finalement, elle vous attendra directement au restaurant.

**Nicolas :** Directement au restaurant ? Vous êtes sûr ?

**Stéphane :** Parfaitement ! Ça l'arrangeait. C'est une femme.

Vous connaissez. Un imprévu. Un caprice. Un changement de dernière minute. Vous deviez venir ici, m'a-t-elle dit. Vous deviez prendre un verre avec elle avant d'aller au restaurant… C'est ça ?

**NICOLAS** : Oui, c'est ce qui était convenu.

**STÉPHANE** : C'est pour ça que je me suis permis de l'ouvrir, votre bouteille. Parce qu'elle ne servait plus à rien…

**NICOLAS** : *(se levant)* Pourquoi vous ne me l'avez pas dit tout de suite ?

**STÉPHANE** : Vous avez le temps… Vous êtes en avance, non ? Et puis, c'était une façon de vous rencontrer. De parler un peu avec ce fameux *Stéphane* dont elle me parle depuis ce matin… Vous savez, j'ai beaucoup entendu parler de vous…

**NICOLAS** : Ah ? En bien, j'espère ? *(Stéphane ne répond pas. Il lui propose un autre verre.)* Bon. En tout cas, merci pour la commission. À la vôtre.

**STÉPHANE** : C'est ça. À la vôtre. Dites-moi, Stéphane, vous vous y connaissez, vous, en Relations internationales ?

**NICOLAS** : Pas tellement. Enfin, un peu. Je suis avocat. Pourquoi ?

**STÉPHANE** : À une époque, je travaillais dans une organisation internationale…

**NICOLAS** : Ah ?

**STÉPHANE** : À New York…

**NICOLAS** : Ah ? New York est une ville épatante !

**STÉPHANE** : Comme vous dites… Épatante. Saviez-vous que c'est là que j'ai croisé Marie pour la première fois ?

**NICOLAS** : Euh… non ! C'était il y a longtemps ?

**STÉPHANE** : Je travaillais là-bas. Elle était stagiaire. On s'est croisés dans l'ascenseur. Il s'est passé quelque chose. Vous savez, un regard particulier… En trois étages ! Vous savez ce qu'on dit des ascenseurs ?

**NICOLAS** : Vaguement… Mais je devrais peut-être y aller, maintenant. Le temps de me rendre au restaurant… Je vous laisse la bouteille…

**Stéphane :** Attendez…

**Nicolas :** Oui ?

**Stéphane :** Le restaurant est juste en bas, vous avez encore une minute ! Et pendant que je vous ai sous la main, vous pourriez peut-être me rendre un service…

**Nicolas :** Je vous écoute…

**Stéphane :** Ça va vous sembler grotesque.

**Nicolas :** Rien ne me paraît grotesque. Je suis avocat.

**Stéphane :** C'est juste. Voilà. Comment dire… C'est un peu délicat… Pour la femme que j'aime, voyez-vous, je suis censé être à New York.

**Nicolas :** Oui ?

**Stéphane :** En réalité, je n'ai jamais été à New York…

**Nicolas :** Ah ?

**Stéphane :** Non… Seulement, je lui ai dit que j'y étais parce que, pour des raisons un peu complexes, cela m'arrangeait. Vous me suivez ?

**Nicolas :** Pas du tout.

**Stéphane :** Bon. Ce soir, je voudrais lui faire une surprise. Lui dire que je suis revenu en France pour la revoir.

**Nicolas :** Oui…

**Stéphane :** Qu'en pensez-vous ? Je voudrais que vous me répondiez franchement sur ce point. Pensez-vous que je peux l'appeler, là, et lui proposer de venir me rejoindre ? Je veux dire : ici… Dans cet appartement.

**Nicolas :** Je ne vois pas ce qui vous en empêcherait…

**Stéphane :** Je suis très amoureux, vous comprenez ?

**Nicolas :** Mais de qui parlez-vous, exactement ?

**Stéphane :** De celle que j'aime !

**Nicolas :** Pourquoi tous ces détours ? C'est de Marie que vous êtes en train de parler ?

**Stéphane :** Amoureux de Marie, moi ? Non ! Vous n'y êtes pas du tout… Je vous ai dit que j'étais un ami. Un « copain ». Elle s'appelle Adeline. Et je lui ai fait croire que… Alors que je ne suis que disquaire. Vous saisissez ?

**NICOLAS :** Toujours pas, non.

**STÉPHANE :** C'est une histoire un peu compliquée…

**NICOLAS :** Elle a l'air, oui. Mais ce n'est pas grave. J'aurais adoré… Mais je vais devoir y aller.

**STÉPHANE :** Je vais te dire ce que je vais faire… Je vais l'appeler maintenant. Pour lui dire que je viens d'arriver en France. À la dernière minute ! Je vais lui proposer de la voir ! Oui, ce soir ! C'est un bon soir ! Tu te rends compte, mon cher Stéphane, dix jours que je ne l'ai pas vue !

**NICOLAS :** Oui, oui… Ça commence à faire !

**STÉPHANE :** Et je n'ai passé qu'une seule nuit avec elle ! Je lui ai fait croire que j'étais diplomate ! Je l'appelle tout de suite. Puisque tu m'encourages à le faire.

**NICOLAS :** Oui, oui.

*Stéphane prend le téléphone.*

**STÉPHANE :** Merci pour tes conseils. Je n'oublierai pas. Mais vas-y vite avant que Marie ne quitte le restaurant d'impatience !

**NICOLAS :** Bon… Alors j'y vais. À bientôt.

*Nicolas sort.*

**STÉPHANE :** C'est ça. À bientôt. Adeline… Elle s'appelle Adeline. Son numéro… *(Stéphane reste un instant pensif. Le téléphone à la main. Et va s'asseoir sur le canapé. Puis compose un numéro.)* Allô ?

*Noir.*

# ACTE IV

## 1

*Stéphane est installé sur le canapé comme au début. Le téléphone est maintenant posé sur la table. Marie entre. Elle s'arrête net, quand elle le voit.*

MARIE : Tu es toujours là… Décidément, tu as choisi de me harceler ! Tu sais comment ça s'appelle, ce que tu me fais ? Du harcèlement !

STÉPHANE : *(se lève)* Attends avant de te fâcher…

MARIE : Que j'attende ? Ça fait dix jours que j'attends !

STÉPHANE : C'est pour toi que je suis resté.

MARIE : Pour moi, tu ne peux faire qu'une seule chose, je te l'ai déjà assez dit, c'est partir ! Tu sais ce que ça veut dire ?

STÉPHANE : Mais j'étais justement en train de partir. Seulement, entretemps, Stéphane est arrivé.

MARIE : Je ne te crois pas.

STÉPHANE : Si ! Il avait un peu d'avance.

MARIE : Et il est où maintenant ?

STÉPHANE : Il ne préférait pas attendre ici. Il avait des coups de fil à passer. Tu vois, on a pris un verre…

MARIE : Je t'avais dit que je ne voulais pas qu'il te voie !

STÉPHANE : C'est lui qui est arrivé en avance. Pas moi qui suis parti en retard… Il ne faut pas confondre les rôles ! On a un peu parlé, c'est tout. Il est très sympathique, d'ailleurs.

Non, vraiment. Je suis content pour toi. Il est… bien, ce type.

**MARIE :** Il est où ?

**STÉPHANE :** Je t'ai dit, il a préféré aller directement au restaurant. Il m'a dit de te dire qu'il t'attendait là-bas. Tu vois, c'est pour ça que je suis encore là. Pour te faire la commission. Sinon, je serais déjà dehors.

**MARIE :** Et là, il m'attend au restaurant ?

**STÉPHANE :** *(lui servant un verre)* Oui, il t'attend là-bas. Il m'a dit de te dire qu'il t'attendait. Il avait de l'avance et des coups de fil à passer.

**MARIE :** Bon.

**STÉPHANE :** Il est avocat, il m'a dit.

**MARIE :** Oui, oui. Mais toi…

**STÉPHANE :** Oui… Je pars, ne t'en fais pas ! J'ai rendez-vous.

**MARIE :** Avec elle ?

**STÉPHANE :** Oui. Adeline.

**MARIE :** Tu lui as dit la vérité ?

**STÉPHANE :** Je me suis arrangé. Tu avais raison. Je ne pouvais pas rester comme ça. C'était ridicule. Je l'ai appelée ! Si tu savais ! Je suis excité à l'idée de la revoir ce soir… Dix jours, quand même !

**MARIE :** Oui. Bon. Je vais me changer, et après on y va.

**STÉPHANE :** Tu changes de robe ?

**MARIE :** Après ce que tu m'as dit !

**STÉPHANE :** C'était seulement à titre d'exemple…

**MARIE :** Oui, enfin, j'ai bien compris…

**STÉPHANE :** Non, reste, je te demande pardon. Tu es très belle. Reste comme ça. Tu es très belle dans cette robe.

**MARIE :** Tu as dit l'inverse tout à l'heure.

**STÉPHANE :** Oui, mais c'était de l'emportement. Tu sais comme je suis. Plutôt excessif.

**MARIE :** Et infantile.

**STÉPHANE :** Et ridicule. Oui ! Mais crois-moi, tu es belle. Reste comme ça.

**Marie :** Tu trouves ?

**Stéphane :** Je te dis.

**Marie :** Bon, d'accord.

**Stéphane :** Voilà. Mais ne sois pas trop en retard pour Stéphane, quand même…

**Marie :** Je vais y aller. Je n'ai rien oublié ? *(Elle va chercher son sac.)* Et toi, alors ? Tu disais que tu l'avais appelée ?

**Stéphane :** Oui. J'ai fini par le faire.

**Marie :** Tu es prêt ? J'aimerais autant fermer la porte derrière toi… Et donc tu vas lui montrer ta chambre de bonne ?

**Stéphane :** Je ne sais pas encore. Mais ne m'attends pas ! Tu vas être en retard… Vas-y ! Je fermerai derrière moi, en sortant…

**Marie :** À propos, si j'ai bien compris, quand elle est venue ici, la dernière fois, Adeline, tu lui as fait croire que c'était ton appartement, non ?

**Stéphane :** On peut le dire comme ça…

**Marie :** Elle va être surprise !

**Stéphane :** Pardon ?

**Marie :** *(rigolant)* Ta chambre…

**Stéphane :** Quoi ?

**Marie :** *(début de fou rire)* Rien ! J'imagine juste sa tête, c'est tout !

**Stéphane :** Arrête…

**Marie :** Je te présente ma chambre ! Si tu trouves qu'elle ressemble à une poubelle, ne t'inquiète pas, c'est normal ! C'en est une !

**Stéphane :** Elle se moque de moi !

**Marie :** Qu'est-ce que tu vas lui dire ?

**Stéphane :** Ça ne te regarde pas.

**Marie :** Oh ! il est vexé…

**Stéphane :** Est-ce que je me moque, moi, de ton type ?

**Marie :** De mon type ?

**Stéphane :** Oui ! De Stéphane, là ! Non ! Alors, s'il te plaît… Bon, dépêche-toi, tu es déjà en retard !

**MARIE :** Il t'a dit directement au restaurant ? C'est bizarre…
Pourquoi il n'a pas attendu ici, comme convenu ?

**STÉPHANE :** Je ne sais pas. Allez !

**MARIE :** Il devait être gêné. À cause de toi. Il a dû préférer
attendre seul.

**STÉPHANE :** C'est ça. Et il avait des coups de fil à passer.

*Il l'emmène vers la porte de sortie.*

**MARIE :** Des coups de fil ? Attends…

**STÉPHANE :** Quoi ?

**MARIE :** Non… Je vois… Ce ne serait pas toi, par hasard…

**STÉPHANE :** Moi ? Quoi, moi ?

**MARIE :** Oui, toi ! Tu lui as dit d'attendre en bas ? Au restaurant !

**STÉPHANE :** *(rire nerveux)* Moi ? Mais non ! Pourquoi aurais-je
fait ça ?

**MARIE :** Peut-être que c'est toi, au fond, que ça gênait.
D'être là, à deux. À m'attendre. Lui et toi.

**STÉPHANE :** Et après ? Ma gêne aurait seulement été un
hommage pour toi. Une petite jalousie.

*Il la pousse presque vers la porte.*

**MARIE :** Tu es jaloux ?

**STÉPHANE :** Non !

**MARIE :** Si, tu viens de le dire.

**STÉPHANE :** Mais non ! Écoute, on en discutera une prochaine
fois… Il faut que tu y ailles.

**MARIE :** Tu as l'air pressé ?

**STÉPHANE :** Moi ?

**MARIE :** Oui. Depuis tout à l'heure, tu as l'air pressé…

**STÉPHANE :** Non.

**MARIE :** Tu attends quelqu'un ?

**STÉPHANE :** *(faussement scandalisé)* Moi ?

**MARIE :** *(très calmement)* Oui… Tu attends Adeline, je me
trompe ? Tu lui as donné rendez-vous ici ! Parce qu'elle
croit que tu habites ici. Tu ne peux pas la ramener dans
ta chambre de bonne. Alors tu as dit à Stéphane de
m'attendre au restaurant… Puis tu m'envoies là-bas…

**STÉPHANE :** Pas du tout !

**MARIE :** J'en suis sûre…

**STÉPHANE :** C'est la meilleure ! On rend des services, et après, voilà comment on est remercié ! Tu parles d'une amie !

**MARIE :** Je sais que tu es capable de faire ça. Tu es capable de passer une soirée ici avec ta copine…

**STÉPHANE :** Moi ?… Moi ?… Moi, je serais capable ? de ça !

**MARIE :** Oui.

**STÉPHANE :** Je te ferais dire que si je suis encore dans l'atmosphère asphyxiante de ton appartement, ce n'est que pour te faire les commissions de ton type, là !

**MARIE :** Tu vois, tu es jaloux !

**STÉPHANE :** Ah, ah, ah !

**MARIE :** Donc, tu n'attends personne ?

**STÉPHANE :** Personne.

**MARIE :** Donne-moi une preuve que tu ne l'attends pas !

**STÉPHANE :** Des preuves ? Il n'y a que ça autour de nous !

**MARIE :** Ah oui ?

**STÉPHANE :** Oui. Tu vois bien… *(Marie traverse la scène et va s'asseoir sur le canapé.)* Qu'est-ce que tu fais ?

**MARIE :** J'attends les preuves.

**STÉPHANE :** *(embêté)* Mais Stéphane… Pense à lui… Tout seul au restaurant…

**MARIE :** Je sais que tu as donné rendez-vous chez moi à cette fille.

**STÉPHANE :** Ne dis pas n'importe quoi.

**MARIE :** Eh bien, nous allons voir.

**STÉPHANE :** Tu ne vas pas attendre ici jusqu'à ce qu'elle arrive !

**MARIE :** Jusqu'à ce qu'elle arrive ? Tu vois ! Tu viens d'avouer !

**STÉPHANE :** Mais non…

**MARIE :** Tu viens de me dire qu'elle allait arriver ! Je le savais… Alors là, tu vas me le payer, mon vieux.

**STÉPHANE :** Sois adulte, un peu…

**MARIE :** Tu vas voir ! Je vais l'attendre ici. Et je vais lui expliquer ton manège ! Elle sera sûrement surprise d'apprendre qui tu es *réellement* !

STÉPHANE : *(doucement)* Arrête… Ne fais pas l'idiote ! Tu ne vas pas tout lui dire… Et Stéphane qui t'attend…

MARIE : Ne t'approche pas de moi ! Je vais lui dire que tu t'es bien moqué d'elle… Toi, diplomate ? Elle va être surprise…

STÉPHANE : Tu vas attendre là ?

MARIE : Elle ne va pas tarder, j'en suis sûre. Vu comme tu étais pressé que je parte… Tu devais avoir peur que je la croise…

STÉPHANE : Tu attendras longtemps.

MARIE : C'est ce qu'on verra. C'est le moment où tu vas devoir déposer tes masques ! Je vais te dire une chose… Quand je t'ai rencontré, tu coulais…

STÉPHANE : Je quoi ?

MARIE : Tu coulais. Je dois reconnaître que cela m'a touché, au début. Je sais pas, j'avais bêtement envie de te sauver… Et puis, je me disais : quand on coule, au moment où on touche le fond, on ne peut que remonter ! Eh bien, je me suis trompée : avec toi, c'est différent… Quand tu touches le fond, tu continues de creuser !

STÉPHANE : Elle ne viendra pas, je te dis. Parce qu'elle n'existe pas ! Adeline n'existe pas.

MARIE : Je m'en fous. Je l'attends quand même.

STÉPHANE : C'est une pure invention. L'histoire de New York, tout ça. Je t'ai raconté ce qui me passait par la tête…

MARIE : Je ne te crois pas.

STÉPHANE : Ça ne sert à rien de faire attendre ton pauvre type au restaurant… Je te dis que j'ai tout inventé.

MARIE : Pourquoi ?

STÉPHANE : Parce que. Je n'ai jamais rencontré d'Adeline à un dîner, c'est tout. Tu me vois dire à une fille que j'habite à New York juste pour l'impressionner ? Mentir, comme ça, me faire diplomate ? Je ne suis pas débile, quand même…

**MARIE :** Alors pourquoi tu m'as dit tout ça ? C'était pour rester dans mon appartement ? Tu m'as raconté que tu étais amoureux pour que je ne te foute pas à la porte, c'est ça ? Pour profiter de mon appartement !

**STÉPHANE :** *(de plus en plus gêné)* Mais non… Tu me prends vraiment pour un…

**MARIE :** Oui !

**STÉPHANE :** Ah ? Très bien. Au moins, les choses sont claires.

**MARIE :** *(se lève et s'apprête à le taper)* Ton histoire d'amour, tout ça pour squatter mon canapé ! Tu n'as vraiment aucun orgueil… C'est toi, le pauvre type !

**STÉPHANE :** Doucement ! Ça n'a rien à voir avec ton appartement, je te dis ! Et contrairement à ce que tu dis, je ne suis pas un profiteur…

**MARIE :** Ah, oui ?

*Elle le menace encore physiquement. Il a peur.*

**STÉPHANE :** Tu sais pourquoi je t'ai inventé tout ça ? Si je te le dis, promets-moi de rejoindre immédiatement Stéphane…

**MARIE :** Je n'ai aucune promesse à te faire !

**STÉPHANE :** Si je t'ai inventé toute cette histoire, oui, c'est effectivement pour que tu ne puisses pas me mettre dehors…

**MARIE :** Je le savais !

**STÉPHANE :** Mais contrairement à ce que tu dis, ce n'était pas pour profiter de ton appartement… C'était pour vivre quelques jours auprès de toi. Voilà, tu sais tout. Je suis amoureux. D'ailleurs, je te l'ai déjà dit, mais tu n'as rien voulu entendre.

**MARIE :** Quoi ?

**STÉPHANE :** Je reconnais que je suis jaloux, c'est vrai. D'Antoine.

**MARIE :** Stéphane !

**STÉPHANE :** Oui, c'est ça. J'ai inventé cette histoire de fille pour…

**MARIE :** Pour ?

**STÉPHANE :** Je te l'ai dit. Pour vivre encore un peu auprès de toi…. C'est tout. C'est un peu bête, je sais. Mais j'avais envie d'être là… Qu'on se voie… Je me suis mis sur ton canapé parce que je ne pouvais plus me mettre dans ton lit !

*Un temps.*

**MARIE :** Pourquoi tu ne me l'as pas dit plus tôt ?

**STÉPHANE :** Je n'ai pas osé.

**MARIE :** Nicolas…

**STÉPHANE :** Je sais, c'est infantile.

**MARIE :** Tu me dis ça… Je…

**STÉPHANE :** Oui.

**MARIE :** Comment veux-tu que j'aille maintenant dîner avec… ?

**STÉPHANE :** Avec ton pauvre type ? Il faut que tu y ailles. Pour moi… Pour lui !

**MARIE :** Nicolas… Et si on restait tous les deux… Ce soir…

**STÉPHANE :** C'est plus compliqué que ça… Et tu as rendez-vous… Tu es en retard…

**MARIE :** Oui, mais tu vois, je n'ai plus envie d'y aller… Je m'en moque de Stéphane, tu sais. C'est sans importance pour moi…

**STÉPHANE :** Oui, mais on ne peut pas faire ça comme ça. Au dernier moment ! Ça se prévoit ! En tout cas, ça ne s'improvise pas.

**MARIE :** Tu ne veux pas ? Nicolas…

*On sonne.*

**STÉPHANE :** Hein ? Si ! Mais tu vois, ce n'est plus possible. On sonne… Stéphane doit être revenu te chercher… C'est normal, ça fait une demi-heure qu'il attend dans le restaurant d'en bas… Imagine : *une demi-heure* ! Voilà, voilà, on arrive ! Mais une prochaine fois… Écoute, tu vas passer une bonne soirée avec lui ! Et on en reparlera demain… Hein ?

*Il va ouvrir. C'est Adeline.*

**ADELINE :** Bonjour !

**MARIE :** *(à part)* Quoi ?

**STÉPHANE :** Ah… Adeline ! Tiens…

**ADELINE :** Je suis un peu en avance… Comment tu vas ?

**STÉPHANE :** Bien, bien… Mais…

*Il regarde sa montre.*

**MARIE :** *(à part)* Quel enfoiré…

**ADELINE :** Ça me fait plaisir de te revoir, tu sais !

**STÉPHANE :** Oui, oui. Ça fait toujours plaisir. C'est sûr.

**ADELINE :** Tu m'as manqué… *(Elle l'embrasse. Un temps.)* Je peux entrer ?

**STÉPHANE :** Si tu peux entrer ?

*Il regarde vers Marie. Un temps.*

**ADELINE :** Oui. Je veux dire, à l'intérieur.

**STÉPHANE :** Ah ! à l'intérieur ! Bien sûr. Entre.

*Elle entre.*

**ADELINE :** Je ne m'attendais pas du tout à ton appel, tu sais ! Pour moi, tu étais toujours à New York ! J'avais un dîner. Je l'ai annulé au dernier moment… *(Elle s'arrête net.)* Bonjour.

**MARIE :** Bonsoir.

**ADELINE :** Oui, « bonsoir ». Adeline…

*Elles se serrent la main.*

**MARIE :** Oui, oui, je sais qui vous êtes. Nicolas m'a beaucoup parlé de vous !

**ADELINE :** Ah ? En bien, j'espère.

*Un temps.*

**STÉPHANE :** Bon. Alors… Marie, on ne va pas te retarder. Et puis, Stéphane est tout seul au restaurant… Ça nous embêterait d'empiéter sur votre soirée ! Si, vraiment ! Vis-à-vis de lui, surtout. Alors, on va te dire au revoir. Plus vite tu seras partie, plus vite, euh… tu seras partie ! Je veux dire, plus vite tu seras avec Stéphane !

**Marie :** *(calmement)* C'est gentil de te soucier de notre soirée. Mais, à vrai dire, j'ai encore un peu de temps. Adeline, je vous sers quelque chose. Du vin, par exemple ?

**Adeline :** Oui, avec plaisir.

**Marie :** Nicolas ?

**Stéphane :** Euh… Je pourrais en avoir besoin, merci.

*Marie sert les verres. Stéphane fait des grimaces à Adeline comme pour lui faire comprendre que Marie est une folle.*

**Marie :** Alors comme ça, Adeline, vous êtes dans les Relations internationales ?

**Adeline :** *(en prenant le verre)* Merci. Oui, enfin je suis encore étudiante. Mais dans les Relations internationales, c'est vrai.

**Stéphane :** Ah ! les études à Paris ! Paris est une ville épatante…

**Marie :** Comme Nicolas, en somme.

**Adeline :** Oui.

**Marie :** À propos, Nicolas, ta semaine à New York ? Tu n'as même pas eu le temps de nous raconter !

**Stéphane :** Euh… En fait, pour expliquer, Marie est une amie d'enfance.

**Adeline :** Ah ?

**Stéphane :** Oui. Nous nous sommes connus quand nous étions enfants.

**Adeline :** Je vois.

**Stéphane :** Voilà. Elle n'a pas beaucoup changé, d'ailleurs. Oui, toujours cette tête un peu… À l'école, tout le monde l'appelait la teigne !

**Adeline :** La teigne ?

**Stéphane :** Oui, c'était son surnom. Parce qu'elle était toujours là, à… Enfin comme une teigne !

**Marie :** Alors… Ta semaine ! On est excitées de savoir… New York !

**Stéphane :** Oh… Ça a été une semaine assez… banale. Tout ce qu'il y a de plus banale… Je veux dire, composée de sept jours. Dont un mercredi !… Enfin, notamment !

**MARIE :** Ça alors ! J'ai toujours rêvé de vivre à New York ! Pas vous ?

**ADELINE :** Si ! J'adorerais vivre à New York !

**STÉPHANE :** C'est vrai ? Moi aussi ! Je veux dire, surtout depuis que j'y vis ! C'est une ville épatante ! Oui, c'est vraiment le mot qui convient : épatante ! Cette énergie ! Cette perpétuelle activité ! Ce sentiment de foisonnement, de dureté ! Cette…

**MARIE :** *(lui proposant du vin)* Un autre, Nicolas ?

**STÉPHANE :** Oui. Merci… Stop.

**MARIE :** Oh ! marié dans l'année ! C'est vraiment ta soirée, dis-moi… Et vous, Adeline, il paraît que vous habitez dans le quartier ?

**ADELINE :** Oui. Un peu plus loin vers le boulevard. Mais ce n'est pas comme ici. Je veux dire, c'est beaucoup plus petit. Je ne sais pas ce que vous en pensez, mais je le trouve vraiment très beau, moi, cet appartement !

**STÉPHANE :** Ah ? C'est gentil.

**MARIE :** C'est sûr que tout le monde n'a pas la chance d'en avoir un comme ça !

**ADELINE :** Non. La décoration est vraiment…

**MARIE :** Raffinée…

**ADELINE :** Oui. Très raffinée.

**STÉPHANE :** *(en se raclant un peu la gorge)* Oh ! ce n'est qu'un modeste pied-à-terre… Pour quand je viens à Paris.

**ADELINE :** Et à New York ? Tu habites dans…

**MARIE :** Vous n'avez jamais vu où il habite à New York ?

**ADELINE :** Non…

**MARIE :** Vous devriez, c'est *épatant* !

**ADELINE :** Ah bon ?

**STÉPHANE :** Non, elle exagère…

**MARIE :** Pas du tout. On n'imaginerait pas une seule seconde qu'un diplomate international y habite ! Surtout un diplomate de ce standing…

**ADELINE :** *(amusée)* Pourquoi ?

**Stéphane :** Elle exagère, je te dis.

**Marie :** C'est minuscule. Sans lumière. Humide. Une sorte de cave puante… Ça fait froid dans le dos quand on sait que c'est là qu'il passe l'essentiel de son temps !

**Adeline :** *(riant)* Et vous, vous habitez où ?

**Marie :** Dans un appartement qui ressemble beaucoup à celui-là…

**Adeline :** Ah ? Quelle chance ! Dans quel quartier ?

**Stéphane :** Adeline, un autre verre de vin ?

**Marie :** La bouteille est vide, Nicolas…

**Stéphane :** C'est juste.

**Adeline :** Et mon verre est plein…

**Stéphane :** Ah ? C'est vrai.

**Marie :** Par contre, si tu avais la gentillesse de nous en ouvrir une autre…

**Stéphane :** Euh… Bien sûr. Mais…

**Marie :** Tu dois en avoir en réserve, non ? C'est trop triste sans vin.

**Stéphane :** C'est vrai. Mais en même temps, je me disais, comme tu ne vas pas tarder à rejoindre Stéphane…

**Adeline :** On la finira tous les deux !

**Stéphane :** D'accord. *(Il se lève, et à part.)* Très bien. Me voilà bien. Où sont rangées les bouteilles ?… Où sont ces putains de bouteilles ?… *(Haut.)* Un instant ! Je vais voir à la cuisine !

*Dans le dos d'Adeline, Stéphane fait des signes muets à Marie pour lui dire de partir. Puis il sort.*

**Marie :** Alors ? Vous vous connaissez depuis longtemps ?

**Adeline :** Nicolas et moi ? On s'est rencontrés il y a à peine dix jours ! C'était juste avant son retour à New York. Malheureusement.

**Marie :** Oui, c'est vrai que ce n'est jamais facile. Une relation à longue distance.

**Adeline :** Non. Mais je me dis que… Enfin, on ne sait jamais.

**Marie :** Peut-être qu'il reviendra un jour vivre à Paris.

**ADELINE** : Oui.

**MARIE** : Peut-être même plus tôt que prévu !

**ADELINE** : Qui sait ?

**MARIE** : En tout cas, il a l'air très amoureux.

**ADELINE** : Vous trouvez ?

*Stéphane apparaît sur le seuil de la porte, comme désœuvré et confus.*

**STÉPHANE** : Euh… Je suis désolé… Je ne sais plus où je range mes bouteilles… Ça doit être le décalage horaire… De quoi vous parliez ?

**MARIE** : Cherche peut-être dans le cagibi !

**STÉPHANE** : Le cagibi ?

**MARIE** : En général, les gens qui oublient où ils rangent leurs bouteilles les rangent toujours dans leur cagibi !

**ADELINE** : Ah ?

**STÉPHANE** : Je vais voir. On ne sait jamais.

**MARIE** : À droite à côté du cabinet de toilette ! *(Stéphane sort à nouveau.)* À propos, pendant qu'il est là-bas… Il y a quelque chose dont il faut que je vous parle…

**ADELINE** : Oui…

**MARIE** : Mais c'est un peu délicat.

**ADELINE** : Je vous écoute.

**MARIE** : Voilà. Tout à l'heure, vous m'avez demandé où j'habitais. Je vous ai répondu : « Dans un appartement qui ressemble beaucoup à celui-là », vous vous souvenez ?

**ADELINE** : Oui, c'était il y a une minute…

**MARIE** : Eh bien, si je vous ai répondu que l'appartement dans lequel je vis ressemble à celui-là, c'est tout simplement parce que c'est celui-là.

**ADELINE** : Comment ça ?

**MARIE** : Oui.

**ADELINE** : Dans l'appartement de Nicolas ?

**MARIE** : Enfin pour le moment.

**ADELINE** : Je ne comprends pas.

**MARIE** : C'est assez simple. Nicolas ne vous l'a pas dit directement. Il n'a peut-être pas osé.

**ADELINE :** Mais quoi ?

**MARIE :** Quand Nicolas est à New York, c'est moi qui occupe cet appartement. En tant que locataire, vous comprenez ?

**ADELINE :** Ah ?

**MARIE :** Comme il est revenu en dernière minute, il n'a pas eu le temps de vous prévenir de notre cohabitation. Et je crois qu'il est un peu gêné.

**ADELINE :** Gêné ?

**MARIE :** Oui, parce que cette nuit, je suis censée dormir ici. Avec mon fiancé.

**ADELINE :** Ah ?

**MARIE :** Il n'ose pas vous le dire depuis tout à l'heure. Je le vois tourner autour du pot. C'est pour ça que je vous en parle simplement.

**ADELINE :** Oui.

**MARIE :** Je crois que ce qui lui ferait vraiment plaisir…

**ADELINE :** Oui ?

**MARIE :** … ce serait que vous l'emmeniez chez vous.

**ADELINE :** Chez moi ?

**MARIE :** Oui. Ça lui éviterait de vous expliquer la situation… Ça le soulagerait.

**ADELINE :** Que je lui propose d'aller chez moi, plutôt qu'ici ? Pour passer la nuit, vous voulez dire ?

**MARIE :** Oui. Vous savez comment sont les hommes, toujours un peu orgueilleux. Ça l'embête de devoir vous demander s'il peut aller chez vous. C'est pour ça que je préfère vous en parler directement. Discrètement. Vous comprenez ?

**ADELINE :** Oui. Bien sûr.

**MARIE :** Vous lui dites juste que vous voulez lui montrer votre appartement. Ça suffira. Vous ne lui dites pas que je vous l'ai dit. Sinon, je le connais, il serait mal à l'aise.

**ADELINE :** Très bien. C'est ce que je ferai, si ça peut arranger. Mais c'est très petit chez moi…

**MARIE :** Aucune importance. Vous avez un canapé ?

**ADELINE :** Pardon ?

**MARIE :** Oui, un canapé comme celui-là. Vous en avez un ?

**ADELINE :** Euh… Oui.

**MARIE :** Alors ça sera parfait.

**ADELINE :** Ah ?

**MARIE :** Oui. Il adore les canapés ! *(Adeline rigole, un peu mal à l'aise.)* Voilà. Bon. J'étais ravie. Il faut que j'y aille.

**ADELINE :** Déjà ?

**MARIE :** On m'attend dans un restaurant, en bas. Alors à bientôt.

**ADELINE :** Oui, à bientôt.

**MARIE :** Et merci encore.

**ADELINE :** Pas de quoi.

**MARIE :** Au revoir… Et surtout bon courage !

*Marie sort.*


### 3

*Adeline va s'asseoir sur le canapé. Stéphane entre.*

**STÉPHANE :** Et voilà ! Une bouteille, une ! Elle est où ?

**ADELINE :** Elle a dû partir à son rendez-vous.

**STÉPHANE :** Vraiment ?

**ADELINE :** Oui.

**STÉPHANE :** Elle est partie ? C'est vrai ? Ah, ah ! tant mieux… Je suis désolé de te l'avoir imposée ! Je ne savais plus comment m'en débarrasser ! Ah ! on se retrouve enfin ! Tu es belle ! Un autre verre ? Tu sais, toute la semaine, j'ai pensé à toi. Toute la semaine ! Je n'avais qu'un seul désir : rentrer en France pour te voir ! À cause de toi, maintenant, je déteste New York ! À la tienne !

**ADELINE :** Tu sais, Marie m'a tout dit.

**STÉPHANE :** *(avalant de travers)* Pardon ?

**ADELINE :** Elle m'a tout expliqué. Pour l'histoire de l'appartement.

STÉPHANE : Ah ?

ADELINE : Oui.

STÉPHANE : Pour l'histoire de l'appartement ? C'est-à-dire…
Par rapport au fait que…

ADELINE : Concernant ce que tu n'osais pas me dire…

STÉPHANE : Ah ?

ADELINE : Elle me l'a dit pendant que tu cherchais ta bouteille…

STÉPHANE : Ce n'est pas du tout ce que tu crois !

ADELINE : Je ne crois rien, moi. Elle m'a juste expliqué la
situation.

STÉPHANE : Tu ne l'as pas crue, j'espère ! Tu as vu comme
elle exagère depuis le début ? On ne peut pas croire à ce
qu'elle dit ! Elle est mythomane ! Son histoire de cave, à
New York ! Pure fantaisie ! On ne peut pas croire à ce
qu'elle dit ! Moi, je serais disquaire ?

ADELINE : Pardon ?

STÉPHANE : Moi ? moi, je serais disquaire ? *(Un temps.)* Non…
C'est une façon de te dire de ne pas prendre au sérieux ce
qu'elle t'a dit. D'ailleurs, qu'est-ce qu'elle t'a dit ?

ADELINE : Écoute, je te le dis simplement, on n'a qu'à aller
chez moi…

STÉPHANE : Oui, si tu veux. Mais je serais curieux de savoir
ce qu'elle t'a dit.

ADELINE : Seulement ce qu'il faut savoir ! On y va ? Mais je
te préviens, c'est tout petit…

STÉPHANE : Ce qu'il faut savoir pour quoi ?

ADELINE : Pour rien.

STÉPHANE : Ah ? Par exemple, qu'est-ce qu'elle t'a dit sur
New York ?

ADELINE : Sur New York ?

STÉPHANE : Oui. Elle a dit quelque chose ? Je veux dire,
quelque chose qui aurait retenu ton attention ?

ADELINE : Non.

STÉPHANE : Et sur le fait d'être disquaire…

**Adeline :** Sur le fait d'être disquaire ? Ça veut dire quoi ?

**Stéphane :** Hein ?

**Adeline :** Je ne vois pas ce que tu essaies de me faire comprendre… Allez viens, on y va…

**Stéphane :** En somme, elle ne t'a rien dit de litigieux sur moi.

**Adeline :** Rien. Mais pourquoi tu me regardes comme ça ? Tu as l'air terrorisé…

*Un temps.*

**Stéphane :** Moi, terrorisé ? Oui, c'est vrai. Par toi. À l'instant où je t'ai vue pour la première fois, d'ailleurs, il y avait déjà quelque chose comme de la terreur.

**Adeline :** Chez Jeanne ?

**Stéphane :** Oui. On est arrivés tous les deux au même moment devant son immeuble, tu te souviens ?

**Adeline :** Oui. On a pris l'ascenseur ensemble.

**Stéphane :** Et c'est là, c'est dans l'ascenseur, qu'il s'est passé quelque chose. Quelque chose autour de quoi la terreur s'est enroulée comme une possibilité ultime.

**Adeline :** Moi, j'ai tout de suite été attirée par toi.

**Stéphane :** Il y a d'abord eu l'ascenseur. Puis le dîner. Nous étions assis l'un à côté de l'autre.

**Adeline :** C'est vrai.

**Stéphane :** Puis je t'ai demandé ton numéro de téléphone. Je devais repartir le lendemain matin pour New York, mais je te l'ai quand même demandé…

**Adeline :** Oui, d'une façon assez directe. D'une façon brutale, même. Et c'est justement ce qui m'a plu. C'était l'inverse de la terreur. J'ai compris que tu n'avais pas peur de moi. Je l'ai compris à ta façon de me demander mon numéro.

**Stéphane :** Je ne pouvais pas faire autrement. *(Avec un faux accent anglais.)* « Pour tout vous dire : j'avais peur d'avoir été trop direct… Ce coup de fil… Mais avouez que je ne pouvais pas vous laisser partir comme ça. Ne jamais plus vous revoir, ce n'était pas possible… Vous m'en voulez ? »

**Adeline :** Au contraire ! Je te dis que c'est ce qui m'a plu. Le lendemain, tu m'as rappelée. Tu m'as donné rendez-vous dans le bar d'un grand hôtel. Tu avais un costume anglais. Très élégant. En velours. Il n'y avait pratiquement personne. Un pianiste jouait seul, un morceau, un air triste. Ça donnait une ambiance… particulière. Je ne sais pas : comme s'il allait se passer quelque chose de particulier.

STÉPHANE : Il était tard, c'était juste après ton concert.

ADELINE : Oui. Nous avons bu des perroquets.

STÉPHANE : Pastis, liqueur de menthe !

ADELINE : *(comme dans un rêve)* Puis l'heure est venue où il est préférable d'aller se coucher. Nos deux chambres sont au même étage. Il me dit qu'il regrette de ne pas être venu à mon concert. C'est ce qu'il me dit. Dans l'ascenseur, il m'embrasse encore une fois. Je me laisse faire, c'est vrai. Ses lèvres contre les miennes. Et sa main, dans mon dos. À ce moment-là, j'ai un peu peur de ce qu'il va se passer ensuite. De là où il veut en venir avec moi. Nous nous arrêtons au troisième étage. Il m'accompagne devant ma porte. Il se tient devant moi, avec son air anglais. Il me demande s'il peut entrer. Il me le demande brutalement, sans détour. Mais avec une voix pleine de politesse. Il me dit : « Est-ce que je peux entrer ? » C'est tout, je te promets. Il faut que tu me croies. Je lui dis *non*. Il n'insiste pas. Il reste courtois. Il me souhaite une bonne nuit. Et l'orage passe. L'orage est passé. C'est exactement comme ça que ça s'est passé, rien de plus, tu dois me croire. Il ne s'est rien passé entre lui et moi !

*Un instant.*

STÉPHANE : Salope !

ADELINE : Tu ne me crois pas ?

STÉPHANE : Il est monté avec toi…

ADELINE : Oui.

STÉPHANE : Tu portais les sous-vêtements que tu avais achetés dans la journée…

ADELINE : Arrête…

**Stéphane :** Devant ta porte, il t'a demandé s'il pouvait entrer, c'est ça ?

**Adeline :** Oui. Mais…

**Stéphane :** Mais tu lui as dit non.

**Adeline :** Je lui ai dit non. Je pensais à toi, Nicolas. Tu ne me crois pas ?

**Stéphane :** Comment pourrais-je savoir ?

**Adeline :** Tu ne peux pas savoir, c'est vrai. Tu es condamné à douter. Ou à me faire confiance. C'est au choix. Mais je te dis qu'il ne s'est rien passé. On t'a mal informé !

**Stéphane :** Et après ?

**Adeline :** Et après, rien ! Il n'y a pas d'après ! Le lendemain, j'ai pris l'avion de Nice, et je ne l'ai plus jamais revu.

**Stéphane :** Tu l'as quand même embrassé…

**Adeline :** Je sais. Un moment d'égarement. C'est tout. Mais on ne quitte pas une femme pour un baiser. Ce n'est pas un drame non plus…

**Stéphane :** Pour moi, si.

*On sonne.*

**Adeline :** On sonne !

**Stéphane :** Oui…

**Adeline :** C'est qui ?

**Stéphane :** C'est sans doute Stéphane. Il t'attend depuis une demi-heure. Dans le restaurant d'en bas. Je vais ouvrir. On ne fait pas attendre son nouveau fiancé une demi-heure dans un restaurant…

4

*Nicolas entre.*

**Stéphane :** Stéphane ! Le retour !

**Nicolas :** Oui, elle n'est pas venue, alors… Ah ! tu es là !

**Stéphane :** Oui, vous vous êtes loupés ! C'est trop bête ! Elle vient d'arriver.

**ADELINE :** Je suis désolée… J'ai été mise en retard.

**NICOLAS :** Ce n'est pas grave. Comment tu vas ? Tu as l'air troublée…

**ADELINE :** Troublée ? Non. Mais je croyais qu'on avait rendez-vous ici, pour boire un verre avant d'aller dîner.

**STÉPHANE :** Stéphane est passé tout à l'heure, mais tu n'étais pas là. Il avait même apporté une bouteille.

**NICOLAS :** On l'a ouverte sans toi… Tu sais ce que c'est.

**STÉPHANE :** Elle est vide maintenant… Mais nous ne sommes pas à court… Un verre ?

**ADELINE :** Pas pour moi, merci. J'ai déjà un peu la tête qui tourne. Et puis, on va peut-être y aller, non ?

**NICOLAS :** Oui. Ils me regardaient d'un drôle d'œil, au restaurant. J'étais assis là-bas. Pendant une demi-heure. Je t'attendais. Seul. Je me suis demandé un moment si tu n'allais pas… Enfin, j'ai préféré monter. Je ne te voyais pas arriver. J'ai eu peur qu'il te soit arrivé quelque chose.

**ADELINE :** Non, non. C'est gentil. Tout va bien. J'ai juste un peu la tête qui tourne.

**NICOLAS :** Ah ? C'est de plus en plus courant, à ce qu'il paraîtrait, d'avoir une sorte de mal de tête, la tête qui tourne…

**STÉPHANE :** Ah bon ?

**NICOLAS :** Oui.

**ADELINE :** Moi, je ne sais pas comment je fais, je suis toujours en retard.

**STÉPHANE :** C'est à cause de moi. On discutait. On se rappelait les bons souvenirs.

**NICOLAS :** Je vois.

**STÉPHANE :** Les souvenirs d'avant.

**NICOLAS :** Ah ?

**ADELINE :** Bon, on y va ?

**STÉPHANE :** L'époque où nous étions proches, elle et moi…

**NICOLAS :** Très bien.

**STÉPHANE :** Au début, on se dit que tout ira bien. Le temps des toujours ! Avant les irrémédiables trahisons !

**ADELINE :** Arrête Nicolas, il faut qu'on y aille maintenant… Stéphane attend déjà depuis une demi-heure. Et j'ai mal à la tête. Allez, laisse-nous passer !

**STÉPHANE :** C'est vrai, c'est vrai. C'est moche, une demi-heure d'attente…

**NICOLAS :** Bon… Nicolas, j'étais ravi…

**STÉPHANE :** C'est *moi*.

**NICOLAS :** Pardon ?

**STÉPHANE :** C'est moi. J'étais ravi. Mais méfiez-vous…

**NICOLAS :** Quoi ?

**STÉPHANE :** Je dis : méfiez-vous !

*On sonne.*

**NICOLAS :** Ah ! je crois savoir qui c'est.

**STÉPHANE :** Qui ?

**NICOLAS :** Adeline !

**ADELINE :** Quoi ? *(À Stéphane.)* C'est une fille qu'il a rencontrée la semaine dernière et à laquelle il fait croire qu'il est diplomate à New York !

**STÉPHANE :** Ah ? Pourquoi ?

**ADELINE :** Je savais que tu lui avais donné rendez-vous chez moi… Je le savais ! *(À Stéphane.)* Il lui a donné rendez-vous chez moi, comme si c'était chez lui !

5

*Nicolas ouvre la porte. Marie entre.*

**MARIE :** Bonjour !

**NICOLAS :** Comment vas-tu ? Entre !

**ADELINE :** Bonsoir.

**NICOLAS :** Je vous présente Adeline. On s'est rencontrés la semaine dernière. Avant mon retour à New York.

**MARIE :** Enchantée.

*Elles se serrent la main. Puis tous les personnages se serrent la main en se disant : « Enchanté », comme s'ils se voyaient tous pour la première fois.*

**ADELINE :** Vous arrivez juste au bon moment.

**MARIE :** Ah ?

**ADELINE :** Nous partions.

**STÉPHANE :** Oui, on va peut-être y aller… Ça traîne, tout ça.

**ADELINE :** Je meurs de faim.

**MARIE :** Vous allez dîner ?

**STÉPHANE :** Oui, juste en bas.

**MARIE :** Ah ? Alors bon appétit.

**NICOLAS :** Bon.

**STÉPHANE :** Merci. Et vous, bonne soirée.

**ADELINE :** Bonne soirée ! Et soyez sages…

**NICOLAS :** *(en fermant la porte derrière eux)* C'est ça. Voilà… Enfin seuls !

## 6

*Nicolas et Marie se retrouvent seuls, comme au début. Ils vont vers le canapé.*

**NICOLAS :** Quelle soirée ! Je ne comprends plus rien !

**MARIE :** Moi non plus.

**NICOLAS :** Ça me fait sourire de les voir comme ça. En amoureux. Les débuts. Les premiers temps. Non ?

**MARIE :** Si, peut-être.

**NICOLAS :** Ça me fait penser à nous, avant.

**MARIE :** Un peu. Enfin je ne sais pas.

**NICOLAS :** Tu te souviens de la façon dont on s'est rencontrés ?

**MARIE :** Oui. Bien sûr. Ça fait dix fois que tu me le demandes…

**NICOLAS :** Après ce dîner chez cette amie commune, je t'ai raccompagnée chez toi.

**MARIE :** Oui. Tu avais une voiture.

**NICOLAS :** Il y avait une place de parking juste en face de chez toi. Un petit miracle. Au lieu de te déposer, je me suis garé.

**MARIE :** C'est vrai. Je me demandais ce que tu allais faire.

**NICOLAS :** On est descendus de voiture. On allait se dire au revoir. Mais, devant ta porte, je t'ai demandé si je pouvais entrer. Comme ça. Sans détour.

**MARIE** : Je m'en souviens comme si c'était hier. Tu portais ton costume anglais, en velours.

**NICOLAS** : Tu as dit oui. Devant la porte, tu m'as dit oui. Tu me regardais d'une façon incroyable. Dans tes yeux se mêlaient autant de désir que de terreur. Je me disais : c'est fou ! C'est fou, il y a encore quelques heures, on ne se connaissait pas, et maintenant tes yeux, et maintenant je t'aime ! C'est ce que je me suis dit, en entrant dans ta chambre. Je t'ai aussi dit : « Et l'homme avec lequel tu vis ? » Tu m'as dit qu'il n'était pas là. Et que, de toute façon, tu ne l'aimais plus. Jusque-là, je me disais qu'on ne pouvait pas rencontrer quelqu'un d'autre que soi. Que tout le monde était interchangeable, si tu vois ce que je veux dire. Mais pour la première fois, oui, tu étais toi, et pas une autre, et c'était bien toi que j'aimais.

**MARIE** : Oui. J'étais moi, et pas une autre, et c'était bien moi que tu aimais. En revanche, tu n'étais pas toi. Tu m'avais menti. Tu m'avais fait croire que tu étais une sorte de diplomate à New York. C'était pour m'impressionner. Tu avais raconté tout ça dès le premier soir ! Tu as mis du temps à m'avouer la vérité.

**NICOLAS** : J'avais peur de te décevoir…

**MARIE** : Au contraire, tu te souviens comme j'ai ri ! Je ne sais pas, ça m'avait touchée. Et puis on s'aimait. D'ailleurs, très vite, on s'est installés ensemble.

**NICOLAS** : Oui. Dans ton appartement.

**MARIE** : C'était une période magique. De te voir tous les matins au réveil. Tous les soirs.

**NICOLAS** : Oui.

**MARIE** : Mais la période magique n'a pas duré très long-temps…

**NICOLAS** : Non. C'était difficile. Tu me reprochais d'être infantile. Je m'en souviens, tu me disais souvent que j'étais infantile. Au début, c'était une sorte de compliment… Enfin, ça ne te déplaisait pas. Puis c'est devenu un reproche. Jusqu'à ce que je te devienne insupportable ! Tu ne pouvais plus me voir ! Tu ne pouvais plus me supporter !

MARIE : Quelque chose avait changé entre nous. Au fond, tu m'agaçais parce que tu n'avais rien fait pour empêcher que notre histoire ne devienne quelque chose de fade…

NICOLAS : Tu me disais : « Les fleurs, pour mourir, se contentent de faner ! » C'est mort, tu disais. C'était la fin ! Tu as voulu me mettre dehors. Tu ne voulais pas *me* quitter, tu voulais que ce soit *moi* qui te quitte.

MARIE : Parce qu'on était chez moi. C'était mon appartement. Je ne voulais pas partir. Je voulais que *tu* partes.

NICOLAS : La fin de notre histoire d'amour. Les fleurs fanées. Tu m'as demandé de partir. Je n'ai pas voulu. Je me suis accroché. J'étais amoureux. J'ai réussi à te convaincre qu'il fallait y croire encore. Tu ne voulais plus de moi dans ton lit. Pendant dix jours, j'ai dormi dans le canapé du salon. Drôle d'époque ! Je ne savais pas quoi faire. Pour te récupérer. J'ai tourné toutes les possibilités dans ma tête. Elles ont tourné dans ma tête pendant dix jours. Sur le canapé. Puis les choses se sont un peu détendues. J'ai fait des efforts. J'étais très amoureux… Mais il y a eu ce concert. Il y a eu Nice. C'est là-bas que tu m'as trompé. Avec un homme en costume anglais. Très élégant. En velours. Un soir, après ton concert, vous avez bu ensemble dans le bar de l'hôtel. Il t'a fait rire. Il n'était pas infantile, lui. Il n'était pas disquaire. Il était avocat ! Puis vous avez pris l'ascenseur ensemble. Il t'a embrassée. Tu l'as embrassé. Vous vous êtes embrassés. Tout ça dans l'ascenseur. Au troisième étage, il t'a accompagnée devant ta porte. Tu étais tendue. Il t'a demandé très simplement s'il pouvait entrer. Tu as dit *oui*. Devant ta porte, tu as dit *oui*. Et vous avez passé la nuit ensemble. *(Un temps.)* Puis tu es revenue ici, dans notre appartement. Tu ne m'as rien dit de tout ça. Je ne l'ai jamais su. Je n'ai jamais su que tu m'avais trompé. Je n'ai jamais su que tu étais *une autre* que celle que j'aimais. J'aimais une autre que toi à travers toi. J'aimais une autre *en* toi qui n'était pas toi. Mais je n'ai jamais pu le savoir. Tu m'as tout caché. Nous avons continué à avoir une vie normale. Et il y a eu plein d'autres concerts. Il y a eu plein d'autres ascenseurs. À Nice comme partout ailleurs. Une armée de fantômes entre toi et moi. Et le mensonge ! Quand finira-t-il de croître, le lierre de nos mensonges ? Mais je ne l'ai jamais su. Je ne le saurai peut-être jamais. Oui. Malgré nos fantômes, la vie a été normale. Parfaitement normale. Parfaite. Car, après tout, ce n'est pas dramatique. Non. Ce n'est peut-être pas dramatique.

*Noir.*

*FIN*

# L'Autre

# Personnages

LUI
ELLE
L'AUTRE

*La création de* L'Autre *a eu lieu le 14 septembre 2004 au Théâtre des Mathurins dans une mise en scène d'Annick Blancheteau et avec la distribution suivante : Nicolas Vaude (Lui), Chloé Lambert (Elle) et Clément Sibony (L'Autre). La pièce a été reprise en octobre 2007 au Studio des Champs-Élysées dans une mise en scène de l'auteur et avec la distribution suivante : Stanislas Merhar (Lui), Sara Forestier (Elle) et Aurélien Wiik (L'Autre).*

# 1
## Les ombres errantes[2]

*Une lumière assez faible. Elle est allongée, comme morte. L'Autre se tient à côté d'Elle, comme s'il la veillait. Lui est debout, sur le côté, face au public. L'Autre se lève. Va chercher sa veste et s'apprête à sortir.*

**ELLE :** Il est quelle heure ?

**L'AUTRE :** Il est l'heure.

**ELLE :** Je me suis endormie ! Ça fait longtemps que je me suis endormie ?

**L'AUTRE :** Non, non. Tu étais dans mes bras.

**ELLE :** Tu t'en vas ?

**L'AUTRE :** Oui, il est l'heure.

**ELLE :** L'heure de quoi ? Tu ne veux pas dormir ici ?

**L'AUTRE :** *(gêné)* Non, c'est gentil. Je crois que c'est mieux si je rentre maintenant. Mais rendors-toi.

**ELLE :** J'étais tellement bien dans tes bras… Tu me manques déjà…

**L'AUTRE :** Oui, oui. Mais…

**ELLE :** J'aurais voulu que tu passes la nuit ici, avec moi.

**L'AUTRE :** Oui.

**ELLE :** Me réveiller auprès de toi, demain matin…

**L'AUTRE :** Ce n'est pas possible.

**ELLE :** Sentir ton odeur…

**L'AUTRE :** Je te dis. C'est mieux si je pars.

**ELLE :** Allez, reste ! Tu sais quelle heure il est ?

**L'Autre :** C'est mieux si je pars maintenant.

**Elle :** Tu n'as pas l'air d'aller ?

**L'Autre :** Non.

**Elle :** Qu'est-ce qu'il y a ?

**L'Autre :** Tu me poses la question…

**Elle :** C'est à cause de lui ? Hein ? C'est à cause de lui ?

**L'Autre :** C'est quand même mon meilleur ami !

**Elle :** Mais on n'y peut rien. C'est comme ça. On savait tous les deux que ça allait finir par arriver, non ?

**L'Autre :** Je ne sais pas.

**Elle :** Qu'est-ce que tu ne sais pas ?

**L'Autre :** Ce qu'il faut faire maintenant. J'ai l'impression d'être au milieu d'un grand désert.

**Elle :** Tu ne vas pas me faire le coup de la culpabilité ? Si c'est arrivé, c'est que ça devait arriver. C'est tout. De toute façon, tu sais, entre lui et moi, ça faisait déjà longtemps que…

**L'Autre :** Qu'est-ce que tu veux dire ?

**Elle :** Je veux dire que même si tu n'avais pas existé…

**L'Autre :** Oui, enfin, je suis quand même un peu…

**Elle :** Mais non. Personne n'est responsable de rien. *(Un temps.)* Je te reverrai quand ?

**L'Autre :** Je ne sais pas. Il faudra d'abord lui dire.

**Elle :** Oui.

**L'Autre :** Il revient quand, de son voyage ?

**Elle :** Demain.

**L'Autre :** Demain ? Il faudra tout lui dire. Oui. C'est la seule solution.

**Elle :** Tu ne veux pas venir te recoucher ? On en parlera demain matin.

**L'Autre :** Qui lui dira ?

**Elle :** *(douce)* Eh… Tu ne crois pas qu'on peut en parler demain matin ?

**L'Autre :** Ça ne peut pas être moi.

**Elle :** Hum ?

**L'Autre :** Ça ne peut être que toi. Il n'y a que toi qui peux lui dire.

**Elle :** Moi ?

**L'Autre :** Oui. Toi. Je crois que c'est mieux pour lui si c'est toi. Sinon il aura le sentiment d'être trahi deux fois.

**Lui :** *(surgissant)* Tu as passé une bonne semaine ?

**Elle :** Hein ?

**Lui :** Tu as passé une bonne semaine ?

**Elle :** Oui.

**Lui :** *(ironique)* Je ne t'ai pas trop manqué ?

**Elle :** Non. Enfin, je veux dire : si, un peu. Mais il faut que je te parle…

**Lui :** Oui… Quoi ?

**Elle :** Je ne sais pas comment dire… Je…

**Lui :** Qu'est-ce qu'il y a ?

**Elle :** Enfin… depuis quelque temps…

**Lui :** Non…

**Elle :** Quoi ?

**Lui :** Ton regard… Tes yeux au sol… Ne me dis pas que…

**Elle :** Que ?

**Lui :** Ta façon de ne pas dire… Ne me dis pas que…

**Elle :** Si.

**Lui :** Non ! Je ne te crois pas…

**Elle :** *(regardant amoureusement l'Autre)* Si !

**Lui :** Tu…

**Elle :** Oui.

**Lui :** Mais…

**Elle :** Je sais.

**Lui :** Pendant que…

**Elle :** Oui.

**Lui :** Et avec…

**Elle :** Oui.

**Lui :** Ce n'est pas possible. Je… Enfin… On ne peut pas… Mais comment… Non. Toi ? C'est impossible.

**Elle :** C'est la vérité.

**Lui :** Tu mens !

**Elle :** Ça devait arriver. C'est comme ça.

**Lui :** Non, ce n'est pas comme ça ! Tu mens ! Lui ? *(Il fait un pas vers l'Autre. Les deux amants continuent de se regarder comme si Lui n'existait pas.)* Avant de partir, je suis venu te voir. Je t'ai demandé, oui, de passer. De, oui, de t'occuper d'elle. Parce qu'elle n'allait pas bien. Son grand-père auquel elle était si attachée…

**L'Autre :** Je sais.

**Lui :** Mais… Qu'est-ce qu'on est censés faire ?

**L'Autre :** Je ne sais pas.

**Lui :** Comment on va s'en sortir ? On s'aimait, non ? On avait été heureux… Vous allez…

**L'Autre :** Pardon ?

**Lui :** Non, je disais : vous allez…

**L'Autre :** Oui.

**Lui :** Ah ? *(Il s'écarte, hagard.)* Mais… Je vois. Je… Je commence à voir… J'avais cru… Enfin… Pour… C'est ridicule ! Je ne sais même plus quoi dire !

**Elle :** Alors tais-toi.

**L'Autre :** Oui. *(Un temps.)* Oui, je pense que c'est mieux si c'est toi qui lui expliques. Ce sera plus en douceur. C'est à toi de lui expliquer ce qui s'est passé.

**Elle :** Peut-être.

**L'Autre :** Oui. Toi, et pas moi.

**Elle :** Bon.

**L'Autre :** Il faut que j'y aille, maintenant.

**Elle :** On se reverra quand ?

**L'Autre :** Après.

**Elle :** Je voudrais que ce soit maintenant.

**L'Autre :** Moi aussi.

**Elle :** Alors viens te recoucher…

**L'Autre :** Ce n'est pas possible, je te l'ai dit. Vis-à-vis de lui…

**Elle :** Mais il n'est pas là. Il ne reviendra que demain.

**L'Autre :** J'aurais tellement préféré que…

**Elle :** Allez, viens… C'est le moment où il faut chuchoter, maintenant. Se parler doucement. Parce qu'il est tard. Parce qu'on est au beau milieu de la nuit.

**L'Autre :** Il était venu me voir pour me demander… Pendant sa semaine d'absence… Ton grand-père.

**Elle :** Eh bien, en un sens, c'est ce que tu as fait, non ? Tu t'es occupé de moi.

**L'Autre :** Oui, mais je ne crois pas que c'est ce qu'il voulait dire. Quand il me demandait de… C'est horrible quand tout commence par autant de, oui, de sang ! De devoir se baigner dans une mare de sang.

**Elle :** Tu exagères… Viens te recoucher. Je suis fatiguée.

**L'Autre :** Et si on se trompait ? Je suis dans le noir, tu comprends ?

**Elle :** C'est parce qu'on est au beau milieu de la nuit ! L'heure de dormir…

**L'Autre :** Je ne vois pas ce qu'il y a devant nous, sinon cette énorme catastrophe de devoir tout lui dire.

**Elle :** Devant nous, il y a encore cinq bonnes heures de sommeil. Viens.

**L'Autre :** Et après ?

**Elle :** Et après, on ne sait pas. On ne peut jamais savoir. On avance dans le brouillard. Comme des ombres errantes. C'est toujours comme ça. Ça s'appelle la vie.

*Noir.*


## 2
### Les barricades mystérieuses

*Les trois personnages sont sur scène. L'Autre est en retrait.*

**Lui :** Voilà !

**Elle :** Ah.

**Lui :** Oui ! C'est là !

ELLE : C'est ça.

LUI : Qu'est-ce que tu en penses ? Hein ?

ELLE : Je ne sais pas.

LUI : C'est bien, non ?

ELLE : Ce n'est pas très grand…

LUI : Non. C'est tout ce que j'ai trouvé. Mais ça a du cachet, non ?

ELLE : Du quoi ?

LUI : Du cachet. Il y a quelque chose. On se sent bien, non ?

ELLE : Oui. Mais, en même temps, j'imaginais ça un peu plus grand…

LUI : Après on aura quelque chose de plus grand. Les choses deviennent toujours de plus en plus grandes. Tu ne savais pas ? On appelle ça grandir.

ELLE : Oui.

LUI : Nous n'en sommes qu'aux premiers jours. Il y a à peine quelques semaines, on ne se connaissait même pas.

ELLE : C'est vrai…

LUI : C'est notre premier appartement.

ELLE : La première chose que nous avons en commun.

LUI : Oui. Quand j'aurai trouvé du travail, nous aurons quelque chose de plus grand.

ELLE : Tu crois ?

LUI : Évidemment. Ce sont les débuts. Cela veut dire qu'il y a tout à conquérir.

ELLE : Quoi, par exemple ?

LUI : *(après un moment d'hésitation)* La vie à deux.

ELLE : J'ai peur.

LUI : De quoi ?

ELLE : Que l'amour ne s'épuise. Et qu'il n'en reste rien.

LUI : N'aie pas peur…

ELLE : Qu'il s'épuise ici comme il s'épuise partout ailleurs.

LUI : Mais non…

ELLE : Et alors je me retournerai pour constater l'ampleur de ce que j'ai perdu.

LUI : Ici, l'amour ne s'épuisera pas.

ELLE : Comment peux-tu en être si sûr ?

LUI : Il faudra trouver les règles, c'est tout.

ELLE : Les règles ?

LUI : Oui. Les règles pour que l'amour ne s'épuise pas[3]. Pour qu'il ne s'épuise pas à force de vivre à deux. Établir de façon claire et définitive les frontières de nos empires réciproques. Oui. Trouver les règles. Et tout ira bien.

ELLE : Quelles règles ?

LUI : Premièrement, nous ne dormirons pas dans la même chambre, car ceux qui dorment ensemble s'abandonnent dans le sommeil, et ceux qui s'abandonnent ne peuvent pas se mériter.

ELLE : Ne jamais dormir ensemble ?

LUI : Oui. Sinon un jour tu ronfleras parce que tu auras pris froid dans la journée. Cela peut arriver. Et alors je commencerai à te détester dans le secret de la nuit. Oui, un jour tu ronfleras, ou je ronflerai, et j'accéderai à ta vraie nature, et toi à la mienne : notre nature porcine.

ELLE : Tu dormiras dans le salon. Et le lit sera uniquement celui de nos caresses.

LUI : Deuxièmement, nous ne mangerons jamais l'un en face de l'autre. Car ceux qui mangent ensemble finissent fatalement par se détester. Ils mangent dans le silence. Et dans ce silence résonnent les bruits de leur corps, de leur bouche, de leur ventre, et nous accéderons encore à notre vraie nature : notre nature porcine.

ELLE : Nous ne mangerons pas ensemble pour ne jamais ressembler à ceux qui mangent en silence.

LUI : Troisièmement, nous ne verrons jamais d'amis en même temps.

ELLE : Jamais d'amis ?

LUI : Jamais. Et d'une façon plus générale, nous n'aurons aucune relation en commun. Tu ne verras jamais mes amis. Je ne verrai jamais les tiens. Sinon tu deviendras une amie. Et alors nous ne pourrons plus nous aimer que d'une façon dégradée.

ELLE : Nous n'aurons aucun ami en commun… Mais…

LUI : Quatrièmement, je ne te présenterai jamais ma famille, et tu ne me présenteras jamais ta famille. Les familles ont pour objectif d'anéantir tout amour extérieur à elles. Tu parleras à ma mère au téléphone, tu la tutoieras, et alors elle sera comme ta mère, et tu deviendras ma sœur, et non plus celle que je veux que tu sois.

ELLE : Oui. La famille restera extérieure.

LUI : Enfin, cinquièmement, il sera formellement interdit de se dire la vérité. Car la vérité sera bientôt horrible et décevante.

ELLE : Il faudra se mentir ?

LUI : Non. Nous ne pouvons pas nous payer ce luxe. Se mentir, ce serait mourir loin l'un de l'autre.

ELLE : Alors ?

LUI : Alors, comme nous n'aurons le droit ni de dire la vérité ni de mentir, il faudra se taire.

ELLE : Se taire ?

LUI : Oui. Ne jamais plus se parler. C'est la seule façon de protéger notre amour. Si tu parles, tu auras bientôt des reproches minuscules à me faire, des choses quotidiennes et sans intérêt, et alors nos vies deviendront à leur tour minuscules. Tu seras minuscule et je serai minuscule. Et notre amour sera minuscule. Donc se taire.

ELLE : Mais ce sera impossible.

LUI : C'est la seule solution. Sinon, un jour, tu voudras me remplacer. Et je voudrai te remplacer. Un jour, pendant mon absence, parce que nous n'aurons pas respecté les règles, tu passeras la nuit avec un autre que moi. Il faut se barricader contre l'autre, tu comprends ?

ELLE : Mais cela revient à ne pas vivre du tout.

LUI : Oui.

ELLE : Si nous n'avons pas le droit de dormir, de manger, ni de parler ensemble, nous ne pouvons pas vivre ensemble.

LUI : C'est la seule solution, si nous voulons vivre ensemble pour toujours. Ne jamais vivre ensemble.

ELLE : Pour vivre ensemble à jamais, ne jamais vivre en-semble… Mais ce sera comme mourir.

LUI : Oui. Et il fera froid.

ELLE : Quand faudra-t-il commencer ?

LUI : Tout de suite.

ELLE : Tout de suite ?

LUI : Oui.

ELLE : Mais pourquoi ?

LUI : Parce que nous ne voulons pas de leur laideur.

*Un temps. Soudain, elle se dit qu'il la fait marcher depuis le début. Elle sourit, soulagée.*

ELLE : Je t'aime, tu sais.

LUI : Moi aussi. Je t'aime. Mais chut…

*Ils restent silencieux, face au public, un long moment. Puis, noir.*


### 3
### Bruit de guerre (ou La conjugale)

*Ils sont tous les deux face au public[4].*

ELLE : Il a encore laissé traîner ses affaires sur le canapé…

LUI : Son sourire…

ELLE : Et quand il prend une douche, il ne peut pas s'empêcher de mettre de l'eau partout !

LUI : Elle sourit tout le temps. Mais elle ne sourit pas parce qu'elle est heureuse. Non. Elle sourit parce qu'elle se dit qu'elle a un beau sourire. Elle se dit qu'elle fait plus jeune quand elle sourit. Elle sourit par coquetterie.

ELLE : Je ne peux plus le supporter.

LUI : Elle sourit à tout le monde, sauf à moi.

ELLE : Je ne peux plus supporter de le voir là, chaque jour.

Je voudrais le secouer. Lui dire de faire quelque chose. Mais il ne fait rien. Il reste inerte. À ne rien faire.

Lui : Je ne parviens plus à habiter le monde. Chaque jour, je dois déployer une force inimaginable pour ne pas tomber à terre.

Elle : Je ne supporte plus son immobilité.

Lui : Pour tenir bon. Pour la supporter. Elle.

Elle : Il ne voit pas que le temps passe ? Il reste à côté, à côté de lui, à côté des autres. À côté du monde.

Lui : Je ne peux plus la supporter.

Elle : Il ne fait rien de la journée, il ne gagne pas d'argent, et je devrais tolérer son attitude ? C'est moi qui gagne l'argent après tout !

Lui : Au fond, elle incarne petit à petit tout ce que je déteste.

Elle : Il lui arrive de ne même pas me répondre quand je lui pose une question. Il voudrait me faire comprendre qu'il me méprise, et qu'il méprise le monde dans lequel j'évolue.

Lui : La *Communication* !

Elle : En réalité, il est jaloux de moi. C'est aussi simple que ça.

Lui : Comment on en est arrivés là ?

Elle : C'est horrible à dire, mais il y a des jours où j'ai le sentiment d'avoir un fond de haine qui stagne en moi.

Lui : On avait pourtant bien commencé. Nos espoirs d'être ensemble à jamais…

Elle : Oui, c'est le mot juste. Une haine contre lui.

Lui : Eh bien !

Elle : Qui peut ressortir à n'importe quelle occasion. Mais qu'il faut en permanence tenter de ravaler, de taire, et c'est épuisant.

Lui : Il y a eu comme un malentendu. Sur ce qu'on attendait l'un de l'autre, de la vie.

Elle : Il refuse de devenir adulte, en fait.

Lui : Elle aurait voulu d'un type qui lui fasse croire qu'elle est une princesse…

**Elle :** Voilà la vérité.

**Lui :** Aujourd'hui nous n'attendons plus rien l'un de l'autre.

**Elle :** Il voudrait encore être un enfant. L'innocence ! Il a les mêmes rêves que les enfants.

**Lui :** Cinq années auront eu raison de nous !

**Elle :** Et cette fascination de l'enfance le rend dramatiquement infantile.

**Lui :** Être adulte, pour elle, c'est avoir des horaires de bureau et constater avec horreur qu'on n'a pas une seule minute à soi.

**Elle :** Je sais qu'il voulait devenir écrivain. Il écrivait tout le temps. Même quand il travaillait, il écrivait. C'est peut-être pour ça qu'il a perdu son travail, d'ailleurs. Il se prenait vraiment au sérieux… En tout cas, un jour, je sais qu'il avait écrit quelque chose. *Un livre*[5]. Il ne voulait pas m'en parler. Il l'a envoyé à je ne sais qui. Il était très nerveux pendant toute cette période.

**Lui :** Elle a changé. Je ne la reconnais plus.

**Elle :** Puis les réponses sont venues. Les éditeurs. Toutes négatives, forcément. C'est à ce moment-là qu'il a commencé à devenir invivable. Au moment où il a compris qu'il n'avait aucun talent.

**Lui :** Elle ne croit plus en rien. Sa jeunesse n'a plus besoin d'idéal puisqu'*elle est en elle-même un idéal*[6]. Elle se trouve belle. Donc elle sourit.

**Elle :** Et sa mère qui vient tous les samedis ! Je ne peux plus la supporter, elle non plus ! Elle aussi, certains jours, oui, je voudrais la crever. Que ce soit lui qui la tue. Qu'il grandisse. Pour être libre. Parfaitement libre. Faire ce que je veux, quand je veux. Être une femme moderne.

**Lui :** Elle croit que la modernité consiste à ne pas avoir de cœur.

**Elle :** Il y a autour de lui une sorte de pesanteur… Tout ce qu'il dit, tout ce qu'il touche devient immédiatement pesant. Et ennuyeux !

LUI : Elle se vante d'être légère. Elle confond la légèreté et la frivolité. La frivolité, c'est la connerie de la légèreté. À rapprocher des heures innombrables qu'elle passe au téléphone avec ses insignifiantes copines pour échanger des propos insignifiants… À rapprocher de la façon dont elle regarde les autres hommes et dont elle en parle. À rapprocher de sa vision du monde, de ses chimères, de sa façon hystérique de se prendre pour une femme du monde.

ELLE : On ne peut pas parler avec lui. C'est impossible. Tout de suite les grands discours, les grandes théories… Il se cache derrière des idées abstraites pour ne pas avoir à se confronter à la réalité, au quotidien, au concret.

LUI : Elle ne parle que « du concret ». Mais ce qu'elle appelle concret est en réalité la chose la plus abstraite qui soit. Il est un paravent sans substance qui la dispense de regarder vers le ciel.

ELLE : N'importe quoi !

LUI : Elle déteste tout ce qui est grand. Tout ce qui la dépasse.

ELLE : Je le déteste, lui. Parce qu'il s'acharne à rater sa vie. Parce que j'ai peur de rater la mienne. À cause de lui.

LUI : J'ai peur de rater ma vie sans elle. De rater ma vie au loin. Seul.

*Noir.*


## 4
### La solitaire[7]

LUI : J'ai cru entendre quelqu'un. Un bruit. J'ai cru entendre quelque chose, et j'ai cru que c'était quelqu'un qui marchait dans le couloir. Mais ce n'est que le vent. Rien d'autre que le vent.

L'AUTRE : Je vous dérange ?

LUI : Hein ?

**L'Autre :** Je vous demande si je vous dérange.

**Lui :** Ah ! Je ne vous avais pas vu. Je ne vous ai pas vu arriver. Vous m'avez fait peur.

**L'Autre :** Qu'est-ce que vous faites ?

**Lui :** Rien.

**L'Autre :** Vous pensez ?

**Lui :** Hein ?

**L'Autre :** Vous pensez ?

**Lui :** Oui, c'est ça. Je pense.

*Un temps. Lui regarde dans l'autre direction, comme quelqu'un qui n'a pas envie d'être dérangé.*

**L'Autre :** À quoi ?

**Lui :** Pardon ?

**L'Autre :** Je vous demande à quoi vous pensez ?

**Lui :** À rien. Je pense à rien.

**L'Autre :** Si, je le vois bien. Vous avez l'air de quelqu'un qui pense.

**Lui :** Qu'est-ce que vous me voulez ?

**L'Autre :** Je ne sais pas. Vous avez l'air d'être soucieux.

**Lui :** Mais non.

**L'Autre :** Vous êtes triste ?

**Lui :** Non.

**L'Autre :** Vous avez des problèmes ?

**Lui :** Non.

**L'Autre :** Alors ?

**Lui :** Alors rien. Je suis seul, c'est tout.

*Un temps.*

**L'Autre :** Vous vous *sentez* seul ou vous *êtes* seul ?

**Lui :** C'est la même chose. Je me sens seul, donc je suis seul.

**L'Autre :** Mais vous n'avez personne à qui parler ?

**Lui :** Non. Ça m'arrive même de parler tout seul. C'est pour vous dire…

**L'Autre :** *(tentant de dissimuler un sourire de moquerie)* Vous n'avez pas d'amis ?

LUI : Non.

L'AUTRE : Aucun ami ?

LUI : Ils sont partis.

L'AUTRE : Où ?

LUI : Nulle part. Ils ont disparu, c'est tout.

L'AUTRE : Comment ça, ils ont disparu ?

LUI : Ils étaient là. Et puis un jour ils n'étaient plus là. C'est aussi simple que ça.

L'AUTRE : Ils ont disparu ?

LUI : Mais ça ne s'est pas fait comme ça. Non. Ça s'est fait doucement. Par derrière, si vous voyez ce que je veux dire. Ça s'est fait progressivement. On a commencé par moins se voir. Par s'appeler de moins en moins souvent. On avait chacun de bonnes raisons. La vie… Puis on a cessé de se parler. De se tenir au courant. Et tout est devenu très conventionnel. Plus de débordements. D'effusions. Oui, au fond, ça s'est fait en douceur. C'est la grande perversité de la solitude : ce n'est qu'au moment où elle vous tient complètement que vous prenez conscience de sa présence.

L'AUTRE : Pas avant ?

LUI : Non. Pas avant. C'est une perverse.

L'AUTRE : Elle avance vers vous sur la pointe des pieds. Vous ne l'aviez pas vue venir. Et soudain elle est là, en face de vous, immense *(Il se met sur la pointe des pieds.)* et vous n'avez plus qu'elle à qui parler…

LUI : Oui…

L'AUTRE : Et de quoi parlez-vous, ensemble ?

LUI : D'elle, la plupart du temps. De la solitude.

*Un temps.*

L'AUTRE : Mais voyons voir, il y a sans doute quelqu'un que vous pourriez appeler, disons : pour dîner ce soir… Il n'y a pas un de vos amis disparus duquel vous vous sentiez plus proche ?

LUI : Je ne sais pas.

**L'Autre :** Quelqu'un que vous pourriez appeler aujourd'hui ?… À qui vous pourriez vous confier ?

**Lui :** Non.

**L'Autre :** Cherchez bien… Faites un effort. Je suis sûr qu'il y a quelqu'un…

**Lui :** Oui, peut-être… Je ne sais pas. Spontanément, comme ça, je penserais à Julien.

**L'Autre :** À Julien ?

**Lui :** Oui. Mais on ne se voit plus. On s'est disputés, un jour. Pour une histoire de fille. L'un des deux avait volé la copine de l'autre. Pendant que l'autre était en voyage. Je ne me souviens même plus lequel des deux c'était d'ailleurs. Ou si c'était l'Autre.

**L'Autre :** Et après ?

**Lui :** Et après rien. Le temps a passé. On a laissé passer le temps. Il y a maintenant un grand vide entre lui et moi. Il y a un océan tout entier.

**L'Autre :** Personne d'autre que ce Julien ?

**Lui :** Il m'arrive fréquemment de passer des journées entières sans parler. Seul. Désespérément seul. Comme une petite vieille parquée dans une maison de retraite. À attendre la mort. Je vois des gens, mais des gens qui ne sont jamais plus que des gens, si vous voyez ce que je veux dire. Je ne rencontre pour ainsi dire personne. Mais ce n'est pas moi. C'est l'époque. On ne se rencontre plus aujourd'hui. On se croise…

**L'Autre :** Et elle ?

**Lui :** Hein ?

**L'Autre :** Et elle ?

**Lui :** Elle ? C'est la même chose. On a fini par ne pratiquement plus se parler. Les emportements du début se sont brisés sur la vie quotidienne. On se croise le soir. Quand elle rentre du travail. On a développé un ensemble de codes pour ne pas avoir à se parler. Elle est fatiguée, souvent. Elle m'en veut. Moi aussi, je suis fatigué. Moi aussi, je lui en veux. La journée, je reste seul ici. Ici ou ailleurs. Je ne fais pas grand-chose. Parfois j'écris ce qui me passe par la tête, c'est tout. Ou alors je sors. Il m'arrive fréquemment d'être seul parmi une multitude de personnes. D'être seul parmi personne.

L'AUTRE : On dirait que vous n'aimez pas la solitude !

LUI : Non.

L'AUTRE : Pourquoi ? Toutes les grandes choses ont été accomplies dans la solitude. Non ? Les grands livres. Les grandes idées…

LUI : Non.

L'AUTRE : Hum ?

LUI : Non, je n'aime pas la solitude.

L'AUTRE : Mais pourquoi ?

LUI : Parce que.

L'AUTRE : On dirait qu'elle vous fait peur.

LUI : Peut-être.

L'AUTRE : Mais qu'est-ce qui vous fait peur ? Qu'est-ce qui vous fait peur dans le fait d'être seul ?

LUI : Ce qui me fait peur dans la solitude ?

L'AUTRE : Oui, dans le fait d'être seul ?

LUI : *(faisant un signe de la main pour se désigner et pour désigner l'Autre)* D'être deux.

*Noir.*


# 5
## La jalousie taciturne


*Elle se prépare pour sortir.*

LUI : Vraiment, je les déteste !

ELLE : Tu exagères.

LUI : Mais non ! Pourquoi tu dis que j'exagère ?

ELLE : Parce que tu exagères tout le temps.

LUI : Ah oui ? Et peux-tu me dire en quoi j'exagère ?

**Elle** : Je trouve que tu n'es pas juste avec eux. Tu les détestes sans raison.

**Lui** : Je les déteste parce qu'ils sont cons ! Ce n'est pas une bonne raison, peut-être ?

**Elle** : Non, tu les détestes parce qu'ils sont nos voisins. C'est tout. De toute façon, en ce moment, tu détestes tout le monde. Tu fais la gueule en permanence.

**Lui** : Et après c'est moi qui exagère ?

**Elle** : Moi, en tout cas, je les aime bien.

**Lui** : Ce n'est pas difficile : en ce moment, toi, tu aimes tout le monde. Et puis tu n'es pas là pendant la journée ! Alors, forcément, tu n'as pas à te confronter à l'immensité de leur connerie ! La dernière fois, tu sais ce qu'elle m'a dit, elle ? Qu'elle était persuadée que le sida était dû à des moustiques homosexuels !

**Elle** : Tu exagères.

**Lui** : Non, c'est véridique. Et lui ! Avec son espèce de casquette de chasseur ! Ridicule ! Tu n'as pas vu sa *casquette de chasseur* ?

**Elle** : *(amusée)* Ce qui est véridique, c'est que tu es jaloux. À cause du bruit qu'ils font la nuit.

**Lui** : Je ne les supporte plus ! Cette façon qu'ils ont de hurler ! On a l'impression d'être directement dans leur lit !

**Elle** : Moi, ça m'amuse plutôt.

**Lui** : Oui, eh bien moi, ça m'énerve ! Pour tout te dire, ça m'empêche de me concentrer, *pour dormir*.

**Elle** : Qu'est-ce que tu veux dire ?

**Lui** : Tu comprends très bien ce que je veux dire. Il faut beaucoup de concentration. Pour dormir.

**Elle** : Tu ne vas pas recommencer !

**Lui** : Recommencer quoi ?

*Un temps.*

**Elle** : Bon. Tu n'as pas vu mon parapluie ? Je ne le trouve plus.

**Lui** : Pourquoi tu veux ton parapluie ?

**Elle** : Au cas où il pleut, malin…

**LUI :** Tu sors ?

**ELLE :** Oui, je sors ! Je te l'ai déjà dit.

**LUI :** Non, je regrette, tu ne me l'as pas dit.

**ELLE :** Mais si ! C'est prévu depuis plus de dix jours ! Je t'ai dit que j'allais voir Grégoire. Alors ? Tu ne sais pas où il est, ce parapluie ?

**LUI :** Non. Et c'est qui, ce Grégoire ?

**ELLE :** C'est un ami d'enfance que j'ai rencontré la semaine dernière.

**LUI :** Très drôle. Non, vraiment, très drôle…

**ELLE :** Bon, mon parapluie !

**LUI :** Mais arrête avec ce parapluie ! Je ne sais pas où il est ! Alors ! Ce Grégoire ?

**ELLE :** Grégoire Joffre ! Je t'en ai déjà parlé. Un ami d'enfance.

**LUI :** Ah ? Très bien ! Et moi, pendant ce temps, je suis censé rester là devant la télévision ?

**ELLE :** Qu'est-ce que tu veux ? Je n'ai pas le droit de sortir, c'est ça ? Tu n'es pas capable de passer une soirée sans moi ? Je suis encore libre, je te ferais dire !

**LUI :** Oui. Seulement, je me dis qu'ils ont de la chance, tes amis d'enfance. Ça fait une demi-heure que tu te maquilles pour sortir. Que tu te coiffes, tout ça. Et dire que tu vas tout froisser dans à peine une heure, ça fait mal au cœur !

**ELLE :** Arrête, s'il te plaît ! Qu'est-ce que tu voudrais ? Que je reste ici ? Que je ne voie plus personne ? J'ai quand même le droit de vivre, non ?

**LUI :** C'est drôle que tu appelles « vivre » le fait de passer une soirée sans moi.

**ELLE :** Je vais voir un ami d'enfance. Il s'appelle Grégoire Joffre. Nous allons d'abord au cinéma. Une projection privée. Parce qu'il travaille dans le cinéma et qu'il a collaboré à ce film. Un navet, paraît-il. Puis nous allons dîner dans un restaurant. Je ne sais pas encore ce que je vais commander, mais dès que je le saurai, promis, je t'informerai au plus vite. Pendant le dîner, nous allons sans doute parler de notre enfance. De ce que nous faisons aujourd'hui. Très vite, nous aurons tout dit. Puis il sera l'heure de rentrer. On se dira au revoir. Et je rentrerai. Ça te va ?

LUI : Dans quel restaurant ?

ELLE : Arrête !

LUI : J'arrête. *(Un temps.)* Tu as retrouvé ton parapluie ?

ELLE : *(très froide)* Non.

LUI : Je suis désolé. Je suis un peu ridicule. Tu ne m'en veux pas ?

ELLE : Si.

LUI : Je te demande pardon. C'est en ce moment… Je suis un peu… Enfin, je trouve que j'ai été trop… Mais je vais te dire. Je suis très content que… Je ne veux surtout pas que tu croies que je t'en veux parce que tu vois des amis. Tu comprends ? Tu as tout à fait le droit de… Enfin, il ne faut pas que tu te dises… Oui. Pour… Bref, je t'aime quand même.

ELLE : J'en ai marre de tes crises de jalousie. Tu m'en fais une un jour sur deux !

LUI : Oui, c'est vrai. Je vais faire des efforts.

ELLE : Ce serait bien, oui.

LUI : Oui. *(Un temps.)* Et alors, Grégoire… ?

ELLE : Quoi encore ?

LUI : Tu le retrouves directement là-bas ?

ELLE : Non, il vient me chercher ici. Ça ne t'embête pas ?

LUI : Ah ? Non, pas du tout. Au contraire.

ELLE : D'ailleurs il ne va pas tarder.

LUI : À propos, je voulais quand même que tu saches quelque chose. Parce que j'avais l'impression que tu commettais une erreur de jugement… Enfin, j'avais juste une petite précision à apporter.

ELLE : Quoi ?

LUI : La voisine…

ELLE : Eh bien ?

LUI : Elle simule !

ELLE : Elle quoi ?

LUI : Elle simule.

ELLE : *(se détendant)* Ah oui ? Et comment tu le sais ?

LUI : Ça s'entend. À l'oreille. Il y a des détails qui ne trompent pas. En tout cas pour quelqu'un qui a un peu l'esprit technicien…

ELLE : Tu dis n'importe quoi !

LUI : Parce que toi, tu croyais que… Non ! Ça, c'est vraiment les femmes. Naïves… Un cri, et ça y est, elles prennent le voisin pour un super coup !

ELLE : Je vais t'épargner ce que je pense des hommes en général. Je crois même, parce que je suis clémente, que je vais t'épargner ce que je pense de toi, en particulier !

LUI : Oui, c'est une bonne idée. *(Il fait le bruit d'une sonnette avec sa bouche.)* Ah ! on sonne ! J'y vais. Ah non ! laisse-moi y aller ! Je voudrais l'accueillir moi-même ! Le cocu en personne ! J'en fais une question d'honneur. Tu permets ? *(Il va à l'autre bout de la pièce puis revient vers elle. Parlant avec un ton artificiel qui laisse clairement suggérer qu'il joue.)* Bonjour, mademoiselle.

ELLE : *(joueuse, elle aussi)* Bonjour, monsieur.

LUI : Je ne vous dérange pas ?

ELLE : Pas du tout.

LUI : Est-ce que vous vous rappelez que nous avons rendez-vous ?

ELLE : Comment aurais-je oublié ? Vous m'aviez parlé d'un film auquel vous avez collaboré…

LUI : Un navet, oui. Qui commence d'ailleurs dans à peine trente minutes ! Il ne faudrait pas trop tarder… Vous êtes prête ?

ELLE : Je vous attendais.

LUI : Alors nous pouvons y aller. N'oubliez pas votre parapluie…

ELLE : Oh ! vous l'avez miraculeusement retrouvé !

**Lui** : Eh oui ! Il était posé dans l'entrée.

**Elle** : Comme par hasard… Mais je vois que vous n'avez personnellement pas besoin de parapluie. Vous avez cette casquette de chasseur… Elle est très… jolie.

**Lui** : Vous aimez ? C'est ma préférée !

**Elle** : Ah ? Parce que vous en avez d'autres ?

**Lui** : Oui. Mais celle-là…

**Elle** : Oui, celle-là vous donne un air…

**Lui** : Très…

**Elle** : Oui, très…

**Lui** : Très, très…

**Elle** : Oui. Ah ah ah ! Très très…

**Lui** : Très, très, *très*…

**Elle** : Viril !

**Lui** : Exactement ! Très, très, très viril, je cherchais le mot !

**Elle** : Ah ah ! Cela promet… Bon. Alors, allons-y.

**Lui** : Allons-y. Allons voir ce navet !

*Elle lui prend le bras. Soudain on sonne. Il s'arrête net. Elle le regarde, inquiète.*

**Elle** : On sonne. *(Un temps.)* On sonne ! Tu… ? J'y vais.

*Elle va ouvrir. Lui s'avance face au public.*

**L'Autre** : Bonsoir ! Comment vas-tu ? Je ne suis pas trop en avance ?

**Elle** : Non, non, pas du tout. Je… Non. Tu es parfaitement à l'heure… Je… Ça va ? Il pleut dehors ?

**L'Autre** : Ça n'arrête pas !

**Elle** : C'est vrai ? C'est fou ! Attends, je prends mon parapluie, une minute, et on y va. *(Elle s'avance vers Lui. L'Autre reste sur le pas de la porte. Elle prend le parapluie.)* Bon, alors j'y vais. Je ne reviendrai pas tard. Hein ? Tu… Mais ne m'attends pas, par contre. Tu n'as qu'à te coucher. D'accord ? Alors, à tout à l'heure. Hein ? J'y vais. Passe une bonne soirée… Je…

*Elle hésite un instant. Puis ils sortent tous les deux. Il reste seul face au public. Dans le silence. Un instant.*

LUI : Et puis, ce qui me fait peur, aussi, dans le fait d'être seul… c'est de savoir qu'elle ne l'est pas, elle.

*Noir.*


# 6
## La suicidaire

*Lui et l'Autre sont côte à côte, comme deux personnes sur un banc public. L'Autre a l'air très désintéressé par la situation.*

LUI : Il fait froid.

L'AUTRE : *(de loin, indifférent)* Vous trouvez ?

LUI : Pardon ?

L'AUTRE : Vous disiez qu'il faisait froid.

LUI : Oui. Je déteste ce temps ! Ça n'arrête pas de pleuvoir ! Ça sent le chien mouillé, je trouve ! Tout commence à sentir le chien mouillé dans ce quartier ! Vous n'avez pas remarqué, vous, que les gens sentent de plus en plus le chien mouillé ?

L'AUTRE : Peut-être.

LUI : Dans cette salle, par exemple. Non ? Le chien mouillé. Tout ça me donne vraiment mal au cœur !

L'AUTRE : Il pleut. C'est normal.

LUI : C'est pas une raison de sentir comme ça. Enfin… Elle a pris son parapluie. C'est toujours ça. *(Un temps. Puis, comme quelqu'un qui cherche à entretenir la discussion.)* Vraiment, quel temps !

L'AUTRE : Vous n'arrêtez pas de vous plaindre.

LUI : Hein ?

L'AUTRE : Je dis que vous vous plaignez toujours.

LUI : Mais… On se connaît ?

L'AUTRE : Ne vous fâchez pas… Ce n'est pas une critique ! Je comprends. Ce n'est pas de votre faute.

LUI : Pardon ?

L'AUTRE : Ce n'est pas de votre faute si vous n'arrêtez pas de vous plaindre. C'est uniquement parce que vous êtes malheureux. Et cela, je peux parfaitement le comprendre. Je peux parfaitement comprendre que vous soyez malheureux. Je dirai même que je trouve ça parfaitement normal.

**Lui** : Ah ?

**L'Autre** : Oui. Vu que votre vie ne vaut rien. Et que vous ne valez personnellement pas tellement plus, si je peux me permettre… Enfin, je veux dire : vu que vous avez à peu près tout loupé dans la vie.

**Lui** : Vous êtes délicat, vous…

**L'Autre** : Je me trompe ? Vous n'avez pas de travail. Pas vraiment d'amis… Apparemment pas de véritable passion…

**Lui** : J'ai une fiancée.

**L'Autre** : Oui, mais elle vous trompe.

**Lui** : Pardon ?

**L'Autre** : Vous m'avez parfaitement entendu.

**Lui** : Mais… qui êtes-vous ?

**L'Autre** : Elle vous trompe. Et cela vous est insupportable. Insupportable. Car, au fond, vous n'aviez qu'un seul rêve avec elle. *(Il laisse échapper un rire moqueur.)* Être heureux. *(Un temps.)* Pas vrai ?

**Lui** : *(baissant les yeux)* Si.

**L'Autre** : *(avec ironie)* Vous avez essayé de trouver des *règles nouvelles* pour pouvoir vivre *heureux à deux*. Pour que l'amour ne s'use pas… Vous vous êtes cru plus malin que les autres… Mais vous n'avez pas réussi… C'est ce qu'on appelle un échec.

**Lui** : C'est vrai.

**L'Autre** : Elle vous trompe, et vous le savez. Vous le savez parfaitement. D'ailleurs, ce soir, en ce moment même, Elle est avec son amant, et vous le savez parfaitement.

**Elle** : *(face au public)* Tu vas bien ? Je suis tellement contente de te revoir. Je lui ai dit que j'allais au cinéma avec un ami d'enfance…

**Lui :** Maintenant ? En ce moment ? Non… Mais vous êtes qui ? On se connaît ?

**L'Autre :** Oui.

**Lui :** Moi, je ne vous connais pas.

**L'Autre :** Mais si. Nous nous connaissons bien.

**Lui :** Je suis désolé, je ne vois pas…

**L'Autre :** Faites un effort. Vous ne vous souvenez pas ?

**Lui :** Non.

**Elle :** Oui, oui, il m'a crue. Tu m'offres quelque chose à boire ?

**L'Autre :** Nous nous sommes déjà vus plusieurs fois.

**Lui :** Plusieurs fois ?

**L'Autre :** Oui.

**Lui :** Nous nous sommes déjà vus plusieurs fois ?

**L'Autre :** Oui, plusieurs fois.

**Lui :** Où ?

**L'Autre :** C'était il y a longtemps, la première fois.

**Lui :** Oui ?

**Elle :** J'ai envie de toi.

**L'Autre :** C'était vers la fin du mois de juin. Vous aviez 14 ans.

**Lui :** La fin du mois de juin ? 14 ans ?

**L'Autre :** Vous viviez encore avec vos parents. Vous viviez chez eux.

**Lui :** Qu'est-ce que c'est que ces histoires ?

**L'Autre :** Et comme la plupart des adolescents de 14 ans, vous ne les aimiez pas beaucoup, vos parents.

**Lui :** Vous étiez un de leurs amis ?

**L'Autre :** Non.

**Lui :** Vous voulez en venir où ? Vous pouvez peut-être nous le dire… Ça fera gagner du temps à tout le monde.

**Elle :** Je préfère que tu laisses la lumière allumée…

**Lui :** *(comme s'il l'entendait parler)* Pardon ?

**L'Autre :** Souvenez-vous… La fin du mois de juin…

**Lui :** Qu'est-ce qui s'est passé, à la fin du mois de juin ?

**L'Autre :** Vous faites semblant d'avoir oublié ou quoi ?

C'était le début de l'été. Chaque été, vous étiez invité chez votre marraine, en Bretagne.

LUI : Oui. C'est vrai.

L'AUTRE : Cette grande maison au bord de la mer. Vous adoriez.

LUI : Oui, j'adorais.

ELLE : C'est bon… Viens, viens…

LUI : Je vivais l'enfer de septembre jusqu'à juin. Mes parents. Un enfer dont on n'a pas idée. Mais en juillet et en août, oui, j'étais, oui, j'étais heureux. J'étais vraiment heureux là-bas, c'est vrai, dans cette maison en Bretagne. Oui.

L'AUTRE : Mais cette année-là, l'année de vos 14 ans, il s'est passé quelque chose. Quelque chose de particulier.

LUI : Je n'étais pas un bon élève. Ma mère s'ennuyait tellement dans la vie qu'elle s'appliquait à me harceler sur ce sujet. Elle attachait beaucoup d'importance à toutes ces choses. L'école, les devoirs. L'école, les devoirs. Les devoirs, l'école…

L'AUTRE : Cette année-là, vous n'avez pas bien travaillé.

LUI : Non. Je n'ai pas bien travaillé. J'aimais pas ça, l'école.

L'AUTRE : Pourtant, au milieu de l'année, votre mère vous avait prévenu. Elle était venue vous voir et vous avait dit…

ELLE : *(toujours face au public)* Si tu ne travailles pas mieux, je te promets que tu le regretteras.

L'AUTRE : Elle vous avait dit…

ELLE : Si tu ne travailles pas mieux, tu n'iras pas en Bretagne cet été. Tu resteras ici, avec nous, à travailler. Les devoirs de vacances. Tu n'iras pas en Bretagne chez ta marraine.

LUI : Je m'en souviens.

L'AUTRE : Mais vous n'avez pas travaillé. Et en juin vous aviez toujours de mauvais résultats.

LUI : Je n'avais pas de bonnes notes.

L'AUTRE : Votre mère était furieuse.

LUI : Elle était furieuse.

L'AUTRE : Elle vous a dit…

Elle : Puisque c'est comme ça, tu n'iras pas en Bretagne cet été. Tu n'iras pas en Bretagne chez ta marraine.

Lui : Oui, c'est ce qu'elle m'a dit. J'étais désespéré. L'été, je l'avais attendu toute l'année, et d'un coup je n'avais plus rien devant moi, plus rien du tout. Oui, d'un coup, c'était le néant autour de moi. Avec le recul ça peut paraître un peu… Mais sur le coup…

L'Autre : Et que s'est-il passé, ensuite ?

Lui : Je…

L'Autre : Oui ?

Lui : Je suis allé… dans le bureau de mon père. J'ai fait attention de le faire en silence. J'ai fermé la porte à clé. Je l'ai fermée derrière moi.

L'Autre : Et ?

Lui : Mon père faisait la collection. Il y en avait plusieurs dans les tiroirs de son bureau. Une fois, il me les avait montrés. Certains d'entre eux étaient chargés. Mon père faisait collection de pistolets.

L'Autre : Oui.

Lui : J'en ai pris un. Il était chargé.

L'Autre : Et qu'est-ce que vous avez fait avec ce pistolet ?

Lui : Après ? Ma mère était en bas, dans la cuisine.

L'Autre : Oui…

Lui : J'étais seul dans le bureau de mon père.

L'Autre : Qu'est-ce que vous avez fait avec le pistolet ?

Elle : Il s'est tiré dessus !

Lui : Je me suis tiré dessus. Ma mère a accouru. La détonation. Elle a défoncé la porte.

L'Autre : Elle vous a trouvé à terre. Vous vous êtes manqué de peu.

Lui : Un peu, oui.

L'Autre : Elle pleurait. Elle n'en finissait pas de pleurer.

Lui : Comment le savez-vous ? Comment savez-vous tout ça ?

L'Autre : J'étais là.

Lui : Vous ? Quand ?

**L'Autre :** Au moment où tu as pris le pistolet en main, j'étais déjà là. J'étais derrière toi. Je te regardais. Tu fermais les yeux et tu te disais que c'était la fin, peut-être, et tu sentais comme une délivrance possible, un calme blanc. C'était moi qui te posais un châle sur les épaules.

**Lui :** Un châle ?

**L'Autre :** Oui. Parce que tu avais tellement froid. Comme ce soir, à cause de ta fiancée.

**Lui :** C'est vrai qu'il fait froid. Il fait même terriblement froid.

**L'Autre :** Oui. C'est insupportable tellement il fait froid. Ce n'est pas supportable, comme ce jour de juin. La balle s'est logée dans ta poitrine. On t'a emmené à l'hôpital. Je t'ai veillé pendant trois jours. Puis tu es revenu.

**Lui :** Trois jours, oui. On me l'a raconté.

**L'Autre :** Et elle t'a dit qu'elle était au cinéma, c'est ça ?

**Lui :** Oui.

**L'Autre :** Ce soir ?

**Lui :** Oui…

**L'Autre :** Et tu l'as crue ?

**Lui :** Je ne sais pas.

**L'Autre :** *(sans parvenir à dissimuler son amusement)* Avec un ami d'enfance… Qu'est-ce que tu as ? Tu grelottes ?

**Lui :** Oui.

**L'Autre :** Tiens, prends ce châle… Il te tiendra chaud. Prends-le. Prends-le, je te dis.

**Lui :** Non. Merci. J'attends quelqu'un.

**L'Autre :** Elle ne viendra pas. Elle est occupée. Elle a mieux à faire.

**Lui :** Mais pourquoi ! Je ne comprends pas ce qui s'est passé !

**L'Autre :** Le châle…

*Il prend le châle et le regarde un instant.*

**Lui :** Maintenant, je voudrais en finir avec tout ça…

**Elle :** Qu'est-ce que tu fais ?

**Lui :** *(se retourne vers Elle)* Ah ? Tu es déjà revenue ? Le film est déjà fini ?

ELLE : Pose ça, tu m'entends. Pose ça tout de suite !

*Il tient le châle sur la main, comme lorsque l'on dissimule une arme.*

LUI : Mais qu'est-ce qui te prend, mon amour ?

ELLE : Ne fais pas de bêtises…

LUI : Quoi ?

ELLE : Pose cette arme…

LUI : Mais ce n'est pas une arme. C'est un châle qu'un ami m'a donné.

ELLE : S'il te plaît…

LUI : Je croyais que tu n'allais pas revenir…

ELLE : Je suis là maintenant, je suis là, mon grand.

LUI : Hein ?

ELLE : Il ne faut pas que tu prennes les choses trop à cœur. C'est pour ton bien, moi, que je fais tout ça…

LUI : De quoi tu parles ?

ELLE : Il faut que tu apprennes à travailler. Cette punition, ce n'est pas pour te rendre malheureux, tu comprends ?

LUI : Non.

ELLE : Il faut que tu comprennes. Mais pose cette arme. Tu m'entends ?

LUI : Qu'est-ce que tu racontes ?

ELLE : Tu ne mérites pas ces vacances ! Tu n'as pas travaillé ! Il faut apprendre à mériter les choses.

LUI : Je ne supporte plus de vivre ici ! Comme ça. Je ne supporte plus de vivre avec dans le ventre cette angoisse de ne pas te voir rentrer.

L'AUTRE : Il veut mourir.

ELLE : Tu ne sais pas ce que tu dis…

LUI : Je sais très bien ce que je dis…

ELLE : Ça ne changera rien à ma décision. Il n'y aura pas d'été ! Tu n'as pas eu de bonnes notes ! Les notes ! Il faut avoir de bonnes notes ! Et tu m'obéis, maintenant !

*Il tire. Elle tombe au sol. Il regarde dans sa main. Ce n'est pourtant qu'un châle… Il s'assoit. Un temps.*

LUI : Je ne comprends plus rien. *(À l'Autre.)* Vous auriez du feu ?

L'Autre : Oui. Je crois. Tenez.

Lui : Et une cigarette ? Vous en auriez une pour moi ?

L'Autre : Oui, oui. Voilà. Il faut vous ressaisir, mon vieux.

Elle : Il est fou.

L'Autre : Mais non. Il est juste un peu fatigué. Après, ça ira mieux.

Elle : Après quoi ?

L'Autre : Après. Il faut qu'il prenne un peu sur lui.

Elle : Il est juste fou, je te dis.

L'Autre : Il pense, regarde.

Elle : À quoi ?

L'Autre : Hein ?

Elle : À quoi il pense ?

L'Autre : Il est en train de nous imaginer. Dans notre chambre. Toi et moi. Il pense à nous. En permanence. Et quand il ne pense pas à nous, il pense quand même à nous.

Elle : Sans doute.

L'Autre : Mes mains sur tes hanches. Mes cheveux dans tes cheveux. Ma voix dans ton cou. Il nous voit très clairement. Et maintenant il voudrait nous voir morts.

Elle : Cela ne tardera pas.

L'Autre : Quoi ? Pourquoi tu dis ça ? Il est quelle heure ?

Elle : Il est l'heure.

*Noir.*

## 7
## La galante

*Elle est assise sur le côté du lit. Elle se rhabille, met ses bas. L'Autre lui tourne le dos, il fume une cigarette. Lui est sur le côté et assiste silencieusement à la scène. Ils restent un moment sans rien dire.*

L'Autre : Tu veux que je t'appelle un taxi ?

Elle : Ah ! tu parles maintenant ?

L'Autre : Hein ?

ELLE : Je peux encore me débrouiller toute seule. Merci. *(L'Autre sourit d'une façon ironique et attendrie.)* Quoi ? Qu'est-ce qu'il y a ?

L'AUTRE : Rien.

ELLE : Si. Vas-y. Explique-toi !

*Un temps.*

L'AUTRE : Il pleut. Je vais t'appeler un taxi.

ELLE : Je viens de te dire que je pouvais me débrouiller ! T'es sourd ou quoi ?

L'AUTRE : Ça fait une demi-heure que tu fais semblant de te rhabiller.

ELLE : Tu n'avais qu'à ne pas me déshabiller !

L'AUTRE : Je n'ai pas eu grand-chose à faire, entre nous.

ELLE : Quoi ?

L'AUTRE : Rien.

ELLE : Pauvre type !

L'AUTRE : Bon. Tu es prête ?

ELLE : Tu veux vraiment me mettre dehors !

L'AUTRE : Tu vas être en retard ! Ton fiancé… Pense à Lui. Au moins une fois dans la soirée.

ELLE : Tu me dégoûtes.

L'AUTRE : Si ça peut te faire partir plus vite…

*Un temps.*

ELLE : Bon. Merci pour cette délicieuse soirée ! Tu as été formidable ! Je te souhaite une bonne nuit ainsi qu'une mort lente, pénible et douloureuse…

L'AUTRE : Ah, ah, ah ! Tu es vraiment mignonne.

ELLE : Mignonne ? Non, je ne suis pas mignonne. Je suis blessée, c'est différent. Tu as vu comment tu me traites ? Comme de la merde ! Tu me traites, oui, comme de la merde, une fois que tu as eu ce que tu voulais !

L'AUTRE : Ah oui ? Et qu'est-ce que je voulais ?

ELLE : Pourquoi tu es aussi froid ? Tu veux que je te dise : ton cœur est sec. Dramatiquement sec.

L'AUTRE : Il est sec parce que je ne t'aime pas, c'est ça ?

**Elle :** Ne parle pas d'amour, s'il te plaît, tu ne sais pas ce que c'est !

**L'Autre :** C'est toi, ma belle, qui ignores parfaitement ce que c'est. Tu n'as jamais aimé personne.

**Elle :** Ah oui ?

**L'Autre :** Oui.

**Elle :** C'est pas parce que je ne t'aime pas, toi, que je n'ai jamais aimé personne !

**L'Autre :** Tu n'as jamais *vraiment* aimé. C'est évident.

**Elle :** « C'est évident. » Tu es très sûr de toi, hein ?

**L'Autre :** C'est évident. À la façon que tu as de te regarder dans la glace, par exemple. Il n'y a que toi qui t'intéresse. La vérité, c'est que tu voudrais tellement être aimée que tu as parfois l'impression d'aimer les autres. Rien de plus.

**Elle :** Qu'est-ce que tu connais de ma vie ? Hein ? Qu'est-ce que tu en connais pour juger ? On se voit de temps en temps, c'est tout. Tu ignores tout de moi ! Au fond, tu es méchant parce que tu as peur.

**L'Autre :** Peur ?

**Elle :** Parfaitement ! Peur d'être vrai. D'être sincère. D'être débordé par la vérité. Par les sentiments.

**L'Autre :** Je ne savais pas que tu étais si pénétrante…

**Elle :** Oui, tu es méchant dès que tu te sens vulnérable !

**L'Autre :** Donc là, madame la psychologue, je me sens vulnérable ?

**Elle :** Oui.

**L'Autre :** Et pourquoi ?

**Elle :** Parce que tu m'aimes.

**L'Autre :** Ah ah ! Tu confonds. Je t'ai seulement demandé de partir de chez moi, et toi, tu t'agrippes ! C'est toi qui m'aimes, et c'est pour ça que tu me trouves méchant. Parce que tu sais que je ne t'aime pas !

**Elle :** C'est moi qui t'aime ?

**L'Autre :** Exactement.

**Elle :** C'est la meilleure ! Tu viens de me dire que je ne savais pas ce qu'était l'amour. Que je n'avais jamais aimé personne. Mais que je voulais seulement qu'on m'aime ! Non ? C'est pas ce que tu viens de dire, peut-être ?

L'AUTRE : Si.

ELLE : Alors ?

L'AUTRE : Alors il n'y a rien de contradictoire. Je dis que tu crois m'aimer. Je n'ai pas dit que tu m'aimais vraiment. Non. J'ai dit que tu *croyais* m'aimer. Tu voudrais tellement que je t'aime que tu crois m'aimer, c'est tout.

ELLE : Je voudrais tellement que tu m'aimes ?

L'AUTRE : Oui. La preuve : tu me dis, contre l'évidence, que je t'aime, et que c'est pour ça que je suis méchant avec toi.

ELLE : Exactement.

L'AUTRE : Alors que si tu étais un peu lucide et surtout un peu moins conne, tu te dirais que si je suis méchant avec toi, c'est précisément parce que je ne t'aime pas et que tu refuses de partir de chez moi alors que je te l'ai demandé plusieurs fois !

ELLE : Si tu voulais vraiment que je parte, je serais déjà partie ! Mais la vérité, c'est que tu fais tout pour me retenir.

L'AUTRE : Tu te moques de moi ?

ELLE : C'est toi qui m'accuses de ne pas savoir aimer ! C'est toi qui parles, qui parles ! Moi, ça fait longtemps que je t'ai souhaité une bonne nuit et une mort affreuse !

L'AUTRE : Ce serait donc un malentendu ? Mes enfants ! Au fond, sans le savoir, nous attendions tous les deux la même chose : que tu te casses !

ELLE : Pauvre type !

L'AUTRE : Oui, tu l'as déjà dit. *(Un temps.)* Alors ? Tu ne pars pas ? Je croyais que c'était moi qui te retenais ? Je te parle ! Hein ? Tu ne sais plus quoi dire ? Tu ne sais plus quoi dire parce que tu es seule devant l'évidence. *(Un temps.)* C'était pourtant clair entre nous. Il y avait comme un pacte. Qu'est-ce que tu as fait ? Il était convenu que nous ne devions pas nous aimer. Non ? Je t'avais interdit de tomber amoureuse. Toi, tu avais ton fiancé, et moi… C'était une sorte d'amitié. Tu disais « amitié érotique ». L'expression t'amusait. Eh bien, je ne veux pas entrer dans ta vie, tu comprends ?

ELLE : Parce que tu crois sérieusement que tu es entré dans ma vie ? Tu crois que tu es le seul pour moi ? Tu te prends pour qui ? Des types comme toi, j'en vois des dizaines. Des dizaines, tu m'entends ? Ils tournent dans mon agenda. Tu es un parmi d'autres. Et pour tout te dire, tu n'es pas mon favori.

L'AUTRE : Je sais très bien que tu mens.

ELLE : Tu me forces à te le dire.

L'AUTRE : Arrête, maintenant, c'est ridicule.

ELLE : Tu ne vas pas me dire que tu es jaloux, quand même ! Qu'est-ce que tu espérais ? Que je m'attache à toi ?

L'AUTRE : Tu es consciente de ce que tu es en train de me dire ?

ELLE : C'est trop facile de simuler l'indifférence. Et d'être méchant après.

L'AUTRE : Tu délires !

ELLE : Tu sais que tu ne représentes pas grand-chose pour moi. Et cela te tue. Parce que tu ne peux pas supporter d'être un parmi les autres ! Mais quoi ! Je n'ai aucun compte à te rendre ! Il n'a jamais été question d'amour entre nous, que je sache !

L'AUTRE : Salope !

ELLE : Connard !

*Ils se regardent, puis rient.*

L'AUTRE : Je t'aime.

ELLE : Moi aussi. Et je t'aime *vraiment*, tu sais. Contrairement à ce que tu disais tout à l'heure.

L'AUTRE : Qu'est-ce que j'ai dit ?

ELLE : Que je ne savais pas aimer *vraiment*.

L'AUTRE : Rien ne me prouve que tu m'aimes *vraiment*, cela dit.

ELLE : Si. Moi, je le dis.

**L'Autre** : Oui, enfin, c'est pratique pour toi… Tu me vois une fois de temps en temps, quand ça t'arrange, et après tu dis que tu m'aimes *vraiment*…

**Elle** : Et alors ?

**L'Autre** : Si tu m'aimais *vraiment*, tu ne tolérerais pas cette situation…

**Elle** : Ah oui ?

**L'Autre** : Oui. C'est moi qui t'aime *vraiment*.

**Elle** : Toi ?

**L'Autre** : Oui. Pour tolérer cette situation, il faut de l'amour. Crois-moi, il faut beaucoup d'amour !

**Elle** : Et moi alors ? Je suis en train de remettre en cause ma vie pour toi ! Si ce n'est pas une preuve d'amour !

**L'Autre** : Non, ce n'est justement pas une preuve d'amour. Une preuve d'amour, par exemple, ce serait de quitter ton fiancé.

**Elle** : De le quitter ? Et toi, si tu m'aimais *vraiment*, tu ne me demanderais pas ça !

**L'Autre** : Vraiment ?

**Elle** : Vraiment, oui. Tu comprendrais.

**L'Autre** : Donc je ne dois pas t'aimer *vraiment*.

**Elle** : Non.

**L'Autre** : Tu as sans doute raison. Je ne dois pas t'aimer. D'ailleurs, je te déteste.

**Elle** : Exactement. Tu me détestes et moi, je t'aime.

**L'Autre** : Non, non, non… Il n'y aucune raison que tu aies le beau rôle. La vérité, c'est que toi aussi tu me détestes.

**Elle** : Tu confonds. Moi, je t'aime. Et toi, tu me traites de salope !

**L'Autre** : Tu m'aimes ? Alors pourquoi tu m'as traité de connard tout à l'heure ?

**Elle** : Parce que tu m'avais traitée de salope.

**L'Autre** : Et pourquoi je t'ai traitée de salope ?

**Elle** : Parce que tu m'aimes.

**L'Autre** : Non, je te déteste.

**Elle** : C'est la même chose.

*Noir.*

## 8
### La dramatique

*Il est allongé. Elle rentre sur la pointe des pieds. La lumière est plus sombre, comme dans la scène 1. Elle commence à se déshabiller.*

**Lui** : Il est quelle heure ?

**Elle** : Tu ne dors pas ?

**Lui** : Si, si. Seulement, j'ai toujours parlé en dormant…

**Elle** : Je croyais que tu dormais.

**Lui** : Quelle drôle d'idée !

**Elle** : Hein ?

**Lui** : Pourquoi tu croyais que je dormais ?

**Elle** : Je ne sais pas. Tu étais allongé et…

**Lui** : Et il est tard ?

**Elle** : Oui, c'est ça.

**Lui** : Tu t'es dit : « Puisque je rentre tard, *très tard,* il doit être en train de dormir. » Pas vrai ?

**Elle** : Oui, ça a duré plus longtemps que prévu.

**Lui** : J'espère que tu ne t'es pas trop ennuyée ?

**Elle** : C'était un peu long, c'est vrai.

**Lui** : Quel dommage !

**Elle** : J'aurais préféré rentrer avant… *(Il se lève.)* Qu'est-ce que tu fais ? Tu ne te couches pas ?

**Lui** : Je me suis reposé pendant toute la soirée, maintenant je voudrais un peu m'amuser !

**Elle** : Oui, eh bien, moi, je vais me coucher.

**Lui** : Non.

**Elle** : Pardon ?

**Lui** : Je dis : non, tu ne vas pas te coucher.

**Elle** : Quoi ?

**Lui** : Pas tout de suite, en tout cas. J'ai un cadeau pour toi.

**Elle** : Un cadeau ?

**Lui** : Oui. Pour toi.

**Elle** : Mais… Pourquoi ? Tu n'offres jamais de cadeaux… en général.

**Lui** : En général ! Mais pas en particulier. Or tout est désormais particulier !

**Elle** : Quoi ?

**Lui** : Attention. Ta-ta-ta ! Et voilà !

**Elle** : Qu'est-ce que c'est ?

**Lui** : Un cadeau… Il faut l'ouvrir pour savoir ce que c'est ! C'est ce qu'on appelle un cadeau.

**Elle** : Je dois l'ouvrir ?

**Lui** : Oui ! Tu n'es pas très perspicace, ce soir… On se demande vraiment ce que tu as fait !

**Elle** : À quoi tu joues ?

**Lui** : Je t'offre un cadeau ! J'ai le droit, non ? d'offrir un cadeau à ma fiancée !

*Elle ouvre.*

**Elle** : Qu'est-ce que c'est ?

**Lui** : C'est un châle.

**Elle** : Oui, je vois bien que c'est un châle. Mais je veux dire… Il est très beau. Mais pourquoi tu m'offres un châle maintenant. À 1 heure du matin…

**Lui** : À 2 heures ! Nuance. Les restaurants sont tous fermés depuis longtemps.

**Elle** : Je ne comprends pas. Tu me fais peur.

**Lui** : Tu sais, pendant que tu revoyais ton ami d'enfance, j'ai fait un peu de rangement. J'ai fouillé un peu dans mes affaires. Mes vieux souvenirs, moi aussi… Et j'ai retrouvé quelque chose.

**Elle** : Écoute, je suis crevée ! Je préférerais qu'on parle de tout ça demain matin…

**Lui** : Non. C'est maintenant ou jamais ! C'est maintenant *et* jamais. C'est maintenant et jamais plus. Jamais plus, tu m'entends ? *Never more! Never more!*

Elle : Tu délires complètement…

Lui : Je délire ? Je te disais, j'ai retrouvé quelque chose que je voudrais te montrer.

Elle : Et moi je t'ai dit que je voulais me coucher !

Lui : Tu ne m'as même pas remercié, pour le châle… Il ne te plaît pas ?

Elle : C'est pas ça.

Lui : Alors ? Tu as à peine ouvert le paquet…

Elle : C'est ton air de ce soir. Tu me fais peur. Et je suis fatiguée.

Lui : Embrasse-moi.

Elle : Quoi ?

Lui : Embrasse-moi.

Elle : Non. Je n'embrasse pas sur commande.

Lui : Alors, ne m'embrasse pas ! Ne m'embrasse pas, tu m'entends ? Je te l'ordonne ! C'est mieux. Je déteste quand tu me désobéis. (*Il veut l'embrasser, elle tourne la tête.*) Ta joue !

Elle : Quoi ?

Lui : Elle sent le savon.

Elle : Et alors ?

Lui : Et alors ? Et tes cheveux ! Ils sentent le shampoing !

Elle : Quoi ?

Lui : Tu as pris une douche ?

Elle : Arrête.

Lui : Tu as pris une douche. Avant de rentrer. Toutes ces odeurs que tu voulais chasser ! L'ignoble odeur de tes coucheries !

Elle : Tu dis n'importe quoi. Qu'est-ce que c'est ?

*Il prend le pistolet.*

Lui : Je l'ai retrouvé tout à l'heure en fouillant.

Elle : Ah ! où t'as trouvé ça ? Qu'est-ce que tu fais ?

Lui : C'était celui de mon père. Il faisait la collection.

Elle : Arrête ! Pose-le ! Tu m'entends ? Pose ça !

Lui : Il est chargé.

Elle : Mais qu'est-ce que tu veux, à la fin ?

**Lui** : Toi.

**Elle** : Mais tu m'as !

**Lui** : Bing ! Une balle dans la poitrine ! Ah ah ah !

**Elle** : Je t'en supplie, arrête.

*On sonne.*

**Lui** : Ah ! on sonne ! Il était temps.

**Elle** : Jean !

**L'Autre** : Bonsoir.

**Lui** : Entrez. Je vous attendais.

*Elle voudrait s'enfuir, mais l'Autre la bloque. Ils se tiennent un instant l'un en face de l'autre.*

**L'Autre** : Je voudrais faire ça vite, si cela ne vous dérange pas. J'ai une femme et des enfants qui m'attendent à la maison.

**Lui** : Bien sûr ! Nous allons essayer de faire ça vite, monsieur a sa famille en plastique qui l'attend !

**Elle** : Faire quoi ?

**Lui** : Régler les derniers détails administratifs.

**Elle** : Quels détails administratifs ?

**L'Autre** : S'il vous plaît, madame ! Ne compliquez pas les choses. Nous n'avons pas beaucoup de temps. *(À Lui.)* Alors, d'abord, si vous pouviez remplir cette petite fiche.

**Lui** : Oui. Tu as un stylo ?

**Elle** : Quoi ? Il faut que tu m'expliques maintenant. C'est une blague ? Explique-moi !

**Lui** : Vous auriez un stylo ?

**L'Autre** : Bien entendu. Tenez. Madame, j'en profite pour vous poser quelques petites questions avant d'en venir à notre affaire… Vous préféreriez être enterrée ou incinérée ?

**Elle** : Quoi ? Tu as entendu ce qu'il vient de me demander ? Jean ? Tu as entendu ? C'est qui ce type ?

**Lui** : Réponds.

**Elle** : Non !

**Lui** : Enterrée.

**L'Autre** : Enterrée. Très bien. Morte ou vivante, je ne vous le demande pas. Nous avons essayé de simplifier le formulaire… Bon. Y a-t-il des membres de votre famille ou des amis que vous souhaiteriez avertir ?

Elle : Mais avertir de quoi ?

L'Autre : De votre mort, madame !

Elle : Jean ! Arrête ça…

L'Autre : Personne ?

Elle : Jean… S'il te plaît ! Pardonne-moi.

L'Autre : Personne.

Lui : Voilà.

Elle : Qu'est-ce que tu as signé ?

L'Autre : Très bien. C'est parfait. Ah ! vous n'avez pas rempli la case « Mobile »…

Elle : La case « Mobile » ?

Lui : J'ai oublié.

L'Autre : Ça ne fait rien. Je trouverai quelque chose. En revanche, pour la case « Circonstances », je ne parviens pas à vous relire… « Le soir-même, elle était avec son amant », c'est ça ?

Lui : Oui.

Elle : Mais c'est faux !

L'Autre : Je ne veux pas vous vexer, mais vous avez vraiment une écriture de pattes de mouche ! Ensuite : « Elle est rentrée très tard. Il ne dormait pas. Il avait bu pendant son absence. »

Lui : Oui.

Elle : Qu'est-ce que tu as bu ? Tu n'es pas dans ton état normal…

L'Autre : « Il était dans un état d'ébriété avancé et ne savait plus très bien ce qu'il faisait. » Vous avez raison de le préciser, on ne sait jamais. On pourra peut-être plaider dédoublement de la personnalité. Ou démence… « Ils se sont disputés. Et la situation a… »

Lui : Dérapé. La situation a dérapé.

L'Autre : C'est ça : « La situation a dérapé. Il avait une arme qui avait appartenu à son père. Elle était chargée. Il lui a tiré une balle dans la poitrine à bout portant. Elle est morte sur le coup. Puis il s'est tué à son tour. » C'est ça ?

**Lui** : Oui, c'est exactement ça.

**L'Autre** : C'est une fin assez sombre. Mais il paraît que ça arrive beaucoup plus qu'on ne croit !

**Elle** : Jean…

**L'Autre** : Bon. Alors, je signe, en tant que témoin. C'est parfait. Nous allons pouvoir procéder à l'exécution. Je suis désolé d'expédier ainsi la chose mais, je vous l'ai déjà dit…

**Lui** : Oui, oui, votre famille.

**L'Autre** : *(assez lentement)* C'est ça. Je ne vous demande plus qu'une petite signature. Monsieur. Là, en bas, à droite. Merci. Madame. Ici. Parfait… Je vous remercie. Bon. Alors. Je récapitule. Madame, pouvez-vous vous mettre là ? Très bien. Ne bougez plus. Non, tournez-vous dans ce sens-là. Voilà. Vous ! Vous vous mettez environ… ici. Pas trop loin. Voyons voir, nous avions dit « à bout portant ». Ça doit faire deux mètres, à mon avis, pas tellement plus. Non, madame, s'il vous plaît, ne vous éloignez pas ! Il faut y mettre un peu du sien ! Sinon nous n'arriverons jamais à faire ce « bout portant ». Il faut donc que vous restiez ici. Merci. Voilà, vous non plus, vous ne bougez plus. Parfait. Je relis l'acte. *(Un temps.)* Voilà. « La situation a dérapé. Il avait une arme qui avait appartenu à son père. » Vous avez l'arme ? *(Lui sort son pistolet.)* Bien. « Elle était chargée. » N'oubliez pas que c'est dans la poitrine que vous devez tirer ! Essayez de bien viser. Sinon, il faudra que je change votre déclaration. Bon. Pointez votre arme, maintenant. Très bien. Vous, tournez-vous un peu vers lui. Soyez un peu coopérative ! Comme ça. Très bien. Je continue la lecture. « Il avait une arme qui avait appartenu à son père. Elle était chargée… »

**Elle** : Jean…

**L'Autre** : « Il lui a tiré une balle dans la poitrine à bout portant. » *(On entend une détonation. Elle tombe au sol.)* « Elle est morte sur le coup. » *(Il jette un coup d'œil pour vérifier).* C'est bon. À votre tour, maintenant. Vous n'avez pas précisé si c'était dans la poitrine ou dans la tête. C'est au choix. Mais je serais d'avis de faire ça dans la poitrine. Par goût de la symétrie. Enfin, ce n'est qu'un conseil, vous en faites ce que vous voulez. Voilà. Je continue. « Il lui a tiré une balle à bout portant. Elle est morte sur le coup. Puis… il s'est tué à son tour. » *(Une autre détonation. Lui tombe. À côté d'Elle. Un temps.)* Ils avaient initialement prévu de se marier, de vivre heureux et d'avoir beaucoup d'enfants… Conte moderne ! Voilà. Tout est en ordre. Les papiers sont en règle. Ce n'est pas beau à voir. Maintenant, il faut que je file. Ma femme et mes enfants m'attendent ! Il faudra que je réfléchisse au mobile. Il n'a pas rempli la case « Mobile ». Comment peut-on en arriver jusque-là ? C'est une vraie question. C'est un vrai sujet de société, comme on dit. L'amour et le sang ! Oui, il faudra que j'y réfléchisse. Mais plus tard. Plus tard !

*Il sort. Noir.*

## 9
### La finale

*Les deux amants sont toujours allongés l'un à côté de l'autre. L'Autre se lève silencieusement, comme dans la première scène.*

**ELLE :** Il est quelle heure ?

**L'AUTRE :** Il est l'heure.

**ELLE :** Je me suis endormie ! Ça fait longtemps que je me suis endormie ?

**L'AUTRE :** Non, non. Tu étais dans mes bras.

**ELLE :** Je rêvais. Tu t'en vas ?

**L'AUTRE :** Oui, il est l'heure.

**ELLE :** L'heure de quoi ? Tu ne veux pas dormir ici ?

**L'Autre :** Non, c'est gentil. Je crois que c'est mieux si je rentre maintenant. Mais rendors-toi.

**Elle :** Mais dis-moi… Il ne faudra rien lui dire, hein ?

**L'Autre :** Il rentre quand de son voyage ?

**Elle :** Demain. Tu es bien d'accord. Il faut que ça reste entre nous. Ce sera notre secret.

**L'Autre :** Bien sûr. C'est mon meilleur ami, quand même.

**Elle :** Oui. Il ne faut jamais lui dire. Ce qui s'est passé…

**L'Autre :** Ça restera entre nous. Oui. Ce sera notre secret. Allez, rendors-toi. Rendors-toi.

**Elle :** Salut !

**L'Autre :** Salut.

*Noir.*

*Fin*

# Si tu mourais…

# Personnages

ANNE
PIERRE, *son mari*
DANIEL, *un ami*
LAURA DAME / LA JEUNE FILLE

*L'action se déroule dans trois lieux différents.*
*Les décors seront abstraits.*
*Un procédé de mise en scène devra permettre de passer assez facilement d'un lieu à un autre.*
*Pierre sera toujours présent sur scène, même lorsqu'il est censé ne pas l'être[8].*

*La création de Si tu mourais... a eu lieu le 15 septembre 2006 à la Comédie des Champs-Élysées dans une mise en scène de Michel Fagadau et avec la distribution suivante : Catherine Frot (Anne), Robin Renucci (Pierre), Bruno Putzulu (Daniel) et Chloé Lambert (Laura Dame).*

## Scène 1
## Le doute

*Dans l'appartement d'Anne et de Pierre. Anne est seule. Pierre peut être sur le côté, comme un fantôme. Durant toute cette scène, il est avant tout un corps et un souffle. Anne semble attendre quelque chose. Elle fume une cigarette. Soudain on sonne. Elle écrase sa cigarette et va ouvrir avec précipitation. C'est Daniel.*

**ANNE :** Ah ! merci d'être venu.

**DANIEL :** Je t'en prie.

**ANNE :** Entre…

**DANIEL :** Merci.

**ANNE :** Tu veux quelque chose à boire ?

**DANIEL :** Non, non. C'est gentil. J'ai eu ton message. Je… Comment tu vas ?

**ANNE :** Tu me demandes ça comme si j'étais malade…

**DANIEL :** Mais tu n'es pas malade ?

**ANNE :** Non, non. Ça va.

**DANIEL :** Bon…

**ANNE :** Enfin, non. Ça ne va pas.

**DANIEL :** Qu'est-ce qu'il y a ?

**ANNE :** C'est assez compliqué… Je voulais te parler. C'est pour ça que je t'ai appelé… Je… Comment dire ? Tu es sûr que tu ne veux rien à boire ?

**DANIEL :** Non, non. Tu sais, je me suis réveillé il n'y a pas très longtemps…

**ANNE :** Ah ? tu as de la chance. Moi, je n'ai pas dormi.

**DANIEL :** Cette nuit ?

ANNE : Non. Pas une minute. Ça se voit ?

DANIEL : Hein ? Non. Au contraire… Tu es très belle. Mais, Anne, qu'est-ce qui t'arrive ?

ANNE : Rien de très grave, c'est juste…

DANIEL : Juste quoi ?

ANNE : Tu sais, je suis désolée de t'avoir… Enfin, je me sens idiote… Tu dois avoir plein d'autres choses à faire et…

DANIEL : Il n'y a aucun problème. J'avais un rendez-vous dans le quartier. Donc, tu vois… Et puis même… Tu as très bien fait de m'appeler.

*Anne s'allume une autre cigarette.*

ANNE : *(dans une tentative d'humour et de distance)* Tu comprends, je n'ai pas tellement envie de te jouer le rôle de la veuve éplorée…

DANIEL : Arrête… Pas entre nous. Dis-moi plutôt ce qu'il y a…

ANNE : J'ai besoin de ton avis.

DANIEL : À quel propos ?

ANNE : À propos de Pierre.

DANIEL : Oui…

*Un petit temps.*

ANNE : Hier, je suis retournée dans son bureau.

DANIEL : Ah.

ANNE : Oui.

DANIEL : Dans son bureau ?

ANNE : Oui. Hier soir.

DANIEL : Tu aurais quelque chose à boire finalement ?

ANNE : Hein ? Si tu veux.

DANIEL : Merci.

ANNE : Tu veux quoi ?

DANIEL : Peu importe… Et tu n'y étais pas retournée depuis…

ANNE : Dans son bureau ?

DANIEL : Oui.

ANNE : Non.

**Daniel :** Ah.

**Anne :** Je n'avais pas eu le courage. Ni l'envie, d'ailleurs. Et puis hier, je ne sais pas, j'ai décidé d'y aller… Je ne sais pas très bien pourquoi. Ça m'a pris. Pour tenter de comprendre, j'imagine.

**Daniel :** Anne, il n'y a rien à comprendre. Ce sont les choses de la vie. C'est terriblement injuste, mais c'est comme ça : il ne faut pas tenter de comprendre.

**Anne :** Tu crois ?

**Daniel :** J'en suis certain.

**Anne :** Pas moi. *(Un temps.)* Je suis restée une partie de la nuit là-bas. C'était étrange. Je ne voulais toucher à rien… Il y avait toutes ses affaires… Ses cahiers. Ses notes. Ses livres. Tout ça semblait comme figé dans le temps. C'était affreusement… triste.

**Daniel :** Pourquoi tu es retournée là-bas ?

**Anne :** Je voulais voir. Tu sais, ce bureau, c'était vraiment son… Enfin, c'est là-bas qu'il a écrit tous ses romans. Il a passé la moitié de sa vie dans ce bureau…

**Daniel :** Je sais.

**Anne :** Je crois que je vais le vendre.

**Daniel :** Son bureau ?

**Anne :** Oui. Je vais demander à Martine de tout débarrasser cette semaine.

**Daniel :** Ah ?

**Anne :** Oui. De tout ranger. Et après, je m'arrangerai avec une agence pour la suite… Je crois que c'est mieux. Je n'aime pas cette idée. L'idée qu'il existe comme ça un endroit où il travaillait. Qui reste vide. Inhabité. Le seul fait d'y penser, c'est comme de se pencher sur une tombe. Ça rend son absence encore plus présente. Tu comprends ? Je préfère me débarrasser de cet endroit au plus vite.

**Daniel :** Tu veux que je m'en occupe ?

**Anne :** Non, c'est gentil. Je le ferai moi-même.

**DANIEL** : Comme tu veux.

**ANNE** : Il y avait un bouquet de fleurs. L'eau était verte. Presque trois semaines que personne n'était entré, tu te rends compte ? Je les ai jetées. Je ne supporte plus les fleurs. Après son accident, si tu savais, j'ai reçu des milliers de bouquets. Les condoléances, tout ça. Maintenant, ça m'écœure. Je suis écœurée par les fleurs.

**DANIEL** : Et moi qui ai failli t'en apporter… Heureusement, alors…

**ANNE** : *(dans un sourire triste)* Oui. Je ne sais même pas si je pourrai un jour en racheter. J'ai cassé tous les vases que j'avais.

**DANIEL** : Et tu as passé toute la nuit là-bas ?

**ANNE** : Oui.

**DANIEL** : Tu ne devrais pas. Tu ne dois pas faire ça. Anne… C'est normal que ça te…

**ANNE** : Que ça me quoi ?

**DANIEL** : Enfin je veux dire, tu ne te ménages pas assez. Tu aurais dû me dire. Si tu avais besoin d'aller là-bas… Je serais venu avec toi. Tu ne dois pas rester seule dans des moments comme ça…

**ANNE** : Tu le connaissais bien, toi ?

**DANIEL** : Qui ?

**ANNE** : Eh bien, Pierre.

**DANIEL** : *(étonné par la question)* Oui, bien sûr. Pourquoi tu me demandes ça ?

**ANNE** : Je veux dire, tu avais l'impression de bien le connaître ?

**DANIEL** : C'était mon meilleur ami. Tu le sais bien.

**ANNE** : Parfois on a l'impression de bien connaître quelqu'un, et en réalité on ne connaît que son masque.

**DANIEL** : De quoi tu parles, Anne ?

**ANNE** : De rien.

**DANIEL** : Mais si, dis-moi.

**ANNE** : C'est juste que…

**DANIEL** : Que ?

**ANNE :** Moi, je ne sais plus. J'ai vécu presque vingt ans avec lui, et d'un coup je ne sais plus.

**DANIEL :** Tu ne sais plus quoi ? Explique-moi…

*Un temps.*

**ANNE :** Tu sais, dans ses affaires, j'ai retrouvé des notes.

**DANIEL :** Des notes ?

**ANNE :** Oui. Tu sais, il voulait écrire une pièce de théâtre.

**DANIEL :** Il me l'avait dit, oui.

**ANNE :** Il travaillait dessus depuis quelques semaines. Bon. Eh bien, j'ai retrouvé ses notes, concernant cette pièce.

**DANIEL :** Et alors ?

**ANNE :** Et alors rien. Je me demande, c'est tout.

**DANIEL :** Tu te demandes quoi ?

*Un temps.*

**ANNE :** C'est comme si, maintenant que je les avais lues, ces notes, je n'arrivais plus à savoir ce qui s'était réellement passé. Tu comprends ?

**DANIEL :** Non.

**ANNE :** Comment dire ? Elles me font douter.

**DANIEL :** Ces notes ?

**ANNE :** Oui.

**DANIEL :** Douter de quoi ?

**ANNE :** De tout. Elles jettent une autre lumière sur tout ce qui s'est passé. Et maintenant, je ne sais plus ce qui s'est passé. Ce qui s'est *réellement* passé.

**DANIEL :** Comment ça ?

*Un temps.*

**ANNE :** Je ne sais pas. Cette pièce qu'il voulait écrire…

**DANIEL :** Eh bien ?

**ANNE :** Je ne sais pas. Il y a plusieurs personnages. Dont un qui m'intrigue plus que les autres. Une jeune femme. Dont le personnage central tombe amoureux.

**DANIEL :** Et alors ?

**ANNE :** C'est l'histoire d'un homme qui commence à avoir une double vie.

**Daniel :** C'est ça qui te trouble ?

**Anne :** Oui.

**Daniel :** Pourquoi ?

**Anne :** Dans ces notes, ça a l'air tellement réel…

**Daniel :** Qu'est-ce qui a l'air réel ?

**Anne :** Cette histoire de jeune femme… Tu comprends, le personnage principal est marié, il est écrivain, il n'a plus 20 ans, et il tombe profondément amoureux d'une jeune femme…

**Daniel :** Tu te dis que c'est peut-être de lui qu'il parle ?

**Anne :** Pourquoi pas ?

**Daniel :** Anne…

**Anne :** Tu trouves ça ridicule ? Tu sais, depuis des semaines, j'avais l'impression, je ne sais pas, que ça fuyait de toutes parts… Je veux dire, entre nous. Entre lui et moi. Il était de plus en plus souvent dans son bureau. À écrire. J'avais l'impression qu'il s'éloignait. Oui, c'est ça : il était de plus en plus distant. Je ne sais pas. Pour tout te dire, j'avais l'impression qu'il allait me quitter…

**Daniel :** Pierre ? Mais non… Qu'est-ce que tu racontes ? Pierre, te quitter ? Anne…

**Anne :** Je te le dis. Je le sentais…

**Daniel :** Tu te trompes. Anne, crois-moi… Pourquoi tu dis ça ?

**Anne :** La veille, justement, on s'était disputés.

**Daniel :** La veille ?

**Anne :** Oui. La veille de son accident.

**Daniel :** Ah bon…

**Anne :** J'ai sans doute été trop… Mais tu sais, j'ai toujours eu tellement peur qu'on m'abandonne. Ç'a toujours été comme ça. Depuis que je suis petite. La peur qu'on m'abandonne…

**Daniel :** Anne, Pierre t'aimait. C'est évident. Tu te tortures pour rien.

**Anne :** Non, justement, rien n'est évident. Il était comme absent depuis un certain temps. Je le sentais. Depuis des mois, il était ailleurs. Je ne parle pas de son travail. Je parle d'autre chose. Je sentais qu'il s'éloignait terriblement, tu comprends ? Et maintenant que j'ai lu ça, je me dis... Il y avait peut-être une autre femme.

**DANIEL :** Une autre femme ? Mais non... C'est impossible. Tu te fais des idées...

**ANNE :** Mais ce ne sont pas des idées ! Je te parle de ses notes ! Je te parle de ce que j'ai lu ! Tu vois, c'est aussi simple que ça. Je n'ai jamais douté de lui. Et maintenant... On voudrait toujours que nos histoires échappent à la banalité atroce des petites trahisons. Mais elles sont laides tellement elles se ressemblent, nos histoires.

**DANIEL :** Qu'est-ce que tu racontes ?

**ANNE :** J'ai l'impression d'apercevoir un autre visage. Je me dis : est-ce que c'est bien l'homme que tu croyais connaître ? Celui que tu croyais aimer... Cette pièce, c'est lui. Et j'ai l'impression qu'il a laissé ces notes bien en évidence sur son bureau pour que je les lise. Comme un testament empoisonné. C'est pour ça qu'elles sont terribles.

**DANIEL :** Écoute, j'étais son ami. Il me parlait de tout. Et je te promets que tu te fais des idées. C'est normal, sa disparition a été brutale... Il y a de quoi être un peu déstabilisé... Mais crois-moi, tu te trompes. Pierre ne voulait pas te quitter. Il n'y avait pas d'autre femme dans sa vie ou je ne sais quoi... Il n'y avait que toi, et son travail. C'est aussi simple que ça. Vraiment, crois-moi.

*Un temps.*

**ANNE :** Et Laura Dame, tu la connais ?

**DANIEL :** Qui ?

**ANNE :** Je ne sais pas. Laura Dame. Une actrice.

**DANIEL :** Non.

**ANNE :** Il en parle, parfois, dans ses notes.

**DANIEL :** Anne, tu deviens paranoïaque.

**ANNE :** Peut-être...

**DANIEL :** On a l'impression que tu cherches les preuves de ce qui n'existe pas. Comme si tu voulais abîmer le souvenir que tu as de lui. Cette pièce, elle n'a rien à voir avec toi. Pierre a toujours inventé des histoires. Il ne raconte pas sa vie. Un écrivain, ce n'est pas une photocopieuse. Hein ? Ça invente, un écrivain. Ça ment tout le temps. Enfin, pas dans la vie, mais dans ses livres… Voilà. Il faut que tu te calmes.

**ANNE :** Peut-être.

**DANIEL :** On parle bien de Pierre ? C'était l'homme le plus fidèle, le plus fiable, le plus droit que j'aie connu. Vraiment, il faut que tu te calmes. Tu n'as pas dormi de la nuit. Mais je comprends. Ça t'a perturbée. De revenir dans ce bureau. Mais maintenant, il faut que tu te reposes. Que tu t'apaises. Et tu verras que de toi-même, tu réaliseras à quel point tout ce que tu dis est loin de la réalité…

**ANNE :** Tu as sans doute raison. Je… Je suis un peu… Mais tu as raison, il faut que je dorme un peu plus.

*Un temps.*

**DANIEL :** Bon. Et sinon, ton travail, le cabinet, tu as repris ?

**ANNE :** Je n'ai jamais arrêté. J'ai arrêté deux jours. C'est tout.

**DANIEL :** Et ça se passe bien ?

**ANNE :** Oui. Je soigne les autres. C'est déjà ça.

**DANIEL :** Tant mieux…

*Un temps.*

**ANNE :** Mais Daniel…

**DANIEL :** Oui…

**ANNE :** Vous étiez proches… Je veux dire, il te parlait de lui…

**DANIEL :** Oui, bien sûr.

**ANNE :** Il se confiait à toi…

**DANIEL :** Souvent, oui. Pourquoi ?

**ANNE :** Si tu savais quelque chose… Je veux dire, si tu savais quelque chose concernant tout ça… S'il y avait une autre femme… Tu me le dirais ?

**Daniel :** Non.

*Noir.*


Scène 2
Dans une langue morte


*Dans l'appartement d'Anne et de Pierre. Il est tard. Ils rentrent d'un dîner.*

**Anne :** Ah ! enfin !

**Pierre :** Quoi « enfin » ? Tu n'as pas aimé ce dîner ?

**Anne :** Pierre, tu ne me refais plus jamais ça.

**Pierre :** Te refaire quoi ?

**Anne :** Dîner avec ce genre de gens.

**Pierre :** Ce genre de gens ?

**Anne :** Des gens de ce genre.

**Pierre :** Tu parles de mes amis d'enfance ?

**Anne :** Oui.

*Un temps.*

**Pierre :** D'abord, ce ne sont pas des amis d'enfance.

**Anne :** Je sais.

**Pierre :** Pour la plupart, je les ai rencontrés au moment où… Enfin, je ne les connais que depuis une vingtaine d'années… *(Un temps.)* Tu te rends compte de ce que tu as fait quand même ?

**Anne :** Moi ?

**Pierre :** Oui. Simuler un malaise, comme ça, au milieu d'un dîner. Juste parce que tu avais envie de rentrer…

**Anne :** La vie est courte. Et j'avais envie de te voir.

**Pierre :** Ce n'est pas une raison.

**Anne :** Si, c'est une raison.

**Pierre :** Et puis, tu exagères… Moi, j'ai trouvé ça intéressant, ce dîner.

**Anne :** Toi, tu as trouvé ça intéressant ?

**Pierre :** Oui. Très intéressant.

**Anne :** Bien sûr. Tu n'as pas arrêté de regarder ta montre…

**Pierre :** C'est parce que je me demandais quelle heure il était.

**Anne :** Il était l'heure de partir. D'ailleurs, au moment où on est entrés dans cet appartement, il était déjà l'heure de partir.

**Pierre :** Je reconnais que tu as eu l'élégance d'attendre le plat principal pour nous faire ton malaise.

**Anne :** Ça n'a pas été facile.

**Pierre :** Je comprends.

**Anne :** Parce que c'était atrocement ennuyeux.

**Pierre :** Je regrette, ce n'était pas du tout ennuyeux. C'était… affligeant.

**Anne :** Alors pourquoi tu les vois si souvent ?

**Pierre :** Je ne les vois pas souvent. Je ne les vois même presque jamais.

**Anne :** Daniel, tu le vois souvent, lui.

**Pierre :** Daniel, oui. Mais c'est différent. Il n'y a pas que le passé qui nous lie. C'est encore un ami.

**Anne :** Je l'aime bien, d'ailleurs.

**Pierre :** Daniel ? Moi aussi. Et lui aussi, d'ailleurs, il t'aime bien. Chaque fois que je le vois, il me dit que j'ai de la chance de t'avoir. Ce qui prouve qu'il ne te connaît pas très bien.

**Anne :** Non.

**Pierre :** S'il savait le calvaire que représente le seul fait de vivre avec toi…

**Anne :** *(elle se lève et s'apprête à sortir pour la cuisine)* Je pense qu'il ne le saura jamais. Malheureusement pour lui… Tu veux un dernier verre ?

**Pierre :** Le fameux dernier verre… Je veux bien, c'est gentil.

*Anne disparaît une seconde. Puis réapparaît sur le pas de la porte.*

**Anne :** Dis-moi, mon amour, si tu avais le choix, tu aurais préféré un alcool fort ou quelque chose de plus doux ?

**Pierre :** *(haussant les épaules pour désigner l'évidence)* Un alcool fort ! De la vodka, par exemple.

**Anne :** Ah !… Et si tu avais préféré quelque chose de plus doux, tu aurais choisi du vin rouge ou du vin blanc ?

**Pierre :** Du blanc.

**Anne :** Mais si tu m'avais dit du rouge, tu aurais préféré du Bordeaux ou du Saumur ?

**Pierre :** Le soir ? Du Saumur.

**Anne :** Mais un Bordeaux de quelle année ?

**Pierre :** Je ne sais pas. Disons 2002 !

**Anne :** Eh bien, mon amour, tu as de la chance, je voulais justement te faire goûter une bouteille de Bordeaux 2006. *(Elle revient avec une bouteille et deux verres.)* La seule qui nous reste…

**Pierre :** Tu es une femme parfaite !

**Anne :** Toi aussi, mon amour.

**Pierre :** Il faudra quand même demander à Martine de faire des courses demain… Parce que sans vodka, moi, je meurs.

*Un temps.*

**Anne :** Ça me fait plaisir de te voir. On n'a plus jamais de temps pour nous…

**Pierre :** Pourquoi tu dis ça ?

**Anne :** Je ne sais pas. Tu travailles tout le temps. Et moi aussi, d'ailleurs.

**Pierre :** Il y a des périodes comme ça. Pendant lesquelles tout le monde travaille beaucoup, et puis après ça change…

**Anne :** Peut-être. Mais quand même… J'ai l'impression qu'on ne se voit plus jamais.

**Pierre :** Ça nous évite de nous voir trop souvent.

**Anne :** Trop souvent ?

**Pierre :** Oui, et de finir comme ces couples, tu sais, qui vont au restaurant et qui ne se parlent plus…

**Anne :** C'est difficile à savoir…

**Pierre :** De quoi ?

**Anne :** Peut-être que l'amour, après tout, ce n'est pas

d'avoir toujours des choses à se dire. Peut-être que c'est aussi de ne plus avoir besoin de se parler. Je veux dire, pour se comprendre… *(Un temps. Silence. Chacun dans ses pensées.)* J'ai un peu trop bu ce soir. C'est ce qui me rend mélancolique, subitement… À quoi tu penses ?

PIERRE : Hein ? À rien.

ANNE : Tu penses à ton travail ?

PIERRE : *(ailleurs)* Oui.

ANNE : Ça avance bien ?

PIERRE : De quoi ?

ANNE : Ta pièce.

PIERRE : Ça va… Ça traîne un peu… Tu sais, je suis désolé…

ANNE : Pour quoi ?

PIERRE : Si tu t'es ennuyée… À ce dîner. La prochaine fois, j'irai sans toi.

ANNE : Tu iras sans moi ?

PIERRE : Oui. C'est vrai qu'ils sont assez cons, mes amis…

ANNE : On peut le dire comme ça.

PIERRE : Mais qu'est-ce que tu veux, moi, ils me font du bien ! Ils n'ont tellement pas changé depuis tout ce temps… Je ne sais pas, je trouve ça rassurant… Mais pour toi, je comprends, c'est une perte de temps. Tu as tout à fait raison. Je ne devrais pas te proposer de venir avec moi dans ce genre d'endroit. D'ailleurs, la semaine prochaine, Philippe fait un dîner chez lui et…

ANNE : La semaine prochaine ?

PIERRE : Oui. Et ce n'est peut-être pas une bonne idée que tu viennes. Enfin, c'est ce que tu disais : la vie est courte.

ANNE : Mais il m'a dit qu'il partait.

PIERRE : Qui ?

ANNE : Philippe. Il m'a dit tout à l'heure qu'il partait donner des conférences au Canada.

PIERRE : Au Canada ? Et alors ?

ANNE : Comment il peut organiser un dîner chez lui s'il est au Canada ?

**Pierre** : Je te parle de la semaine prochaine. Quand on va donner une conférence au Canada, on ne reste pas une semaine. *(Un temps.)* Sinon, tu t'imagines, on passerait sa vie au Canada.

*Un temps.*

**Anne** : À propos, tu sais, Philippe…

**Pierre** : Oui ?

**Anne** : Il était avec une fille ce soir ?

**Pierre** : Hein ? Oui, je crois.

**Anne** : Elle était jeune, non ?

**Pierre** : Qui ?

**Anne** : La fille avec qui était Philippe.

**Pierre** : Je ne sais pas. 30 ans. Quelque chose comme ça.

**Anne** : Oui, d'ailleurs je lui ai demandé. Elle m'a dit qu'elle avait 26 ans. Donc elle doit en avoir autour de 30.

**Pierre** : Et alors ?

**Anne** : Ça ne le gêne pas ? Je veux dire, tu connais sa femme…

**Pierre** : Quel est le rapport ?

**Anne** : Ça pourrait le gêner de ramener une autre fille à un dîner… De ne pas se cacher.

**Pierre** : Tu trouves qu'il devrait se cacher ? C'est sa vie. Il fait ce qu'il veut.

**Anne** : Oui, mais si tu croises sa femme demain par exemple, tu ne seras pas gêné ?

**Pierre** : Demain, c'est impossible. Je travaille toute la journée.

**Anne** : Eh bien, moi, si je la croisais, ça me gênerait.

**Pierre** : Ce serait inutile.

*Un temps.*

**Anne** : Mais à ton avis, pourquoi il fait ça ?

**Pierre** : Je ne sais pas.

**Anne** : Tu ne lui as jamais posé la question ?

**Pierre** : Non.

**Anne** : Il ne l'aime plus, c'est ça ?

**PIERRE :** Qui ?

**ANNE :** Sa femme.

**PIERRE :** Si. Au contraire.

**ANNE :** Il l'aime, mais il voit d'autres filles.

**PIERRE :** Voilà.

**ANNE :** Tu ne trouves pas que c'est un peu contradictoire ?

**PIERRE :** Hein ? Si.

**ANNE :** Moi, je trouve ça vraiment triste. Surtout pour elle. Je ne sais pas… Quand on y pense… C'est vraiment infâme.

**PIERRE :** Infâme ? Non, Anne… Ce n'est pas infâme, c'est un homme. C'est tout. C'est un homme[9].

**ANNE :** Qu'est-ce que ça veut dire ?

**PIERRE :** Rien. *(Un temps.)* Bon. Moi, je vais me coucher.

**ANNE :** Déjà ?

**PIERRE :** Oui. Je suis crevé. Il est tard… Tu restes un peu dans le salon ?

*Un petit temps. Pas de réponse. Puis Pierre s'apprête à sortir. Un temps. De dos, il reste sur le pas de la porte.*

**ANNE :** J'ai l'impression de parler une langue morte, depuis que je ne te parle plus. Pierre… Je cherche partout dans mes souvenirs. Je cherche, mais je ne te trouve pas. Tu m'échappes encore. Alors j'attends. Je ne sais pas quoi. Je ne sais plus. Parfois je me dis. Ce matin par exemple. Que je ne devrais pas penser à tout ça. À cette idée que tu n'es peut-être pas toi, mais un autre. Et au fond, qu'est-ce que cela change ? Cela change. C'est tout. J'ai demandé à Martine de ranger tes affaires. Dans ton bureau. Elle a tout nettoyé. J'ai mis tes cahiers dans un carton. Tes notes. Ton écriture. Le mystère de ton écriture noire. J'ai aussi mis tes livres dans des cartons. Pour l'instant, je les ai mis… Enfin, je les ai ramenés à la maison. Je ne sais pas ce que je vais en faire. Je vais les garder, je pense. Des livres, ça ne se jette pas. Je vais sans doute les mettre dans la bibliothèque du salon. Je ne sais pas encore. Qu'est-ce que tu en penses ? Tu ferais quoi à ma place ? *(Un temps.)* J'ai parlé de tes notes à Daniel. Pour savoir ce qu'il en pensait. Il m'a dit que je me faisais des idées. J'ai l'impression qu'il me ment. Je ne sais pas pourquoi. Ça m'inquiète. Comme s'il cherchait à te protéger. De quoi ? Le mystère de cette nuit opaque. *(Un temps.)* Parfois, je me dis que j'ai peut-être mal agi. Que j'ai été trop… J'aurais dû être plus patiente. Avoir moins peur. Je ne sais pas. Pierre… Regarde-moi… À quoi tu penses ? *(Un temps.)* Dis, est-ce que tu ne me répondras vraiment plus jamais ?

*Un temps. Il sort. Elle reste seule. Un temps.*
*Noir.*


## Scène 3
## Les yeux qui brûlent

*Dans le bureau de Pierre. Anne est seule. Soudain on sonne. Elle sort de sa rêverie. Elle va ouvrir. C'est Daniel.*

**ANNE :** Ah ! c'est toi…

**DANIEL :** Oui. Tu as l'air déçue.

**ANNE :** Non, non. Surprise, pas déçue. J'attendais quelqu'un.

**DANIEL :** Ça va ?

**ANNE :** Oui, oui… Mais qu'est-ce que tu fais là ?

**DANIEL :** Je suis passé. C'est aujourd'hui, non ?

**ANNE :** De quoi ?

**DANIEL :** Que tu fais la visite ? C'est bien aujourd'hui ?

**ANNE :** Oui. D'ailleurs, j'attends la fille de l'agence. J'ai cru que c'était elle. La sonnette…

**DANIEL :** Vous avez rendez-vous ici ?

**ANNE :** Oui. Elle veut voir l'appartement avant de le mettre dans son agence.

**DANIEL :** C'est pour ça que je suis passé. Je me suis dit que tu aimerais peut-être que je sois là. Ce n'est jamais très agréable, de faire ça toute seule.

**ANNE :** C'est gentil. Mais comment tu savais que c'était aujourd'hui ?

**DANIEL :** C'est Martine qui me l'a dit. Je l'ai eue au téléphone tout à l'heure. J'ai essayé de t'appeler, mais ton portable est éteint.

**ANNE :** Ah ? Peut-être.

**DANIEL :** Ça va ?

**ANNE :** Oui, oui… Très bien. C'est juste que j'ai hâte que ce soit fini…

**DANIEL :** Je comprends. Mais pourquoi tu n'as pas demandé à Martine de faire ça à ta place ?

**ANNE :** Je tenais à le faire moi-même.

**DANIEL :** Ah ?

**ANNE :** Oui. Je n'aimais pas l'idée que des inconnus viennent ici. Sans que je sois là. Et puis, je ne sais pas…

**DANIEL :** Tu ne travailles pas aujourd'hui ?

**ANNE :** Si. Pourquoi ?

**DANIEL :** Non. Pour savoir.

*Un temps.*

**ANNE :** Tu étais déjà venu ici, non ?

**DANIEL :** Dans ce bureau ? Oui, quelques fois. Bien sûr…

**ANNE :** Tu vois, Martine a tout rangé.

**DANIEL :** C'est sûr. Il n'y a plus rien qui traîne. C'est la première fois que je le vois comme ça, ce bureau. Le pauvre Pierre n'y retrouverait plus rien, lui qui n'aimait que le bordel ! Enfin, je veux dire : le désordre.

*Un temps.*

**ANNE :** J'ai mis toutes ses affaires à la maison. Dans des cartons. Ça ressemble à un enterrement.

**DANIEL :** J'imagine que ce n'est pas très…

**ANNE :** Mais ça va. Je me sens mieux depuis deux jours.

**DANIEL :** Tant mieux.

**ANNE :** Oui. J'ai envie de… Comment dire ?

*Un temps.*

**DANIEL :** Tu as envie de quoi ?

**ANNE :** De passer à autre chose.

**Daniel :** Je suis content de t'entendre dire ça.

**Anne :** Ça te choque ?

**Daniel :** Non. Au contraire.

**Anne :** C'est pour ça que je suis impatiente de mettre cet appartement en vente. Et puis… Voilà.

**Daniel :** Tu avais rendez-vous à quelle heure ?

**Anne :** Avec la fille de l'agence ? À 15 heures. Il est quelle heure ?

**Daniel :** 15 h 15. Elle est en retard…

*Un temps.*

**Anne :** Tu sais, j'ai repensé à notre discussion de la dernière fois. Tu sais, à propos de Pierre…

**Daniel :** Ah ?

**Anne :** Oui.

**Daniel :** Et alors ?

**Anne :** Je voulais te remercier de tout ce que tu m'as dit. J'avais passé une nuit tellement horrible.

**Daniel :** C'est normal.

**Anne :** Tu comprends, j'avais eu l'impression d'avoir été… Comment dire ? De n'avoir rien compris. D'être passée à côté. C'était une sensation… insupportable.

**Daniel :** Mais maintenant, ça va mieux.

**Anne :** Oui. Je crois que ça va mieux.

**Daniel :** Si tu as envie de passer à autre chose, c'est bon signe…

**Anne :** À propos, je voulais te demander, qu'est-ce que tu fais cet été ?

**Daniel :** Cet été ?

**Anne :** Oui.

**Daniel :** Je ne sais pas encore.

**Anne :** Parce que j'ai décidé de reprendre la maison qu'on avait louée l'année dernière.

**Daniel :** Quelle maison ?

**Anne :** Avec Pierre, on avait loué une maison en Corse l'été dernier.

**Daniel :** Ah ? Et tu vas la reprendre cette année ?

**Anne :** Oui. J'adore tellement cet endroit. Enfin bref,

je voulais te dire que tu peux passer quand tu veux. Il y aura sans doute Bernard. Et les Brière.

**DANIEL** : C'est gentil. C'est une idée…

**ANNE** : Tu me diras.

**DANIEL** : Très bien. Je te dirai. En tout cas, c'est gentil de m'inviter. *(Un temps. Il regarde sa montre.)* Elle va bientôt arriver, je pense…

**ANNE** : L'autre jour, tu te souviens, je t'ai parlé d'une fille qui s'appelait Laura Dame ?

**DANIEL** : Laura Dame ?

**ANNE** : Oui. Je t'en ai parlé… Laura Dame, c'est la fille dont Pierre parle dans ses notes.

**DANIEL** : Ah ! oui, je m'en souviens.

**ANNE** : J'ai retrouvé son adresse. Ses coordonnées.

**DANIEL** : Quoi ?

**ANNE** : Je vais aller la voir.

**DANIEL** : Qui ? Laura Dame ?

**ANNE** : Oui. Demain.

**DANIEL** : *(inquiet)* Demain ? Mais pour quoi faire ?

**ANNE** : Pour en finir avec ça.

**DANIEL** : Avec quoi ?

**ANNE** : Ça me hante, tu comprends. Au moins, comme ça, je serai fixée.

**DANIEL** : Mais fixée sur quoi ?

**ANNE** : Sur rien.

*Un temps.*

**DANIEL** : Tu sais, je ne pense pas que ce soit une bonne idée, Anne.

**ANNE** : Pourquoi ?

**DANIEL** : Tu alimentes tellement tout ça. Et sans raison… Tu t'égares. Vraiment… Je ne sais pas : au lieu d'apprendre à vivre sans lui, on dirait que tu veux apprendre à ne plus l'aimer…

**ANNE** : Non, ce n'est pas ça. Tu vois, au fond de moi, je sais que tu as raison. Mais je préfère aller voir. Pour ne pas qu'il reste même une fraction de doute. Après, je serai en paix.

**DANIEL :** Et comment tu as fait pour trouver ses coordonnées ?

**ANNE :** J'ai cherché dans l'annuaire.

**DANIEL :** Ah ?

**ANNE :** Oui. Tout simplement.

*Un temps.*

**DANIEL :** Mais Anne, qu'est-ce que ça changera ?

**ANNE :** Ce que ça changera ?

**DANIEL :** Oui. Qu'est-ce que ça changera ? Enfin, je veux dire : il est mort…

**ANNE :** Je vais te dire ce que ça changera. Avant de le rencontrer, tu vois, chaque fois que j'ai aimé un homme, j'ai réalisé par la suite que l'amour que je ressentais n'avait au fond pas grand-chose à voir avec la personne que je pensais aimer. Tu comprends ?

**DANIEL :** Non.

**ANNE :** Comment t'expliquer ? Avant de rencontrer Pierre, j'ai eu plusieurs histoires d'amour. Comme tout le monde. Certaines d'entre elles ont été fortes, déchirantes même. Des passions. Des empoisonnements. Je me suis abîmée plus d'une fois. Et j'avais toujours un arrière-goût de sang dans la bouche. Je croyais que c'était ça, l'amour. Puis je l'ai rencontré. Pierre. Et pour la première fois, j'ai eu le sentiment que c'était lui que j'aimais. Tu comprends ? Je n'étais plus amoureuse de l'amour. Ça n'avait plus à voir avec moi, mais avec lui. C'est pour cette raison, je pense, que je suis restée avec lui toutes ces années. Je croyais que que j'avais enfin cessé de me mentir. Que j'aimais quelqu'un pour ce qu'il était vraiment. Pour son vrai visage. Et qu'il ne pouvait donc pas me décevoir. C'était une sorte de conviction. Peut-être naïve. Mais c'est comme ça que j'ai vécu. Voilà ce que ça change. S'il avait une autre femme dans sa vie, ça donnerait un autre sens à toutes ces années. Et je me dirais que je me suis trompée.

Que j'ai été trompée. Par moi-même. Que j'ai été aveugle. Et idiote. *(Un temps.)* C'est une actrice.

**DANIEL :** Qui ?

**ANNE :** Laura Dame. C'est une actrice d'une trentaine d'années. Elle habite dans le quartier de Bastille.

**DANIEL :** Ah ?

**ANNE :** Quand j'ai rencontré Pierre, je venais d'avoir 30 ans.

**DANIEL :** Oui, je m'en souviens. Tu étais son médecin, non, ce n'est pas ça ? Au cabinet. Ce n'est pas comme ça que vous vous êtes rencontrés ?

**ANNE :** Pas vraiment. Il était venu pour une consultation. Mais je crois que c'était surtout pour me voir. On s'était croisés à une sorte de vernissage. Il m'avait demandé ma carte. Et puis trois jours plus tard, je l'ai retrouvé dans ma salle d'attente : il s'était inventé une maladie… Je m'en souviens, *(Elle rit toute seule.)* il voulait absolument que je lui ausculte les poumons. Il ne comprenait pas pourquoi je ne lui demandais pas de se déshabiller. Il était fou. Il a essayé de m'embrasser au moment où je tentais d'entendre son cœur. Ses battements. Il voulait me prouver que… Enfin, il était fou. C'était il y a longtemps. Je venais d'avoir 30 ans. Comme elle. *(Un temps.)* On se retrouvait dans des hôtels, du côté de la gare du Nord. J'étais belle.

**DANIEL :** Tu es toujours belle.

**ANNE :** Ce n'est plus la même chose. *(On sonne.)* Ah ! c'est elle !

**DANIEL :** *(regardant sa montre)* 15 h 20… Attends, laisse, j'y vais…

*Daniel va ouvrir. Une jeune fille apparaît. Silence. Elle passe nonchalamment devant Daniel qui, séduit, lui fait un grand sourire. Elle s'arrête devant Anne. Étrangeté de la situation.*

**LA JEUNE FILLE :** *(après un temps)* Vous auriez une cigarette ?

**ANNE :** Une cigarette ?

**LA JEUNE FILLE :** Oui…

**ANNE :** Oui, je crois… Voilà.

**LA JEUNE FILLE :** Et du feu ? Vous en auriez pour moi ?

**ANNE :** Oui, oui… Tenez.

*La Jeune Fille inspire profondément, et crache sa fumée au visage d'Anne. Comme si elle voulait la provoquer. Un temps.*

**LA JEUNE FILLE :** Qu'est-ce que tu espérais ? La vérité, ce sont des yeux qui brûlent en silence.

*Regard perdu d'Anne.*

*Noir.*

## Scène 4
### La tendre guerre

*L'appartement d'Anne et de Pierre. Il est tard. Pierre entre sans faire de bruit. Il trouve Anne assise dans le salon.*

**PIERRE :** Ah ! tu es là ?

**ANNE :** Apparemment, oui.

**PIERRE :** Il est tard. Tu n'es pas couchée ?

**ANNE :** Si, tu vois bien. J'ai l'air de ne pas être couchée, là ? J'ai l'air d'être dans le salon en train de t'attendre ?

**PIERRE :** Non.

**ANNE :** Alors pourquoi tu poses la question ?

*Un temps.*

**PIERRE :** Tu m'attendais ?

**ANNE :** Oui.

**PIERRE :** Pourquoi ?

**ANNE :** Pour rien. Comme ça. Je n'avais pas envie de dormir. C'était bien, chez Philippe ?

**PIERRE :** Rien d'extraordinaire. C'était… marrant.

**ANNE :** Marrant ?

**PIERRE :** Oui. Enfin, tu sais comment c'est. Il parle pendant des heures. Il raconte ses histoires de metteur en scène. Des anecdotes, quoi. On a parlé de théâtre pendant pratiquement tout le dîner… Mais c'était marrant.

*Un temps.*

**ANNE :** Et il y avait qui ?

**PIERRE :** On était assez nombreux. Mais tu as bien fait de ne pas venir. C'était interminable… Tu te serais ennuyée. Et toi ? Tu as fait quoi ?

**ANNE :** Je suis restée là. J'ai lu.

**PIERRE :** Qu'est-ce que tu lis ? *(Il regarde son livre.)* Ah !… J'adore ce livre. C'est tellement… triste.

**ANNE :** Pour l'instant, je ne trouve pas ça triste.

**PIERRE :** Ça va venir, ça va venir. Ça finit toujours par venir.

**ANNE :** À propos, pendant que j'y pense, Philippe a appelé pour savoir si tu étais là.

**PIERRE :** Qui ?

**ANNE :** Philippe. Il m'a chargée de te dire qu'il fallait que tu le rappelles. Il avait quelque chose à te dire. Ça avait l'air plutôt important.

**PIERRE :** Mais quand ? À quelle heure ?

**ANNE :** Tout à l'heure. Pendant que tu dînais soi-disant chez lui. J'ai noté son numéro à côté du téléphone…

**PIERRE :** Son numéro ?

**ANNE :** Oui. Le numéro de son hôtel. À Montréal. Au Canada. *(Un temps.)* Il t'embrasse.

*Un temps.*

**PIERRE :** Mais…

**ANNE :** Oui.

**PIERRE :** Ah ! *(Un temps.)* Bon. Je suis ridicule, là ?

**ANNE :** Oui.

**PIERRE :** Tu n'as pas confiance en moi ?

**ANNE :** Ne retourne pas les choses, s'il te plaît.

**PIERRE :** Mais je te demande… Tu n'as pas confiance en moi ?

**ANNE :** C'est tout ce que tu as à me dire ?

**PIERRE :** Philippe n'a pas pu appeler de Montréal parce que j'étais chez lui il y a encore vingt minutes.

**ANNE :** Écoute, je ne sais pas comment il fait pour se déplacer si vite, mais en tout cas, il y a deux heures, il était à Montréal.

**PIERRE :** À Montréal ?

**ANNE :** À Montréal. *(Un temps. Pierre se met à rire.)* Pourquoi tu ris ?

**PIERRE :** Parce que je t'aime.

**ANNE :** Ce n'est pas une raison pour rire.

**PIERRE :** Si, justement, c'en est une.

**ANNE :** Alors pourquoi tu m'aimes ?

**PIERRE :** Parce que tu me fais rire.

**ANNE :** *(légèrement vexée)* Je ne vois pas en quoi je pourrais te faire rire.

**PIERRE :** Parce que tu m'attendris.

**ANNE :** Et tu crois qu'une femme a envie d'être attendrissante, toi ?

**PIERRE :** Ce qui compte, ce n'est pas ce qu'une femme a envie d'être, mais ce qu'elle est.

**ANNE :** Justement, non, c'est l'inverse. Ça se voit que tu n'es pas une femme.

**PIERRE :** Ça se voit tant que ça ?

**ANNE :** Dans le noir, non. *(Ils rient. Il l'embrasse sur le front. Un temps.)* Et c'était marrant, alors, chez Philippe ?

**PIERRE :** Non. C'était ennuyeux.

**ANNE :** Alors pourquoi tu y vas ?

**PIERRE :** Je ne sais pas. Pour sortir de mon travail. Pour avoir le sentiment d'habiter encore un peu le monde.

**ANNE :** Tu travailles toujours sur ta pièce ?

**PIERRE :** Non. Pas en ce moment.

**ANNE :** Ah ?

**PIERRE :** Non.

**ANNE :** Alors qu'est-ce que tu fais ?

**PIERRE :** Je prépare, tu sais, ces conférences que je dois faire à Nice.

**ANNE :** C'est quand déjà ?

**PIERRE :** Dans dix jours. Ça me demande pas mal de travail, en fait. J'ai accepté parce que sur le moment, je trouvais ça intéressant. Mais finalement…

**ANNE :** Tu ne devrais pas faire ce genre de chose. Tu perds ton temps.

**PIERRE :** Ça dépend.

**ANNE :** Et tu vas rester combien de temps, là-bas ?

**PIERRE :** À Nice ? Une semaine. Je vais y aller en voiture.

**ANNE :** En voiture ? C'est loin, tu sais.

**PIERRE :** Oui, je sais. Mais je ne sais pas : j'ai envie de rouler. Comme quand j'avais 20 ans. L'année où j'ai eu mon permis, je m'en souviens, j'ai passé mon été à rouler. De Paris jusqu'au sud de l'Espagne. Juste pour éprouver la sensation du mouvement. De la vitesse. De la solitude. *(Un temps.)* Et toi ? Ça se passe bien à ton cabinet ?

**ANNE :** Ça se passe.

*Un temps.*

**PIERRE :** Pourquoi tu m'as dit ça ?

**ANNE :** Pourquoi je t'ai dit quoi ?

**PIERRE :** Tout à l'heure, à propos de Montréal ?

**ANNE :** Pour rien. Pour t'embêter, je présume.

**PIERRE :** Tu as l'air inquiète.

**ANNE :** Moi ?

**PIERRE :** Oui.

*Un temps.*

**ANNE :** En t'attendant, j'essayais de m'imaginer…

**PIERRE :** Quoi ?

**ANNE :** Ce qui se passerait si tu mourais.

**PIERRE :** C'est gai.

**ANNE :** J'étais là. Et je m'imaginais.

**PIERRE :** Quoi ? Ma mort ?

**ANNE :** Pas vraiment. Plutôt, je ne sais pas, ce que je pourrais découvrir si tu mourais. Une autre personne. C'est pour ça que je t'ai joué le rôle de la femme suspicieuse. Et puis, ça avait l'air tellement louche, ton histoire de dîner chez Philippe.

**PIERRE :** Anne, qu'est-ce que tu racontes ? Arrête un peu d'avoir peur. Tu as toujours eu peur.

**ANNE :** De quoi ?

**PIERRE :** De tout.

**ANNE :** C'est faux. *(Un temps.)* Parfois, j'ai peur que tu t'éloignes. C'est tout.

**PIERRE :** Anne… *(Un temps.)* Tu sais, je me disais, après mes conférences à Nice, j'aimerais bien partir avec toi. Quelque part. On ne voyage plus jamais.

**ANNE :** C'est vrai. Mais je croyais que tu étais en retard. Ton travail, tout ça…

**PIERRE :** Non. Au contraire, ça me fera du bien. Je commence à en avoir marre. Et puis, les journées se ressemblent trop. Parce que moi, contrairement à toi, je n'ai personne à guérir. Quand on écrit, on a souvent le sentiment d'être inutile. Et on ne sait même pas à quoi on est inutile. J'aurais dû faire médecine…

**ANNE :** Tu aurais fait des catastrophes.

**PIERRE :** Moi ? J'aurais fait des ordonnances magnifiques ! Tout le monde à la vodka ! Je peux t'assurer que la plupart de tes malades ne le seraient plus.

**ANNE :** Tu crois vraiment ?

**PIERRE :** Oui. On guérit de tout, avec de la vodka. De tout, sauf du sentiment d'avoir vieilli.

**ANNE :** Et tu voudrais partir où ?

**PIERRE :** Je ne sais pas. En Italie. Comme avant. Ce serait drôle, non ?

**ANNE :** Oui. Ce serait bien.

**PIERRE :** En Italie. Pour se reposer. C'est ça : pour se reposer.

**ANNE :** De quoi ? Moi, je ne suis pas fatiguée.

*Un temps. Changement d'atmosphère.*

**PIERRE :** Ce soir, tu sais, je n'étais pas chez Philippe.

**ANNE :** Je sais.

*Un temps.*

**PIERRE :** Tu savais ?

**ANNE :** À l'époque, non. Mais maintenant, je commence à voir.

**PIERRE :** Et qu'est-ce que tu vois ?

**ANNE :** Je vois cet hôtel, tu te souviens, dans lequel on était allés, il y a longtemps. Mais si, sur la côte amalfitaine… Un hôtel construit dans la roche. De notre fenêtre, on voyait l'horizon, l'immensité de la mer, et c'était l'éternité. On était partis là-bas après ton divorce. C'était notre premier voyage. Avec devant nous un horizon dégagé, clair, sans crainte. Tu me disais que tu m'adorerais toujours. C'est ça que je vois.

*Un temps. Il lui caresse la joue.*

**PIERRE :** Viens. Il est tard. Il faut que tu dormes.

**ANNE :** Je n'arrive plus à dormir.

**PIERRE :** Il faut quand même essayer.

**ANNE :** Non. Je veux rester ici. Dans le salon. À attendre.

**PIERRE :** À attendre quoi, Anne ?

**ANNE :** Je veux rester ici à attendre. Jusqu'à ce que je sache ce que j'attends. Jusqu'à ce que je sache ce que je peux encore attendre de tout ça.

**PIERRE :** Viens… Il n'y a plus rien à attendre.

**ANNE :** Je n'ai pas appris à vivre sans toi.

**PIERRE :** Ça viendra. Tout finit toujours par venir. Même le sommeil.

**ANNE :** Non. Je ne sais plus comment on s'endort. J'ai oublié.

**PIERRE :** Ça aussi, ça reviendra. Fais-moi confiance, tout finit toujours par revenir.

**ANNE :** Tout, sauf toi.

*Noir.*


## Scène 5
## Les dominos

*Dans l'appartement de Laura. Elle est seule. On sonne. Elle va ouvrir. C'est Anne.*

**ANNE :** Bonjour.

**LAURA :** Bonjour. Laura ?

**ANNE :** Vous êtes bien Laura Dame ?

**LAURA :** Oui.

**ANNE :** Laura Dame, la comédienne ?

**LAURA :** Oui.

**ANNE :** Je suis désolée de sonner comme ça, chez vous – je veux dire : sans prévenir – mais je voudrais vous parler…

**LAURA :** À moi ?

**ANNE :** Oui.

**LAURA :** Je… Je vous écoute.

**ANNE :** Vous auriez une minute ?

**LAURA :** Hein ? Mais c'est à quel propos ?

**ANNE :** C'est assez compliqué.

**LAURA :** Ah ? Bon. Entrez.

**ANNE :** C'est gentil.

**LAURA :** Mais je dois bientôt partir…

**ANNE :** Ça ne prendra pas beaucoup de temps.

**LAURA :** D'accord…

**ANNE :** Je sais que ça peut paraître étrange…

**LAURA :** De quoi ?

**ANNE :** De passer comme ça chez les gens… Mais je voulais vous rencontrer… J'aurais pu vous appeler, mais je n'avais pas envie de vous parler au téléphone. Je n'aime pas ça, parler au téléphone. Je préfère être en face de la personne. Pas vous ?

**LAURA :** Hein ? Si. Peut-être… Enfin, ça dépend pour quoi.

**ANNE :** C'est joli, ici.

**LAURA :** Pardon ?

**ANNE :** Votre appartement. C'est joli.

**LAURA :** Merci. Je ne vous propose pas de vous asseoir ?

**ANNE :** Non, c'est gentil. Je vous dis : je ne veux pas vous déranger.

**LAURA :** Ah bon ?

**ANNE :** Vous devez vous demander ce que je fais chez vous ?

**LAURA :** On ne peut rien vous cacher…

**ANNE :** Oui. J'imagine que vous devez vous demander ce que j'ai à vous dire. À moins que vous ne le sachiez déjà.

**LAURA :** Que je sache quoi ?

ANNE : Ce que j'ai à vous dire.

LAURA : *(avec un sourire gêné)* Comment pourrais-je le savoir puisque vous ne me l'avez pas encore dit ?

ANNE : Vous pourriez, je ne sais pas, faire des suppositions…

LAURA : Ce n'est pas mon genre.

ANNE : Vous n'êtes pas du genre à faire des suppositions ?

LAURA : Non.

ANNE : Vous avez de la chance. Moi, je n'arrête pas d'en faire. Depuis quelques jours, pour tout vous dire, je ne fais que ça. Et je trouve ça épuisant.

LAURA : De quoi ?

ANNE : Les suppositions.

LAURA : Oui, c'est comme les sous-entendus. Vous ne trouvez pas ?

*Un temps.*

ANNE : Alors comme ça, vous êtes comédienne ?

LAURA : Oui.

ANNE : Vous faites du théâtre…

LAURA : Essentiellement, oui.

ANNE : Ah ?

LAURA : Voilà.

*Un temps.*

ANNE : Et vous faites quelque chose, en ce moment ?

LAURA : Non. Pas en ce moment.

ANNE : C'est dommage…

LAURA : Pourquoi ?

ANNE : Parce que j'aurais bien aimé vous voir jouer.

LAURA : Ça me touche, mais je ne vois pas bien pourquoi vous vous intéressez à moi.

ANNE : J'ai oublié de me présenter. Anne Wender.

LAURA : Enchantée.

*Elles se serrent la main.*

ANNE : J'ai beaucoup pensé à vous ces derniers jours.

LAURA : À moi ?

ANNE : Oui. C'est étrange. Quand j'ai retrouvé votre adresse, j'ai imaginé venir vous voir, mais je ne savais pas si j'en avais vraiment envie… Et puis finalement, vous voyez, je suis là. En face de vous.

**LAURA** : Qu'est-ce que vous voulez ?

**ANNE** : Je me demandais à quoi vous ressembliez. Quel était votre regard. Votre voix. Votre parfum.

**LAURA** : Pourquoi ?

**ANNE** : Vous me posez la question ?

**LAURA** : Oui, je vous la pose.

**ANNE** : Malheureusement, je n'ai pas la réponse.

**LAURA** : La réponse à quoi ?

**ANNE** : À votre question. *(Un temps.)* En revanche, vous, vous l'avez.

**LAURA** : Moi ?

**ANNE** : Oui.

**LAURA** : Écoutez, je suis un peu gênée parce que je… Enfin, je crois qu'il y a un malentendu.

**ANNE** : À quel propos ?

**LAURA** : J'ai l'impression que vous… Enfin, je ne vois pas pourquoi vous…

**ANNE** : Ce que je fais ici ?

**LAURA** : Voilà… Ce que vous faites chez moi… Et comme je vous l'ai dit, je vais devoir y aller…

*Un temps.*

**ANNE** : Tout compte fait, je vais m'asseoir. Ça ne vous dérange pas ? Vous êtes charmante. En même temps, je vous comprends, je déteste quand les gens s'imposent…

**LAURA** : Vous aussi ? Nous avons donc un point commun.

**ANNE** : Nous en avons d'autres, je crois.

**LAURA** : Ah oui ?

**ANNE** : Oui.

**LAURA** : Lesquels ?

*Un temps.*

**ANNE** : Vous savez qui est mon mari ? Pierre Wender…

**LAURA** : Il est écrivain, je crois…

**ANNE** : Oui. Il m'a parlé de vous.

**LAURA** : Ah ?

**ANNE** : Oui.

**LAURA** : En bien, j'espère ? *(Un temps.)* Et qu'est-ce qu'il vous a dit ?

**ANNE** : Il vous considérait comme une très bonne comédienne.

**LAURA** : Ah ?

**ANNE** : Oui. Vous le connaissiez ? *(Avec ironie.)* Vous savez, l'écrivain…

**LAURA** : Un peu.

**ANNE** : Un peu ?

**LAURA** : Enfin, j'ai lu un de ses livres. Un roman. Pourquoi ?

**ANNE** : Et vous l'avez aimé ?

**LAURA** : Qui ?

**ANNE** : Ce roman, vous l'avez aimé ?

**LAURA** : Beaucoup, oui.

**ANNE** : Apparemment, lui aussi, il vous aimait beaucoup.

**LAURA** : Ah ?

**ANNE** : Vous ne le saviez pas ?

**LAURA** : Non…

**ANNE** : Eh bien, je vous l'apprends.

*Un temps.*

**LAURA** : Oui. L'année dernière, il est venu voir la pièce dans laquelle je jouais. On me l'avait dit. On m'avait aussi dit qu'il avait beaucoup aimé la pièce. C'est vrai. Mais je ne savais pas du tout ce qu'il avait pensé de moi. En tant qu'actrice, je veux dire.

**ANNE** : Maintenant, vous le savez.

**LAURA** : Oui. Ça me fait plaisir…

*Un temps.*

**ANNE** : D'ailleurs, je le comprends.

**LAURA** : Ah ?

**ANNE** : Oui. C'est vrai. Vous êtes ravissante.

**LAURA** : *(par provocation)* Et encore, là, je ne me suis pas maquillée…

*Un temps.*

ANNE : Vous savez, je ne voudrais vraiment pas que vous me preniez pour quelqu'un qui vient régler ses comptes ou qui demande aux autres de lui en rendre… Je déteste ça, chez les gens. Pour tout vous dire, je ne sais pas vraiment moi-même ce que je cherche. Alors forcément, vous me voyez : j'ai le mauvais rôle. Mais je n'oublie pas que vous ne me devez rien. Vous êtes libre. Je ne peux vous en vouloir de rien. De rien du tout. Mais j'aimerais que vous m'expliquiez.

LAURA : Que je vous explique quoi ?

ANNE : Vous connaissiez mon mari ? Je ne parle pas de ses livres, je parle de lui. Vous le connaissiez, non ?

LAURA : Je viens de vous le dire. Je l'ai croisé une seule fois. Après la représentation d'une pièce dans laquelle je jouais. C'était au Théâtre des Champs-Élysées. Il était venu voir la pièce. Et après, comme il connaissait un des acteurs, il est monté nous dire bonjour dans les loges. C'est tout. Donc, vous voyez, on ne peut pas dire que je le connaissais vraiment.

ANNE : Pourtant, lui, il vous connaissait.

LAURA : Il m'a vue jouer, oui.

*Un temps.*

ANNE : Après son accident, il a bien fallu que je mette de l'ordre dans toutes ses affaires. Et il y a deux jours, en rangeant, je suis tombée sur une lettre qui porte votre nom.

LAURA : Quoi ?

ANNE : Une lettre que vous lui avez écrite.

LAURA : Une lettre que je lui aurais écrite ?

ANNE : Oui.

*Un temps.*

LAURA : Qu'est-ce que vous voulez ?

ANNE : Moi ?

LAURA : Oui. Qu'est-ce que vous cherchez ?

ANNE : La vérité.

**LAURA** : Quelle vérité ? Qu'est-ce que je peux vous dire ?

**ANNE** : Ce qui s'est passé.

**LAURA** : Il ne s'est rien passé. Je lui ai envoyé une lettre pour le remercier d'être venu voir la pièce. C'est tout. Et pour lui dire que je serais heureuse, un jour, de jouer dans une de ses pièces. Voilà pourquoi je lui ai écrit.

**ANNE** : Ce soir-là… Il est venu vous voir dans votre loge, c'est ça ?

**LAURA** : Oui.

**ANNE** : Seul ?

**LAURA** : Oui, je crois… Mais c'était il y a longtemps…

**ANNE** : C'était la première fois que vous le voyiez ?

**LAURA** : Oui. Et la dernière.

**ANNE** : Mais cette lettre que vous lui avez écrite, c'était quand ?

**LAURA** : Après.

**ANNE** : Après quoi ? *(Un temps.)* Après la représentation, il vous a suivie, n'est-ce pas ? Avec tous les acteurs. Vous êtes allés dîner dans un restaurant. Et il est venu avec vous.

**LAURA** : Je ne crois pas, non.

**ANNE** : Vous êtes allés dîner dans le restaurant qui se trouve juste en face du théâtre. Je le connais bien, ce restaurant. J'y allais souvent à une époque. C'est un bon restaurant. D'ailleurs, vous le savez mieux que moi. Puisque c'est là que vous vous retrouviez tous les soirs. Avec la troupe d'acteurs. Et ce soir-là, justement, il y avait Pierre.

**LAURA** : Il connaissait Benjamin Leroy. Un des acteurs qui jouait dans la pièce.

**ANNE** : Oui, il m'a raconté cette soirée.

**LAURA** : Qui ?

**ANNE** : Benjamin Leroy. Il m'a dit que Pierre était venu dîner avec vous ce soir-là. Vous ne vous en souvenez pas ?

**LAURA** : Vaguement.

**ANNE** : Vous devriez pourtant, parce que après le dîner, il vous a proposé de vous ramener chez vous.

**LAURA :** Qui ça ? Benjamin Leroy ?

**ANNE :** Non. Mon mari.

**LAURA :** Qui vous a dit ça ?

**ANNE :** C'est lui qui me l'a dit.

**LAURA :** Benjamin Leroy ?

**ANNE :** Non. Toujours mon mari.

**LAURA :** C'est lui qui vous a dit ça ? Il vous a dit que nous étions rentrés en taxi ensemble ? Ce n'est pas possible. Parce que je suis rentrée toute seule ce soir-là. Je m'en souviens très bien.

**ANNE :** Je croyais que vous ne vous en souveniez que vaguement.

**LAURA :** Je vous dis que je suis rentrée toute seule.

**ANNE :** Il ne vous a pas proposé de vous ramener chez vous ?

**LAURA :** Non.

**ANNE :** Vous étiez sur son chemin. Il vous a proposé de vous déposer en bas de chez vous, et vous avez accepté.

**LAURA :** C'est faux.

**ANNE :** Pendant le trajet, je ne sais pas de quoi vous avez parlé. En tout cas, dix minutes plus tard, en bas de chez vous, vous lui avez proposé de monter boire un dernier verre. Le fameux dernier verre… Et vous avez passé la nuit ensemble. Enfin, une partie de la nuit… N'exagérons pas vos mérites : il est rentré vers 2 heures du matin. Et c'est après que vous lui avez écrit votre lettre.

**LAURA :** Vous avez beaucoup d'imagination…

**ANNE :** Non, malheureusement, je n'en ai aucune.

**LAURA :** Écoutez, je vous ai déjà dit que ce n'était pas vrai. Vous voulez quoi ? Que je vous le répète une centaine de fois ?

**ANNE :** Ce n'est pas ce qui s'est passé ce soir-là ?

**LAURA :** Non.

**ANNE :** Vous n'êtes pas montée dans ce taxi avec lui ? Et une fois en bas de chez vous, vous n'êtes pas montés ensemble chez vous, je veux dire : ici, dans votre appartement ?

**LAURA :** Non. Je regrette, nous ne sommes pas montés chez moi.

**ANNE :** Vous êtes montés. Et c'est ici que vous avez passé votre première nuit ensemble.

**LAURA :** Pas ici. Dans son bureau.

**ANNE :** Quoi ?

**LAURA :** C'est dans son bureau que nous sommes allés ce soir-là.

*Noir.*

## Scène 6
## Les papillons

*Le bureau de Pierre. Anne est dans un coin, en retrait, dans l'ombre, comme si elle assistait à la scène qui se déroule entre Pierre et Laura — qui est en réalité son propre rêve.*

**PIERRE :** Voilà. Entrez.

**LAURA :** C'est ici que vous travaillez ?

**PIERRE :** Oui.

**LAURA :** Le ventre de la baleine.

**PIERRE :** Pardon ?

**LAURA :** Non, non. Rien.

**PIERRE :** Vous voulez quelque chose à boire ?

**LAURA :** Euh… Qu'est-ce que vous avez ?

**PIERRE :** Qu'est-ce que vous désirez ? Je veux dire, à boire…

**LAURA :** Vous prenez quoi, vous ?

**PIERRE :** Moi ? De la vodka.

**LAURA :** Alors pareil.

**PIERRE :** Très bien.

*Un temps.*

**LAURA :** Je peux regarder ?

**PIERRE :** Il n'y a rien de très intéressant. C'est juste un bureau.

**LAURA :** J'ai toujours été fascinée par les bureaux d'écrivains.

**Pierre :** Parce que ça vous arrive souvent d'aller dans des bureaux d'écrivains ?

**Laura :** Non. Pas vraiment. Mais mon grand-père écrivait.

**Pierre :** Ah ?

**Laura :** Oui.

**Pierre :** Et alors ? Vous alliez dans son bureau ?

**Laura :** Oui. Quand j'étais petite.

**Pierre :** Intéressant… Tenez, votre vodka.

**Laura :** Merci. À la vôtre.

**Pierre :** À la mienne. *(Un temps.)* Et alors, ce grand-père, il écrivait quoi ?

**Laura :** C'est lui qui m'a donné le goût du théâtre.

**Pierre :** C'est donc lui le coupable…

**Laura :** Oui. Et Benjamin Leroy, vous le connaissez depuis longtemps ?

**Pierre :** Il a joué dans une de mes pièces. Mais c'était il y a longtemps. Vous n'étiez pas née.

**Laura :** J'adore cet acteur. J'adore jouer avec lui. *(Un temps.)* Je peux vous poser une question ?

**Pierre :** Oui.

**Laura :** Qu'est-ce que je fais ici ?

**Pierre :** Vous buvez un dernier verre avec moi.

**Laura :** Un dernier verre avant quoi ?

**Pierre :** Avant d'aller se coucher. Demain, vous vous levez tôt. Il faut être raisonnable.

**Laura :** Sérieusement…

**Pierre :** Sérieusement quoi ?

**Laura :** Pourquoi vous m'avez… ce soir ?

**Pierre :** Moi ? Mais c'est vous !

**Laura :** Moi ?

**Pierre :** Oui, c'est vous. C'est de votre faute. Tout est de votre faute. D'ailleurs, je vais porter plainte.

**Laura :** Contre qui ?

**Pierre :** Contre vous.

**Laura :** Et qu'est-ce que j'ai fait ?

**Pierre :** D'abord, vous avez fait exprès d'être belle. Je me trompe ? Vous voyez, vous baissez les yeux : c'est un aveu ! Donc vous m'avez tendu un piège. Et moi, par délicatesse, je suis tombé dedans.

**Laura :** À propos, je voulais encore vous remercier pour votre délicatesse.

**Pierre :** De rien. Ensuite, vous m'avez attendu dans votre loge.

**Laura :** Je ne vous ai pas attendu, je me suis changée, c'est différent. Il faut bien se changer après un spectacle, non ?

**Pierre :** Non. Vous m'avez attendu. Ne mentez pas.

**Laura :** Bon, alors admettons que je vous aie attendu. Ça n'explique pas comment je me retrouve quelques heures plus tard dans votre bureau…

**Pierre :** Et puis ce dîner, après la pièce, c'était affreusement ennuyeux. Benjamin Leroy… Il fallait terminer la soirée sur une note positive.

**Laura :** Sur une note positive ?

**Pierre :** Exactement. Et cette note, c'est vous.

**Laura :** Ça me touche.

**Pierre :** Mais ce n'est pas que ça. Il y a une autre raison. Vous étiez coiffée de telle sorte que vous me rappeliez quelqu'un.

**Laura :** Quelqu'un ?

**Pierre :** Oui, quelqu'un… d'autre. Une femme que j'ai rencontrée il y a maintenant trois mois.

**Laura :** Vous voulez dire que ce soir, vous m'avez demandé de monter boire un dernier verre parce que je vous faisais penser à quelqu'un d'autre ?

**Pierre :** Oui.

**Laura :** C'est un compliment ?

**Pierre :** Non.

**Laura :** Je m'en doutais.

**Pierre :** Vous êtes très intuitive…

**Laura :** Très. Et en quoi je lui ressemble, à cette autre femme ?

**PIERRE** : Je ne sais pas bien. C'est imperceptible. Ou alors : l'impression d'un danger quelque part dans le visage.

**LAURA** : D'un danger ?

**PIERRE** : Oui…

**LAURA** : Quelle sorte de danger ?

**PIERRE** : Vous voulez savoir ?

**LAURA** : Oui.

**PIERRE** : Vous voulez vraiment savoir ?

**LAURA** : Non.

**PIERRE** : Alors je vais vous expliquer. Par exemple, cette femme…

**LAURA** : Celle à laquelle je vous fais penser ?

**PIERRE** : Oui. Cette femme, j'ai tout de suite identifié qu'il y avait un danger dans son visage. Comme si l'on pouvait tomber amoureux de ce visage. Vous comprenez ?

**LAURA** : Et c'est un danger, ça ?

**PIERRE** : C'est un danger terrible. Pour quelqu'un comme moi. Cette femme, par exemple…

**LAURA** : Celle à laquelle je vous fais penser ?

**PIERRE** : Oui. J'aurais dû me protéger. C'est ce que je me dis aujourd'hui…

**LAURA** : Vous n'aviez pas envie de tomber amoureux ?

**PIERRE** : Non.

**LAURA** : Pourquoi ? Tout le monde a envie de tomber amoureux…

**PIERRE** : Pas moi. Pour tout vous dire, je suis marié. Et j'aime ma femme. Je l'aime sincèrement. Alors vous comprenez que les jeunes actrices…

**LAURA** : Vous parlez de moi, là ?

**PIERRE** : Non. Soyez attentive. Je vous parle de cette femme à laquelle vous me faites penser. Et de laquelle, contre ma volonté, je suis tombé amoureux. J'aurais dû prévoir. Ou me protéger. J'aurais dû savoir qu'elle allait me déstabiliser. Mais je n'ai rien fait. Je l'ai laissée venir jusqu'à moi. Comme un débutant. Voilà le problème :

on n'en finit pas d'être un débutant dans ce genre de domaine.

LAURA : Et donc, que s'est-il passé ?

PIERRE : La première fois que je l'ai vue, je lui avais proposé de venir dans mon bureau. Il était tard. C'était après le théâtre. Je lui avais proposé ça en toute innocence.

LAURA : Sans arrière-pensée.

PIERRE : Sans arrière-pensée. Et puis nous avons passé la nuit ensemble.

LAURA : C'était comment ?

PIERRE : Catastrophique.

LAURA : *(piquée)* Catastrophique ?

PIERRE : Pour moi en tout cas. Parce que je n'ai plus pensé qu'à une seule chose après ça : passer une autre nuit avec elle. Puis une autre. Et encore une autre. Jusqu'à réaliser que je ne pouvais plus me passer d'elle. Et que c'était terrifiant.

LAURA : Pourquoi terrifiant ?

PIERRE : Parce que je ne pouvais rien lui promettre. C'était une situation impossible. Je vous l'ai dit : j'aimais ma femme.

LAURA : Vous aimiez deux femmes à la fois ?

PIERRE : Oui. C'est affreusement banal, vous ne trouvez pas ?

LAURA : Non.

PIERRE : En tout cas, ce n'était pas programmé comme ça. Les semaines ont passé, et elle était là. Toujours là. Merveilleuse. Je faisais semblant d'aller travailler pour aller la rejoindre chez elle ou ici, dans mon bureau. Tout à l'heure, vous me disiez que vous étiez fascinée par les bureaux d'écrivains. Mais vous vous trompiez, ce n'est pas un bureau d'écrivain : c'est la cage d'un cœur qui bat. Voilà.

LAURA : Et après ? Que s'est-il passé ?

PIERRE : Ça a continué comme ça. Les nuits se sont succédé. Trois mois ont passé. Et trois mois après notre première rencontre, nous étions toujours là, à nous parler de notre amour sans le comprendre, à en jouer la comédie comme si c'était encore le premier soir, toujours le premier soir, et à regretter de ne pas pouvoir vivre autre chose que des nuits évanouies.

**Laura :** C'est la vie.

**Pierre :** Mais parfois, je rêvais de plus.

**Laura :** Et elle aussi, sans doute. Mais ce n'était pas possible.

**Pierre :** Parfois, je rêvais de pouvoir passer une nuit entière auprès d'elle. De la voir se réveiller, par exemple. Rien que ça. C'est une torture d'aimer une femme dont on ne connaît pas le visage au réveil.

**Laura :** Qu'est-ce que vous pouviez faire d'autre ? Vous étiez marié. Et elle, cette fille à laquelle je vous fais penser, elle comprenait.

**Pierre :** On comprend toujours jusqu'au jour où l'on finit par partir.

*Un temps.*

**Laura :** Tu as peur que je parte ? *(Un temps.)* Si tu étais à ma place, tu te quitterais ?

**Pierre :** Non.

**Laura :** Alors ?

**Pierre :** Alors parfois je me dis que ça n'a pas de sens.

**Laura :** De sens ? Quel sens ? Regarde les gens vivre. Où est le sens ?

*Un temps.*

**Pierre :** Je vais devoir partir à Nice.

**Laura :** Quand ?

**Pierre :** Dans dix jours. J'ai un congrès. Pendant une semaine. Et tu sais, cette femme à laquelle tu me fais penser, j'aimerais lui proposer de venir avec moi.

**Laura :** Une sorte de voyage ?

**Pierre :** Oui. Un voyage amélioré.

**Laura :** Tu veux dire, doté d'un alibi.

**Pierre :** C'est ça. Et je voulais savoir : si tu étais à la place de cette femme…

**Laura :** Celle à laquelle je te fais penser ?

PIERRE : Oui. Est-ce que tu accepterais de venir ? De venir avec moi…

LAURA : Dans dix jours ?

PIERRE : Oui.

*Un temps.*

LAURA : Mais cette femme, elle travaille, non ?

PIERRE : Elle pourrait peut-être s'arranger. *(Un temps.)* J'hésite à lui en parler… À ton avis, qu'est-ce qu'elle me répondrait ?

*Un temps.*

LAURA : Elle te dirait d'accord. Elle te dirait je viens.

*À ces mots, Anne se détourne brutalement, comme si elle voulait sortir. Les deux amants la regardent avancer vers la porte. Elle se retourne une dernière fois. Anne et Pierre. Puis elle sort.*

*Noir.*


## Scène 7
## Après la pluie

*Dans l'appartement d'Anne et de Pierre. Le salon est vide. On sonne. On sonne une deuxième fois. Anne entre par une autre porte. Va ouvrir. C'est Daniel.*

ANNE : Ah ! c'est toi ?

DANIEL : Oui. Je te dérange ?

ANNE : Tu ne me déranges jamais. Mais je n'ai pas beaucoup de temps, là…

DANIEL : Ah ? Non, mais je voulais juste m'assurer que tout allait bien pour toi. Depuis la dernière fois.

ANNE : Tout va bien.

DANIEL : La fille de l'agence avait l'air intéressée.

ANNE : Oui.

DANIEL : C'est bien.

ANNE : Elle a déjà publié quelques annonces. Normalement, il y aura les premières visites la semaine prochaine. J'espère que ça ira vite.

**Daniel :** Dans ce quartier, tu n'auras aucune difficulté pour le vendre, ce bureau.

**Anne :** On verra. *(Un temps.)* Qu'est-ce que tu voulais ?

**Daniel :** M'assurer que tout allait bien.

**Anne :** Tout va bien. C'est gentil.

**Daniel :** Mais je sens que je te dérange, là…

**Anne :** De toute façon, je vais devoir y aller.

**Daniel :** À ton cabinet ?

**Anne :** Oui. J'ai des rendez-vous.

**Daniel :** Ah ! *(Un temps.)* À propos, tu es allée la voir ?

**Anne :** Qui ?

**Daniel :** Laura Dame !

**Anne :** Oui.

**Daniel :** Ah ! *(Un temps.)* Et alors ?

**Anne :** Elle m'a tout avoué.

**Daniel :** Quoi ? Elle t'a avoué quoi ?

**Anne :** Elle connaissait Pierre.

**Daniel :** Oui, mais qu'est-ce qu'elle a dit d'autre ?

**Anne :** Elle le voyait régulièrement.

**Daniel :** C'est elle qui t'a dit ça ?

**Anne :** Oui.

**Daniel :** Qu'est-ce que ça veut dire, se voir régulièrement ?

**Anne :** Ça veut dire qu'ils couchaient ensemble.

**Daniel :** Elle et Pierre ?

**Anne :** Oui.

**Daniel :** Ce n'est pas possible !

**Anne :** C'est comme ça.

**Daniel :** Je ne te crois pas.

**Anne :** Pardon ?

**Daniel :** Non, je veux dire… *(Un temps.)* Et tu l'as crue ?

**Anne :** Pourquoi je ne l'aurais pas crue ?

**Daniel :** Je ne sais pas… *(Un temps.)* Et ça va ?

**Anne :** Depuis hier, j'ai envie de vomir. J'essaie d'imaginer comment c'était. Je passe des heures à tenter de voir, d'imaginer, et je ne le reconnais pas. Je le perds de vue. Petit à petit, je le perds de vue. Il s'efface. Ses traits deviennent flous. Il n'est plus celui que j'ai connu. C'est un autre visage. Un visage que je vois pour la première fois… *(Un temps.)* Ils se retrouvaient dans son bureau. Ou alors chez elle.

DANIEL : Souvent ?

ANNE : Pire… Régulièrement.

DANIEL : Mais Anne… Tu ne dois pas donner d'importance à tout ça. Ça n'avait pas d'importance pour lui. C'est évident. Ça ne comptait pas.

ANNE : Qu'est-ce qui compte vraiment ?

DANIEL : Il t'aimait. Ça, ça comptait pour lui. Mais le reste, crois-moi, ça n'avait pas d'importance.

ANNE : Comment tu peux le savoir ? *(Un temps.)* Tu le savais ?

DANIEL : Hein ?

ANNE : Tu le savais ?

DANIEL : Hein ?

ANNE : Tu le savais.

DANIEL : Non. Mais écoute-moi, il y a une chose que je sais, tu sais, hein, bon, c'est qu'il t'aimait. Voilà. Le reste n'a aucune importance.

ANNE : Comment tu peux dire que ça n'a aucune importance ? Tu comprends ? Ce n'est pas de savoir qu'il a pu me tromper qui me déchire. Ça, à la limite… Je peux le comprendre. Enfin, je veux dire… Non. C'est d'imaginer que c'était peut-être, je ne sais pas, une histoire importante.

DANIEL : Mais non… Anne, tu connais la vie.

ANNE : Non. C'est quoi, la vie ?

DANIEL : C'est ça, justement. Un homme qui aime sa femme. Point. Il n'en est pas moins un homme.

ANNE : Si tu savais comme je déteste ce que tu viens de dire.

DANIEL : Enfin ! Je ne sais pas… Tu t'arrêtes sur quelque chose d'anecdotique ! Vous avez passé plus de vingt ans de votre vie ensemble. Qu'est-ce que c'est, cette fille, en face de vingt ans ? Ce n'est rien.

**ANNE :** Il l'aimait. C'est ça, la trahison.

**DANIEL :** C'était juste une fille comme ça.

**ANNE :** Elle me l'a dit.

**DANIEL :** Elle t'a dit quoi ?

**ANNE :** Elle m'a dit qu'ils s'aimaient. Ce n'était pas juste une fille comme ça.

*Un temps.*

**DANIEL :** Qu'est-ce qu'elle t'a dit ?

**ANNE :** Si tu veux tout savoir, il lui avait proposé de vivre avec elle.

**DANIEL :** Pierre ?

**ANNE :** Il lui avait proposé ça juste avant son accident. Il lui avait promis de me quitter.

**DANIEL :** Ce n'est pas possible…

**ANNE :** De tout m'avouer. Après son voyage à Nice. Seulement il y a eu son accident. Il n'en a pas eu le temps. Voilà. Tu sais tout. Et j'ai honte. *(Un temps.)* Il faut que j'y aille maintenant.

**DANIEL :** Où ?

**ANNE :** À mon cabinet. Je ne veux pas être trop en retard.

**DANIEL :** Anne…

**ANNE :** Quoi ?

**DANIEL :** Je suis passé tout à l'heure.

**ANNE :** Où ?

**DANIEL :** À ton cabinet. Je te cherchais. Et ton portable était encore une fois éteint.

**ANNE :** Ah ?

**DANIEL :** Oui. Et ils m'ont dit que tu n'étais pas allée travailler depuis plus de deux semaines.

**ANNE :** Et alors ?

**DANIEL :** Et alors rien. Je me fais du souci.

**ANNE :** Qu'est-ce que tu veux, Daniel ?

**DANIEL :** J'aimerais faire quelque chose pour toi.

**ANNE :** Faire quoi ? Il n'y a rien à faire.

**DANIEL :** Tu sais, je voudrais tellement que tu te sentes mieux. Parce que, pour moi, tu le sais, tu as toujours été… Enfin bref, je voudrais te servir à quelque chose…

*Un temps.*

ANNE : Hier soir, je n'arrivais pas à dormir, et j'ai repensé à quelque chose. Une sale histoire d'avant. J'avais un oncle. Le frère de mon père. On l'aimait bien. Oncle Jean. C'était ma mère : elle voulait qu'on appelle les gens comme ça. Leur rang familial, leur prénom. Ça donnait : oncle Bertrand, tante Jeanne, tante Denise. Et oncle Jean. Oui, on l'aimait bien. Tout le monde l'aimait bien. Parce qu'il était très généreux. Il était célibataire. Sans enfant. Mais comme dévoué aux autres. Une sorte de saint. Vraiment, un saint. Si ça existe… Et puis un jour, il est mort d'un accident. Brutalement. Et on a retrouvé chez lui… C'était à peine croyable. Impensable. Des choses…

DANIEL : Quoi ?

ANNE : Comment dire ? Des choses qu'il aurait dû faire disparaître avant de disparaître à son tour. Le secret de sa misère… Il aurait dû l'emporter avec lui, son secret. On devrait toujours l'emporter avec soi. C'est peut-être ça, d'ailleurs, un saint : quelqu'un qui meurt en ayant pris le soin d'effacer sa part d'ombre.

*Un temps.*

DANIEL : Qu'est-ce que tu racontes ? Ça va aller maintenant. Hein ? Je suis là.

ANNE : On a tort de trop chercher à comprendre. J'aurais préféré ne rien savoir. Tu sais ? Ne rien savoir du tout. Être aveugle. La belle aveugle.

DANIEL : Tu *es* belle.

ANNE : Je ne suis plus aveugle.

*Noir.*

## Scène 8
## La vérité

*Dans l'appartement de Laura. On sonne. Elle va ouvrir. C'est Daniel.*

**LAURA :** Daniel…

**DANIEL :** Bonjour Laura. Je ne vous dérange pas ?

**LAURA :** Non, non. Ça me fait plaisir de vous voir.

**DANIEL :** Oui. Moi aussi.

**LAURA :** Entrez.

**DANIEL :** C'est gentil.

**LAURA :** Ça fait longtemps…

**DANIEL :** Je ne vous dérange pas ? Je voulais vous voir.

**LAURA :** Ah ?

**DANIEL :** Oui. Je voulais vous parler.

**LAURA :** De Pierre Wender, j'imagine.

**DANIEL :** Oui.

*Un temps.*

**LAURA :** J'étais en train de boire du thé. Vous en voulez une tasse ?

**DANIEL :** Ah ! c'est une bonne idée. Ça nous change un peu de la vodka. Vous lisiez ?

**LAURA :** Oui. Un scénario que j'ai reçu. Je dois le lire pour demain.

**DANIEL :** Je vois. Comment ça marche pour vous ?

**LAURA :** Vous voulez dire, professionnellement ?

**DANIEL :** Oui. Des projets intéressants ?

**LAURA :** Je ne me plains pas. Mais ce n'est pas toujours facile.

**DANIEL :** Je sais. En ce moment, ce n'est facile pour personne.

**LAURA :** Non. Mais dans l'ensemble, ça marche plutôt bien. D'ailleurs, vous savez que vous n'avez toujours pas tenu votre promesse ?

**DANIEL :** Ma promesse ? Quelle promesse ?

**LAURA :** Vous m'aviez promis qu'un jour nous travaillerions ensemble.

**DANIEL :** C'est vrai. D'ailleurs, j'adorerais. Seulement, ça ne s'est pas encore présenté.

**LAURA :** Et vous, de votre côté, vous avez des projets intéressants ?

**DANIEL :** Je vais essayer de monter une pièce pour la rentrée. Une pièce assez bizarre. Une sorte de puzzle. Dans lequel on se perd facilement… Mais pour tout vous dire, ce n'est pas seulement de ça que je voulais vous parler.

**LAURA :** Oui, je sais.

*Un temps.*

**DANIEL :** Il est bon, ce thé.

**LAURA :** Oui. C'est du thé qu'une amie m'a ramené d'Inde.

**DANIEL :** Ah ? Il est délicieux.

**LAURA :** Si vous voulez du sucre…

**DANIEL :** Non, non, c'est gentil.

**LAURA :** J'ai toujours rêvé d'aller un jour en Inde.

**DANIEL :** Oui. Il paraît que c'est un pays très…

**LAURA :** Oui. Très.

*Un temps.*

**DANIEL :** La femme de Pierre est venue vous voir, je crois.

**LAURA :** Oui. Elle est venue ici.

**DANIEL :** C'est ce qu'elle m'a dit.

**LAURA :** Ah ?

**DANIEL :** Oui. *(Un temps.)* Je ne bois jamais de thé. Je veux dire, en règle générale.

**LAURA :** Ah bon ?

**DANIEL :** Non. Pourtant j'aime ça. Je ne sais pas pourquoi, je prends toujours du café.

**LAURA :** L'habitude, peut-être.

*Un temps.*

**DANIEL :** Elle m'a raconté votre discussion. Et je suis assez mal à l'aise.

**LAURA :** Vous ? Pourquoi ?

**DANIEL :** Je me sens un peu responsable. C'est vrai : c'est moi qui vous ai présentés l'un à l'autre, si on y réfléchit. Je veux dire, Pierre et vous.

**LAURA** : Et ça vous rend responsable de quoi ?

**DANIEL** : De votre relation avec Pierre…

**LAURA** : Quelle relation ?

**DANIEL** : La vôtre. Avec Pierre.

**LAURA** : Mais je n'ai pas eu de relation.

**DANIEL** : Comment ça ?

**LAURA** : Je n'ai jamais eu de « relation » avec Pierre Wender.

**DANIEL** : Peu importe le mot. Ça revient au même.

**LAURA** : *(amusée)* Non, justement. Je ne l'ai vu qu'une seule fois. Je ne vois franchement pas comment on pourrait parler de relation. Qu'est-ce que vous avez tous avec ça ?

**DANIEL** : Vous ne l'avez vu qu'une seule fois ? Ce n'est pas ce que vous avez dit à sa femme ?

**LAURA** : Et qu'est-ce que je lui aurais dit ?

**DANIEL** : Que vous étiez ensemble.

**LAURA** : Qui ?

**DANIEL** : Pierre et vous.

**LAURA** : Je n'ai jamais dit ça.

**DANIEL** : Elle, elle dit que vous l'avez dit…

**LAURA** : Elle s'est inventé cette histoire toute seule.

**DANIEL** : Comment… Il ne s'est rien passé entre vous deux ?

**LAURA** : Non. Rien.

**DANIEL** : Je ne comprends plus rien…

**LAURA** : Je l'ai rencontré une fois, c'est tout. Il était venu me voir jouer. Au Théâtre des Champs-Élysées. C'est ce que j'ai raconté à sa femme. Au début, je préférais ne rien lui dire. Par délicatesse. Mais elle insistait tellement. Alors je lui ai tout dit.

**DANIEL** : Vous lui avez dit quoi ?

**LAURA** : Cette soirée que j'ai passée avec lui.

**DANIEL** : Celle du théâtre…

**LAURA** : Oui.

**DANIEL** : Et alors ?

**Laura :** Et alors quoi ?

**Daniel :** Qu'est-ce qui s'est passé ?

**Laura :** Rien de particulier. On a dîné ensemble après le théâtre. Avec la troupe d'acteurs. C'est tout. Et après le dîner, c'est vrai, il m'a raccompagnée en taxi. Vraiment pas de quoi faire une histoire. Après ça, on ne s'est jamais revus.

**Daniel :** Mais elle m'a parlé d'une lettre que…

**Laura :** Oui. Après, je lui ai écrit une fois. Parce que j'avais lu un de ses romans. Mais ça aussi, je l'ai expliqué à sa femme. Vous savez, j'ai l'impression qu'elle se raconte sa propre histoire…

**Daniel :** Oui. Je m'inquiète un peu pour elle.

**Laura :** Qu'est-ce que je suis censée faire, moi ?

**Daniel :** À quel propos ?

**Laura :** Je ne sais pas. J'ai l'impression qu'elle essaie de se rapprocher de moi.

**Daniel :** Qui ça ? Anne ?

**Laura :** Oui. D'ailleurs, je l'attends, là…

**Daniel :** Comment ça ?

**Laura :** Elle est censée venir boire le thé. Je l'attendais. Je croyais que c'était elle. La sonnette…

**Daniel :** Quoi ?

**Laura :** Je sais, c'est étrange. Mais elle me touche… Je l'aime bien. Je ne sais pas ce qu'elle cherche auprès de moi.

**Daniel :** Mais vous lui avez dit qu'elle se trompait. Qu'il ne s'était rien passé entre vous et son mari ? Vous lui avez dit…

**Laura :** J'ai essayé. Mais j'ai l'impression qu'elle ne me croit pas vraiment. Alors j'ai abandonné.

**Daniel :** Je m'en doutais un peu.

**Laura :** De quoi ?

**Daniel :** Eh bien, qu'elle avait tout inventé. Je le connaissais bien, Pierre. Ça m'étonnait aussi. Je ne le voyais pas partir comme ça. Vous comprenez, elle m'a raconté que vous aviez une relation avec lui. Je veux dire, quelque chose de régulier, de fort, et que, juste avant son accident, il vous avait promis de la quitter. Elle est persuadée que Pierre projetait de vivre avec vous.

**LAURA :** Je ne comprends pas où elle va chercher tout ça.

**DANIEL :** Elle est un peu perdue, je crois.

**LAURA :** Peut-être… *(On sonne.)* Ah ! justement, la voilà…

**DANIEL :** Elle ? Mais… Déjà ? Qu'est-ce que je fais, moi ?

**LAURA :** Concernant quoi ?

**DANIEL :** Je ne suis pas censé être ici…

**LAURA :** Et vous êtes censé être où exactement ?

**DANIEL :** Ça fait bientôt cinquante ans que je me le demande.

*Laura va ouvrir. C'est Anne.*

**ANNE :** Bonjour.

**LAURA :** Bonjour. Entrez.

**ANNE :** Merci de… Daniel ? Qu'est-ce que tu fais là ?

**DANIEL :** Hein ? Je… Je passais.

**ANNE :** Vous vous connaissez ?

**LAURA :** Un peu.

**DANIEL :** Très peu.

**ANNE :** Je ne comprends pas.

**DANIEL :** Hein ?

**ANNE :** Pourquoi tu ne m'as pas dit que vous vous connaissiez ?

**DANIEL :** Par respect. Je ne sais pas. J'étais gêné.

**ANNE :** Tu le savais ? Pour Pierre… Tu le savais, et tu m'as tout caché.

**DANIEL :** Mais Anne… Je savais quoi ? Il n'y a rien à savoir.

**ANNE :** Pourquoi tu me mens depuis le début ?

**DANIEL :** Moi ?

**ANNE :** Oui.

*Un temps.*

**DANIEL :** Écoute, si je suis venu ici, c'était pour parler avec Laura de tout ça. Parce que je n'y croyais pas, à cette histoire. Ça me paraissait impossible. Alors j'ai préféré en parler directement avec Laura. Pour comprendre.

ANNE : J'avais confiance en toi.

DANIEL : Anne… Écoute, au moins. Tu te fais des idées. Il ne s'est jamais rien passé entre Pierre et… cette fille.

ANNE : Tu ne vas pas recommencer, Daniel.

DANIEL : Mais je ne recommence pas. Je t'explique. Pierre et… cette fille ne se sont tout simplement jamais vus. Ils se sont à peine croisés une fois. Au théâtre. C'est tout. Mais ils ne se connaissaient pas.

LAURA : C'est vrai.

*Un temps.*

ANNE : Quoi ? Mais…

LAURA : Je sais.

DANIEL : Elle a tout inventé. Tout ce qu'elle t'a raconté, c'était faux. Pierre n'a jamais eu l'intention de te quitter pour… cette fille. Tu t'imagines ? Pour… cette fille. Non. Ils se sont croisés. Rien d'autre. À un dîner. Après, ils ne se sont jamais revus. C'est elle qui t'a inventé cette histoire de « relation ».

ANNE : C'est vrai ?

LAURA : Oui.

ANNE : Vous avez tout inventé ?

LAURA : Oui.

*Un temps.*

ANNE : Mais pourquoi ?

LAURA : Vous étiez chez moi. Je savais que vous ne me lâcheriez pas tant que vous n'auriez pas entendu ce que vous aviez envie d'entendre. C'est tout. Je me suis contentée de confirmer les faits que vous avanciez. Je ne sais pas… J'avais l'impression que c'était ce que vous attendiez de moi. Et puis, ça m'amusait.

ANNE : Vous avez fait ça ?

DANIEL : Elle a fait ça. C'est… une pauvre fille, Anne.

LAURA : Je n'aurais sans doute pas dû. Mais sur le moment, ça s'est trouvé comme ça.

*Un temps.*

**Anne :** Vous ne le connaissiez pas.

**Laura :** Non. Je suis désolée. Vraiment.

*Un temps.*

**Daniel :** Voilà. C'est pour ça que je suis venu ici. Pour éclaircir toute cette histoire. Parce que je sentais qu'on tournait autour de la vérité depuis le début. Il fallait bien à un moment savoir ce qui s'était passé. Puisque tu voulais savoir.

**Anne :** Je me sens ridicule, tout à coup.

**Daniel :** Mais non…

**Anne :** Si…

**Daniel :** Tu es fragilisée, c'est tout.

**Anne :** Je me sens idiote.

**Daniel :** Maintenant tout va rentrer dans l'ordre. Tout ça n'a jamais eu lieu. Tu verras, ça va aller mieux maintenant.

**Anne :** Peut-être. J'avais cru…

*Un temps.*

**Daniel :** Il faut rentrer maintenant. Et laisser… cette fille tranquille.

**Anne :** Oui.

**Daniel :** Je vais te raccompagner.

**Anne :** Si tu veux…

**Daniel :** Je suis en voiture.

**Anne :** D'accord.

*Un temps.*

**Laura :** Au début, ce n'était pas prévu comme ça. On est tombés l'un sur l'autre. On est tombés l'un dans l'autre. C'était une chute sans fin. Mais je veux que vous le sachiez : ce n'était pas prévu. On a commencé par se voir de plus en plus souvent. C'était à la fois un bonheur et une souffrance.

**Daniel :** Qu'est-ce que vous racontez ?

**Laura :** Parce qu'on ne savait pas comment ça finirait. Mais on savait. On savait que ça devrait finir d'une façon ou d'une autre. C'était condamné d'avance. Mais on ne pouvait pas ne pas se voir. On a essayé quelques fois. Ça n'a jamais marché. On se rappelait toujours. Et on s'aimait davantage. C'était horrible. Mais avec le temps, je ne pouvais plus. Son bureau, j'ai commencé à le maudire. Je n'en pouvais plus de ces rendez-vous. Je voulais plus. Attendre. Attendre quoi ? Je suis jeune. Alors j'ai décidé d'arrêter. De mettre un terme. Malgré tout. Malgré l'envie, la soif de le revoir. J'ai fait la morte. Et je suis vraiment morte à ce moment-là. En un sens. Quelque chose s'est arrêté. Comme une montre tombée au sol. Une montre qui indiquerait le jour où j'ai décidé de ne plus le revoir. Il a continué de m'écrire. C'étaient des lettres sublimes. Dans lesquelles il me disait qu'il ne pouvait pas vivre sans moi. Il ne pouvait pas vivre sans moi. J'étais sa lumière. Il m'appelait comme ça : « Ma lumière. » Il m'appelait : « Ma vie. » Je devais le rejoindre à Nice. On devait se retrouver là-bas. Je ne voulais pas. Mais avec ses lettres, il est venu à bout de ma résistance. J'ai accepté. On devait se retrouver à Nice. Mais il n'est jamais arrivé à destination. Il m'appelait « ma vie », et maintenant il est mort, et je ne suis plus rien.

*Noir.*

## Scène 9
## Le tombeau des regrets[10]

*Dans l'appartement d'Anne et de Pierre. Le jour de son départ pour Nice. Il a préparé sa valise, qui attend, près de la porte de sortie.*

ANNE : Tu pars à quelle heure ?

PIERRE : Là, bientôt.

ANNE : Tu as fait ta valise ?

PIERRE : Oui.

ANNE : Et tu sais s'il fera beau ?

PIERRE : J'ai même pris mon maillot de bain, si tu veux tout savoir.

ANNE : Ah !… Tu as de la chance. J'ai tellement envie de me

baigner… D'ailleurs, tu sais, je me disais, cet été… On
pourrait peut-être relouer la même maison.

**Pierre :** En Corse ?

**Anne :** Oui. Non ? Qu'est-ce que tu en penses ? C'était
tellement agréable de se baigner là-bas.

**Pierre :** C'est une idée. On verra. On en discutera à mon
retour.

*Un temps.*

**Anne :** Tu reviens quand ?

**Pierre :** Dans une semaine.

**Anne :** J'adore Nice. C'est bien que tu y ailles…

**Pierre :** Mais qu'est-ce qu'il y a ? Tu as l'air inquiète ?

**Anne :** Non. Ça va.

**Pierre :** À quoi tu penses ?

**Anne :** Je repensais à la première fois qu'on y est allés.

**Pierre :** Où ?

**Anne :** À Nice, justement.

**Pierre :** À Nice ? C'était quand, déjà ?

**Anne :** Tu ne te souviens pas ?

**Pierre :** Hein ? Si. Bien entendu.

*Un temps.*

**Anne :** C'était après ton divorce. On avait pris un avion
pour Nice. On est restés là-bas quelques jours. Et après,
on est allés en Italie. Sur la côte amalfitaine.

**Pierre :** Oui, oui. Bien sûr que je m'en souviens. C'était en
automne.

**Anne :** En automne ? Pas du tout. C'était au printemps.

**Pierre :** Ah oui ! C'est ça : au printemps. Il faisait beau,
d'ailleurs.

**Anne :** On avait pris nos maillots de bain.

**Pierre :** Mais… Où est-ce qu'on avait dormi ? Je veux dire,
dans quel hôtel ?

**Anne :** Je ne me souviens plus du nom. C'était sur le bord
de mer.

**Pierre :** Ah ?

**Anne :** Tu te souviens ?

**Pierre :** Oui. Oui, oui.

**Anne :** Il y avait cette terrasse.

**Pierre :** Quelle terrasse ?

**Anne :** Notre chambre donnait sur une terrasse. Le premier soir, après avoir fait l'amour, je suis sortie sur la terrasse.

**Pierre :** C'est drôle, ça ne me dit rien. Tu es sûre que c'était avec moi ? C'était peut-être avec quelqu'un d'autre…

**Anne :** Je suis sortie sur la terrasse. Il faisait chaud. J'étais nue. Et je regardais la mer. La mer, devant nous. La mer acquise. J'étais heureuse. Puis tu m'as rejoint. Je m'en souviens encore parfaitement. Tu es venu te coller contre moi. Je sentais ton souffle dans ma nuque. Tu m'as enlacée. Et on est restés comme ça un long moment. À regarder la mer.

*Un temps.*

**Pierre :** Oui. Après, on est allés en Italie. Et quand on est rentrés, on s'est mariés. *(Un temps.)* C'est ça, non ?

**Anne :** Oui. On s'est mariés. Après l'Italie. Puis on a déménagé. Tu as continué à écrire tes livres. Et moi, à travailler dans mon cabinet. Puis les années ont passé.

**Pierre :** Elles ont passé. Comme des ombres.

**Anne :** Et parfois, certains soirs, on restait tard tous les deux. Pour parler.

**Pierre :** On buvait un verre. Et on parlait de tout ça. On se remémorait notre premier voyage à Nice.

**Anne :** On se remémorait l'hôtel. La terrasse. Et toi, venant me rejoindre sur la terrasse, te coller à moi, m'enlacer, et rester contre moi pendant des heures à regarder la mer, la mer immense, à me dire à l'oreille, doucement, inlassablement, « je t'adorerai toujours ».

**Pierre :** *(à son oreille)* Je t'adorerai toujours.

*Un temps. Il se lève. Comme s'il s'apprêtait à partir.*

**Anne :** Tu y vas ?

**Pierre :** Oui. Il faut que j'y aille. J'ai de la route.

**Anne :** C'est une drôle d'idée, d'avoir voulu y aller en voiture.

**Pierre :** Je t'appellerai.

**Anne :** Peut-être.

**Pierre :** Qu'est-ce qu'il y a ?

**Anne :** La vie m'apparaît de plus en plus comme une histoire d'adieux.

**Pierre :** Anne, je reviens dans une semaine.

*Il va prendre sa valise.*

**Anne :** Pierre…

**Pierre :** Quoi ?

*Un temps.*

**Anne :** Vous aviez décidé de ne plus vous revoir, n'est-ce pas ? *(Un temps.)* Vous vous êtes vus pendant quelques mois. Mais ça s'est épuisé. Et vous avez décidé de mettre un terme à cette histoire. Parce qu'elle ne comptait pas vraiment. C'est bien ça qui s'est passé ? *(Un temps.)* Hein ? Pierre. Dis-moi la vérité. Elle ne comptait pas, cette fille… *(Un temps.)* Tu l'avais déjà oubliée. Hein ? Tu m'aimais encore… C'est ça, la vérité… *(Un temps.)* N'est-ce pas ? *(Un temps.)* Dis, Pierre… C'est ça ?

*Pierre la regarde avec tendresse. Il lui sourit.*

*Noir.*

FIN

# Elle t'attend

## Personnages

ELLE
LUI
LA MÈRE
LE FRÈRE
LE PÈRE
LA SŒUR
UN HOMME, *secouriste sans costume*
*Un autre secouriste*

*L'action se déroule dans deux décors différents.*
*Un procédé de mise en scène doit permettre de passer très facilement de l'un à l'autre.*
*Le rôle principal devrait être tenu par la notion même du temps, transformant ce qui pourrait apparaître comme une absence d'action en action : celle d'attendre. Il faudrait que les moments d'attente soient effroyablement longs et lents. Aussi écrasants que le soleil de Corse.*

*La création de Elle t'attend a eu lieu le 9 septembre 2008 au Théâtre de la Madeleine dans une mise en scène de l'auteur et avec la distribution suivante : Laetitia Casta (Elle), Bruno Todeschini (Lui), Michèle Moretti (la Mère), Nicolas Vaude (le Frère), Thierry Bosc (le Père), Magali Woch (la Sœur) et Stanislas Kemper (le Secouriste).*

> *« Le front aux vitres comme font les veilleurs de chagrin.*
> *Je te cherche par-delà l'atttente.[11] »*
> Paul Éluard

## Scène 1

*L'action se passe sur la terrasse d'une maison de vacances. Elle donne sur la mer. De l'autre côté s'élèvent les montagnes. Une fin d'après-midi. Anna vient d'arriver. Simon la suit. Les autres sont encore sur la plage.*

ELLE : Voilà. C'est ici. Tu vois la mer ?

LUI : Oui.

ELLE : Tu la vois ?

LUI : Elle est juste là.

ELLE : Oui. C'est là que j'ai grandi.

LUI : Face à la mer.

ELLE : Ça te plaît ?

LUI : C'est beau.

ELLE : Tu n'aimes pas ?

LUI : Si. Je te dis. C'est beau. C'est vraiment très beau.

ELLE : Et moi, tu m'aimes ?

LUI : *(après lui avoir souri)* Mais il n'y a personne ?

ELLE : Ils doivent être en bas.

LUI : En bas ?

ELLE : Sur la plage. Oui. Ils doivent être sur la plage. Tu vois ce chemin… En bas. Il descend jusqu'à la plage. On l'emprunte tous les jours pour aller se baigner. Ç'a toujours été comme ça. Depuis que je suis petite… Oui. Ils doivent encore être là-bas. Tu veux qu'on aille les rejoindre ?

LUI : Tout de suite ?

ELLE : Si tu veux. Tu as envie de te baigner ?

Lui : Tout à l'heure, peut-être. Non ? Je vais chercher les valises.

Elle : Non, attends, je vais d'abord te faire visiter la maison. C'est bête, mais je suis tellement contente que tu sois là. Que tu puisses voir cet endroit. C'est une partie de moi, tu sais. Oui. Ça me rend heureuse. *(Un temps. Elle s'arrête.)* Et toi ? Tu es heureux ?

Lui : J'ai l'air malheureux ?

Elle : Non. Tu as l'air absent.

Lui : Moi ?

Elle : Oui. Depuis tout à l'heure. Je l'ai remarqué.

Lui : Tu te trompes.

Elle : Ça t'embête un peu d'être là. Non ? De rencontrer ma famille…

Lui : Mais non.

Elle : *(avec ironie)* En même temps, je te comprends. Ça peut facilement être un calvaire. Une semaine avec sa belle-famille…

Lui : Surtout avec la tienne…

Elle : Tu ne les connais pas.

Lui : *(avec ironie)* Ta mère, je la connais. Et les autres, je m'attends au pire, après ce que tu m'as raconté…

Elle : *(au premier degré)* Pourquoi tu dis ça ? Qu'est-ce que je t'ai raconté ?

Lui : Rien. Je disais ça pour… Pour rien. Mais tu te fais des idées. Je suis très content de les rencontrer. Pourquoi ça m'embêterait ?

Elle : Je ne sais pas. Tu as l'air ailleurs.

Lui : J'essaie d'imaginer. C'est tout.

Elle : Imaginer quoi ?

Lui : Toi. Quand tu étais petite.

*Un temps.*

Elle : On venait ici tous les étés. Je passais mes journées avec mon frère.

*Un temps.*

**Lui :** Bon. Alors on fait quoi ? On la visite, cette maison ?

*La Mère entre.*

**La Mère :** Ah ! mais vous êtes là ?

**Elle :** On vient d'arriver.

**La Mère :** Je ne vous avais pas entendus. Bonjour…

**Elle :** Tu vas bien ?

**Lui :** Bonjour.

**La Mère :** Bonjour, Simon. Bienvenue.

**Lui :** Merci.

**La Mère :** Ça nous fait très plaisir que vous soyez venu.

**Lui :** Moi aussi.

**Elle :** Les autres sont en bas ?

**La Mère :** Oui, oui. Ils vont bientôt revenir. Vous avez fait bonne route ?

**Lui :** Très bonne, merci.

**La Mère :** Il fait très chaud cette année. Le soleil brûle tout. *(À Simon.)* J'espère que vous supportez bien la chaleur… *(À Elle.)* Je vous ai mis dans la chambre bleue ma chérie. Je me suis dit que ce serait mieux pour vous. Vous serez un peu à l'écart. Et puis il fait plus frais… Ah ! et j'ai installé une nouvelle moustiquaire ce matin. L'ancienne avait des trous partout. *(À Simon.)* Ici, les moustiques sont très affamés. Vous connaissez la région ?

**Lui :** Oui. Un peu.

**La Mère :** Vous êtes déjà venu ?

**Lui :** *(après une légère hésitation)* Une fois, oui.

**Elle :** *(l'air troublé)* Ah bon ? Mais où ?

**Lui :** À Porto… Venio.

**La Mère :** Ah ! en effet. Ce n'est pas très loin d'ici.

**Elle :** Mais c'était quand ?

**Lui :** *(vague)* Oh !… L'année dernière.

**Elle :** Ah ?

*Un temps. Comme une gêne.*

**Lui :** Bon. Je vais aller chercher les valises. Elles sont encore dans la voiture.

**La Mère :** Vous avez besoin d'aide ?

**Lui :** Non, non, laissez. C'est gentil.

*Il sort. Un temps.*

**La Mère :** Ça va ?

**Elle :** Oui. Pourquoi ?

**La Mère :** Pour rien. *(Un temps.)* Je suis si contente que tu sois là. Avec lui.

**Elle :** *(toujours un peu pensive)* Oui.

**La Mère :** Tu l'as prévenu pour la maladie de ton père ?

**Elle :** Oui, oui. Bien sûr.

**La Mère :** Tant mieux. J'étais un peu inquiète à ce propos.

**Elle :** Pourquoi ?

**La Mère :** Je ne voulais pas le mettre mal à l'aise.

**Elle :** Ne t'inquiète pas. Il est au courant. Comment il va, d'ailleurs ?

**La Mère :** Bien. Enfin, toujours pareil. Il répète souvent les mêmes choses. Mais il est content d'être là. Au soleil. Ça lui fait du bien. Il passe ses journées sur la plage.

**Elle :** Tant mieux.

**La Mère :** Et toi, tu vas bien ? Votre emménagement, ça s'est bien passé ?

**Elle :** Oui, oui. Très bien. Enfin, tu sais, on est encore en plein dans les travaux.

**La Mère :** Mais qu'est-ce qu'il y a, ma chérie ?

**Elle :** Moi ?

**La Mère :** Oui. Tu as l'air sombre, d'un coup…

**Elle :** Non, non. Pas du tout. *(Se reprenant.)* Au contraire. Je suis heureuse d'être là. Ça me manquait. Ça me manquait terriblement. Les odeurs. La sensation du soleil. Les pins. La mer. Non, je suis heureuse d'être là.

*Un temps. Petit malaise.*

**La Mère :** Il est très sympathique.

**Elle :** Hein ?

**La Mère :** Simon.

**Elle :** Tu trouves ?

**La Mère :** Oui. Enfin, je ne sais pas… Je suis contente de te voir comme ça. Je veux dire, heureuse avec quelqu'un. Épanouie… *(Un temps.)* Alors ?

**Elle :** Quoi ?

**La Mère :** Tu ne veux pas me dire ?

**Elle :** Te dire quoi ?

**La Mère :** Tu sais bien… Tu m'as dit que tu avais quelque chose à nous annoncer… Tu ne veux pas me dire ce que c'est ?

**Elle :** Maman….

**La Mère :** Quoi ?

**Elle :** Je viens juste d'arriver.

**La Mère :** Tu pourrais me le dire avant les autres quand même…

**Elle :** Si je te le dis avant les autres, ce ne sera plus une surprise.

**La Mère :** Je déteste les surprises. Moi, ce que j'aime, c'est être prévenue à l'avance.

**Elle :** Eh bien, je te préviens à l'avance qu'il y aura une surprise.

**La Mère :** De toute façon, je sais déjà ce que c'est.

**Elle :** Ah bon ?

**La Mère :** Oui. Je suis ta mère, quand même… On ne me la fait pas, à moi.

**Elle :** Qu'est-ce qu'on ne te fait pas ?

**La Mère :** La surprise.

**Elle :** *(amusée par sa mère)* Alors qu'est-ce que c'est ?

**La Mère :** Vous allez avoir un enfant.

**Elle :** Nous allons avoir un enfant ?

**La Mère :** Oui. Non ?

**Elle :** *(presque avec gravité)* Non.

**La Mère :** Tu n'es pas enceinte ?

**Elle :** Non.

*Un temps.*

**La Mère :** Mais tu n'as pas envie d'en avoir ?

ELLE : Écoute, on en a déjà parlé mille fois…

LA MÈRE : Je sais. Mais Simon, lui, il n'a pas envie d'en avoir ?

ELLE : Il en a déjà deux.

LA MÈRE : Oui, mais pas de toi.

ELLE : Maman, s'il te plaît…

*Il revient avec deux valises.*

LUI : Je les dépose où ?

LA MÈRE : Suivez-moi, je vais vous montrer votre chambre.

*Il remarque qu'Anna reste un peu en retrait.*

LUI : *(à Elle)* Ça va ?

*La Mère est déjà en train de sortir.*

ELLE : *(sombre)* Oui, oui. Ça va. Ça va.

*Ils se regardent en silence. Quelque chose se passe dans leur regard. Une tension.*
*On comprend que quelque chose ne va pas. Un temps.*
*Noir.*


## Scène 2

*Dans la chambre bleue. Anna et Simon sont en train de se préparer pour aller dîner.*
*Anna est encore dans la salle de bains. On la voit passer devant la porte, puis*
*disparaître à nouveau.*

ELLE : *(off)* Qu'est-ce que tu lis ?

LUI : Rien.

ELLE : *(off)* Tu es déjà prêt ?

LUI : Oui, oui.

*Elle entre dans la chambre. Nue, dans une serviette. Elle sort de la douche.*

ELLE : Qu'est-ce que tu lis ?

LUI : Des guides.

ELLE : Des guides ?

LUI : Oui, tu sais, pour… Je voudrais aller me promener demain dans l'arrière-pays.

ELLE : Tu comptes vraiment aller marcher dans ces montagnes ?

LUI : Pourquoi pas ?

**Elle :** Mais seul ?

**Lui :** On verra. Je proposerai peut-être à ton frère.

**Elle :** Tu ne préfères pas aller sur la plage ? Avec tout le monde…

**Lui :** Je n'aime pas trop ça, moi, tu sais.

**Elle :** Qu'est-ce que tu n'aimes pas ?

**Lui :** Rester sur la plage. À ne rien faire. Je trouve ça ennuyeux. Pas toi ?

**Elle :** Ça dépend.

**Lui :** De toute façon, avec la chaleur, c'est impossible de marcher l'après-midi. Je partirai très tôt. À l'aube.

**Elle :** Demain matin ?

**Lui :** Oui. Je serai de retour, je ne sais pas, vers midi. Après, j'irai sans doute sur la plage. Je vous rejoindrai.

**Elle :** Ah ?

**Lui :** Ça t'embête ?

**Elle :** Non, non. Pas du tout.

**Lui :** J'ai toujours aimé ça, marcher. Marcher seul.

**Elle :** Il faut faire attention, tu sais. Chaque année, il paraît qu'il y a des accidents.

**Lui :** Je sais. C'est pour ça que je lis ce truc…

**Elle :** Bon, moi, il faut que je m'habille. *(Elle retourne dans la salle de bains ; un temps ; off.)* Et tu as déjà proposé à Nicolas de t'accompagner ?

**Lui :** Pas encore, non. Je lui en parlerai ce soir. C'est mal foutu, ces guides. On ne comprend rien. Il y a tellement de promenades possibles… Je prendrai la voiture, je pense. Ça ne te dérange pas ? Il faudra que je la laisse au départ d'un des sentiers. Toi, tu vas rester toute la journée ici ? Je veux dire : tu n'auras pas besoin de la voiture ? Hein ? Tu m'écoutes ?

**Elle :** Non. *(Elle revient. Elle a enfilé une robe d'été.)* Je croyais que tu connaissais la région…

**Lui :** Je ne suis venu qu'une seule fois.

**Elle :** Mais tu n'avais pas fait de promenades comme ça. Enfin je veux dire : l'année dernière…

Lui : Non.

Elle : Tu étais resté sur la plage ?

Lui : Pourquoi ?

Elle : Avec ta femme.

Lui : Oui. Et mes filles.

Elle : C'est étrange. Je l'aime bien, ta femme. Je sais que je ne devrais pas, mais je l'aime bien.

Lui : Tu ne la connais pas.

*Un temps.*

Elle : Vous aviez loué une maison ?

Lui : *(presque énervé)* Pourquoi tu me poses toutes ces questions ?

Elle : Pour rien. J'essaie de t'imaginer. En famille… J'essaie de comprendre pourquoi tu ne me l'as pas dit ?

Lui : Quoi ?

Elle : Que tu étais déjà venu ici. L'année dernière…

Lui : Je n'avais pas réalisé que c'était juste à côté. C'est sur la route, hier, que j'ai… Enfin, j'ai reconnu l'endroit.

Elle : *(sans y croire)* Ah.

*Un temps.*

Lui : Bon.

Elle : Oui. Je me maquille et on y va. *(Un temps. Elle ne bouge pas. Elle essaie de comprendre.)* Hier, sur la route, tu as passé un coup de fil…

Lui : Hein ?

Elle : À la station-service.

Lui : Et alors ?

Elle : Tu es resté longtemps au téléphone… Tu t'es éloigné… Moi, je t'attendais dans la voiture. Après tu as eu l'air contrarié. Ce n'était rien de grave ?

Lui : Non.

Elle : C'est à partir de là que tu es devenu si étrange… À partir de ce coup de fil…

Lui : Anna…

Elle : Quoi ?

Lui : Arrête.

ELLE : Je me demande, c'est tout.

LUI : Tu te demandes quoi ? On a l'impression que… Enfin, je ne vois pas pourquoi tu parles toujours de ma femme.

ELLE : Je ne parlais pas de ta femme. Je parlais de ce coup de fil…

LUI : C'est elle qui devrait être obsédée par toi. Non ? C'est elle que j'ai quittée.

ELLE : Je sais.

LUI : Maintenant on est là, tous les deux… Franchement, je ne te comprends pas. Pourquoi tu t'inquiètes comme ça ? Ça n'a pas toujours été facile, mais maintenant on est là. Souviens-toi, il y a quelques mois, on ne pensait pas que ça finirait aussi bien…

ELLE : Ça ne finit pas, ça commence…

LUI : *(avec le sourire)* Je veux dire, on n'imaginait pas que tu mettrais autant le bordel dans ma vie.

ELLE : Qu'est-ce que tu veux, je suis comme ça…

LUI : Tu es comment ?

ELLE : Entière. *(Un temps. Elle se dirige vers le miroir pour se maquiller. Et, en se retournant.)* Et amoureuse.

*Elle se maquille, face au miroir, dos au public. Il s'avance vers elle, se tient sur le pas de la porte et la regarde un instant sans rien dire.*

LUI : Tu es belle.

ELLE : *(comme si elle n'avait pas entendu)* Quoi ? *(Un temps. Il ne répond pas.)* Qu'est-ce que tu disais ? *(Un temps. Il ne répond toujours pas. Elle se retourne.)* Tu trouves ?

LUI : *(amusé)* Oui. Je trouve.

*Elle se rapproche de lui.*

ELLE : Et est-ce que tu crois qu'un jour tu me trouveras moins belle ?

*On frappe. Elle va ouvrir. C'est son frère.*

LE FRÈRE : On passe à table.

ELLE : On arrive. On arrive tout de suite. *(Il disparaît. Un temps. Simon s'est mis à l'écart et la regarde de loin. Il sourit.)* Qu'est-ce qu'il y a ?

LUI : Rien.

*Un temps.*

**Elle** : Tu n'as pas répondu à ma question.

**Lui** : Laquelle ?

**Elle** : Est-ce qu'un jour tu me trouveras moins belle ?

*Un temps.*

**Lui** : C'est probable. Bon. On y va ?

*Noir.*

## Scène 3

*Il est tard. Le dîner est déjà terminé depuis un certain temps. Elle est seule sur la terrasse à regarder l'horizon. Son frère la rejoint.*

**Le Frère** : Qu'est-ce que tu fais ?

**Elle** : Hein ? Rien. Je regarde.

**Le Frère** : Tu ne vas pas te coucher ?

**Elle** : Je n'ai pas sommeil.

**Le Frère** : Et Simon ?

**Elle** : Quoi ?

**Le Frère** : Il est où ?

**Elle** : Dans notre chambre. Pourquoi ?

**Le Frère** : Pour rien. Tu aurais une cigarette pour moi ?

**Elle** : Oui. Tiens.

**Le Frère** : Merci. C'est beau, hein…

**Elle** : Oui.

**Le Frère** : Toujours le même paysage année après année… *(Un temps.)* Comment tu trouves papa ?

**Elle** : Je ne sais pas trop. Il vieillit.

**Le Frère** : On vieillit tous… *(Un temps.)* Maman n'arrête pas de dire que c'est sans doute son dernier été.

**Elle** : Je sais. C'est pour ça qu'on est venus.

**Le Frère** : Elle a l'air heureuse, d'ailleurs.

**Elle** : Maman ?

**Le Frère** : Oui. Que tu sois venue avec Simon. Tu as vu comme elle est lumineuse.

*Un temps.*

**Elle :** Et toi ? Tu vas bien ?

**Le Frère :** Ça va.

**Elle :** Il paraît que vous vous êtes séparés avec… Comment s'appelait-elle déjà ?

**Le Frère :** Mathilde… Oui. Enfin, c'est surtout *elle* qui nous a séparés, mais bon…

**Elle :** Tu es triste ?

**Le Frère :** Pas vraiment. On finit par s'habituer. C'est ça d'ailleurs qui est terrible. On finit toujours par s'habituer à tout.

*Un temps.*

**Elle :** Tu ne vas pas marcher avec Simon demain ?

**Le Frère :** Marcher ?

**Elle :** Oui. Dans la montagne.

**Le Frère :** Moi ? Marcher dans la montagne ? Tu veux rire… De toute façon, il ne me l'a pas proposé.

**Elle :** Ah bon ?

**Le Frère :** Non.

**Elle :** Il m'a dit qu'il voulait te le proposer.

**Le Frère :** Ce n'est pas du tout mon truc, tu sais. Je n'ai jamais aimé ça, les promenades en montagne. Je ne comprends pas l'intérêt. Je préfère la plage. Rester bien immobile à ne rien faire… C'est comme ça que je conçois la vie. Et puis avec la chaleur qu'il fait, il va se lever à l'aube, j'imagine.

**Elle :** C'est ce qu'il m'a dit, oui. Il veut partir très tôt. Comme le faisait papa, à l'époque.

**Le Frère :** Oui. Lui, il aimait bien ça. Marcher seul. *(Un temps.)* Il a l'air bien, Simon.

**Elle :** Oui.

**Le Frère :** Oui. Il a l'air… bien. Mais, enfin comment dire, il a l'air un peu mal à l'aise. Non ?

**Elle :** Simon ?

**Le Frère :** Oui.

**Elle :** Non, pas du tout. Pourquoi tu dis ça ?

**Le Frère :** Je ne sais pas. Je le trouve en retrait. Il ne parle pas beaucoup…

**Elle :** C'est quelqu'un de discret, c'est tout.

**Le Frère :** Peut-être… Ça fait combien de temps que vous êtes ensemble déjà ? Je veux dire : que vous vivez ensemble…

**Elle :** Il a quitté sa femme il y a trois mois.

**Le Frère :** Seulement trois mois ? Et alors ? Après trois mois…

**Elle :** Tu vois. On est toujours ensemble.

**Le Frère :** Toi qui disais que tu étais incapable de vivre à deux.

**Elle :** C'était avant. Maintenant il faut croire que c'est différent.

**Le Frère :** Il faut croire, oui. *(Un temps.)* Chaque fois que je viens ici, je suis fasciné par la mer. Ça me faisait tellement rêver, quand j'étais petit. Je regardais cette immensité, et j'avais l'impression que j'allais accomplir des choses immenses. Et puis finalement, tu vois… Je n'ai pas fait grand-chose…

**Elle :** Pourquoi tu dis ça ?

**Le Frère :** Parce que c'est vrai.

**Elle :** Et ton livre ?

**Le Frère :** J'ai laissé tomber. Je… Non. J'aurais bien aimé, mais non. Je ne suis pas fait pour ça. Et toi, tu es heureuse ?

**Elle :** Oui. Je crois.

**Le Frère :** Tu crois ?

**Elle :** Oui. Je crois. Mais…

**Le Frère :** Mais quoi ?

**Elle :** Non rien. Je suis heureuse. Je suis vraiment heureuse.

**Le Frère :** Aïe ! la salope ! *(Il s'est fait piquer par un moustique. Elle se met à rire.)* Quoi ? Qu'est-ce qu'il y a ?

**Elle :** *(amusée par son frère)* Pourquoi tu dis *la salope* ?

**Le Frère :** Parce qu'elle vient de me piquer.

**Elle :** On dit *un* moustique, Nicolas. Pas *une* moustique.

**Le Frère :** Sauf que ce sont les femelles qui piquent. Les mâles, eux, sont complètement inoffensifs.

**Elle :** Ah bon ?

**Le Frère :** Eh oui. Tu ne savais pas ? Ce sont les femelles qui nous sucent le sang. Les femelles. Ce sont toujours elles, d'ailleurs…

**Elle :** *(amusée par son frère)* De quoi tu parles ?

**Le Frère :** De Mathilde. Entre autres. Ce sont toujours elles qui nous font souffrir. Les petites suceuses…

**Elle :** Et toi, est-ce que tu dis toujours n'importe quoi ?

**Le Frère :** Toujours. À ce propos, maman vous a installé une nouvelle moustiquaire ? dans votre chambre…

**Elle :** Oui.

**Le Frère :** Tant mieux.

*La Sœur apparaît. Elle revient de la plage. Un temps.*

**La Sœur :** Qu'est-ce que vous faites ?

**Elle :** On parlait. Et toi ?

**La Sœur :** Rien. Je rentre me coucher.

**Elle :** Bonne nuit alors…

**La Sœur :** Oui. Bonne nuit.

*La Sœur traverse la scène et sort de l'autre côté.*

**Elle :** Qu'est-ce qu'elle a ?

**Le Frère :** Comme d'habitude. Bon. Moi, je vais aller me promener…

**Elle :** Où ?

**Le Frère :** Je ne sais pas. Je vais aller vers la mer. Tu veux venir ?

**Elle :** Non, merci. Je préfère rester ici.

**Le Frère :** Tu es sûre ?

**Elle :** Oui.

**Le Frère :** Allez viens… On y va tous les deux…

**Elle :** Non, c'est gentil…

**Le Frère :** Comme tu veux. Bonne nuit, alors…

**Elle :** Bonne nuit. *(Il s'éloigne.)* Nicolas…

**Le Frère :** Quoi ?

**Elle :** Non, je voulais juste savoir… Pourquoi tu disais tout à l'heure que tu le trouvais mal à l'aise ?

**Le Frère :** Simon ?

**Elle :** Oui.

**Le Frère :** Je ne sais pas. Juste une impression.

**Elle :** C'est-à-dire ?

**Le Frère :** Comme s'il était là sans être là.

**Elle :** Tu trouves ?

**Le Frère :** Enfin, je n'en sais rien. Je ne le connais pas, moi… Pourquoi ?

**Elle :** Non, non. Pour rien.

**Le Frère :** Bon.

**Elle :** Bon.

**Le Frère :** Bonne nuit… *(Il s'apprête à partir. Puis s'arrête.)* Tu es sûre que tout va bien ?

*Un temps. Elle ne répond pas.*

*Noir.*


## Scène 4

*Le lendemain vers midi. Elle revient de la plage. La Mère est déjà sur la terrasse. Tout au long de la scène, elle prépare la table pour le déjeuner.*

**Elle :** Il est quelle heure ?

**La Mère :** Ah ! tu es revenue ? C'était bien ?

**Elle :** Oui, oui.

**La Mère :** Les autres te suivent ?

**Elle :** Ils sont un peu derrière. Ils arrivent.

**La Mère :** Tu veux quelque chose à boire ? Il fait tellement chaud.

**Elle :** Non merci. Mais il est quelle heure ?

**La Mère :** Bientôt 1 heure, pourquoi ?

**Elle :** Pour rien. Tu n'as pas vu Simon ?

**La Mère :** Non.

**Elle :** Il n'est pas encore rentré ?

**La Mère :** Je ne crois pas, non.

**Elle :** Il a une heure de retard.

**La Mère :** On va l'attendre pour le déjeuner, ne t'inquiète pas.

**Elle :** Oui.

**La Mère :** Il ne va sans doute pas tarder. Tu t'es baignée ?

**Elle :** J'ai nagé jusqu'aux bateaux. C'est vraiment agréable. J'aime tellement cet endroit. Pourquoi tu ne viens jamais ?

**La Mère :** Moi ?

**Elle :** Oui. Pourquoi tu ne viens jamais te baigner ?

**La Mère :** Je ne sais pas. J'aime bien rester ici toute seule. Je regarde la mer, le golfe, les montagnes.

**Elle :** Il fait tellement chaud cette année.

**La Mère :** Oui. Et il paraît que ça va aller en empirant. Je l'ai lu dans le journal…

**Elle :** Qu'est-ce qu'ils ont dit ?

**La Mère :** Que la situation n'allait pas s'arranger.

**Elle :** De toute façon, ils disent toujours n'importe quoi.

**La Mère :** Tu crois ? Regarde le ciel. On voit bien que ça ne va pas s'arranger. *(Un temps.)* Tu l'as appelé ?

**Elle :** Oui.

**La Mère :** Et alors ?

**Elle :** Je tombe sur sa messagerie.

**La Mère :** C'est normal. Dans les montagnes, ça ne capte pas.

**Elle :** Comment tu le sais ?

**La Mère :** Je le sais. Tu demanderas à ton père. Tu verras. Il n'y a pas de réseau dans l'arrière-pays.

**Elle :** Mais tu crois qu'il est encore là-bas ?

*Le Frère arrive.*

**Le Frère :** Qu'est-ce qu'il fait chaud ! C'est insupportable…

**Elle :** Où est papa ?

**Le Frère :** Il s'est arrêté à mi-chemin avec Éléonore. Ils arrivent.

**La Mère :** Il s'est baigné ?

**Le Frère :** Oui. Pendant au moins une heure…

**Elle :** Tout à l'heure, c'était horrible, j'ai cru qu'il était mort.

LA Mère : Qui ?

Elle : Papa. Il faisait la planche, mais il ne bougeait plus du tout. C'était… Il flottait. Et j'ai eu cette vision. On aurait dit une… Enfin, je ne sais pas pourquoi je vous raconte ça. Pardon.

*Elle a paradoxalement un début de fou rire.*

LA Mère : C'est gai. *(Le Frère se met lui aussi à rire avec Elle ; un temps.)* Je ne vois franchement pas ce qu'il y a de drôle !

Elle : Pardon. Il n'y a rien de drôle. C'est juste…

LA Mère : Juste quoi ? Et toi aussi, tu ris. Vous faites vraiment un drôle de couple, tous les deux.

*À ces mots, le Frère s'arrête subitement de rire. Il s'éloigne un peu, s'installe dans une chaise longue, sombre maintenant, et ouvre un livre. Son changement d'attitude n'a échappé à personne. Elle s'approche de sa mère.*

Elle : Pardon. Je ne voulais pas te… Tu m'en veux ? *(La Mère hausse les épaules. Elle doit penser si souvent à la mort du père qu'elle ne comprend pas leur attitude, leur fausse légèreté. Anna l'embrasse. Puis s'approche de son frère.)* Tu en es où ?

Le Frère : De quoi ?

Elle : De l'*Odyssée*.

LA Mère : Tu le relis encore ?

Le Frère : Chaque année, je le relis.

LA Mère : Je ne comprends pas l'intérêt de relire un livre qu'on a déjà lu…

Le Frère : Et pourquoi revenir chaque année ici ?

LA Mère : Quel est le rapport ?

Le Frère : Je te demande… Pourquoi toujours revenir ici ? Dans la même maison. En face de la même mer immobile. Sous le même soleil écrasant… Il y a d'autres endroits à découvrir, non ? Alors pourquoi ?

LA Mère : Parce que c'est chez nous.

Le Frère : Eh bien, c'est la même chose avec les livres… *(La Mère hausse une fois encore les épaules. Il continue.)* Disons que c'est de la nostalgie… Moi, je suis nostalgique. Je suis maladivement nostalgique. Maladivement, parce que c'est une maladie. C'est pour ça que je reviens toujours vers les choses que j'aime. Que je reviens ici. Que je relis ce livre.

**Elle :** Alors ? Tu en es où ?

**Le Frère :** On a été tellement heureux ici. Et puis avec le temps, tout part de travers. Papa, tout ça… La vie. Il y a de quoi être nostalgique, non ? *(À Anna, avec une intensité particulière.)* Tu te souviens comme on a été heureux ici ? Tu t'en souviens ?

*La Mère a l'air irritée par cette question.*

**Elle :** *(gênée)* Aujourd'hui aussi, on est heureux.

**Le Frère :** Toi peut-être.

**La Mère :** Tu ne t'intéresses qu'au passé. Alors forcément…

**Elle :** Tous les hommes ne s'intéressent qu'au passé, maman.

**Le Frère :** Et les femmes à l'avenir, c'est ça ?

**La Mère :** Non. À l'instant présent.

**Le Frère :** N'importe quoi…

**Elle :** Tu n'as pas répondu à ma question…

**Le Frère :** À la fin. J'en suis à la fin.

**Elle :** Le retour à Ithaque.

**Le Frère :** Oui.

**La Mère :** Alors ? Si tu connais la fin, pourquoi tu relis ce livre ? Avec tout ce qu'il y a à faire dans la vie…

**Le Frère :** Qu'est-ce qu'il y a à faire ?

**La Mère :** M'aider à mettre la table, par exemple…

*Le Père et la Sœur arrivent.*

**La Sœur :** Tiens, viens t'asseoir à l'ombre.

**Le Père :** Quelle chaleur, mes enfants…

**La Sœur :** Installe-toi ici, tu seras bien.

**Le Père :** Parfait. *(Il s'arrête en constatant que tout le monde est en train d'attendre quelque chose.)* Vous faites une de ces têtes. C'est moi que vous attendiez ? Eh bien, je suis là… On va pouvoir se mettre à table.

**La Mère :** On va attendre un peu avant de manger.

**La Sœur :** Pourquoi ?

ELLE : Simon n'est toujours pas rentré.

LE PÈRE : Simon ? C'est qui, Simon ?

ELLE : C'est l'homme avec lequel je vis, papa.

LE PÈRE : Ah ? C'est bien. Tu vis avec un homme ?

ELLE : Oui.

LE PÈRE : Et il est où, alors ?

ELLE : Il est parti faire une marche dans la montagne. Il ne va sans doute pas trop tarder.

LE PÈRE : Avec ce soleil, j'espère.

LA SŒUR : Il est en retard ?

ELLE : Oui. Il devait être rentré à midi…

LA SŒUR : Il s'est peut-être perdu.

LA MÈRE : Mais non.

LE FRÈRE : On ne peut pas se perdre dans ces montagnes. Tous les chemins mènent à la vallée.

LA MÈRE : Mais oui.

*Un temps.*

ELLE : Non, le mieux, c'est de commencer sans lui. C'est mieux.

LA MÈRE : Tu crois ?

ELLE : Oui.

LA MÈRE : Mais il ne va pas trouver ça malpoli de notre part ?

ELLE : Non, non. Au contraire, il sera gêné de voir que vous l'avez attendu. C'est pour ça. Commencez, il vous rejoindra.

LA MÈRE : Et toi, tu ne restes pas ?

ELLE : Non. Je n'ai pas faim. Mais commencez, vous… Commencez.

LA SŒUR : Tu es inquiète ?

ELLE : Non, non… Seulement, je n'ai pas très faim.

LE PÈRE : Mais…

ELLE : Quoi ?

LE PÈRE : Non, j'avais juste un doute… Tu vis avec un homme, ma chérie, non ?

**Elle :** Oui, papa.

**Le Père :** C'est ça. Et alors il est où ?

**Elle :** Il arrive. Il sera bientôt là.

**Le Père :** Avec ce soleil, j'espère…

*Noir.*

## Scène 5

*Dans la chambre bleue. Simon est seul. Il est tard. Il semble tourmenté par quelque chose. Soudain Anna entre dans la chambre.*

**Elle :** Tu ne dors pas ?

**Lui :** Pas encore.

**Elle :** Tu n'es pas fatigué ?

**Lui :** Hein ? Non. Et toi, qu'est-ce que tu faisais ?

**Elle :** J'étais avec mon frère. On parlait.

**Lui :** Ah ? Et ça va ?

**Elle :** Oui, oui. On fumait une dernière cigarette sur la terrasse.

**Lui :** Vous avez l'air de bien vous entendre.

**Elle :** Oui. On s'entend bien. Et puis il vient de se faire quitter par une fille…

**Lui :** Ah ?

**Elle :** Oui. Avant les vacances. Mathilde. C'est pour ça que je suis restée un peu avec lui.

**Lui :** Il vivait avec elle ?

**Elle :** Pas vraiment. Il a toujours plus ou moins vécu seul. Enfin, il ne m'en a pas trop parlé. On a surtout parlé de toi…

**Lui :** Ah ? En bien j'espère… *(Un temps. Elle fait un geste de la main pour dire : des choses pas terribles, en fait…)* Et vous avez dit quoi ?

**Elle :** Des choses horribles.

**Lui :** J'imagine. Mais il n'est pas un peu bizarre, ton frère ?

**Elle :** Mon frère ?

**Lui :** Oui.

ELLE : Pourquoi ?

LUI : Je ne sais pas. Il me regarde avec des yeux étranges depuis qu'on est arrivés…

ELLE : Il faut qu'il s'habitue. C'est tout.

LUI : Qu'il s'habitue ?

ELLE : Oui.

LUI : À quoi ?

ELLE : À toi. À l'idée que nous vivons ensemble. Tu sais, c'est la première fois que je viens ici avec un homme.

LUI : Ça m'étonnerait.

ELLE : Tu ne me crois pas ?

LUI : Non.

ELLE : Bon, d'accord, ce n'est pas la première fois. Mais ça n'empêche pas : il doit être un peu jaloux.

LUI : Jaloux ? Oui, c'est ce que je te dis : il est bizarre… Et ta sœur, elle vit seule, elle aussi ?

ELLE : Oui. Je ne sais pas pourquoi, mais dans la famille, personne n'a réussi sa vie sentimentale. C'est un échec généralisé ! Par exemple, on ne l'a pratiquement jamais vue avec un garçon.

LUI : Pourquoi ? C'est étrange. Elle est plutôt jolie…

ELLE : Oui. Elle est même très jolie. Mais c'est comme ça. Et Nicolas, c'est pareil. Ou plutôt c'est l'inverse : il a toujours plein d'histoires, mais elles ne débouchent jamais sur rien.

LUI : Et toi ?

ELLE : Moi, j'ai toujours collectionné les histoires ratées. Avec des pauvres types…

LUI : Des pauvres types dans mon genre ?

ELLE : Exactement dans ton genre. Oui, je te dis : c'est l'échec généralisé ! Mes parents sont désespérés.

LUI : Ils n'ont pas l'air…

ELLE : Pourtant ils le sont. Chut.

LUI : Quoi ?

ELLE : Écoute. Un moustique.

*Elle prend un oreiller et frappe contre le mur.*

**Lui :** Tu l'as eu ?

**Elle :** Non. *(Un temps.)* Il est là.

*Elle s'avance avec son oreiller et frappe de nouveau contre le mur.*

**Lui :** Tu n'y arriveras jamais avec un oreiller.

**Elle :** Je déteste ces bêtes.

**Lui :** Prends plutôt une chaussure…

**Elle :** Ne bouge pas.

*Elle prend son élan et le frappe en plein visage. Elle rigole.*

**Lui :** Ça te fait rire ?

**Elle :** Beaucoup.

**Lui :** Tu me frappes ?

**Elle :** Il faut croire… Tu es un homme battu, mon amour.

**Lui :** *(il a l'air sérieux)* Pourquoi ?

**Elle :** *(commençant sa comédie)* Parce que tu ne m'aimes plus.

**Lui :** Qu'est-ce que tu racontes ?

**Elle :** Je te dis. Tu ne m'aimes plus.

**Lui :** *(faussement agressif)* Je n'aime que toi ! Ton visage ! Tes seins ! Tes épaules ! Tes mains ! Tout, quoi ! Merde !

*Il lui envoie à son tour l'oreiller en plein visage. Elle rit. Il va dans la salle de bains. Elle reste seule.*

**Elle :** *(ramassant l'oreiller, le mettant sous sa robe, comme si elle était enceinte et se regardant dans la glace)* Mon visage. Mes seins. Mes épaules. Mes mains. Et mon ventre ? Tu l'aimes, mon ventre[12] ?

*Il revient sur le pas de la porte et la voit dans cette imitation de femme enceinte.*

**Lui :** Qu'est-ce que tu fais ?

**Elle :** Rien. Ça me va bien, non ? *(Elle sort l'oreiller, et le lui lance à nouveau au visage. Elle va s'allonger sur le lit. Un temps.)* Comment tu réagirais si j'étais enceinte ?

**Lui :** Hein ?

**Elle :** Comment tu réagirais ?

**Lui :** Pourquoi tu me poses cette question ?

**Elle :** Pour savoir.

*Un temps.*

**Lui :** *(inquiet)* Je ne sais pas.

**Elle :** Dis-moi.

LUI : Je ne sais pas. Je pense que je disparaîtrais.

ELLE : Tu trouves ça drôle ?

LUI : Non.

ELLE : Moi non plus. *(Un temps. Il a l'air contrarié, elle s'en rend compte. Une gêne.)* Je disais ça comme ça. Je me demandais, c'est tout.

LUI : Tu te demandais quoi ?

ELLE : Comment tu réagirais. Maintenant je le sais. Je sais que tu réagirais mal.

*Un temps.*

LUI : Tu es vraiment une drôle de femme.

ELLE : C'est un compliment ?

LUI : Ça se discute.

ELLE : Alors discutons-en. Pourquoi je suis une drôle de femme ?

LUI : Pour rien. Simplement tu es ce qu'on appelle une drôle de femme.

ELLE : Et toi, tu es ce qu'on appelle un pauvre type.

LUI : C'est une déclaration d'amour ?

ELLE : Oui. *(Un temps. Il retourne dans la salle de bains.)* Tu fais quoi ?

LUI : Je vais prendre une douche.

*Il sort. Elle reste seule, inquiète de cette discussion à la frontière entre le badinage et la dispute. A-t-elle dit quelque chose qu'elle n'aurait pas dû dire ? On entend le bruit de la douche, doucement, au loin. Elle parle en sachant qu'il ne peut pas entendre.*

ELLE : Tu sais ce que j'aimais au début de notre histoire ? Le fait qu'on soit obligés de se cacher. Comme des enfants. C'était le déluge. Il y avait quelque chose d'excitant, non ? Et de triste, en même temps. De triste parce que tu me disais parfois : « N'attends rien de moi, je ne peux rien te donner. » Tu te souviens ? Il y avait ta famille. Tes filles. Je ne voulais rien abîmer. Et pourtant j'étais toujours là. Je t'attendais. J'étais folle d'amour. *(Un temps.)* On se retrouvait dans des hôtels du côté de la gare du Nord. Forcément, ta vie de famille te semblait plus fade. C'est toujours la même histoire. La même petite histoire. Et maintenant c'est mon tour. Et cela me fait peur. Hier, par exemple, en voiture, sur le chemin pour venir ici, tu avais l'air si sombre. On s'est arrêtés sur le bord de la route pour prendre de l'essence, et tu en as profité pour passer ce coup de fil. Je ne sais pas à qui. Je t'attendais dans la voiture. Tu es revenu. Et après, oui, tu as eu l'air si sombre. Si sombre que cela m'a fait peur. Je me suis dit : c'est mon tour… Je t'ai demandé ce que tu avais, tu ne m'as rien répondu. Mais j'ai senti que tu avais envie d'être ailleurs, et cela m'a fait peur… *(Un temps. Elle pose sa main sur son ventre.)* Oui. Je me demande comment tu réagirais. Je me demande comment tu réagirais. *(Un temps.)* Comment tu réagiras.

*Il apparaît sur le pas de la porte de la salle de bains. Il la regarde étrangement. Il est encore habillé, il n'est pas mouillé, on entend encore le bruit de la douche derrière lui. Elle ne le remarque pas. Un temps.*

*Noir.*

## Scène 6

*Elle est sur la terrasse avec sa mère. Elle regarde à l'horizon, comme quelqu'un qui attend. Il est 16 heures. Simon a plus de quatre heures de retard.*

LA MÈRE : Il va sûrement bientôt revenir maintenant.

ELLE : Tu crois ?

LA MÈRE : Mais oui. Ne t'inquiète pas.

ELLE : Mais qu'est-ce qu'il fait ?

LA MÈRE : Quand il reviendra, il nous racontera.

ELLE : Il nous racontera quoi ?

LA MÈRE : Ce qui lui est arrivé.

ELLE : Il est bientôt 4 heures.

LA MÈRE : Je sais.

ELLE : À cette heure-ci, dans la montagne, le soleil brûle tout.

LA MÈRE : Il s'est peut-être perdu. Ce n'est pas plus grave que ça.

**Elle :** Sous le soleil brûlant ?

**La Mère :** Il n'y a pas de quoi s'inquiéter. C'est une des choses que j'ai apprises dans la vie : il ne faut jamais s'inquiéter inutilement. C'est une perte de temps.

**Elle :** Je sais.

**La Mère :** J'ai compris ça tellement tard. On s'inquiète si souvent pour des choses qui n'en valent pas la peine.

**Elle :** Je sais que tu as raison. Que ça ne sert à rien. Mais je suis comme ça. Inquiète. Je veux dire : de nature… Je ne sais pas pourquoi. J'ai toujours l'impression d'être à la veille d'une catastrophe.

**La Mère :** On ne peut pas vivre comme ça.

**Elle :** Je veille. J'ai le front collé à la vitre. Comme les veilleurs de chagrin. Il suffit, je ne sais pas, que quelqu'un ne réponde pas au téléphone, qu'il soit en retard ou je ne sais quoi, pour que je me mette à imaginer toutes sortes de choses atroces…

**La Mère :** Arrête…

*Un temps.*

**Elle :** Mais s'il s'est perdu, comment il retrouvera son chemin ?

**La Mère :** Tu as entendu ce que disait ton frère… Tous les sentiers finissent par ramener vers la vallée. Il n'y a pas de raison de s'inquiéter. Crois-moi.

*Un temps. Le Frère arrive.*

**Le Frère :** Il n'est toujours pas là ?

**Elle :** Non.

**Le Frère :** Son téléphone ?

**Elle :** Toujours éteint.

**Le Frère :** Il ne doit pas capter. C'est tout.

**Elle :** S'il ne capte pas, il ne pourra pas appeler du secours. Il a peut-être eu un accident.

**La Mère :** Mais non.

**Elle :** Il devait rentrer à midi. Il est 4 heures. Ça fait presque dix heures qu'il est en haut, dans la montagne. Dix heures, tu te rends compte ? Il m'avait dit qu'il voulait faire une promenade de trois heures. Là, ça fait dix heures. Il lui est forcément arrivé quelque chose.

LA MÈRE : Oui. Il lui est arrivé quelque chose. Mais ce n'est pas forcément quelque chose de grave.

ELLE : Alors pourquoi il ne m'appelle pas pour me rassurer ?

LE FRÈRE : Il ne capte pas.

ELLE : Il est peut-être bloqué quelque part. Il s'est peut-être blessé, et il ne peut appeler personne. Ça fait bientôt dix heures qu'il est sous le soleil brûlant.

LE FRÈRE : De toute façon, s'il a eu un accident, il finira bien par croiser un autre marcheur, et tout ira bien.

ELLE : Et s'il ne croise personne ?

*Un temps.*

LE FRÈRE : Tu ne sais vraiment pas quel chemin il a pris ?

ELLE : Non.

LE FRÈRE : Il ne t'a rien dit ?

ELLE : Non. Il m'a parlé d'une bergerie. C'est tout. Mais je ne suis même pas sûre.

LE FRÈRE : Et ses guides…

ELLE : Je les ai déjà regardés. Je n'ai rien trouvé.

LA MÈRE : Je vais chercher dans le mien. Ils parlent peut-être d'une bergerie.

*Elle sort.*

LE FRÈRE : Ne t'inquiète pas.

ELLE : Je voudrais penser à autre chose en attendant qu'il revienne, mais je n'y arrive pas.

LE FRÈRE : Il va bientôt revenir. C'est forcé.

ELLE : Tu crois ?

LE FRÈRE : Il a dû se tromper de chemin. C'est tout.

ELLE : Tu as sans doute raison.

LE FRÈRE : Mais oui. Combien de fois c'est arrivé à papa ?

ELLE : Il ne faut pas que je m'inquiète. Il faut attendre.

LE FRÈRE : Oui. Fais-moi confiance. Pense à autre chose.

*Le téléphone sonne.*

ELLE : Le téléphone…

LE FRÈRE : Oui.

*Ils restent encore immobiles un instant. Comme s'ils redoutaient ce que cela pourrait impliquer.*

ELLE : Je vais répondre.

LE FRÈRE : Laisse. J'y vais.

*Il sort. Elle reste seule un instant. Un temps qui semble interminable. Puis il revient.*

ELLE : Qu'est-ce que c'était ?

LE FRÈRE : Rien.

ELLE : Comment ça, rien ?

LE FRÈRE : C'était Olivier. Pour papa.

ELLE : Ah !…

*Un temps. La Sœur entre.*

LA SŒUR : Qu'est-ce que c'était ? Le téléphone…

LE FRÈRE : Rien.

LA SŒUR : Il est quelle heure ?

ELLE : 16 h 20.

*Un temps.*

LA SŒUR : Il faudrait peut-être faire quelque chose.

LE FRÈRE : Il n'y a rien à faire.

*Un temps.*

LA SŒUR : Je ne sais pas. Il faudrait peut-être…

ELLE : Quoi ?

LA SŒUR : Je ne sais pas…

LE FRÈRE : Tu crois ?

LA SŒUR : Oui, peut-être. Enfin, je me demande.

ELLE : Il n'y a rien à faire.

*Un temps.*

LE FRÈRE : On devrait peut-être… Tu as peut-être raison.

LA SŒUR : Oui. Je crois.

ELLE : Qu'est-ce que vous voulez faire ?

LE FRÈRE : On devrait peut-être…

LA SŒUR : Appeler la gendarmerie.

ELLE : Pour quoi faire ?

LE FRÈRE : Pour leur signaler…

**La Sœur :** Oui.

**Elle :** Mais leur signaler quoi ?

**Le Frère :** Je ne sais pas.

**La Sœur :** Ils pourraient envoyer des patrouilles.

**Elle :** Des patrouilles ?

**La Sœur :** Oui, enfin des sauveteurs… Des secouristes. Des… Au cas où.

**Elle :** Tu crois ?

**La Sœur :** Ça me semble mieux, oui. S'il est blessé, il faut peut-être…

*La Mère entre avec son guide dans les mains.*

**La Mère :** Il y a des dizaines de bergeries. Tu ne sais vraiment pas quel chemin il a emprunté ?

**Elle :** Non. Il ne m'a rien dit.

**Le Frère :** Ce qu'il faudrait, c'est signaler à la gendarmerie l'immatriculation de sa voiture.

**Elle :** Pour quoi faire ?

**Le Frère :** Ils peuvent peut-être faire le tour de tous les débuts de pistes. Ils retrouveront la voiture, et on saura quel chemin il a emprunté.

**La Mère :** C'est une bonne idée.

**Elle :** Oui. Peut-être.

**Le Frère :** C'est ce qu'il y a de mieux à faire. Une fois qu'on saura quel chemin il a emprunté, ce sera plus facile pour le retrouver…

**Elle :** Tu crois ?

**Le Frère :** Oui.

**Elle :** Tu as peut-être raison.

**Le Frère :** Je vais les appeler. Je m'en occupe.

**Elle :** D'accord.

*Il sort. Un temps.*

**La Mère :** Ne t'inquiète pas, ma chérie. Il s'est sans doute passé quelque chose. Mais ce n'est sûrement pas quelque chose de grave. Hein ? Ne nous inquiétons pas. Il ne faut pas. *(De plus en plus inquiète, et inquiétante.)* Il ne faut pas s'inquiéter. Non. Il ne faut pas s'inquiéter. Ça, non. Il ne faut surtout pas s'inquiéter. Hein ? Il ne faut surtout surtout pas s'inquiéter.

*Anna se lève en silence et sort. Un temps. La Mère et la Sœur restent seules, l'une en face de l'autre. On entend en off la boîte vocale : « Bonjour, vous êtes bien sur le répondeur de Simon Oliven. Je ne suis pas joignable pour le moment. Laissez-moi un message, et je vous rappellerai. Bip. »*
*Noir.*


## Scène 7

*Les lumières du petit matin. Simon est en train de boire un café sur la terrasse. Il est seul. Soudain, Anna arrive. Elle sort tout juste de son lit.*

LUI : Tu ne dors pas ?

ELLE : Je me suis réveillée.

LUI : Je suis désolé. J'ai fait du bruit ?

ELLE : Non, non. Ce n'est pas toi. C'est moi. J'avais envie de te voir avant que tu ne partes. Il est quelle heure ?

LUI : Six heures et demie. Tu devrais aller te recoucher.

ELLE : Non. Je vais prendre un café avec toi. Il y en a ?

LUI : Oui.

*Un temps.*

ELLE : Ça va ? Tu as le courage de partir ?

LUI : Oui.

ELLE : C'est beau, comme ça, au petit matin.

LUI : C'est l'heure que je préfère. Quand il n'y a personne…

ELLE : Oui. *(Un temps.)* Et tu vas faire quoi, alors ?

LUI : Comment ça ?

ELLE : Tu sais quel chemin tu vas suivre ?

LUI : Oui. Je vais aller jusqu'à une vieille bergerie. Très en hauteur. De laquelle on voit pratiquement tout. Même la Sardaigne, paraît-il.

ELLE : Et après ?

LUI : Et après, je redescends.

*Un temps.*

**Elle :** Finalement tu n'as pas proposé à Nicolas de t'accompagner…

**Lui :** Hein ? Non. Finalement…

**Elle :** Tu préférais faire ça seul.

**Lui :** Voilà. J'avais envie d'être seul. Un homme seul est toujours en bonne compagnie.

**Elle :** Tu crois ? Ce n'est pas plutôt l'inverse ?

**Lui :** Peut-être…

*Un temps.*

**Elle :** Je ne sais plus très bien où, mais dans les montagnes, il y a un monastère… Tu ne l'as pas vu dans ton guide ?

**Lui :** Quel monastère ?

**Elle :** Je ne sais plus. Quand j'étais petite, une fois mon père m'avait emmenée dans les montagnes. On était tombés par hasard sur un monastère étrange, presque abandonné…

**Lui :** Je ne le connais pas.

**Elle :** Je repense souvent à cet endroit. J'en ai reparlé à mon père, mais évidemment il ne s'en souvient pas. À une époque, tu sais que je voulais devenir nonne ?

**Lui :** Toi ?

**Elle :** Oui. Mais c'était il y a longtemps.

**Lui :** J'imagine.

**Elle :** Je faisais des prières tous les jours. J'avais un chien. Je faisais des prières pour lui.

**Lui :** Comme toutes les petites filles.

**Elle :** Comme toutes les saintes, tu veux dire… Tu ne trouves pas que je suis un peu une sainte ? Un peu, non ? Regarde, je me lève aux aurores juste pour voir l'homme que j'aime.

**Lui :** Pourquoi tu t'es levée ?

**Elle :** Je te dis. Pour te voir. J'avais envie d'être près de toi. Je mérite au moins d'être canonisée. Tu ne crois pas ? *(Il ne réagit pas. Elle s'en inquiète.)* Qu'est-ce qu'il y a ?

**Lui :** Moi ?

**Elle :** Oui. Toi.

**Lui :** Rien. Pourquoi ?

**Elle :** Je ne sais pas. J'ai l'impression qu'il y a quelque chose.

**Lui :** Pourquoi tu dis ça ?

**Elle :** Tu n'es pas comme d'habitude.

**Lui :** Je suis comment ?

**Elle :** Tu es, je ne sais pas, lointain.

**Lui :** Mais non.

**Elle :** Si. Tu es à la fois là, et ailleurs.

**Lui :** Tu te trompes.

**Elle :** Et je me demande *où*. Je me demande où tu es.

**Lui :** Je ne suis pas encore bien réveillé. C'est tout.

**Elle :** Non, ce n'est pas ça.

**Lui :** Mais si.

**Elle :** Non, je te parle d'autre chose. Depuis qu'on est arrivés, tu restes à l'écart. Tu ne viens pas sur la plage avec les autres. Tu veux toujours être seul, marcher seul… J'ai l'impression que… Ce n'est pas à cause de ce que je t'ai dit hier soir ?

**Lui :** Qu'est-ce que tu m'as dit ?

**Elle :** Tu sais très bien.

**Lui :** Mais non… Crois-moi. Tout va bien. *(Un temps.)* À quoi tu penses ?

*Elle se lève, s'éloigne puis s'arrête.*

**Elle :** Je pense à toi. Je me demande où tu es.

**Lui :** Je ne suis pas loin, ne t'inquiète pas.

**Elle :** Les heures passent, et tu n'es toujours pas là. Elles passent lentement. Si lentement que c'en devient un supplice. Ce sont des heures blanches, comme peuvent parfois l'être les nuits. Blanches, et j'attends. J'attends ton retour.

**Lui :** Il ne faut pas s'inquiéter. Je suis parti marcher dans les montagnes.

**Elle :** Je sais. Mais je m'invente tant de malheurs. Les malheurs sont si vite arrivés. Et la mort, même, c'est une minute d'inattention. Par exemple, tu longes une rivière, la roche est glissante, tu ne t'en aperçois que trop tard et tu te brises le crâne contre un rocher. Ou alors : tu as voulu prendre un raccourci, tu voulais rejoindre cette bergerie dont tu m'as parlé et pour cela tu as tenté d'escalader une paroi trop difficile, et tu as une crampe, et tes mains lâchent prise et tu tombes dans le vide. Ou alors… Je pourrais continuer comme ça pendant des heures. Pourquoi n'es-tu pas assez prudent ? Je vois sous tes pieds toutes les catastrophes. Pourquoi n'es-tu pas encore là ? Je sais que c'est absurde, mais je ne peux pas m'empêcher de penser à ton absence, de parler avec elle.

LUI : Et qu'est-ce que mon absence te dit ?

ELLE : Elle me dit : « Ne t'en fais pas, tout ira bien. » Et je réponds à ton absence : « Je t'ai déjà tant attendu. Pendant des mois, tu ne venais pas, j'attendais que tu m'appelles, qu'on se retrouve quelque part, dans un hôtel, tu t'en souviens, sur la côte, ou chez moi. J'attendais qu'un jour tu te décides à partir, à tout quitter, à me rejoindre enfin. J'ai attendu des mois. Il y avait ta famille. Ta femme. Tes filles. Mais j'ai attendu. Et un jour tu étais là, avec ta valise, à ma porte, et tu me disais que nous avions enfin la vie devant nous, qu'il était enfin possible d'espérer, que tu avais quitté ta vie pour moi. » Voilà ce que je dis à ton absence. Elle me répond alors : « Maintenant je suis là. Pourquoi as-tu peur ? » Et je lui dis : « Je veille une catastrophe. J'ai tellement peur que tu ne restes pas auprès de moi. Je ne sais pas où tu es. Je viens juste de commencer à être heureuse, tu comprends. Ça vient juste de commencer pour moi. Je n'ai pas eu le temps d'en profiter suffisamment. Il m'en faut encore. Il m'en faut encore un peu. Reviens, je lui dis. Reviens vite. »

LUI : Et qu'est-ce que tu lui dis d'autre ?

ELLE : Je lui dis : « Si tu savais comme je déteste dire ce que je viens de te dire, tu saurais combien je t'aime. »

*Noir.*

## Scène 8

*On entend encore une fois la boîte vocale de Simon : « Vous êtes bien… » La lumière se fait. Ils sont sur la terrasse. Trois heures plus tard. Il est bientôt 20 heures. Ils sont tous comme immobiles. Anna n'est pas là. Le Frère non plus. Soudain, le Frère entre.*

**La Mère :** Alors ?

**Le Frère :** Ils ne répondent pas. De toute façon, ils m'ont dit qu'ils appelleraient dès qu'ils auront du nouveau.

**La Mère :** Qu'est-ce qu'on fait ?

**Le Frère :** Rien. On attend. Ils vont sans doute appeler.

**La Mère :** Mais ils ne t'ont pas dit s'ils avaient retrouvé la voiture ?

**Le Frère :** Ils ne l'ont pas retrouvée.

**La Mère :** Mais ce n'est pas possible. Elle est bien quelque part, cette voiture.

**La Sœur :** Ils vont finir par la retrouver.

**La Mère :** Elle doit bien être quelque part. Elle ne peut pas avoir disparu…

**La Sœur :** C'est pour ça qu'ils vont la retrouver.

**La Mère :** Comment ? Il fera nuit dans deux heures.

**La Sœur :** Ils trouveront une solution.

*Un temps.*

**Le Frère :** Sauf s'il n'est pas allé dans la montagne.

**La Mère :** Quoi ?

**Le Frère :** Je dis que, s'ils n'ont pas retrouvé la voiture, c'est peut-être parce que, finalement, il n'y est pas allé.

**La Mère :** Où ?

**Le Frère :** Se promener en montagne.

*Un temps.*

**La Mère :** Qu'est-ce que tu veux dire ?

**La Sœur :** Il dit n'importe quoi, ne l'écoute pas.

**Le Frère :** Pourquoi n'importe quoi ? Ça me semble plutôt logique, non ?

**La Mère :** Tu crois ?

**La Sœur :** Mais non. Tu le connais, il a toujours ce genre d'idées…

**Le Frère :** Quel genre d'idées ?

**La Sœur :** Les idées blessantes. Celles qui peuvent blesser les autres. Les dégrader.

**Le Père :** De quoi vous parlez à la fin ? Je ne comprends rien de ce que vous dites.

**La Sœur :** On parle de l'ami d'Anna.

**Le Père :** Et alors, qu'est-ce qu'il a ?

**Le Frère :** Il a disparu.

*Un temps.*

**La Mère :** Je vais quand même préparer à dîner.

*Elle sort. Un temps.*

**La Sœur :** *(attaquant son frère)* Pourquoi tu dis ça devant elle ?

**Le Frère :** Parce que c'est peut-être la vérité.

**La Sœur :** Tu sais très bien ce que je veux dire.

**Le Frère :** Non. Je ne sais pas.

**La Sœur :** On a l'impression que ça te fait plaisir, cette situation.

**Le Frère :** Pourquoi ça me ferait plaisir ?

**La Sœur :** Parce que ça concerne Anna.

**Le Frère :** Et alors ? Je ne vois pas le rapport.

**La Sœur :** Eh bien, moi, je le vois.

**Le Frère :** Ah oui ?

**La Sœur :** Oui. Parfois tu me dégoûtes.

**Le Frère :** Quelle ambiance… Tu veux quelque chose à boire papa ?

**Le Père :** C'est à moi que tu parles ?

**Le Frère :** Oui. Tu veux quelque chose à boire ?

**Le Père :** Ça va, merci. Tout va bien ! Ah ! ça me fait tellement plaisir de vous voir tous, mes enfants, qu'on soit tous réunis, comme ça, en famille. Non ? On devrait faire ça plus souvent. Vous ne trouvez pas ?

**La Sœur :** Si, peut-être…

**Le Père :** La famille… Où est votre mère ?

**Le Frère :** Elle prépare le dîner. Dès qu'elle est triste, elle se cache… Ç'a toujours été comme ça.

**La Sœur :** Je vais l'aider. Tu peux t'occuper de papa. Juste dix minutes dans la journée, tu peux ?

*Elle sort.*

**Le Père :** Qu'est-ce qu'elle a dit ? Pourquoi elle est partie comme ça ?

**Le Frère :** Elle est en colère.

**Le Père :** Pourquoi ?

**Le Frère :** Elle a toujours été en colère. Depuis qu'elle est petite.

**Le Père :** Ah ? Je n'avais pas remarqué.

**Le Frère :** Et toi, comment tu te sens ?

*Anna arrive et s'assoit à côté d'eux.*

**Elle :** Ils t'ont rappelé ?

**Le Frère :** Pas encore. Ils doivent encore être sur place. Tu veux que j'essaye encore une fois ?

**Elle :** Je ne sais pas.

**Le Frère :** Je vais réessayer.

**Elle :** Je veux bien.

*Il sort. Un temps.*

**Le Père :** Alors, ma chérie. Parle-moi un peu, qu'est-ce qui t'arrive ?

**Elle :** Moi ?

**Le Père :** Oui. Il paraît que tu es en colère.

**Elle :** Non, je ne suis pas en colère. Je suis un peu soucieuse, c'est tout, mais ce n'est rien.

**Le Père :** Ah ! je préfère ça. Ça doit être à cause de la chaleur. Il fait tellement chaud ! Même en début de soirée. Tu ne trouves pas qu'il fait chaud cette année ?

**Elle :** Oui, tu as raison. Il fait très chaud.

**Le Père :** J'ai peur pour les fleurs du jardin. Avec cette chaleur… Le soleil va toutes les brûler, il ne restera plus rien.

**Elle :** Il y a un arrosage automatique, le soir.

**Le Père :** Ah ? Oui, c'est vrai. Mais est-ce que ça suffira ?

**Elle :** Oui.

**Le Père :** Tu crois qu'elles survivront ? Avec ce soleil…

**Elle :** Sans doute.

**Le Père :** Je me fais du souci pour les fleurs.

**Elle :** Je pense qu'elles survivront.

**Le Père :** Oui. Avec l'arrosage automatique. Tu dois avoir raison. *(Elle se met contre lui. Le Père retrouve, l'espace d'un instant, son rôle de père.)* Viens contre moi, ma petite chérie. Viens contre moi… Je suis si content que vous soyez tous venus cette année… Je suis si content…

*Le Frère revient. Elle ne le voit pas. Il les regarde tous les deux, ému. Un temps. On sonne.*

**Le Frère :** On sonne. *(Elle sursaute. Se lève. Mais ne bouge pas davantage.)* Ça doit être eux.

**Elle :** Qui ?

**Le Frère :** Eux. Ils ont dit qu'ils passeraient peut-être.

**Elle :** Tu leur as donné notre adresse ?

**Le Frère :** Oui. Évidemment. *(Un moment de paralysie. Comme s'ils avaient peur de ce que cela impliquait.)* J'y vais.

*Il sort.*

**Le Père :** Il va où ?

**Elle :** Ouvrir. On a sonné.

**Le Père :** Si c'est pour moi, je ne suis pas là…

*Un temps. Le Frère revient avec un secouriste.*

**Le Frère :** *(guidant le Secouriste)* C'est par là…

**Le Secouriste :** Bonjour.

**Elle :** Bonjour.

**Le Secouriste :** Vous êtes la femme de Simon Oliven ?

**Elle :** Oui, enfin. Pas vraiment sa femme. Je vis avec lui.

**Le Secouriste :** Ah.

**Elle :** Il s'est passé quelque chose ?

**Le Secouriste :** Nous n'avons toujours pas retrouvé sa trace.

**Le Frère :** Ni celle de sa voiture ?

**Le Secouriste :** Ni celle de sa voiture.

**Elle :** Mais alors ?

**Le Secouriste :** Ce qu'il se passe, c'est qu'il y a eu un immense incendie dans les montagnes aujourd'hui.

**Elle :** Quoi ?

**Le Secouriste :** Oui.

**Elle :** Un incendie ?

**Le Secouriste :** Mais rassurez-vous, avec la chaleur qu'il fait, c'est assez courant. Et d'après les renseignements que vous m'avez donnés, ce n'est pas dans cette zone que se promenait votre mari.

**Elle :** Ah ?

**Le Secouriste :** Non. Enfin, espérons… Mais tous les secouristes de la région ont été mobilisés pour aider les pompiers. Ça n'a pas été facile.

**Elle :** Et alors ?

**Le Secouriste :** Nous avons essayé de chercher, mais nous manquons d'effectifs.

**Elle :** Vous n'avez rien retrouvé ?

**Le Secouriste :** Non.

**Elle :** Mais il va bientôt faire nuit.

**Le Secouriste :** C'est pour ça que je suis passé vous voir. Je voulais vous parler.

**Elle :** Oui.

*Il s'assoit. Un temps.*

**Le Secouriste :** Vous êtes certaine qu'il est allé dans la montagne ?

**Elle :** Oui.

**Le Secouriste :** Il n'a pas pu… changer d'avis à la dernière minute ?

**Elle :** Non. Il est parti ce matin un peu avant 7 heures.

**Le Secouriste :** Oui, oui…

*Un temps.*

**Elle :** Pourquoi ?

**Le Secouriste :** Pour rien. Je voulais juste m'assurer…

**Elle :** De quoi ?

**Le Secouriste :** Je veux dire, cela vous semble impossible qu'il soit parti ailleurs.

**Elle :** Comment ça, ailleurs ?

**Le Secouriste :** Je ne sais pas. Parfois certaines personnes disparaissent…

**Elle :** Il m'aurait appelée.

**Le Secouriste :** Oui.

**Elle :** J'ai essayé des centaines de fois de l'avoir au téléphone, mais il ne capte pas.

**Le Secouriste :** *(embêté)* Je vois.

**Elle :** Qu'est-ce qu'il faut faire ?

**Le Secouriste :** Nous allons continuer les recherches jusqu'à la tombée de la nuit.

**Elle :** Mais si on ne trouve rien ?

**Le Secouriste :** Un hélicoptère est en train de se promener là-haut. Nous aurons bientôt des nouvelles. Ne vous inquiétez pas.

**Elle :** Vous pensez ?

**Le Secouriste :** Tout ce que je sais, c'est que nous allons faire notre maximum… Je vous laisse. J'ai du travail. *(Il s'apprête à sortir. Puis, au Frère.)* Je peux vous parler un instant ?

**Le Frère :** Oui…

*Il lui fait signe de sortir. Ils sortent tous les deux pour ne pas être entendus. Un temps. Elle se lève, va vers la porte, reste un instant sur le pas, se retourne vers son père, comme prise d'effroi.*

*Noir.*


## Scène 9

*Sur la terrasse. Anna ne bouge pas. Elle attend. Nicolas fume une cigarette. Ils restent silencieux.*

**Elle :** Tu as déjà attendu quelqu'un ou quelque chose comme ça ?

**Le Frère :** Oui.

ELLE : C'est le pire des supplices, je trouve.

LE FRÈRE : Sans doute.

ELLE : Oui. Le pire des supplices.

*Un temps.*

LE FRÈRE : Avant les gens savaient attendre. Aujourd'hui, on ne sait plus.

ELLE : Pourquoi tu dis ça ?

LE FRÈRE : Je ne sais pas. J'imagine, c'est tout.

*Un temps.*

ELLE : Va te coucher, si tu veux.

LE FRÈRE : Non. Je reste avec toi.

ELLE : Tu n'es pas fatigué ?

LE FRÈRE : Non. Et toi ?

ELLE : Moi je suis fatiguée. Je suis si fatiguée d'attendre.

LE FRÈRE : Il faut être forte. *(Un temps.)* Oui, une fois par exemple, j'ai attendu… Je ne sais pas. Toi, par exemple. Je t'ai souvent attendue, tu sais. Tu te souviens quand les parents m'ont envoyé en pension, par exemple. Eh bien, chaque semaine j'attendais que vienne le samedi pour te revoir. Je ne pensais qu'à ça. Je ne faisais que ça. Attendre. Le samedi pour te revoir. Et puis, je ne sais pas… J'ai attendu… plein de choses. Qu'il m'arrive quelque chose, par exemple. L'aventure. La chance. La gloire. Eh oui, même la gloire ! Tout ça, je l'ai attendu pendant des années. *(Un temps.)* Et puis une fois aussi… J'avais écrit quelque chose. Pas vraiment un livre, mais… Enfin, quelque chose. Et je l'avais envoyé à un éditeur. Je m'en souviens.

ELLE : C'était quand ?

LE FRÈRE : Il y a longtemps. Tu ne peux pas savoir comme j'ai attendu. Tous les jours devant ma boîte aux lettres. C'était une activité à plein temps. Attendre. Je ne pouvais rien faire d'autre qu'attendre. Attendre. Attendre.

ELLE : Et tu n'as jamais eu de réponse ?

LE FRÈRE : Si. Mais ce n'était pas bon. Ils n'en voulaient pas.

ELLE : Et il est où, ce texte ? Pourquoi tu ne me l'as jamais
fait lire ?

LE FRÈRE : Je l'ai jeté. De toute façon, il était mauvais.

ELLE : Tu n'aurais pas dû.

LE FRÈRE : Si. Je te dis, ce n'était pas bon. C'était stupide.

ELLE : Ça parlait de quoi ?

LE FRÈRE : De toi.

ELLE : De moi ?

LE FRÈRE : Non. Pas de toi. Mais de la famille. Des parents.
De rien, en fait. Ça ne parlait de rien. Rien de précis en tout
cas.

ELLE : C'était peut-être ça le problème.

LE FRÈRE : Peut-être, oui. Maintenant que j'y pense, je me
dis que c'est sans doute ça le problème…

*Un temps. La Sœur et la Mère entrent.*

LA MÈRE : Votre père s'est couché. Il vous embrasse. Ça va ?

ELLE : J'ai mal au ventre.

LA SŒUR : Tu ne veux pas aller te coucher ?

ELLE : Non.

LA MÈRE : Tu devrais peut-être…

ELLE : C'est gentil maman. Mais je n'ai pas sommeil. *(Un temps.)*
Je ferme les yeux pour tenter d'imaginer, et ce ne sont
que des images horribles qui me viennent à l'esprit.

LA MÈRE : C'est normal.

ELLE : Qu'est-ce qui a pu lui arriver ?

LA SŒUR : Tu as entendu, ils ont dit que ça arrivait souvent.

LA MÈRE : Oui. Ils ont dit qu'il y avait parfois des accidents
dans ces montagnes. Pas forcément des accidents graves…

LA SŒUR : C'est déjà arrivé l'année dernière. C'est ce qu'ils
ont dit.

ELLE : De quoi ?

LA MÈRE : Un marcheur est tombé dans un trou. Non ?

LA SŒUR : Ils ont seulement dit qu'il était resté coincé entre
deux rochers.

LA MÈRE : C'est ce que je dis.

ELLE : Mais qu'est-ce que ça veut dire « tomber dans un trou » ?

LA SŒUR : Il est resté coincé pendant une nuit entière. Mais le lendemain matin, ils l'ont retrouvé.

LA MÈRE : Oui. C'est sans doute ce qui lui est arrivé. *(À Nicolas.)* Tu ne crois pas ?

LE FRÈRE : Si. Peut-être.

LA MÈRE : Oui. Il est peut-être sorti des chemins battus. Il a voulu couper à travers champs. Prendre un raccourci. Et il a peut-être glissé sur un rocher. Il y a des rivières en haut. Il s'est peut-être cassé la jambe. Et il n'a croisé personne pour l'aider…

ELLE : Si c'était si simple, les sauveteurs l'auraient déjà retrouvé. Ils ont cherché pendant des heures et ils n'ont rien trouvé. Rien du tout.

LA MÈRE : Demain ils le retrouveront.

*Un temps.*

LE FRÈRE : Allez vous coucher. Moi, je ne suis pas fatigué. Je reste avec elle.

LA MÈRE : Non, non. Je reste avec vous.

LE FRÈRE : Ça ne sert à rien maman.

ELLE : Oui, il a raison. Va te coucher. C'est mieux. Je ne veux pas que… Cela m'inquiète encore plus si personne ne va dormir.

LA MÈRE : Oui, mais…

LA SŒUR : Je reste là, ne t'inquiète pas.

LE FRÈRE : Ça ne sert à rien.

LA SŒUR : Je reste quand même.

LA MÈRE : Bon. *(À Éléonore.)* Tu restes là ? *(À Anna.)* Tu es sûre ma chérie que…

ELLE : Oui, oui.

LA MÈRE : Bon.

LE FRÈRE : Tu veux que je t'accompagne ?

LA MÈRE : Non, non… Je… *(Elle va embrasser sa fille.)* Je suis sûre que demain il y aura du nouveau.

**Elle :** Merci. Dors bien.

*Un temps. La Mère sort.*

**La Sœur :** Qu'est-ce qu'on va faire ?

**Elle :** Je ne sais pas.

**Le Frère :** Vous ne voulez pas que je vous lise un morceau de l'*Odyssée* ?

**Elle :** Hein ? Si tu veux.

**Le Frère :** Oui. Histoire de penser à autre chose…

**La Sœur :** Tu as laissé ton livre dans le salon. Je l'ai vu traîner.

**Le Frère :** Je sais.

*Il sort. Un temps.*

**La Sœur :** Ne t'inquiète pas.

**Elle :** Il a disparu. C'est affreux, comme idée, mais en fait, c'est ça : *il a disparu.*

**La Sœur :** Tu as réessayé de l'appeler ?

**Elle :** Je l'ai appelé soixante mille fois. Et je tombe toujours sur son putain de répondeur. Je deviens folle.

**La Sœur :** C'est parce que tu l'aimes.

**Elle :** Oui. Je l'aime vraiment.

**La Sœur :** Ça se voit. Que tu l'aimes. Et puis vous allez bien ensemble.

**Elle :** Tu trouves ?

**La Sœur :** Oui.

**Elle :** Qu'est-ce que ça veut dire aller bien ensemble ?

**La Sœur :** Ça veut dire, je ne sais pas, que… Si un jour vous avez un enfant, il sera vraiment beau. *(Elle s'éloigne un peu.)* Quoi ? Qu'est-ce qu'il y a ?

**Elle :** Rien.

*Un temps. Le Frère revient.*

**Le Frère :** J'ai aussi pris une bouteille.

**La Sœur :** Qu'est-ce que c'est ?

**Le Frère :** C'est de l'alcool de figue. Elle traînait dans la commode.

**La Sœur :** C'est imbuvable.

**Le Frère :** Mais non… Tu veux un verre, Anna ?

ELLE : Non, merci.

LE FRÈRE : Vous avez tort.

*Il se sert un verre et le boit. Il tousse.*

LA SŒUR : Tu vois…

LE FRÈRE : Pas du tout. C'est délicieux.

*Anna sourit. On comprend qu'il fait ça dans l'intention de la distraire.*

ELLE : Délicieux ?

LE FRÈRE : Oui. Délicieusement ignoble. Vraiment ignoble, je vous le recommande. Bon. Alors, j'ouvre au hasard ce grand livre de la nostalgie. On va se faire un peu de lecture, histoire de penser à autre chose. C'est l'absolue beauté de ce texte. Tu ouvres au hasard, et c'est toujours merveilleux. *(À Anna.)* Déesse vénérée… Écoute, c'est Ulysse qui parle. Il parle à Calypso. « Déesse vénérée, écoute et me pardonne… Toute sage qu'elle est, je sais qu'auprès de *toi*, Pénélope serait sans grandeur ni beauté ; ce n'est qu'une mortelle, et tu ne connaîtras ni l'âge ni la mort… Déesse vénérée… Et pourtant le seul vœu que chaque jour je fasse est de rentrer là-bas, de voir en mon logis la journée du retour ! Si l'un des Immortels, sur les vagues vineuses, désire encore me tourmenter, je tiendrai bon : j'ai toujours là ce cœur endurant tous les maux ; j'ai déjà tant souffert *(Il montre son verre vide.)*, j'ai déjà tant peiné sur les flots, à la guerre !… S'il y faut un surcroît de peines, qu'il m'advienne ! »

*Le Frère a lu en regardant Anna avec intensité ; il faudrait presque avoir l'impression d'avoir assisté à une déclaration d'amour. Un temps. La Sœur se sert aussi un verre et le boit. Il y a comme une suspension.*

ELLE : C'est tout ?

LE FRÈRE : Oui. Mais c'est beau.

LA SŒUR : Moi, je n'ai rien compris.

LE FRÈRE : Tu vois, c'est ça qui me passionne, moi, dans l'*Odyssée*. Ulysse, c'est le plus grand héros nostalgique.

ELLE : Parce qu'il veut rentrer chez lui ?

LE FRÈRE : Oui.

**La Sœur :** *(inquiète du sujet abordé)* De quoi tu parles ?

**Le Frère :** Tu connais l'histoire… Après la guerre de Troie, après les dix ans de guerre, Ulysse ne rêve que d'une seule chose : rentrer chez lui, à Ithaque. Mais les dieux en décident autrement et prolongent son périple d'abord de trois années bourrées d'événements les plus fantasques…

**Elle :** Les cyclopes, tout ça…

**Le Frère :** Par exemple. Puis de sept autres années qu'il passe chez la déesse Calypso. Il est à la fois son otage et son amant. C'est ça que je trouve passionnant. C'est une déesse sublime. Ils couchent ensemble, ils vivent dans l'opulence, sur une île qui est décrite comme une sorte de paradis terrestre – un peu comme ici… Et pourtant chaque jour, imagine, Ulysse va s'asseoir sur un rocher, il regarde la mer et il se met à pleurer.

**Elle :** Parce que son pays lui manque ?

**Le Frère :** Oui. Parce qu'il veut rentrer chez lui. Revoir sa femme. Son fils.

**La Sœur :** *(froide)* Qu'est-ce que tu veux dire ?

**Le Frère :** Je veux dire que ça illustre parfaitement le pouvoir dévastateur de la nostalgie, qui fait qu'un homme préférera toujours rentrer chez lui.

**La Sœur :** Tout le monde n'est pas comme ça.

**Le Frère :** Sans doute… *(À Anna, avec insistance.)* Mais tu remarqueras que la plupart des gens vivent de petites aventures pour se faire peur, mais finissent toujours par revenir à Ithaque auprès de leur femme et de leurs enfants. Oui, à la fin, c'est toujours Ithaque… Toujours.

*Anna est un peu déstabilisée, comme s'il avait volontairement fait allusion à Simon et à sa famille.*

**Elle :** Pourquoi tu dis ça ?

**Le Frère :** Pourquoi je dis quoi ?

**La Sœur :** Il dit n'importe quoi.

**Elle :** Ça ! Pourquoi tu dis ça ?

**Le Frère :** Pour rien.

**La Sœur :** Il ne dit rien du tout.

*Anna s'écarte, songeuse. Comme si elle envisageait pour la première fois que Simon ait pu rentrer chez lui, l'abandonnant là, en face de la mer.*

**Elle :** Pourquoi il n'est pas là ? *(Elle se tourne vers son frère.)* Hein ? Pourquoi il n'est pas là ? Pourquoi ?

*Un temps.*

*Noir.*

## Scène 10

*La terrasse, le lendemain matin très tôt. La Sœur, le Père et la Mère prennent leur petit déjeuner en silence. Un silence long et pesant. Soudain, plein d'enthousiasme, le Père s'exclame.*

**Le Père :** Quelle belle journée !

*Un temps. Le Frère entre.*

**Le Frère :** Elle dort encore.

**La Mère :** Tant mieux. Il faut qu'elle prenne un peu de forces.

*Un temps.*

**Le Frère :** Elle n'a pratiquement pas dormi de la nuit.

**La Sœur :** C'est normal…

**La Mère :** *(au Père)* Tu veux encore un peu de café ?

**Le Père :** Je veux bien.

**La Mère :** *(au Frère)* Et toi, tu as dormi ?

**Le Frère :** Un peu. Pas beaucoup. Je suis resté avec elle une partie de la nuit.

**Le Père :** *(se levant d'un coup, animé d'une énergie soudaine venue d'on ne sait où)* Je sens qu'il va encore faire très chaud aujourd'hui. Cette nuit aussi, il faisait très chaud. Vous n'avez pas remarqué ? J'ai été attaqué toute la nuit par un moustique. Par une saloperie de petit moustique qui m'a tourné autour jusqu'au petit matin. Quelle nuit, mes enfants ! On devrait interdire ça, les moustiques. Les exterminer les uns après les autres. C'est vrai ! À qui sont-ils utiles, les moustiques ? À personne. Je regrette de le dire, mais c'est comme ça : ils ne sont utiles à personne ! Alors je sais très bien que vous allez me parler de la chaîne alimentaire. Oui, oui, oui, je vous vois venir. Eh bien, moi, je ne veux pas en entendre parler, de la chaîne alimentaire. Et si vous voulez tout savoir, je n'en ai rien à foutre, moi, de la chaîne alimentaire ! Je l'emmerde ! Moi, ce que je veux, c'est pouvoir dormir tranquillement. Une nuit paisible. Une longue nuit d'hiver.

*Il se rassoit. Un temps.*

**La Sœur** : Ils vont sans doute reprendre les recherches.

**Le Frère** : Ils ne trouveront rien.

**La Mère** : Il faut garder espoir.

**Le Frère** : L'espoir de quoi ? Il n'y a rien à espérer.

**La Sœur** : Arrête avec tes histoires…

**Le Frère** : Je suis sûr que même Anna n'espère plus rien.

**La Mère** : Comment tu peux dire une chose pareille ?

**Le Frère** : Je suis sûr qu'elle a compris.

**La Mère** : Qu'elle a compris quoi ?

**Le Frère** : Qu'il était rentré chez lui.

**La Mère** : Comment ça ?

**Le Frère** : Écoute, c'est simple. S'il était parti dans les montagnes, on l'aurait déjà retrouvé. Ils me l'ont tous confirmé, hier, à la gendarmerie. Non. Ce qui s'est passé, c'est qu'il est rentré chez lui.

**La Mère** : Ce n'est pas possible.

**Le Frère** : Il est retourné chez sa femme.

**Le Père** : C'est ce que je disais. On devrait tous les exterminer !

**Le Frère** : D'ailleurs, elle l'a très bien compris. J'en suis convaincu.

**La Sœur** : Tu délires, mon pauvre.

**Le Frère** : Dans sa chambre… Il a fait ses affaires. Toutes ses affaires… Plus rien ne traînait. Il…

*Anna arrive. Un temps.*

**Elle** : Bonjour.

**La Mère :** Ma chérie… *(La Mère se lève et va dans les bras de sa fille. Elles restent un instant l'une contre l'autre.)* Tu veux quelque chose à boire ?

**Elle :** Non, merci. Je veux bien du café.

**Le Père :** Tu as bien dormi ma chérie ?

**Elle :** *(gentiment)* Pas beaucoup. *(Un temps ; à son frère.)* Et toi ? Tu n'es pas trop fatigué ?

**Le Frère :** Non, non. Ça va.

**Elle :** J'imagine que…

**Le Frère :** Non. Rien.

*Un temps.*

**La Sœur :** Ils ont dit qu'ils allaient reprendre les recherches aujourd'hui.

**Elle :** Oui.

**La Sœur :** Ils étaient censés les reprendre dès l'aube. Ils doivent être en train de le chercher maintenant.

**La Mère :** Oui. Nous aurons bientôt des nouvelles.

**Elle :** *(à son frère)* Qu'est-ce que tu disais quand je suis arrivée ?

**La Mère :** Rien.

**Elle :** Qu'est-ce que tu disais ?

**La Sœur :** Moi je crois qu'il faut garder espoir. Tu verras… Il faut toujours, toujours garder espoir… Même quand cela semble au-dessus de… au-dessus de nos forces, il faut continuer d'espérer…

**Elle :** *(à son frère)* Tu crois quoi ?

**Le Frère :** Je ne sais pas.

**Elle :** Dis-moi.

**Le Frère :** Je me demande si…

**Elle :** Si quoi ?

*On entend le bruit d'une voiture. Tout le monde se lève.*

**La Sœur :** Ça y est. Je vous l'avais dit. *(La Sœur se précipite sur le côté de la terrasse d'où l'on est censé pouvoir voir l'entrée de la maison.)* Vous avez entendu ? Sa voiture… Je vous l'avais dit qu'il fallait continuer d'espérer. Hein ? Je ne te l'avais pas dit ? C'est lui. Il est revenu.

*Soudain elle se fige.*

**LE FRÈRE :** Quoi ? Qu'est-ce qu'il y a ?

*On sonne. La Sœur se retourne vers Anna. Son visage est immobilisé par ce qu'elle vient de voir. Un temps. Tout le monde demeure paralysé. Entretemps, la Mère est sortie pour aller ouvrir. Elle revient, en baissant la tête. Suivie de deux secouristes. Eux aussi, tête baissée. Un temps. Anna cherche secours dans le regard de son frère. Ne le trouve pas. Revient vers les deux secouristes qui restent muets, comme si le temps était venu pour eux de présenter leurs condoléances. Et, brisant enfin le silence asphyxiant.*

**LE SECOURISTE :** Nous sommes vraiment désolés mademoiselle…

*Elle reçoit cette phrase en plein cœur, comme transpercée par une douleur encore inconnue, elle vacille, mais doucement, comme s'il lui fallait trouver un renfort au sol : elle se baisse, comme pour s'asseoir, sa main se pose à terre, ses jambes ne peuvent plus la tenir, elle s'assoit maintenant, elle est sans voix, elle n'est plus rien. On comprend la seule hypothèse envisageable : à travers eux, c'est la mort qui est entrée dans la maison, ils l'ont retrouvé, il n'est plus vivant. Il faudrait, à cet instant, avoir l'impression d'assister à l'anéantissement d'une femme — mais un anéantissement silencieux. Puis, lentement : noir.*

## Scène 11

*Dans leur chambre. Même lumière que pour la scène 5. Elle est allongée sur le lit. On pourrait dire : nue. Il doit être tard. Bientôt l'heure de dormir. Elle l'attend sur le lit, allongée sur le ventre — belle et rêveuse. On entend au loin le bruit de la douche, comme si l'on était dans le prolongement de la scène antérieure. Puis ce bruit cesse, et l'instant d'après, Simon sort de la salle de bains dans une serviette blanche. Il porte sa serviette comme dans l'antiquité : un tragédien grec. Il a l'air grave.*

**ELLE :** Tu en mets du temps pour prendre une douche…

**LUI :** Je réfléchissais.

**ELLE :** Sous la douche ?

**LUI :** Oui.

**ELLE :** À quoi ?

**Lui :** Je repensais à tout à l'heure. Avec ton oreiller…

*Elle semble surprise.*

**Elle :** Qu'est-ce que tu te disais ?

**Lui :** Il faut que je te parle.

**Elle :** Tu prends un air pour dire ça…

**Lui :** Parce que c'est important.

**Elle :** Je t'écoute.

*Un temps.*

**Lui :** Je ne sais pas comment te dire…

**Elle :** Ça promet.

**Lui :** Quoi ?

**Elle :** Non, rien. C'est juste que j'ai remarqué que les phrases commençant par « je ne sais pas comment te dire » finissent toujours mal. Je me trompe ? *(Il ne répond pas.)* Comme dans les tragédies… *(Elle se redresse, enveloppée dans le drap.)* Bon. Je me redresse. Pour être bien assise. C'est comme ça qu'on fait, non, dans les tragédies au moment des mauvaises nouvelles ?

*Un temps.*

**Lui :** Tu me demandais si j'aimais tes épaules.

**Elle :** Mes épaules…

**Lui :** Et ta bouche.

**Elle :** Oui.

**Lui :** Tes cheveux.

**Elle :** Mon dos.

**Lui :** Tes seins.

**Elle :** Et mon ventre, donc. Est-ce que tu l'aimes, mon ventre ? *(Un temps.)* Tu ne me réponds pas ?

**Lui :** Non.

**Elle :** Pourquoi ? *(Un temps.)* Tu n'aimerais pas avoir un enfant de moi ?

**Lui :** Non. Enfin pas maintenant. Pas comme ça.

**Elle :** Pourquoi ?

**Lui :** Parce que.

**Elle :** Parce que quoi ?

LUI : Écoute… Je viens juste de quitter ma famille, mes
filles, ma maison… Ça a été suffisamment dur comme ça.
Pour tout te dire, non, je n'ai pas envie de me retrouver
tout de suite dans une autre…

ELLE : Dans une autre quoi ?

LUI : Enfin tu comprends ce que je veux dire. J'ai besoin de
respirer un peu…

*Un temps.*

ELLE : Et s'il était déjà là ?

LUI : Qui ça ?

ELLE : Si j'étais déjà enceinte… Qu'est-ce que tu dirais ?

LUI : Arrête de jouer à ça… *(Un temps.)* Tu n'es pas enceinte ?
Hein ? Anna, tu n'es pas enceinte ?

*Un temps.*

ELLE : Non.

LUI : Alors ?

*Un temps. Il semble chercher ses mots…*

ELLE : On n'aurait pas dû venir ici.

LUI : Ça n'a rien à voir.

ELLE : Mais si. On aurait dû partir quelque part. Tous les
deux. Comme on l'avait d'abord prévu. Mais mon père
était malade et ma mère…

LUI : Je sais. Je comprends. Il n'y a pas de problème.

ELLE : Si, il y a un problème. Depuis qu'on est arrivés ici, il
y a un problème. J'ai l'impression de te perdre.

LUI : Ce n'est pas ça…

ELLE : Bon. Écoute. Fais tes valises. Fais tes valises, on part.
Il ne faut pas que l'on reste ici. Quelque chose ne marche
pas. C'est pour ça : il faut qu'on parte. Oui. Demain nous
partirons.

LUI : J'ai déjà fait mes valises.

ELLE : Quoi ?

LUI : J'ai déjà fait mes valises. *(Un temps. Puis, subitement, Elle se met
à rire.)* Quoi ? Pourquoi tu ris ?

ELLE : Pour rien.

**Lui** : Si. Dis-moi.

**Elle** : C'est juste que ça ne ressemble tellement pas à notre histoire. Ça ressemble tellement à… Pourquoi tu as déjà fait ta valise ?

**Lui** : Je crois qu'il vaut mieux que je parte. Que je te laisse avec ta famille. On se retrouvera après. La semaine prochaine…

**Elle** : Mais non… Je pars avec toi. Je ne veux pas que tu partes sans moi.

**Lui** : C'est mieux si tu restes.

**Elle** : Quoi ?

**Lui** : Je vais partir seul.

**Elle** : Pourquoi ? *(Un temps.)* Et tu vas aller où ?

**Lui** : Je ne sais pas.

*Elle rit encore, mais nerveusement.*

**Elle** : Pardon. Non, je ris parce que je la connais tellement bien, cette histoire. Elle est d'une banalité atroce.

**Lui** : De quoi tu parles ?

**Elle** : C'est depuis que tu as eu ta femme au téléphone que tu es comme ça. Parce que c'est elle que tu as eue au téléphone, non ? À la station-service…

**Lui** : Oui.

**Elle** : Oui, c'est elle. Tu ne lui avais pas parlé depuis…

**Lui** : Pratiquement pas, non.

**Elle** : Et alors ? Qu'est-ce que tu as ressenti ? Quand on a atterri à Figari, tu as reconnu l'endroit, et tous ces souvenirs te sont revenus. Tu t'es souvenu de cet endroit dans lequel tu avais passé des vacances en famille un an plus tôt… Tu as eu l'impression de revenir sur les traces de quelque chose que tu ne parvenais pas à oublier complètement. Et tu l'as appelée.

**Lui** : Oui. Mais ça n'a rien à voir.

**Elle** : Si. Tu t'es dit : les choses se sont faites si vite. Et c'était comme si la douleur, la douleur d'avoir quitté cette femme avec laquelle tu as vécu pendant dix ans, oui, comme si cette douleur, tu la ressentais pour la première fois. Comme si elle te revenait au visage. Et c'est pour ça que tu l'as appelée.

**Lui :** Et alors ?

**Elle :** Tu as été ému de l'avoir au téléphone. Affreusement ému. Et tu as réalisé à quel point elle te manquait.

**Lui :** Bien sûr qu'elle me manque. Et je trouve ça parfaitement normal.

*Un temps.*

**Elle :** Tu me fais peur.

**Lui :** Pourquoi ?

**Elle :** Tu me dis que tu as envie d'être seul. Mais ce n'est pas vrai. Ce dont tu as envie, c'est d'être avec elle. En ce moment, tu penses à elle, et tu voudrais être auprès d'elle.

**Lui :** Mais non…

**Elle :** Mais si, je le vois dans tes yeux.

*Un temps. Il ne la contredit pas. Puis…*

**Lui :** Tu te trompes. Tu m'entends ? Ce n'est pas ça. Tu ne comprends pas. Arrête de chercher des explications à tout. Tu te montes la tête.

**Elle :** Tais-toi.

**Lui :** Tu as toujours été obsédée par ma femme. C'est stupide. Tu m'écoutes ? Tu donnes des…

**Elle :** Alors tu es où ?

**Lui :** Dans les montagnes. Je serai bientôt de retour.

*Un temps.*

**Elle :** Je n'en peux plus de t'attendre… Je passe des heures à t'imaginer là-bas. Je deviens folle. Et je commence à douter.

**Lui :** À douter de quoi ?

**Elle :** De tout. Je me dis : et si tu m'avais abandonnée…

**Lui :** Mais non. Tu t'égares… C'est ton imagination. Je ne t'ai pas abandonnée. Allez viens, il faut aller dormir maintenant.

**Elle :** Je ne pourrai pas. Je ne pourrai pas dormir en te sachant là-bas.

**Lui :** Il faut quand même essayer. Tu dois prendre des forces.

ELLE : Je ne peux même pas fermer les yeux. Tu es debout
   sur mes paupières.

LUI : Demain matin, ils reprendront leurs recherches. Et je
   serai de nouveau auprès de toi. Allez allonge-toi.

ELLE : J'ai peur.

LUI : Endors-toi.

ELLE : J'ai peur de ne plus te revoir.

LUI : Endors-toi, mon amour.

*Elle est allongée. Il est assis à côté d'elle, lui caresse les cheveux, comme l'on veille*
*un enfant fiévreux.*

*Noir.*

## Scène 12

*Sur la terrasse. Même lumière qu'à la scène 10. La Sœur est sur le côté de la scène,*
*le visage figé.*

LE FRÈRE : Quoi ? Qu'est-ce qu'il y a ?

*On sonne. La Sœur se retourne vers Anna. Une musique particulière, intérieure,*
*accompagne cette répétition. Son visage est immobilisé par ce qu'elle vient de*
*voir. Un temps. Tout le monde demeure paralysé. Puis la Mère entre, en baissant*
*la tête. Suivie de deux secouristes. Eux aussi, tête baissée. Un temps. Elle*
*cherche secours dans le regard de son frère. Ne le trouve pas. Revient vers les*
*deux secouristes qui restent muets, comme si le temps était venu pour eux de*
*présenter leurs condoléances. Et, brisant enfin le silence asphyxiant.*

LE SECOURISTE : Nous sommes vraiment désolés mademoiselle…

*Elle tombe doucement au sol, comme si elle cherchait à s'asseoir.*

LA MÈRE : Quoi ?

LE SECOURISTE : Nous…

LA MÈRE : Vous l'avez retrouvé ?

LE SECOURISTE : Oui. En quelque sorte.

LA SŒUR : Ils l'ont retrouvé ! Où est-il ? Que s'est-il passé ?

LE SECOURISTE : *(à Anna)* Madame, je peux vous parler un
   instant ?

**LA MÈRE :** Qu'est-ce qu'il y a ? Vous l'avez retrouvé ? Oui ou non ?

**LE SECOURISTE :** Je crois qu'il n'y a pas de raison de s'inquiéter. Pour lui, en tout cas.

**LA MÈRE :** Expliquez-nous à la fin !

**LE SECOURISTE :** Vous m'aviez communiqué l'immatriculation de sa voiture…

**LE FRÈRE :** Oui.

**LE SECOURISTE :** C'était une voiture de location, n'est-ce pas ?

**LE FRÈRE :** Oui.

**LE SECOURISTE :** C'est ce dont je me suis rendu compte.

**LA MÈRE :** Qu'est-ce qu'il raconte…

**LE SECOURISTE :** Nous avons retrouvé sa voiture. J'avais quelques doutes, alors je me suis permis d'appeler l'agence de location…

**LA SŒUR :** Pourquoi ?

**LE SECOURISTE :** La voiture a été rendue hier dans la soirée.

**LA SŒUR :** Hein ?

**LE SECOURISTE :** Elle a été rendue hier. À l'aéroport de Figari.

**LA MÈRE :** Quoi ?

**LE SECOURISTE :** Je me suis permis de continuer l'enquête… L'homme que vous… Enfin je veux dire, celui que nous recherchions…

**LE PÈRE :** Mais de qui parlez-vous à la fin ? Soyez un peu précis…

**LE SECOURISTE :** Je crains qu'il n'ait pris l'avion hier soir. L'avion pour Paris.

**LA MÈRE :** Ce n'est pas possible.

**LE SECOURISTE :** J'ai pu le vérifier auprès de l'aéroport.

**LA MÈRE :** Quoi ?

**LE SECOURISTE :** Voilà. J'ai tenu à vous informer au plus tôt. Nous ne l'avons pas retrouvé dans les montagnes parce qu'il n'y était pas. Je suis désolé de vous l'apprendre, mademoiselle… Si vous avez un moyen de le joindre à Paris…

Je crois que c'est dans cette direction que vous devriez le chercher…

*Un temps.*

**ELLE :** Il est parti hier matin. À l'aube.

**LE SECOURISTE :** Oui…

**ELLE :** Il est parti marcher dans ces montagnes.

**LE SECOURISTE :** Justement, non…

**ELLE :** C'est ça. Il est parti là-bas. Il voulait marcher un peu. Être un peu seul. Mettre de l'ordre dans ses idées.

**LE SECOURISTE :** Il a pris un avion ce matin…

**ELLE :** Moi, je n'aime pas la montagne. Je voulais qu'il reste ici, sur la plage, mais il n'a pas voulu. Il préférait aller se promener. Alors je l'ai attendu. Mais il va bientôt revenir.

**LE SECOURISTE :** Mademoiselle…

**ELLE :** Je sais qu'il va revenir. Il est un peu en retard, mais maintenant il va revenir. Je sais qu'il va revenir. Il lui est sans doute arrivé quelque chose, il a dû se perdre. On se perd si facilement. On se perd. Mais il va revenir, je le sais. Il va bientôt revenir.

**LE SECOURISTE :** C'est-à-dire que… Je…

**ELLE :** Oui. Il va revenir. Ne vous inquiétez pas. Il va revenir. Il sera bientôt là. Oui. Maintenant c'est évident. Il va revenir. Il va revenir des montagnes. C'est ça ? *(Un temps.)* Hein ? C'est ça la vérité ? *(Un temps.)* Oui, c'est ça. Il va revenir. Je l'attends. Je l'attends ici. Et il va bientôt revenir. *(Un temps.)* Il va bientôt revenir.

*Noir.*

*FIN*

# La Vérité

Des avantages de la taire
aux inconvénients de la dire

## Personnages

MICHEL
ALICE
LAURENCE
PAUL

*Des décors simples. Un procédé de mise en scène doit permettre de passer très rapidement d'un décor à un autre.*

*La création de* La Vérité *a eu lieu le 19 janvier 2011 au Théâtre Montparnasse dans une une mise en scène de Patrice Kerbrat et avec la distribution suivante : Pierre Arditi (Michel), Fanny Cottençon (Alice), Christiane Millet (Laurence) et Patrice Kerbrat (Paul).*

« *Le mensonge n'est un vice que quand il fait du mal ; c'est une très grande vertu, quand il fait du bien. Soyez donc plus vertueux que jamais. Il faut mentir comme un diable, non pas timidement, non pas pour un temps, mais hardiment et toujours. Mentez, mes amis, mentez ; je vous le rendrai dans l'occasion.* » Voltaire

« *Sachant que tu es mon meilleur et mon plus vieil ami… et, en la circonstance présente, mon hôte… j'ai délibérément choisi cette occasion pour dire à ta femme qu'elle est très belle.* » Harold Pinter, Trahisons

À *Roger Delterme.*

## Scène 1
## La réunion

*Michel et Alice. Une chambre. Ils viennent de faire l'amour. Un moment qui dure. Il commence à chercher ses affaires, on comprend qu'il s'apprête à partir.*

ALICE : J'adore faire l'amour avec toi.

MICHEL : *(ailleurs)* Ah oui ?

ALICE : Oui. J'adore ça. Mais tu sais ce que j'aime le plus ?

MICHEL : Hein ?

ALICE : Tu sais ce que j'aime le plus ?

MICHEL : Non. Tu n'as pas vu mes chaussettes ? Elles ont disparu…

ALICE : C'est quand tu restes contre moi un long moment… Après avoir fait l'amour… En général, tu ne le fais jamais. Tu t'éloignes toujours.

MICHEL : Moi ?

ALICE : Oui. Toi. Tu es toujours pressé.

MICHEL : Pourquoi tu dis ça ?

ALICE : Par exemple, là, tu dois y aller…

MICHEL : *(comme pris en flagrant délit)* Hein ?

ALICE : Je me trompe ?

MICHEL : Je suis en retard, Alice. *(Un temps.)* Je suis désolé. C'est une réunion importante…

ALICE : Je sais.

*Michel l'embrasse. Puis il se lève pour se rhabiller. Elle prend une cigarette qu'elle n'allume pas. Un temps.*

**MICHEL :** *(comme une phrase anodine)* Et sinon, ton mari, ça va ?

**ALICE :** Hein ?

**MICHEL :** Comment va-t-il ?

**ALICE :** Qui ça ?

**MICHEL :** Eh bien, Paul !

**ALICE :** Ah !… Ça va. Enfin, tu sais bien… Il cherche toujours du travail.

**MICHEL :** Pauvre vieux.

**ALICE :** Oui. Mais tu ne l'as pas vu dernièrement ?

**MICHEL :** Hein ? Si, si. On a joué au tennis la semaine dernière.

**ALICE :** Oui, c'est ce qu'il m'a dit.

**MICHEL :** Mais depuis, non. J'ai essayé de l'appeler plusieurs fois. Hier et avant-hier. Mais il n'a pas décroché. J'étais inquiet.

**ALICE :** Pourquoi tu voulais lui parler ?

**MICHEL :** Pour savoir comment il allait. Tu sais, je n'en reviens toujours pas de la façon dont ces connards l'ont mis à la porte. Les gens n'ont vraiment aucune morale. Non, c'est vrai : ils te prennent, ils te jettent, ils se servent de toi… C'est dégueulasse. Non ?

**ALICE :** Hum…

**MICHEL :** Les gens n'ont plus d'éthique. C'est fini, l'éthique. Moi, ça me révolte ! *(Un petit temps.)* Mais il m'avait parlé d'une piste pour…

**ALICE :** Oui, oui. Une compagnie suédoise. Il les a revus hier.

**MICHEL :** Et alors ?

**ALICE :** L'entretien s'est bien passé. Il aura bientôt des nouvelles.

**MICHEL :** Tant mieux… Je l'ai trouvé sombre l'autre jour. Non ? J'espère qu'il va bientôt retrouver quelque chose…

**ALICE :** Tu ne veux pas qu'on parle d'un autre sujet ?

**MICHEL :** Pourquoi ?

**ALICE :** Ça me met mal à l'aise.

**MICHEL :** Je ne vois pas pourquoi.

ALICE : Parce qu'on parle tout le temps de lui.

MICHEL : *(voulant relativiser)* Tout le temps, tout le temps…

ALICE : Si, Michel… On ne parle pratiquement que de lui.

MICHEL : C'est normal, non ? C'est un de mes meilleurs amis… Il vient de perdre son travail. J'ai le droit de m'inquiéter pour lui, tu ne crois pas ?

ALICE : Oui, mais moi je culpabilise de…

MICHEL : *(sur ses grands chevaux)* Ah non ! Alice. Non, pas ça… Pas entre nous.

ALICE : *(surprise)* Quoi ?

MICHEL : Tout ce que tu veux, mais pas la culpabilité. Je déteste ce sentiment.

ALICE : Tu détestes tous les sentiments.

MICHEL : *(amusé)* Moi ? Moi, je déteste tous les sentiments ?

ALICE : Oui.

MICHEL : Je déteste tous les sentiments ?

ALICE : Oui.

MICHEL : C'est un reproche ?

ALICE : C'est une remarque.

MICHEL : Une remarque ?

ALICE : Une remarque *objective*.

MICHEL : *(avec un rire qui sonne faux)* Je déteste tous les sentiments, une « remarque objective » ?

ALICE : Exactement.

MICHEL : Tu trouves que je n'ai pas de cœur, c'est ça ? *(Un temps. Pas de réponse.)* Elle trouve que je n'ai pas de cœur… Je te rappelle que je fais de la tachycardie !

ALICE : Et alors ?

MICHEL : Et alors ? Ça prouve bien que j'ai un cœur !

ALICE : Ça ne prouve rien du tout.

MICHEL : Je regrette, ça prouve que j'ai un cœur. Ça prouve même qu'il bat. Puisqu'il bat trop vite.

ALICE : Je te parle d'autre chose, et tu le sais très bien.

MICHEL : Non, je ne sais pas. Qu'est-ce que tu essaies de me dire ?

**ALICE** : Ça fait combien de temps qu'on se voit ?

**MICHEL** : Tous les deux ?

**ALICE** : Oui. Ça fait combien de temps ?

**MICHEL** : Hein ? Six mois… Quelque chose comme ça. *(Il la regarde. Pas de réaction. S'est-il trompé dans les dates ? Hésitant.)* Sept mois… Entre quatre et huit mois… Environ.

**ALICE** : Et tu ne ressens jamais de culpabilité ?

**MICHEL** : Vis-à-vis de qui ?

**ALICE** : De ta femme, par exemple.

**MICHEL** : Hein ? Si. Un peu.

**ALICE** : On ne dirait pas.

**MICHEL** : C'est juste que je trouve ça inutile, la culpabilité.

**ALICE** : Tu as de la chance.

*Il regarde sa montre.*

**MICHEL** : Tu n'aurais pas vu ma chaussette ?

**ALICE** : Non.

**MICHEL** : Celle du pied droit… *(Elle allume sa cigarette, avec laquelle elle a joué jusque-là. Elle est pensive. Il s'en aperçoit.)* Ça ne va pas ?

**ALICE** : Ça va. C'est juste que…

**MICHEL** : Juste quoi ?

**ALICE** : Non, rien. *(Un temps.)* En fait, ça ne me convient plus.

**MICHEL** : De quoi ?

**ALICE** : Ça ne me convient plus du tout. De se voir comme ça. Entre deux rendez-vous. Tu te rends compte qu'on n'a jamais passé une seule nuit ensemble ? En six mois…

**MICHEL** : Je sais.

**ALICE** : Et ça ne te manque pas ?

**MICHEL** : Hein ?

**ALICE** : Ça ne te manque pas ?

**MICHEL** : Si… Mais on ne peut pas faire autrement, Alice.

**ALICE** : Je ne vois pas pourquoi.

**MICHEL** : Tu ne vois pas pourquoi ?

**ALICE** : Non.

**MICHEL** : Tu ne vois pas pourquoi on ne peut pas faire autrement ?

**ALICE :** Non.

**MICHEL :** Je te rappelle que *tu* es mariée !

**ALICE :** Pourquoi tu me dis ça comme ça ? Toi aussi, tu es marié.

**MICHEL :** Moi, ce n'est pas la même chose.

**ALICE :** Ce n'est pas la même chose ?

**MICHEL :** Pas du tout. Je regrette, ce n'est pas du tout la même chose.

**ALICE :** Ah ?

**MICHEL :** Non. Pas du tout. Mais alors, pas du tout !

**ALICE :** Et en quoi ce n'est pas la même chose ?

**MICHEL :** Hein ?

**ALICE :** En quoi ce n'est pas la même chose ?

*Après une petite hésitation.*

**MICHEL :** Hein ?

**ALICE :** Nous sommes tous les deux mariés, Michel.

**MICHEL :** Oui, mais moi, Alice, moi, j'aurais été prêt à… à…

**ALICE :** À quoi ?

**MICHEL :** Tu le sais très bien. C'est toi qui as voulu que l'on reste dans cette situation intermédiaire… Je me trompe ?

**ALICE :** On n'en a jamais vraiment parlé.

**MICHEL :** *(prenant un risque)* Moi, j'aurais été prêt à…

**ALICE :** Tu ne m'as jamais dit ça, Michel.

**MICHEL :** Hein ? C'était implicite, Alice. C'était du sous-texte. Si tu ne sais pas lire le sous-texte…

*Un temps.*

**ALICE :** En tout cas, ça ne me convient plus. On ne peut pas continuer comme ça…

**MICHEL :** On n'a pas le choix, Alice…

**ALICE :** Tu te trompes. On a toujours le choix.

**MICHEL :** Alors qu'est-ce que tu proposes ?

**ALICE :** On pourrait partir quelque part… Un week-end.

*Il trouve enfin sa chaussette.*

**MICHEL :** Ah ! Elle était sous le lit.

**ALICE :** Hein ? Qu'est-ce que tu en penses ?

MICHEL : De quoi ?

ALICE : On pourrait partir ensemble.

MICHEL : Tu voudrais qu'on passe un week-end ensemble ?

ALICE : Oui.

MICHEL : Mais un week-end de combien de jours ?

ALICE : À ton avis…

MICHEL : *(embêté)* De deux jours ?

ALICE : Oui. Tu sais, ces après-midi, vraiment je n'en peux plus.

MICHEL : Mais où ?

ALICE : Je ne sais pas. Dans un autre hôtel. Ailleurs. Ici, je ne supporte plus. L'autre jour, quand je suis passée à la réception, le type m'a regardée d'un air… C'était…

MICHEL : Qui ça ?

ALICE : Le type de la réception. Il me regardait comme si j'étais… Comment dire ? Comme si j'étais une pute. Son regard, c'était comme s'il me crachait au visage.

MICHEL : Mais non. Tu te fais des idées.

ALICE : Non, je te promets. J'ai très bien vu qu'il se disait : « Tu aimes ça, hein ? Passer du bon temps dans une chambre d'hôtel avec tes amants… »

MICHEL : Avec *tes* amants ? Comment ça, *tes* amants ?

ALICE : Je te parle de ce que j'ai vu dans son regard.

MICHEL : Mais pourquoi avec *tes* amants ?

ALICE : Quoi ?

MICHEL : Pourquoi avec *tes* amants ?

ALICE : Je ne comprends pas ta question…

MICHEL : *(s'énervant)* Tu viens de me dire qu'il se disait que tu aimais passer du bon temps avec *tes* amants… Il ne t'a jamais vue avec quelqu'un d'autre ? Non ? Il ne t'a jamais vue avec quelqu'un d'autre que moi ? Alors pourquoi « avec *tes* amants » ?

ALICE : Mais écoute ce que je te raconte au lieu de t'énerver.

MICHEL : Je t'écoute, mais je ne comprends pas pourquoi tu dis avec *tes* amants.

**ALICE :** Pour te faire comprendre à quel point son regard m'a mise mal à l'aise.

*Un temps.*

**MICHEL :** *(calme)* Si c'est ça le problème, on peut très bien se retrouver dans un autre hôtel… On n'est peut-être pas obligés de partir en week-end ensemble. Surtout un week-end de deux jours… Ce serait un peu louche, tu ne crois pas, vis-à-vis de…

**ALICE :** Tu ne comprends pas.

**MICHEL :** Quoi ?

**ALICE :** Tu ne comprends pas.

**MICHEL :** Je comprends très bien. *(Un temps.)* Qu'est-ce que je ne comprends pas ?

**ALICE :** Tu ne comprends pas ce que j'essaie de te dire.

**MICHEL :** Eh bien, dis-le, au lieu d'essayer.

**ALICE :** Je voudrais seulement qu'on puisse avoir un peu plus de temps ensemble. Tu comprends ? On se voit une fois par semaine… dans une chambre d'hôtel… On couche ensemble. Et tu disparais… *(Pendant qu'elle parle, il a regardé discrètement sa montre.)* Tu vois.

**MICHEL :** Quoi ?

**ALICE :** Je te parle, et tu ne penses qu'à une seule chose : partir.

**MICHEL :** Mais non…

**ALICE :** Mais si.

**MICHEL :** Je t'ai déjà dit que j'étais en retard, Alice. Ne m'en veux pas… J'ai cette réunion…

**ALICE :** Et moi ?

**MICHEL :** Tu es très importante. Toi aussi.

**ALICE :** Mais moins importante que cette réunion…

**MICHEL :** Tu es beaucoup plus importante que cette réunion. Seulement, tu ne commences pas dans une demi-heure…

*Un temps.*

**ALICE :** En fait, je ne sais pas pourquoi je te parle de partir en week-end… C'est stupide.

**MICHEL** : Non, ce n'est pas stupide… Mais c'est un peu risqué. Je te rappelle que nous sommes tous les deux mariés. Surtout toi. Enfin, je veux dire, toi, tu l'es avec mon meilleur ami…

**ALICE** : Oui…

**MICHEL** : Oui…

*Un temps.*

**ALICE** : Je crois qu'il vaut mieux qu'on arrête, Michel.

**MICHEL** : Qu'on arrête ? Tu veux dire…

**ALICE** : De se voir. Je crois que c'est mieux.

**MICHEL** : Pourquoi tu dis ça ? Alice…

**ALICE** : Je crois que c'est mieux.

**MICHEL** : Tu veux qu'on arrête de se voir ?

**ALICE** : Je suis fatiguée de mentir. Je suis fatiguée de ces rendez-vous… Je trouve que ça n'a plus beaucoup de sens.

**MICHEL** : Mais… quel sens ? Pourquoi toujours chercher du sens ? On passe de beaux moments, non ?

**ALICE** : Non.

**MICHEL** : Tu ne trouves pas ?

**ALICE** : Je te dis, ça ne me convient plus.

**MICHEL** : Mais… *(Un temps. Il a l'air sonné.)* Tu as peut-être raison, au fond…

**ALICE** : Oui, je crois…

**MICHEL** : Oui. Plus j'y réfléchis, plus je me dis que tu as raison.

**ALICE** : Je pense que c'est ce qu'il y a de mieux à faire…

**MICHEL** : Oui. Tu as raison, on devrait partir en week-end ensemble. Quelque part. Tu m'as convaincu… C'est vrai, on ne se voit que pour… enfin toujours entre deux rendez-vous… On a besoin de se voir un peu plus… de partager quelque chose d'un peu plus… Bref, je suis d'accord avec toi.

**ALICE** : Michel…

**MICHEL** : Quoi ?

**ALICE** : Tu as entendu ce que je t'ai dit ?

**MICHEL** : Oui, mais je ne suis pas d'accord.

**ALICE** : De toute façon, on ne se voit jamais…

**Michel :** C'est faux. La preuve : qu'est-ce que tu fais cet après-midi ?

**Alice :** Hein ?

**Michel :** Tu ne travailles pas ?

**Alice :** J'ai des patients à partir de 16 heures... Pourquoi ?

**Michel :** Embrasse-moi.

**Alice :** Non. Va à ta réunion.

**Michel :** Quelle réunion ?

**Alice :** La tienne. *(Michel prend son téléphone.)* Qu'est-ce que tu fais ?

**Michel :** Je te demande pardon.

**Alice :** Hein ? Pourquoi ?

**Michel :** Je ne suis pas assez prévenant avec toi. Tu as tout à fait raison de réagir comme ça... mais je ne veux pas te perdre. Donc, tu prends ton agenda, et tu me donnes une date dans la semaine...

**Alice :** Pour quoi faire ?

**Michel :** Je t'emmène quelque part.

**Alice :** Mais où ?

**Michel :** Peu importe. Tu te rends compte que depuis six mois, on n'a pas passé une seule nuit ensemble ?

**Alice :** Oui, je m'en rends compte.

**Michel :** *(renversant la situation)* Et ça ne te manque pas ?

**Alice :** *(amusée)* Si.

**Michel :** Tu vois.

**Alice :** Alors qu'est-ce que tu proposes ?

**Michel :** *(composant un numéro sur son portable)* Donne-moi une date dans la semaine... Et si tu avais d'autres rendez-vous dans la journée, fais comme moi : annule. *(Au téléphone.)* Allô ? Guillon ? C'est moi.

**Alice :** Qu'est-ce que tu fais ?

**Michel :** Oui. Dis-moi, je suis désolé, je vais avoir un problème pour la réunion... Je sais. J'ai attrapé une sorte de petit virus... Je ne pourrai pas venir. Non. Je crains d'être obligé de passer la journée au lit...

*Elle sourit.*

*Noir.*

## Scène 2
## Le funambule

*Chez Laurence et Michel. Le même soir. Il lit le journal.*

**LAURENCE :** Ça s'est bien passé, ta réunion ?

**MICHEL :** Hein ? Ça a été dur… Je suis épuisé. Mais ça s'est bien passé.

**LAURENCE :** C'étaient les clients de Bordeaux ?

**MICHEL :** Oui.

**LAURENCE :** Et alors ?

**MICHEL :** Et alors rien. C'était une réunion préliminaire. On n'a pas encore finalisé.

**LAURENCE :** Il y avait Guillon ?

**MICHEL :** Guillon ?

**LAURENCE :** Ton associé.

**MICHEL :** Oui, merci, je sais encore qui est Guillon…

**LAURENCE :** Il était aussi à la réunion ?

**MICHEL :** Oui. Pourquoi ?

**LAURENCE :** Pour rien.

*Un temps.*

**MICHEL :** Non, on n'a rien finalisé. C'était juste une réunion préliminaire… Il y en aura sans doute une autre… D'ailleurs… Une autre réunion… La semaine prochaine… À Bordeaux…

**LAURENCE :** Tu vas aller à Bordeaux ?

**MICHEL :** Hein ? Oui, sans doute… Pour finaliser.

**LAURENCE :** La semaine prochaine ? Tu te souviens que mercredi on a le vernissage d'Isabelle…

**MICHEL :** Quoi ? Déjà ? Tu m'avais dit que c'était dans trois semaines !

**LAURENCE :** Michel…

**MICHEL :** Quoi ?

**LAURENCE :** Je ne t'ai jamais dit ça !

**MICHEL :** Je regrette… Tu m'as dit que c'était dans trois semaines !

**LAURENCE :** Il y a trois semaines, peut-être.

**MICHEL :** Oh lala !... C'est mercredi ? Déjà ?

**LAURENCE :** J'ai promis qu'on y allait.

**MICHEL :** Je ne comprends vraiment pas pourquoi ta fille s'obstine dans l'art contemporain.

**LAURENCE :** Je te rappelle que c'est aussi *ta* fille. Et elle s'obstine parce qu'elle a beaucoup de talent.

**MICHEL :** Du talent ? Laurence, elle expose des sous-vêtements usagés !

**LAURENCE :** Elle les peint.

**MICHEL :** Ah oui ! c'est vrai, j'oubliais. Ça change tout.

**LAURENCE :** En tout cas, son vernissage est mercredi. Tu es censé partir quand ?

**MICHEL :** Hein ? À Bordeaux ?

**LAURENCE :** Oui.

**MICHEL :** Je crois que c'est jeudi. Je vérifierai... *(Un temps.)* Pour finaliser. *(Un temps. Il revient à son journal.)* Et toi, ta journée ?

**LAURENCE :** Je n'avais pas cours aujourd'hui.

**MICHEL :** Ah non ?

**LAURENCE :** Non. À cause de la grève... Le lycée était complètement fermé... Je suis allée chez le coiffeur. Tu n'avais pas remarqué ?

**MICHEL :** Quoi ?

**LAURENCE :** Je me suis teinte en blonde...

**MICHEL :** *(il sort la tête de son journal et constate que ce n'est pas vrai)* Très drôle.

**LAURENCE :** Je suis allée aux galeries. Après le coiffeur... J'ai fait quelques courses...

**MICHEL :** Tu as fait grève, quoi.

**LAURENCE :** Oui. Et tu sais qui j'ai croisé, aux galeries ?

**MICHEL :** C'est quand même merveilleux, cette formidable énergie de contestation !

**LAURENCE :** Hein ? Tu sais qui j'ai croisé ?

**MICHEL :** Non...

**LAURENCE :** Guillon.

*Michel sort la tête de son journal.*

**MICHEL :** Guillon ?

**LAURENCE :** Ton associé.

**MICHEL :** *(la voix hésitante)* Mais qu'est-ce qu'il foutait aux galeries ?

**LAURENCE :** Je l'ai croisé juste devant. Dans la rue… Par hasard. Il montait dans un taxi…

**MICHEL :** Ah ?

**LAURENCE :** Oui. D'ailleurs, il m'a demandé de tes nouvelles. Il voulait savoir si tu allais mieux…

**MICHEL :** Moi ?

**LAURENCE :** Oui.

**MICHEL :** *(avec un sourire gêné)* Qu'est-ce que c'est que cette histoire ?

**LAURENCE :** J'allais te poser la question…

**MICHEL :** *(changeant de sujet)* J'ouvre une bouteille de vin ? Ça te dit ? Je crois qu'il me reste une…

**LAURENCE :** Il m'a dit que tu n'avais pas pu aller à la réunion.

**MICHEL :** Moi ?

**LAURENCE :** Oui. Tu lui as dit que tu étais malade…

**MICHEL :** Il t'a dit ça ? Guillon ? Sacré Guillon… Guillon a toujours été un type étrange, tu le sais bien. Je t'ai déjà dit qu'il s'était fait réformer du service militaire en se faisant passer pour un fou ? J'ai toujours pensé qu'il n'avait pas eu à beaucoup se forcer, si tu vois ce que je veux dire…

**LAURENCE :** Michel.

**MICHEL :** Oui, ma chérie ?

**LAURENCE :** Pourquoi tu me mens ?

**MICHEL :** Moi ?

**LAURENCE :** *(calme)* Oui. Pourquoi tu me mens ?

**MICHEL :** Je ne te mens pas.

**LAURENCE :** Tu as dit à Guillon que tu allais passer la journée au lit. Je voudrais savoir avec qui.

**MICHEL :** *(la meilleure défense étant l'attaque)* Tu voudrais savoir avec qui… Tu t'entends ? Non, mais tu t'entends ? Tu as vu comme tu retournes la situation ? Avec qui… Est-ce que tu prends seulement conscience de ce que tu insinues ? Honnêtement, ça me choque que tu fasses des insinuations de ce genre. Parfaitement. Ça me choque. Après vingt ans de mariage… Tu me prends pour qui ? Pour un type qui annulerait une réunion sans raison valable ? Pour voir une autre femme en cachette ? Parce que c'est ça que tu es en train d'insinuer, je me trompe ? Mais on parle de choses sérieuses, Laurence. On parle de choses qui te dépassent complètement.

**Laurence :** Explique-moi alors…

**Michel :** À quoi ça servirait ? Tu as déjà ton idée sur la question.

**Laurence :** Non…

**Michel :** Mais si ! Tu croises un vague type dans la rue qui te…

**Laurence :** Ton associé.

**Michel :** *(exploitant le filon)* Oui, Guillon est mon associé ! Oui ! Parfaitement ! Et alors ? Ça pose un problème ? Tu voudrais quoi ? Que je le renie ? Que je fasse comme si je ne le connaissais pas ? Que je le dénonce au fisc ? Guillon est mon associé, et malgré ce que tu penses de lui, laisse-moi te dire que c'est un très bon associé. Je ne vois pas au nom de quoi je devrais avoir honte de lui !

*Un temps.*

**Laurence :** Ça y est ? Tu as fini ?

**Michel :** Oui.

**Laurence :** Écoute, tu es grand, je n'ai pas du tout l'intention d'être dans ton dos à t'espionner… Mais avoue que c'est assez pénible pour moi de découvrir que tu me mens…

**Michel :** Tu n'as pas confiance en moi ? Laurence… C'est ça que tu es en train de me dire ? Après vingt ans de vie commune, c'est dur à entendre… Crois-moi, c'est dur.

**Laurence :** Tu as fait quoi, cet après-midi ?

**Michel :** Je suis allé voir Paul.

**Laurence :** Paul ?

**MICHEL :** Oui. Mon meilleur ami.

**LAURENCE :** Oui, merci, je sais qui est Paul.

**MICHEL :** Seulement je ne pouvais pas dire à Guillon que je manquais la réunion parce que mon meilleur ami n'allait pas bien ! Je ne pouvais pas. C'est pour ça que je lui ai dit que j'étais malade… Il n'y a franchement pas de quoi faire ce genre d'insinuations…

**LAURENCE :** Qu'est-ce qu'il avait ?

**MICHEL :** Qui ?

**LAURENCE :** Paul.

**MICHEL :** Hein ? Il n'allait pas bien. Vraiment pas bien… Il m'a appelé en fin de matinée. Il faisait peine à voir. Même au téléphone. Il était très mal. Vraiment très mal… Il voulait parler… J'ai compris que c'était une urgence… Alors j'ai annulé la réunion et j'ai passé l'après-midi avec lui.

**LAURENCE :** Mais qu'est-ce qu'il avait ?

**MICHEL :** Paul ? Tu me demandes ce qu'il a ?

**LAURENCE :** Oui.

**MICHEL :** Je te rappelle qu'il est au chômage.

**LAURENCE :** Je sais, oui…

**MICHEL :** Je te rappelle qu'il s'est fait virer il y a trois semaines ! Du jour au lendemain ! Pauvre vieux… Tu sais, je n'en reviens toujours pas de la façon dont ces connards l'ont mis à la porte. Les gens n'ont vraiment aucune morale. Non, c'est vrai : ils te prennent, ils te jettent, ils se servent de toi… C'est dégueulasse, non ? *(Un temps.)* Bref. Il a eu un coup de déprime.

**LAURENCE :** Mais je pensais qu'il avait une piste pour…

**MICHEL :** Oui, une société suédoise. Il a eu un entretien hier.

**LAURENCE :** Et ça s'est mal passé ?

**MICHEL :** Hein ? Non. Ça s'est bien passé. Enfin, ils ont dit qu'ils lui donneraient des nouvelles dans la semaine.

**LAURENCE :** Ah ? Tant mieux.

**MICHEL :** Oui.

LAURENCE : Alors pourquoi il était déprimé ?

MICHEL : Hein ? Ce n'est pas uniquement à cause de son travail. C'est… C'était un ensemble… Mais je préfère ne pas rentrer dans les détails.

LAURENCE : C'est à cause d'Alice ?

MICHEL : Pardon ?

LAURENCE : C'est à cause d'Alice ?

MICHEL : Quoi ? Comment ça, à cause d'Alice ?

LAURENCE : Sa femme.

MICHEL : Mais non ! Comment tu peux imaginer un truc pareil ?

LAURENCE : Je pose la question, c'est tout.

MICHEL : Mais non ! Enfin, Laurence… Sa femme ? Tu imagines sa femme le tromper ? Tromper Paul ? Au moment où il est au chômage ? Non… Avec un de ses meilleurs amis, en plus !

LAURENCE : Quoi ?

MICHEL : Hein ?

LAURENCE : Qu'est-ce que tu as dit ?

MICHEL : Rien. Je veux seulement te dire que ce serait impossible. De la part d'une femme comme Alice… *(Reprenant son refrain.)* Tu sais, je n'en reviens toujours pas de la façon dont ces connards l'ont mis à la porte… Les gens n'ont vraiment aucune morale. Non, c'est vrai : ils te prennent, ils te jettent, ils se servent de toi…

*Un temps.*

LAURENCE : Vous vous revoyez demain ?

MICHEL : *(inquiet)* Avec qui ?

LAURENCE : Avec Paul.

MICHEL : *(soulagé)* Ah !… Non. On devait jouer au tennis, mais il a annulé. On joue lundi.

LAURENCE : Ah !

*Un temps. Elle a l'air étrange.*

MICHEL : Qu'est-ce qu'il y a ?

LAURENCE : Rien.

*Un temps.*

**MICHEL :** Alors ? Tu veux que j'ouvre une bouteille ? J'ai un petit chablis qui a l'air terrible…

**LAURENCE :** Tout à l'heure, tu sais qui a appelé ?

**MICHEL :** Où ? À la maison ?

**LAURENCE :** Oui.

**MICHEL :** Non. Qui ?

**LAURENCE :** Paul.

**MICHEL :** *(livide)* Pardon ?

**LAURENCE :** Oui. Cet après-midi. Pendant que tu étais soi-disant avec lui. Il a appelé à la maison.

**MICHEL :** À la maison ? Tu veux dire…

**LAURENCE :** Oui. Sur le fixe.

**MICHEL :** Paul n'appelle jamais sur le fixe.

**LAURENCE :** Il cherchait à te joindre. Ton portable était fermé… Tu n'étais pas au bureau… Alors il a pensé que tu étais peut-être ici… Bref, il a appelé.

**MICHEL :** Mais quand ? Je veux dire, à quelle heure ? Je veux dire, c'était *avant* ou *après* qu'on se soit vus ?

**LAURENCE :** Tu ne l'as pas vu, Michel.

**MICHEL :** Laurence…

**LAURENCE :** Quoi ?

**MICHEL :** Ne joue pas à ce petit jeu avec moi…

**LAURENCE :** C'est exactement ce que j'allais te dire.

**MICHEL :** Laurence…

**LAURENCE :** Quoi ?

**MICHEL :** *(en panne d'inspiration)* Ne joue pas à ce petit jeu avec moi…

**LAURENCE :** Quelle inspiration !

**MICHEL :** Tu n'as pas confiance en moi ?

**LAURENCE :** Ne retourne pas la situation.

**MICHEL :** Je te demande. Tu n'as pas confiance en moi ?

**LAURENCE :** Je devrais ?

**MICHEL :** *(tentant le tout pour le tout)* Paul n'a pas pu t'appeler cet après-midi, puisqu'il était avec moi.

**LAURENCE :** Cet après-midi, tu étais avec Paul ? Tu as annulé ta réunion pour passer ton après-midi avec Paul ?

**MICHEL :** Oui. *(Ils se regardent droit dans les yeux. Moment de grande tension. De vérité ? Soudain elle explose de rire.)* Tu trouves ça drôle ? Franchement, tu trouves ça drôle ?

**LAURENCE :** Oh ! ça va… Je voulais juste tester ton alibi.

**MICHEL :** Tu voulais tester mon alibi ? Je te raconte ce que j'ai fait aujourd'hui, je te raconte que mon meilleur ami est au bord de la dépression, mon meilleur ami, tu m'entends ? Un ami de vingt ans ! Presque un frère, et toi, tu me tends des pièges ? Mais Laurence, je suis ton mari, tu es ma femme… Comment tu peux faire des choses pareilles ?

**LAURENCE :** Parce que tu as commencé par me dire que tu étais allé à cette réunion…

**MICHEL :** Je ne vois pas le rapport ?

**LAURENCE :** Comment tu veux que j'aie confiance alors que tu m'as ouvertement menti ?

**MICHEL :** C'était par discrétion. Par respect pour Paul… Parce que figure-toi que pour moi, l'amitié, ça veut dire quelque chose. Pardon d'avoir des principes !

**LAURENCE :** Ce n'est pas ce que je te reproche…

**MICHEL :** Alors qu'est-ce que tu me reproches ? D'avoir légèrement arrangé la vérité pour ne pas étaler la vie privée de mon ami ? J'avoue. Je plaide coupable. Mais franchement, je ne vois pas où est le mal. Alors que toi, le mal, tu le vois partout. Partout. Et tu sais pourquoi, moi, je ne vois pas le mal partout ? Tu sais pourquoi ?

**LAURENCE :** Non…

**MICHEL :** Parce que je t'aime.

**LAURENCE :** Et moi je ne t'aime pas, c'est ça ?

**MICHEL :** Je n'ai pas dit ça. Je dis seulement que ça n'a pas de sens de se disputer pour rien. *(Laurence sourit.)* Quoi ? Qu'est-ce qui te fait sourire ?

**LAURENCE :** *(amusée)* Rien. Tu as raison. Ça n'a pas de sens. Pardon.

**MICHEL :** *(plus calme)* Oui. Non, c'est vrai…

**LAURENCE :** Oui, tu as raison…

**MICHEL :** Oui… *(Un temps.)* Et qu'est-ce qu'il a dit, alors ?

**LAURENCE :** Qui ?

**MICHEL :** Eh bien, Paul… au téléphone… *(Un temps. Michel réalise qu'il s'est embrouillé dans les versions.)* Tu sais, je n'en reviens toujours pas de la façon dont ces connards l'ont mis à la porte. Non ?

**LAURENCE :** Oui, ça fait cent fois que tu le dis.

**MICHEL :** C'est justement parce que je n'en reviens toujours pas. Tu sais, les gens n'ont vraiment aucune morale. Non, c'est vrai : ils te prennent, ils te jettent, ils se servent de toi…

**LAURENCE :** Bon. Tu l'ouvres cette bouteille ?

*Il la tient dans la main depuis tout à l'heure.*

**MICHEL :** Hein ? Oui. Je l'ouvre.

*Un temps.*

**LAURENCE :** Michel… Je peux te poser une question ?

**MICHEL :** Oui, mon amour.

**LAURENCE :** Est-ce que tu m'aimes encore ?

**MICHEL :** Quelle question ! Bien sûr que je t'aime…

**LAURENCE :** Non mais, dis-moi vraiment…

**MICHEL :** *(très sincère)* Je t'aime infiniment.

**LAURENCE :** Alors pourquoi on ne fait plus l'amour ?

**MICHEL :** *(pris au dépourvu)* Hein ?

**LAURENCE :** Pourquoi on ne fait plus l'amour ?

*Il débouche la bouteille.*

**MICHEL :** Qu'est-ce que tu racontes ?

**LAURENCE :** Je te pose une question, c'est tout.

**MICHEL :** Mais on fait encore l'amour… mon amour. Non ?

**LAURENCE :** Non.

**MICHEL :** *(comme s'il ne s'en était pas rendu compte)* Ah ?

**LAURENCE :** Enfin, presque plus.

**MICHEL :** *(voulant relativiser)* Presque plus, presque plus… Tu exagères. Mais c'est vrai qu'en ce moment… Je suis épuisé. J'ai trop de travail, tu sais… Je n'en vois pas le bout.

**Laurence :** Toutes ces réunions…

**Michel :** Oui. J'ai hâte d'être en vacances. *(Il sert deux verres.)* Tiens…

**Laurence :** Merci.

**Michel :** Pourquoi tu me poses cette question ?

**Laurence :** Pour rien.

**Michel :** Tu doutes de mon amour ?

**Laurence :** Parfois, oui…

**Michel :** Je t'en supplie… Doute de tout ce que tu veux. Mais ne doute pas de mon amour. Jamais. *(Laurence lui sourit.)* Tu me promets ?

**Laurence :** Oui.

**Michel :** À la tienne, mon amour.

**Laurence :** *(mélancolique)* À la nôtre…

*Noir.*

## Scène 3
### Le mensonge

*Dans une chambre d'hôtel qui ressemble sensiblement à celle de la première scène. Michel et Alice.*

**Alice :** Et alors ? Tu lui as dit quoi ?

**Michel :** À ma femme ? Je lui ai dit que j'avais une réunion à Bordeaux.

**Alice :** À Bordeaux ?

**Michel :** Oui. Avec des clients.

**Alice :** Et elle te croit ?

**Michel :** Pourquoi elle ne me croirait pas ?

**Alice :** Parce que ça fait vraiment bidon.

**Michel :** Qu'est-ce qui fait bidon ? Ça ne fait pas bidon du tout.

**Alice :** Si. Un peu…

**Michel :** Pas du tout.

**Alice :** Moi, je trouve… Enfin, ça transpire le mensonge.

**Michel :** Je pourrais très bien être à Bordeaux avec des clients. Je ne vois pas en quoi ça ferait… Ça ne fait pas du tout bidon ! Pourquoi tu dis que ça fait bidon ?

**Alice :** Si mon mari me disait ça, honnêtement…

**Michel :** Évidemment ! Ton mari est au chômage ! Il ne peut pas aller à Bordeaux voir des clients !

**Alice :** Pourquoi tu t'énerves ?

**Michel :** Mais je ne m'énerve pas. C'est toi qui me dis que je trouve des excuses bidons. Alors que je pourrais très bien être à Bordeaux. *(Petit temps.)* Avec des clients. *(Un temps.)* Qu'est-ce que tu as dit à Paul, toi ?

**Alice :** Je suis chez ma tante.

**Michel :** Tu es chez ta tante ?

**Alice :** Oui.

**Michel :** Elle habite à Bordeaux, ta tante ?

**Alice :** Non. Elle habite à Chartres.

**Michel :** Donc là, tu es censée être à Chartres ?

**Alice :** Exactement.

**Michel :** J'imagine que tu passes la nuit chez elle…

**Alice :** Oui.

**Michel :** Chartres est à une heure de Paris. Tu n'as pas été tentée de rentrer après le dîner ?

**Alice :** Non. Elle va bientôt déménager, tu sais.

**Michel :** Ta tante ?

**Alice :** Oui. Elle voulait que je l'aide à trier quelques affaires. Des affaires qui appartenaient à ma mère. De l'époque où… Enfin, quand elles étaient petites. Elle voulait savoir si certaines de ces affaires m'intéressaient… C'est pour ça qu'on a prévu de passer la soirée ensemble. On va sans doute finir assez tard…

*Un petit temps.*

**Michel :** *(admiratif)* Très sophistiqué.

**Alice :** Ce n'est pas sophistiqué. Seulement, ce n'est pas bidon.

**Michel :** Mais pourquoi tu dis que ça fait bidon ? C'est vrai, mon excuse est peut-être moins sophistiquée que la tienne, mais elle n'est pas moins crédible…

**ALICE :** Tu crois ?

**MICHEL :** *(essayant de se convaincre)* Oui. Je pourrais très bien être à Bordeaux. Avec des clients.

**ALICE :** *(amusée)* En tout cas, que ce soit à Bordeaux ou à Chartres, je suis heureuse d'avoir la nuit pour nous.

**MICHEL :** Moi aussi. Tu avais raison. On avait besoin de partir quelque part ensemble.

*Ils se rapprochent l'un de l'autre.*

**ALICE :** Oui. Mais tu ne trouves pas qu'on a l'impression d'être dans notre chambre ?

**MICHEL :** Celle de Paris ? Tu trouves ?

**ALICE :** Un peu… Non ?

**MICHEL :** Pas vraiment.

**ALICE :** Je trouve qu'on dirait la même chambre…

**MICHEL :** C'est vrai qu'il y a un lit. Mais à part ça…

**ALICE :** *(l'embrassant)* Un lit ? Où ça ?

*Le portable d'Alice sonne. Elle a l'air embarrassée.*

**MICHEL :** Décroche, si tu veux.

**ALICE :** C'est Paul.

**MICHEL :** Ah !

**ALICE :** Je ne décroche pas.

**MICHEL :** Comme tu veux.

**ALICE :** Non. *(Un temps.)* Il ne laisse pas de message…

**MICHEL :** Il va sans doute appeler sur la ligne de ta tante.

**ALICE :** Tu crois ?

**MICHEL :** C'est possible.

**ALICE :** Merde. J'aurais dû décrocher. Pourquoi je n'ai pas décroché ? Je vais le rappeler. Ça ne t'embête pas ? Juste une minute. Pourquoi il m'appelle ? À cette heure… J'espère qu'il ne va pas appeler sur la ligne de ma tante… *(Petit temps.)* C'est occupé. Merde.

**MICHEL :** Il n'a pas le numéro de ta tante, quand même… Si ? *(Elle ne répond pas.)* Ah ! il a le numéro de la tante…

**ALICE :** Il est dans le calepin, à côté du téléphone… *(Michel rit.)* Pourquoi tu ris ? Je te dis que c'est occupé ? Si ça se trouve… Pourquoi tu ris ?

**MICHEL :** Parce que, sans vouloir te vexer, ton histoire d'aller dîner chez ta tante, c'était vraiment bidon. *(Le portable de Michel sonne. Il regarde négligemment le numéro qui s'affiche sur son écran. Il s'arrête soudainement de rire.)* Chut. C'est ma femme. Merde. Je décroche. Chut… Allô ? Oui. Comment vas-tu mon amour ? Oui. Bien. Et toi ? Je sais. Je sais. Comment ? Écoute, ça se passe bien. Enfin, ça se passe. Bordeaux est une ville magnifique. Magnifique ! La Garonne, tout ça… Hein ? Oui. Je sais. *(Le portable d'Alice se remet à sonner. Elle lui fait des gestes pour le prévenir qu'elle va aussi décrocher.)* Attends, ma chérie, il faut que je te laisse… Oui. Un client. *Wait a minute. I speak with my wife. I love her.* J'ai un client qui m'appelle, chérie. Un client de Bordeaux. Je t'appelle demain. Oui. Moi aussi. Je t'embrasse.

*Il raccroche. Elle décroche.*

**ALICE :** Allô ? Je viens de louper ton appel. Oui. Oui. Oui. Hein ? Elle va bien. Le déménagement ? Ça avance. Hum ? Tu veux lui dire un mot ? *(Michel fait signe que non.)* Elle est un peu fatiguée, là… Mais tu veux que je lui dise quelque chose. Hein ? Tu veux lui parler ? C'est sa fête ? Ah ? Non, je n'avais pas réalisé… *(Elle regarde Michel, qui dit non de la tête.)* Elle ne veut pas te parler. Je ne sais pas… Pourquoi ? *(Michel fait signe qu'il ne sait pas.)* Elle ne sait pas. Quoi ? Qu'est-ce que tu racontes… Chéri. Paul… Bien sûr que je suis à Chartres ! Tu ne me crois pas ? Ça ne va pas ! Je peux très bien te la passer. Si, je peux. Pourquoi je ne le fais pas ? Hein ? Parce que je suis blessée. Oui. Par ton atti-tude. Comment tu peux dire… Comment tu peux sous-entendre… Tu ne me fais pas confiance ? Paul… Tu ne me crois pas ? Très bien, je te la passe. *(Elle tend le portable à Michel. Il est tétanisé.)* C'est Paul… Il aimerait te dire un mot pour ta fête.

**MICHEL :** *(prenant une voix de vieille femme)* Allô ? Oui. C'est tata…

*Alice lui fait signe de mettre la main sur le téléphone.*

**ALICE :** Elle n'a pas 100 ans non plus…

*Il reprend la ligne.*

**MICHEL :** Ah ! merci ! Tout va bien. On déménage, on déménage… Oui… Oui… Oui… Oui, oui. Oui, oui. Oui, oui, oui. Qui ça ? Pierrot ? *(Il met la main sur le combiné.)* C'est qui, Pierrot ?

**ALICE :** Ton mari.

**MICHEL :** *(prenant la voix de la vieille femme)* Oui, non, il est sorti…

*Alice lui fait signe… Il met la main sur le combiné…*

**ALICE :** Il est mort.

**MICHEL :** Ah ! merde. *(Un temps. Avec la même voix de vieille femme.)* Il est sorti de notre vie bien trop tôt… Oui. Oui. Où ça ? À Montauban ? Hum, hum… Avec Frédéric ? Hum, hum… Au mois d'août ? Oui. Ne quitte pas un instant. *(La main devant le combiné.)* Ça se complique.

**ALICE :** Le frère de ma tante, Frédéric, mon oncle, nous invite à passer une semaine au mois d'août dans sa maison à Montauban.

**MICHEL :** *(tentant de mémoriser)* Le frère de ta tante, Frédéric, qui est donc ton oncle, m'invite… C'est où, Montauban ?

**ALICE :** Qu'est-ce que ça peut faire ?

**MICHEL :** Rien, tu as raison. Et je dis quoi ?

**ALICE :** Je ne sais pas…

**MICHEL :** J'improvise…

**ALICE :** Non !

**MICHEL :** *(prenant la voix de vieille femme)* Alors pour Montauban, c'est d'accord. Oui. Et n'oublie pas ton maillot de bain ! Hein ? La mer ? Oui, mais Frédéric a fait construire une piscine. Je sais. Ah !… À qui le dis-tu ! Ça, c'est un investissement, une piscine… Je sais. Ah ! c'est exactement ce que je lui ai dit ! Mais tu connais ton frère, hein ? Oui, le mien, enfin Frédéric, oui, il n'écoute jamais ce qu'on lui dit. Oui. Hum, hum… Hum, hum… Ah ? Hum, hum…

Ah ? Hum, hum… Non, tu sais, moi, je suis allergique aux
pistaches !

*Alice a l'air inquiète de la tournure de la discussion… Elle reprend le téléphone.*

**ALICE :** Allô ? Oui, c'est moi. Écoute, on a encore beaucoup
de travail… On va te laisser. *(Elle jette un regard à Michel, qui a
l'air très fier de son imitation.)* Je sais. Non, elle n'est pas très en
forme. Non, tu exagères… *(Elle rit.)* Pas à ce point-là…
Non. Tu es méchant… Arrête…

*Michel la regarde rire avec son mari. Il a l'air vexé.*

**MICHEL :** *(avec sa voix naturelle)* Quoi ?

**ALICE :** Non, tu exagères…

*Alice rit encore. Elle s'écarte un peu.*

**MICHEL :** *(vexé)* Je ne vois franchement pas ce qu'il y a de
drôle…

**ALICE :** Compte sur moi. D'accord. Moi aussi. Je t'embrasse.
Oui… Oui… À demain.

*Elle raccroche.*

**MICHEL :** Alors ?

**ALICE :** Quoi ?

**MICHEL :** Ça va ?

**ALICE :** Oui.

**MICHEL :** Et pour la tante ? Tu vois, c'est passé…

**ALICE :** Je ne sais pas.

**MICHEL :** *(content de lui)* Si, c'est passé.

**ALICE :** Qu'est-ce que c'est que cette histoire de pistaches ?

**MICHEL :** Hein ?

**ALICE :** Cette histoire de pistaches…

**MICHEL :** Une fausse piste.

**ALICE :** Une fausse piste ?

**MICHEL :** *(assez fier)* Oui. Paul sait très bien que j'adore ça, les
pistaches. C'est pour ça. J'ai eu l'idée de dire que ta tante
était allergique. Tu comprends ?

**ALICE :** Pas bien, non.

**MICHEL :** C'est simple. Comme il sait que je suis fou des
pistaches, il…

**ALICE :** *(qui ne l'écoute pas)* Parfois j'ai l'impression qu'il pourrait tout découvrir en un instant…

**MICHEL :** Mais non…

**ALICE :** *(ailleurs)* Si. En un instant…

*Un temps.*

**MICHEL :** Bon.

**ALICE :** Quoi ?

**MICHEL :** On en était où ? *(Il s'approche d'elle pour l'embrasser à nouveau. Elle s'éloigne.)* Qu'est-ce qu'il y a ?

**ALICE :** Non, c'est juste… Ce coup de fil…

**MICHEL :** La vie est faite d'interruptions, mais…

**ALICE :** Je suis désolée…

**MICHEL :** Quoi ?

**ALICE :** Non, c'est moi qui t'ai demandé de… De partir quelque part… Mais je ne sais pas si c'était une bonne idée… Ça me fend le cœur de le savoir tout seul à Paris.

**MICHEL :** Il ne fait rien ce soir ?

**ALICE :** Non.

**MICHEL :** Il reste à la maison ?

**ALICE :** Oui.

**MICHEL :** Pauvre vieux… *(Petit temps.)* Tu veux qu'on le rappelle ?

**ALICE :** Ce n'est pas ça.

**MICHEL :** Alors quoi ?

**ALICE :** Je culpabilise.

**MICHEL :** Alice…

**ALICE :** Je sais. Mais le fait de lui avoir parlé au téléphone…

**MICHEL :** Embrasse-moi.

**ALICE :** Je culpabilise trop. C'est vrai. Je pense à Paul, et j'ai l'impression de vivre dans le mensonge permanent.

**MICHEL :** Dans le mensonge ?

**ALICE :** Oui. Permanent.

**MICHEL :** Où tu vois du mensonge ?

**ALICE :** Partout.

**MICHEL :** Tu ne lui mens pas, Alice. Tu ne lui dis pas la vérité. Ça n'a rien à voir !

**ALICE :** Bien sûr que je lui mens. Et toi aussi, tu lui mens.

**MICHEL :** *(choqué qu'on puisse penser ça de lui)* Moi ? Moi, je lui mens ?

**ALICE :** Oui. Tu ne dis pas la vérité à ton meilleur ami.

**MICHEL :** *(tentant de s'en sortir par une grande phrase)* Mais qu'est-ce que la vérité, Alice ? Hein ? Qu'est-ce que c'est ? Même les philosophes n'arrivent pas à répondre à cette question. Alors ton mari...

**ALICE :** Parfois, je me dis que je devrais tout lui dire.

**MICHEL :** Hein ?

**ALICE :** Je me dis que je devrais peut-être tout lui dire.

**MICHEL :** À Paul ?

**ALICE :** Oui. Tu ne crois pas qu'on devrait ?

**MICHEL :** Comment ça, qu'*on* devrait ?

**ALICE :** Toi et moi. Lui dire la vérité. À propos de nous. Après tout, c'est ton meilleur ami...

**MICHEL :** *(effrayé par cette idée)* Justement ! Tu es folle ? Il ne faut rien lui dire, Alice. Il ne faut surtout rien lui dire. Ce serait vraiment... Tu t'imagines ? Apprendre que sa femme couche avec un de ses meilleurs amis... C'est ignoble. C'est profondément ignoble. Ça le détruirait.

**ALICE :** Moi, ça me détruit de lui mentir.

**MICHEL :** Ça te détruit de lui mentir ?

**ALICE :** Oui.

**MICHEL :** Ça ne t'a jamais posé de problème jusque-là...

**ALICE :** C'est vrai. Mais maintenant, tu vois, ça me détruit de l'intérieur. Je m'en rends compte aujourd'hui. J'en ai assez de vivre dans le mensonge. De vivre comme ça... Et je me demande si je n'ai pas besoin de lui dire la vérité.

**MICHEL :** Tu as *besoin* de dire la vérité à Paul ?

**ALICE :** Je crois, oui.

**MICHEL :** Et lui, est-ce qu'il en a *besoin*, de ta vérité ? Pense à ça. Qu'est-ce qu'il va pouvoir en faire ? Tu vas lui faire du mal inutilement.

**Alice :** Au moins je serais honnête.

**Michel :** « Au moins je serais honnête… » Alice, tu n'es pas sérieuse…

**Alice :** Si.

**Michel :** Ce serait ridicule. Tu crois que tu te sentiras mieux une fois que tu lui auras dit que, depuis quelque temps, tu couches avec quelqu'un d'autre ? Hein ? Et qu'en l'occurrence, ce quelqu'un d'autre, c'est *moi*.

**Alice :** Oui, je crois que *je* me sentirai mieux.

**Michel :** C'est très égoïste.

**Alice :** Peut-être.

**Michel :** Quel est le problème, Alice ? Bon, d'accord, tu trompes ton mari. Et tu lui mens. Mais Alice, c'est *pour lui* que tu le fais. Je veux dire, que tu ne lui dis pas la vérité.

**Alice :** Pour lui ?

**Michel :** Oui. C'est par respect pour lui. C'est pour le protéger. Pour l'épargner. Pour ne pas lui faire de la peine. Ce serait égoïste de lui dire la vérité juste pour t'alléger la conscience. Oui. Très égoïste. Tu n'as pas le droit de faire ça, Alice. Tu n'as pas le droit. Tu vas tout détruire. *(Un temps.)* Et puis, franchement, je ne vois pas en quoi ça le concerne…

**Alice :** Tu ne vois pas en quoi ça le concerne ?

**Michel :** Non.

**Alice :** Son meilleur ami couche depuis presque un an avec sa femme…

**Michel :** *(tentant de relativiser)* Depuis quelques mois, Alice, depuis quelques mois. N'exagérons rien.

**Alice :** Ils se retrouvent dans des chambres d'hôtel. Et tu ne vois pas en quoi ça le concerne…

**Michel :** Ça le concerne, oui, peut-être, si on veut, mais *indirectement*.

**Alice :** Indirectement ?

**Michel :** Oui. Par personnes interposées.

**Alice :** Je suis sérieuse, Michel.

**Michel** : Moi aussi, Alice.

**Alice** : Mais toi, tu n'as jamais eu envie de tout lui dire ?

**Michel** : À Paul ?

**Alice** : À ta femme.

**Michel** : Non.

**Alice** : Tu n'es pas épuisé de lui mentir ?

**Michel** : C'est le prix à payer pour te voir.

**Alice** : Tu vas me trouver naïve, mais parfois je me dis que ce serait tellement plus simple si tout le monde se disait la vérité…

**Michel** : Ce serait un cauchemar, Alice. Ce serait un véritable cauchemar. Si les gens arrêtaient de se mentir du jour au lendemain, il n'y aurait plus aucun couple sur Terre. Et, dans une certaine mesure, ce serait la fin de la civilisation.

**Alice** : Tu ne comprends pas. Je vis avec lui. Et je l'aime.

**Michel** : Paul ?

**Alice** : Oui.

**Michel** : Évidemment que tu l'aimes. Évidemment. Et moi aussi, je l'aime. Je l'aime très fort. Je te rappelle qu'il est mon meilleur ami… Mais la seule preuve d'amour qu'on puisse lui donner, en l'état actuel des choses, c'est de lui mentir.

**Alice** : Peut-être.

**Michel** : Mais oui… Surtout en ce moment, Alice. Surtout en ce moment. Je te rappelle qu'il est au chômage… Ce n'est pas drôle tous les jours. Crois-moi. La dernière chose dont il ait besoin, c'est de connaître les détails de ta biographie érotique. Hein ?

**Alice** : Peut-être.

**Michel** : Mais oui…

**Alice** : Tu le vois quand ?

**Michel** : Lundi. On a une partie de tennis de prévue… Pourquoi ?

**Alice** : Pour rien.

**Michel** : Mais Alice… Promets-moi de ne rien lui dire. *(Un* *petit temps.*) C'est important, vraiment. Il ne faut rien lui dire… Tu me promets de ne rien lui dire ? (*Un petit temps.*) Hein, Alice, tu me le promets ?

**ALICE** : Non.

*Noir.*

## Scène 4
## L'amitié

*Michel et Paul, après leur partie de tennis. Ils ont encore leur matériel (raquettes, etc.).*

**MICHEL** : Et sinon, toi, ça va ?

**PAUL** : C'est la dixième fois que tu me poses la question, Michel.

**MICHEL** : Ah ? Pardon. Mais tu sais, à mon âge, on…

**PAUL** : On radote. Oui, tu me l'as déjà dit. Qu'est-ce qui t'arrive aujourd'hui ?

**MICHEL** : Hein ? Rien. Je perds la mémoire.

**PAUL** : Depuis quand ?

**MICHEL** : (*tentant une blague qui tombe à l'eau*) Depuis quand quoi ? (*Un temps. Il rigole tout seul. On sent son malaise.*) Belle partie, en tout cas.

**PAUL** : Tu trouves ? Moi, je n'ai pas bien joué.

**MICHEL** : Tu n'as pas bien joué ? Tu as gagné.

**PAUL** : Oui. Mais seulement parce que toi non plus, tu n'as pas bien joué. Bon. Je ne t'ai jamais considéré comme un grand joueur. Mais tu t'es toujours distingué de ce qu'on appelle, disons, un débutant. Sauf aujourd'hui.

**MICHEL** : Qu'est-ce que tu veux, je vieillis… Au fait, tu ne m'as pas dit comment ça s'était passé, ton entretien… pour ce poste…

**PAUL** : Je ne sais pas.

**MICHEL** : Je croyais que ça s'était bien passé ?

**PAUL** : Qui t'a dit ça ?

**Michel** : Hein ? Personne. Mais ça s'est mal passé ?

**Paul** : Non, non. Ça s'est bien passé. Enfin, tu sais, c'est toujours difficile de savoir.

**Michel** : Bien sûr. Mais bon, tu as eu l'impression que ça s'était bien passé ?

**Paul** : Plutôt, oui…

**Michel** : Il faut toujours se fier à ses impressions.

**Paul** : C'est drôle que tu dises ça.

**Michel** : Que je dise quoi ?

**Paul** : Qu'il faut se fier à ses impressions…

**Michel** : Pourquoi ?

**Paul** : Parce que justement, aujourd'hui, j'ai eu une drôle d'impression.

**Michel** : Ah oui ? Laquelle ?

**Paul** : J'ai eu l'impression que tu me laissais gagner.

**Michel** : Au tennis ?

**Paul** : Oui.

**Michel** : Quoi ?

**Paul** : Je te dis.

**Michel** : Pourquoi je te laisserais gagner ?

**Paul** : Je ne sais pas. Juste une impression.

**Michel** : Tu sais très bien que je déteste perdre…

**Paul** : Oui, ça, je sais.

**Michel** : Alors pourquoi je te laisserais gagner ?

**Paul** : Justement, je me demande.

**Michel** : Non. Tu as gagné, c'est tout.

**Paul** : Tu n'étais pas dans le coup.

**Michel** : Ce sont ces balles… Où tu les as achetées ?

**Paul** : Ces balles ?

**Michel** : Oui.

**Paul** : Je ne sais plus. Ce sont les mêmes que la semaine dernière, en fait.

**Michel** : Ah ?

**Paul** : Oui. *(Un temps.)* Oui. Ils m'ont dit qu'ils me rappelleraient dans quelques jours.

**MICHEL :** Les Suédois ? Je croise les doigts alors…

**PAUL :** Et toi, ça va ?

**MICHEL :** Ça va. Beaucoup de travail… *(Réalisant que cette dernière phrase est indélicate.)* Pardon…

**PAUL :** Tu devrais prendre quelques jours. Tu n'as pas l'air en forme…

**MICHEL :** Moi ? Tu dis ça parce que, pour une fois, tu m'as battu au tennis ?

**PAUL :** Je suis sérieux… Tu travailles trop. Tu devrais te prendre un petit week-end… Te changer les idées… Partir quelque part…

**MICHEL :** Hein ? Peut-être.

**PAUL :** Mais tu n'es pas parti en week-end ?

**MICHEL :** Moi ?

**PAUL :** Oui. L'autre jour…

**MICHEL :** Hein ? Oui. Mais c'était pour le travail.

**PAUL :** Évidemment… Tu vois, tu travailles trop.

**MICHEL :** *(tentant une diversion par l'humour)* On ne peut pas en dire autant de toi… *(Réalisant que ce n'est pas drôle.)* Pardon.

*Le portable de Paul sonne.*

**PAUL :** Ah !… Excuse-moi, c'est Alice… Une minute… Allô ? Oui, ma chérie. Non, je suis toujours avec Michel. Oui. On a fini. Non, j'ai gagné…

**MICHEL :** C'était serré.

**PAUL :** Hum ? D'accord… Très bien. C'est gentil. Moi aussi. Moi aussi, je t'aime. À tout à l'heure. *(Il raccroche.)* Elle m'appelait de son cabinet.

**MICHEL :** Ah ?

**PAUL :** Oui.

*Un temps.*

**MICHEL :** *(innocent)* Elle va bien ?

**PAUL :** Je crois. Comment tu la trouves, toi, en ce moment ?

**MICHEL :** Hein ?

**PAUL :** Comment tu la trouves ?

**MICHEL :** Alice ?

**PAUL** : Oui.

**MICHEL** : *(sentant le danger se rapprocher)* Tu veux dire…

**PAUL** : Ma femme.

**MICHEL** : Non, je veux dire… C'est à quel sujet ?

**PAUL** : Tu n'as rien remarqué de particulier ?

**MICHEL** : Non. Pourquoi ?

**PAUL** : Je ne sais pas. Elle a changé.

**MICHEL** : Alice ?

**PAUL** : Oui.

**MICHEL** : Moi, je ne trouve pas. Au contraire. Je trouve qu'elle n'a pas changé du tout. Enfin, en même temps, je ne l'ai pas vue très souvent dernièrement… Pourquoi tu dis ça ?

**PAUL** : Je ne sais pas. *(Un temps.)* Et Laurence, comment va-t-elle ? Ça se passe bien entre vous ?

**MICHEL** : Hein ? Oui, très bien.

**PAUL** : Tu sais que je l'ai eue, l'autre jour, au téléphone…

**MICHEL** : Alice ?

**PAUL** : Non, Laurence.

**MICHEL** : Comment ça ?

**PAUL** : Je cherchais à te joindre. Mais ton répondeur était fermé. Et tu n'étais pas à ton bureau.

**MICHEL** : Ah bon ? Mais quand ?

**PAUL** : Je ne sais plus. L'autre jour…

**MICHEL** : Et tu as appelé sur le fixe ?

**PAUL** : Oui.

**MICHEL** : Et tu as parlé à Laurence ?

**PAUL** : Oui. Elle n'avait pas cours. À cause de la grève.

**MICHEL** : Ah ?

**PAUL** : Elle avait l'air d'aller, non ?

**MICHEL** : *(ailleurs)* Oui.

*Un temps.*

**PAUL** : Hier, j'ai déjeuné avec Antoine Libéri. Tu vois qui c'est ?

**MICHEL** : *(toujours ailleurs)* Non.

**Paul :** Un type avec lequel j'ai fait mes études. Je t'en ai plusieurs fois parlé. On ne s'était pas revus depuis des années…

**Michel :** Ah ? C'est bien, c'est bien… Mais dis-moi… Si j'ai bien compris, donc, tu as parlé avec Laurence au téléphone ?

**Paul :** *(amusé)* Oui.

**Michel :** *(très embêté)* Ah !

**Paul :** Pourquoi ?

**Michel :** Tu n'appelles jamais sur le fixe, en règle générale !

**Paul :** Je n'arrivais pas à te joindre.

**Michel :** Et c'était si pressé que ça…

**Paul :** Oui et non. Je voulais te parler d'Alice. Justement… *(Petit temps.)* C'est une femme extraordinaire, tu sais.

**Michel :** Je sais.

**Paul :** Tu le sais ?

**Michel :** Oui. *(Petit temps.)* Enfin, j'imagine… Mais pourquoi tu disais qu'elle a changé ?

**Paul :** C'est une femme extraordinaire. Surtout quand tu traverses une période difficile. Ça va te paraître étrange, mais depuis que je suis au chômage, elle est merveilleuse avec moi. D'une telle douceur. C'est dans des moments comme ça que tu te souviens à quoi ça sert, une famille. Elle me touche infiniment.

**Michel :** C'est pour me dire ça que tu as appelé sur le fixe ?

**Paul :** Non. C'était parce que… Comment t'expliquer ? Elle est tellement prévenante que… Enfin je ne sais pas comment te dire. J'ai l'impression qu'elle s'en veut. Elle n'est pas à l'aise. Elle en fait trop.

**Michel :** Ah bon ?

**Paul :** Pour tout te dire, j'ai l'impression qu'elle me trompe.

**Michel :** Alice ?

**Paul :** Oui.

**Michel :** Alice, te tromper ?

**Paul :** Oui.

**Michel :** Mais Paul… *Alice* ?

**Paul :** En fait, j'en suis persuadé.

**Michel :** Paul, tu te fais des idées. Enfin, réfléchis : *Alice* !

**Paul :** Non, je te dis. Je le sais. Je n'ai aucun doute là-dessus.

**Michel :** *Alice* ? Mais c'est… c'est affreux.

**Paul :** Non. C'est banal.

**Michel :** Tu dis ça avec un calme. Je t'admire. Si ça m'arrivait à moi, je… Non, tu es admirable. De prendre les choses sereinement. *(Innocent.)* Et on sait quel est l'enfoiré qui…

**Paul :** Non. Mais je me demande forcément qui c'est.

**Michel :** Forcément, oui. C'est forcé.

**Paul :** Oui.

**Michel :** Forcément. *(Un temps.)* L'enfoiré !

*Un temps.*

**Paul :** Oui. Je crois même que je l'ai eu au téléphone l'autre jour…

**Michel :** Qui ça ? L'enfoiré ?

**Paul :** Oui. Alice m'a fait croire qu'elle était partie chez sa tante. Mais elle n'y était pas.

**Michel :** Qu'est-ce que tu racontes ? Bien sûr qu'elle y était… Tu ne crois pas que tu es un peu paranoïaque ?

**Paul :** Non, je te dis. J'ai eu sa tante au téléphone. Alice n'était pas là-bas.

**Michel :** Ah !

**Paul :** Alors je l'ai appelée sur son portable. Et elle m'a joué une comédie assez grotesque. Et le type avec lequel elle était s'est mis à imiter sa tante d'une façon pathétique…

**Michel :** À ce point-là ?

**Paul :** Oui. Je te dis, vraiment pathétique. J'avais de la peine pour lui.

*Un temps.*

**Michel :** *(très embêté pour Paul)* Merde ! *(Un temps.)* Et qu'est-ce que tu vas faire ?

**Paul :** *(en regardant Michel droit dans les yeux)* J'hésite à lui en parler.

**Michel :** *(blême)* Mais tu viens de me dire que tu ne savais pas qui c'était…

**Paul :** Non, je ne te parle pas de l'enfoiré…

**Michel :** *(soulagé)* Ah !…

**Paul :** Je te parle d'Alice. J'hésite à lui en parler…

**Michel :** Alors, si je peux te donner un conseil, surtout ne lui en parle pas.

**Paul :** Quoi ?

**Michel :** Ne lui dis rien. Tu ne veux pas la perdre ? Alors attends. Sois patient. Vas-y en douceur… Son aventure va s'épuiser toute seule, et elle reviendra. Elle reviendra, et tu oublieras complètement cette histoire de… Je te promets.

**Paul :** Peut-être.

**Michel :** Mais oui. Si tu essaies d'en parler avec elle, ça finira fatalement en crise. Tu n'as pas envie que ton histoire se finisse avec une crise ? Alors ne lui dis rien.

**Paul :** Tu me conseilles de faire comme si je ne savais pas.

**Michel :** Oui. D'attendre. D'autant plus que ça t'est déjà arrivé, à toi aussi.

**Paul :** De quoi ?

**Michel :** Tu m'as dit que ça t'était déjà arrivé. De la tromper. Tu vois bien. Si Alice avait tout découvert, à l'époque, vous vous seriez quittés.

**Paul :** Peut-être.

**Michel :** Tu vois. Non, crois-moi. Ne lui dis rien.

**Paul :** Tu as sans doute raison. *(Un temps.)* L'autre jour, comme je te disais, j'ai déjeuné avec cet ami, Antoine Libéri, j'étais vraiment heureux de le revoir. Parce que, tu vois, on a été très proches, lui et moi, les deux doigts de la main, et plusieurs années après, on se retrouve, et on n'avait plus rien à se dire.

**Michel :** Ah ?

**Paul :** Non. C'est ce qu'il y a de plus douloureux, je trouve, dans le fait de vieillir : voir ses amis changer.

**MICHEL :** Comment ça ?

**PAUL :** La mort commence bien avant la mort physique. C'est ce que je me suis dit en sortant de ce déjeuner. Tu vois tes amis mourir bien avant qu'ils ne meurent *réellement* : tu reconnais leur voix, leur tête, leurs expressions, mais à l'intérieur, ce ne sont plus les mêmes personnes. Il y a donc fatalement un moment, dans la vie, où l'on est *seul*. Sans ami.

**MICHEL :** Pourquoi tu me dis ça ?

**PAUL :** Pour rien. Parce que tu es mon ami. Mon meilleur ami. *Noir.*


## Scène 5
### La rupture

*Dans le cabinet d'Alice. Au milieu de la journée. Sa salle d'attente est pleine, mais elle passe un coup de téléphone (portable) entre deux rendez-vous.*

**ALICE :** *(au téléphone)* Oui, oui. Et vous avez mal depuis quand ? Lundi… Vous portez déjà des lunettes ? Non. Alors il faudrait peut-être vérifier. Oui, c'est sans doute ça. Ça peut expliquer les vertiges. D'accord. Alors, attendez, je regarde… Je peux vous proposer…

*Michel entre.*

**MICHEL :** Alice, il faut que je te parle.

*Alice est surprise de le voir débarquer. On comprend qu'il n'était pas attendu. Elle lui fait signe de ne pas faire de bruit. Elle consulte son agenda. Michel tourne en rond : il a l'air très nerveux.*

**ALICE :** *(au téléphone)* Je peux vous proposer… Est-ce que mercredi dans la matinée, vous… Non ? Bon. Alors ça va reporter à jeudi. Non, mardi, malheureusement je…

**MICHEL :** Alice, je…

**ALICE :** *(au téléphone)* Oui, je comprends. Mais mardi, je ne pourrai pas. Voilà. En revanche, si vous êtes libre jeudi… Oui ? Ça vous irait jeudi ?

**MICHEL :** Alice, je…

**ALICE :** *(au téléphone)* Dans la matinée, j'ai encore une possibilité. Oui. Entre 10 heures et 11 heures. Ah ? Oui, non, ça je ne peux pas vous dire… Effectivement. Oui, ça m'arrive de prendre du retard. Je ne peux pas vous garantir que… Non, ça je ne sais pas.

**MICHEL :** Alice, c'est une urgence…

**ALICE :** *(agacée par Michel, toujours au téléphone)* Je comprends, je comprends. Il n'y a pas de problème. Écoutez, le plus simple, c'est que je vous passe ma secrétaire. Oui, et vous verrez avec elle. *(Elle regarde Michel, qui croit qu'elle s'apprête à lui refaire le coup de la dernière fois. Il fait des signes pour dire : « Non, non, surtout pas ! » Mais ce n'était évidemment pas ce à quoi Alice pensait. Au téléphone.)* Oui. Voilà. Rappelez sur le standard, et vous tomberez directement sur elle. Ce sera plus facile pour fixer un rendez-vous. Elle vous dira tout ça. Oui. Je vous remercie. Mais je vous en prie. À jeudi. Au revoir. *(Elle raccroche.)* Tu débarques à mon cabinet maintenant…

**MICHEL :** C'est une urgence. Je sais que ta salle d'attente est pleine, je le sais…

**ALICE :** Et j'ai beaucoup de retard…

**MICHEL :** Oui, oui. Mais j'ai besoin de te parler deux minutes. Deux minutes.

**ALICE :** Qu'est-ce qu'il y a ?

**MICHEL :** Tu as parlé à Paul ?

**ALICE :** Quoi ?

**MICHEL :** Je te demande si tu as parlé à Paul ?

**ALICE :** De quoi ?

**MICHEL :** À ton avis.

**ALICE :** Pourquoi tu me poses cette question ?

**MICHEL :** J'étais avec lui à l'instant. Au tennis. *Il sait.*

**ALICE :** Quoi ?

**MICHEL :** *Il sait.*

**ALICE :** Qu'est-ce qui te fait dire ça ?

**MICHEL :** Je ne sais pas. Des insinuations. Je sais qu'il sait.

**ALICE :** Des insinuations ?

**MICHEL :** Oui.

**ALICE :** Qu'est-ce qu'il a insinué ?

**MICHEL :** Hein ? Mais toi, tu ne lui as rien dit ? La dernière fois qu'on s'est vus, tu n'arrêtais pas de dire que tu voulais tout lui dire.

**ALICE :** Michel…

**MICHEL :** Quoi ?

**ALICE :** Je ne veux pas que tu débarques comme ça dans mon cabinet. Si tu as besoin de me parler, tu me laisses un message. On prend rendez-vous. Mais pas comme ça. Pas sur mon lieu de travail. Ce n'est pas possible.

**MICHEL :** Je suis désolé. Mais je ne pouvais pas attendre.

**ALICE :** Quoi ?

**MICHEL :** J'ai besoin de savoir.

**ALICE :** Qu'est-ce qu'il a insinué ?

**MICHEL :** Rien. Il m'a dit que tu étais très présente, très douce…

**ALICE :** Et alors ?

**MICHEL :** Je ne sais plus les mots qu'il a employés, mais c'était comme s'il m'adressait un reproche…

**ALICE :** À toi ?

**MICHEL :** Oui. C'est pour ça. Il m'a dit qu'il avait l'impression que tu le trompais.

**ALICE :** C'est ce qu'il t'a dit ?

**MICHEL :** Oui. Comme quoi tu en faisais trop avec lui, que tu étais mal à l'aise… Bref, que tu avais quelque chose à te reprocher.

**ALICE :** Il ne t'a rien dit d'autre ?

**MICHEL :** Rien de précis…

**ALICE :** Il paraît qu'il t'a battu au tennis…

**MICHEL :** Hein ? Quel est le rapport ?

**ALICE :** Je croyais que tu étais meilleur que lui.

**MICHEL :** Je suis meilleur que lui. Mais ça n'a rien à voir… Alice, tu as entendu ce que je t'ai dit ? Il sait, Alice. Il sait *tout* !

**ALICE** : Tiens, allonge-toi là, et détends-toi un peu…

**MICHEL** : Mais je n'ai pas envie de m'allonger ! Comment tu veux que je me détende ? Il a tout découvert.

**ALICE** : Il n'a rien découvert.

**MICHEL** : Mais si ! Il a tout découvert ! *(Un temps. Solennel.)* Il faut qu'on parle, Alice.

**ALICE** : Et qu'est-ce qu'on est en train de faire, là ?

**MICHEL** : On ne peut pas continuer à se voir dans ces conditions. Il m'a dit qu'il avait eu ma femme au téléphone. Tu te rends compte ? Il a appelé sur le fixe… Ma femme… Ce n'est plus possible…

**ALICE** : Non.

**MICHEL** : Tu comprends ?

**ALICE** : Oui.

**MICHEL** : Il faut que tu comprennes…

**ALICE** : Je t'ai dit, je comprends.

**MICHEL** : C'est trop dangereux… Il serait plus sage de… Enfin, de s'en tenir à… De décider ensemble qu'il serait plus… Non, attends. Laisse-moi finir… Attends…

**ALICE** : Ma salle d'attente est pleine, Michel.

**MICHEL** : Eh bien, ils attendront cinq minutes. Ça sert à ça, non, une salle d'attente ?

**ALICE** : On en parlera plus tard.

**MICHEL** : Je crois qu'il faut qu'on se quitte. *(Un temps.)* Tu ne dis rien ?

**ALICE** : Qu'est-ce que tu veux que je te dise ?

**MICHEL** : La vérité.

**ALICE** : Quelle vérité ?

**MICHEL** : Arrête, Alice. Tu sais très bien de quoi je parle.

**ALICE** : Non.

**MICHEL** : Je voudrais savoir si tu lui as parlé de nous…

**ALICE** : Qu'est-ce que ça change ?

**MICHEL** : Qu'est-ce que ça change ? *Tout.*

**ALICE** : Je croyais que tu ne t'intéressais pas à la vérité.

**Michel :** Alice… Est-ce que tu lui as dit ? Est-ce que tu lui as dit que tu le trompais ?

*Un petit temps.*

**Alice :** Oui.

**Michel :** Je le savais. Je le savais. Je le savais.

**Alice :** Je ne pouvais pas faire autrement.

**Michel :** Tu m'avais promis que tu ne lui dirais rien.

**Alice :** Je ne pouvais plus lui mentir, Michel. Ce n'était plus possible.

**Michel :** Tu te rends compte de ce que tu as fait ?

**Alice :** Quand je suis revenue, l'autre jour, il m'a regardée avec des yeux… Il savait parfaitement que je n'étais pas allée chez ma tante. Il le savait. Qu'est-ce que je pouvais faire ? Je n'ai pas pu soutenir son regard… Je me suis mise à pleurer. Et je lui ai tout dit. Voilà.

**Michel :** Qu'est-ce que tu lui as dit ? Je veux dire… Tu ne lui as pas dit que c'était avec *moi* ? Hein ?

**Alice :** On a parlé une partie de la nuit. Je lui devais au moins une explication, tu ne crois pas ?

**Michel :** Oui, si tu veux, mais tu lui as dit que c'était avec *moi* ?

**Alice :** Évidemment.

**Michel :** Tu veux dire qu'il sait ? Que tout à l'heure, quand on a joué au tennis…

**Alice :** Oui.

**Michel :** Il a fait comme si de rien n'était… Et il savait ! *(Un temps. Il réalise…)* On a joué au tennis, on a ri ensemble, on a pris un verre après… On a discuté tranquillement de… Comme de vrais amis. Et il savait ? *(Un temps très court.)* Quel salaud ! *(Un temps très court.)* Et dire qu'il se prétend mon meilleur ami…

**Alice :** Michel…

**Michel :** On ne peut se fier à personne, en fait. Pas même à son meilleur ami !

**Alice :** Tu ne crois pas que tu inverses un peu les rôles…

**MICHEL :** Et qu'est-ce qu'il a dit ? À propos de moi ? Qu'est-ce qu'il a dit ?

**ALICE :** Rien.

**MICHEL :** Comment ça, rien ?

**ALICE :** Je te dis, il n'a rien dit.

**MICHEL :** Dis-moi la vérité, Alice. Ça suffit, les mensonges ! Tu lui as dit que tu couchais avec son meilleur ami depuis plusieurs mois, et il n'a rien dit ?

**ALICE :** Il m'a juste dit qu'il le savait depuis longtemps.

**MICHEL :** Quoi ?

**ALICE :** Il m'a dit qu'il le savait depuis des mois. Et qu'il était soulagé que je lui dise enfin la vérité.

**MICHEL :** Il savait depuis des mois ?

**ALICE :** C'est ce qu'il m'a dit.

**MICHEL :** Il savait depuis des mois que quoi ? Que je couchais avec toi ? C'est ça que tu es en train de me dire ?

**ALICE :** Oui. Il savait depuis le début.

**MICHEL :** Mais ce n'est pas possible. Enfin, Alice…

**ALICE :** Si.

**MICHEL :** Il savait qu'on couchait ensemble depuis le début, et il ne m'a rien dit ? Il a fait semblant pendant des mois. Pendant des mois, tu veux dire qu'il s'est foutu de ma gueule ! *(Un petit temps pendant lequel Michel encaisse.)* Mais quel salaud ! *(Un temps très court.)* Comment il a pu me faire ça ? À moi ! Comment il a pu ? *(Un temps. Très agité.)* Mais comment il a su ? Comment il a su ? Je veux dire… Comment il a su ?

**ALICE :** Je ne sais pas.

**MICHEL :** Mais si, tu sais.

**ALICE :** Je ne lui ai pas demandé.

**MICHEL :** Vous avez parlé toute la nuit. Tu m'as dit que vous aviez parlé toute la nuit…

**ALICE :** Oui.

**MICHEL :** Et tu n'as pas pensé à lui demander comment il avait tout découvert ?

**ALICE :** Non.

**MICHEL :** Alors de quoi vous avez parlé ?

**ALICE :** De nous. Je veux dire, de lui et de moi. De notre histoire. De notre avenir… Ça faisait longtemps qu'on n'avait pas été aussi proches, tu sais.

**MICHEL :** Et tu penses qu'il en aurait parlé à Laurence ? Parce qu'il l'a eue au téléphone… Sur le fixe. Tu crois qu'il lui en aurait parlé ?

**ALICE :** Pourquoi il en aurait parlé à ta femme ?

**MICHEL :** Je ne sais pas… Pour se venger.

**ALICE :** Ce n'est pas son genre.

**MICHEL :** De toute façon, il faut que j'aille le voir.

**ALICE :** Quoi ?

**MICHEL :** Il faut qu'on s'explique. Il est où ? Il est chez vous ?

**ALICE :** Hein ? Oui.

**MICHEL :** Il faut que j'aille le voir.

**ALICE :** Maintenant ? Je ne crois pas que ce soit une bonne idée… Michel…

**MICHEL :** Pourquoi ? Je ne vais pas faire comme si de rien n'était.

**ALICE :** Si, justement. C'est ça que tu devrais faire. Les choses rentreront dans l'ordre. Simplement. En douceur.

**MICHEL :** Mais ce n'est pas possible, Alice. Ouvre les yeux ! On ne peut pas échapper à une explication, lui et moi. Tu te rends compte ? Ça fait *six mois* qu'il me ment ! Six mois qu'il ment à son meilleur ami !

**ALICE :** Michel…

**MICHEL :** Pourquoi ? Pourquoi ce ne serait pas une bonne idée ?

**ALICE :** Je ne peux pas te dire pourquoi. Mais crois-moi, Michel, crois-moi, ce n'est pas une bonne idée.

*Un temps.*

*Noir.*

## Scène 6
## Une explication

*En fin de journée. Chez Paul.*

MICHEL : Je t'ai appelé soixante mille fois dans la journée… Tu étais injoignable…

PAUL : J'étais allé me promener. Et j'avais oublié mon téléphone.

MICHEL : Ah ?

PAUL : Oui. Je suis allé du côté des Tuileries. Il y avait une lumière fabuleuse. Tu vois, c'est exactement le genre de choses que je ne voyais pas avant.

MICHEL : *(la gorge serrée)* Avant quoi ?

PAUL : Avant d'être au chômage. Je travaillais tout le temps, et d'une certaine façon je passais à côté de beaucoup de choses.

MICHEL : C'est sûr. Tu avais le nez dans le guidon.

PAUL : Quoi ?

MICHEL : Non, je disais, tu avais le nez dans… Bref, tu, oui, tu passais à côté de beaucoup de choses.

PAUL : Oui. Je ne peux pas t'expliquer pourquoi, mais je me sens mieux depuis que je suis au chômage. C'est vrai. Je me sens plus léger.

MICHEL : C'est peut-être ta vocation…

PAUL : *(souriant)* Qui sait ? Par exemple, je ne faisais jamais de promenade *avant*.

MICHEL : Ah ?

PAUL : Non. Je ne prenais le temps de rien. Il y a infiniment de choses que je ne voyais pas. J'étais comme aveugle, tu vois. Tu vois ?

MICHEL : Oui.

PAUL : Mais maintenant j'ai ouvert les yeux. Je vois les choses qui se passent autour de moi. Les gens. Les arbres. La façade des bâtiments. Les…

MICHEL : Justement, je voulais te parler.

**PAUL :** Ah ?

**MICHEL :** Oui. C'est pour ça que je suis passé. En fait, je traîne en bas de chez toi depuis au moins deux heures. Je ne savais pas que tu faisais des promenades.

**PAUL :** Ah non ?

**MICHEL :** Non. Je suis passé parce que je voulais te parler. *(Un temps. Gêné.)* Tu aurais quelque chose à boire ?

**PAUL :** Qu'est-ce que tu veux ?

**MICHEL :** Ce que tu as de plus fort.

**PAUL :** Whisky ?

**MICHEL :** Parfait.

**PAUL :** Avec de la glace ?

**MICHEL :** Hein ? Non, non. Comme ça. Sans rien. *(Il le sert. Un temps.)* Et tes promenades, tu les fais toujours aux Tuileries ?

**PAUL :** Non, ça dépend. Pourquoi ?

**MICHEL :** Pour rien. *(Un temps. Lui indiquant qu'il veut davantage de whisky.)* Tu peux y aller carrément… Mais alors, carrément… Merci. *(Un temps. Il boit.)* Il est bon, ce whisky… Qu'est-ce que c'est ?

**PAUL :** C'est du whisky. Tout ce qu'il y a de plus normal…

**MICHEL :** Ah ? Il est bon.

*Un temps.*

**PAUL :** Alors ? Quoi de neuf depuis ce matin ?

**MICHEL :** Hein ?

**PAUL :** Je te rappelle qu'on a joué au tennis ce matin.

**MICHEL :** Oui. Je sais. Justement il s'est passé quelque chose. Et c'est de ça que je voudrais te parler. *(Un temps. La gêne est de plus en plus palpable.)* Comment te dire ? Avant, j'étais plutôt vodka… Quand je dis que j'étais plutôt vodka, je ne dis pas que je ne buvais que ça. Mais je n'ai jamais eu l'habitude de prendre du whisky en apéritif, par exemple…

**PAUL :** Ah non ?

**MICHEL :** Non. Je ne sais pas pourquoi. Mon père, lui, prenait tous les jours un petit verre de whisky. C'était pratiquement la première chose qu'il faisait en rentrant le soir à la maison. À ceci près qu'il prenait des glaçons…

**PAUL** : Ton père ?

**MICHEL** : Oui. Il aimait le whisky *avec* glaçons.

**PAUL** : C'est de ça que tu voulais me parler ?

**MICHEL** : Non.

**PAUL** : C'est ce que je me disais.

*Un temps.*

**MICHEL** : Voilà. Je suis passé voir Alice tout à l'heure. À son cabinet…

**PAUL** : Ah ?

**MICHEL** : Oui. *(Un temps très court.)* Et toi, tu as des nouvelles de ton père ?

**PAUL** : Hein ? Pas depuis qu'il est mort.

**MICHEL** : Ah oui ! C'est vrai. Pardon… Pauvre vieux… *(Un temps. Se lançant enfin.)* Oui, donc. Je suis passé la voir à son cabinet. Alice. Nous avons parlé. Et elle m'a dit que vous aussi vous aviez parlé. L'autre nuit. Et je me suis dit qu'il fallait que l'on parle, nous aussi. Que l'on parle de tout ce dont vous aviez parlé.

**PAUL** : Tu pourrais être plus clair ?

**MICHEL** : Eh bien, à propos de… que depuis quelque temps… Je… Bref. Elle m'a dit que tu savais.

**PAUL** : Que je savais quoi ?

**MICHEL** : Pour Alice et moi, Paul. *(Un temps. Pas de réaction. Michel est pris d'un doute.)* Tu le savais ? Hein ? Paul…

**PAUL** : Qu'est-ce que tu entends par « pour Alice et moi » ?

**MICHEL** : Hein ?

**PAUL** : De quoi tu parles ?

**MICHEL** : De rien. *(Un temps. Un doute.)* Alice m'a dit que tu le savais.

**PAUL** : Que je savais quoi ?

**MICHEL** : Hein ? *(Un temps.)* Tu ne le savais pas ? *(Un temps.)* Tu ne le savais pas…

**Paul :** Si.

**Michel :** Tu le savais ?

**Paul :** Oui. Depuis le début.

**Michel :** *(soulagé)* Ah !… J'ai cru que je faisais une gaffe…

**Paul :** Je le sais depuis le début.

**Michel :** C'est ce qu'elle m'a dit. Elle m'a dit que tu savais tout depuis le début.

**Paul :** Oui.

**Michel :** Je ne comprends pas pourquoi tu ne m'en as pas parlé !

**Paul :** Qu'est-ce que tu voulais que je te dise ?

**Michel :** Je suis ton ami, merde ! Si on ne peut plus se confier à un ami… Pourquoi tu ne m'as rien dit ?

**Paul :** C'était plutôt à toi de m'en parler. Tu ne crois pas ?

*Un temps.*

**Michel :** Écoute… Je suis désolé. Je suis tellement désolé… Mais tu dois savoir que je tiens énormément à toi… Je ne sais pas ce qui m'a pris… Comment les choses se sont faites… D'un coup, ça me paraît complètement absurde… Et je m'en veux terriblement.

*Un temps.*

**Paul :** Tu en veux un autre ?

**Michel :** Je veux bien. Merci. Prends-en, toi aussi.

**Paul :** Merci.

*Un temps. Il boit une gorgée.*

**Michel :** Tu sais, j'avais dit à Alice de ne rien te dire, mais elle ne m'a pas écouté. Elle croit que la vérité est toujours bonne à dire. J'ai tout fait, vraiment tout, pour qu'elle continue de te mentir. Tu dois me croire.

**Paul :** Je te crois.

**Michel :** Oui, j'ai vraiment tout fait.

**Paul :** Mais d'une certaine façon, c'est mieux comme ça. Tu ne crois pas ?

**Michel :** Hein ? Je ne sais pas. *(Un temps.)* Voilà. Je voulais te dire que nous allions cesser de nous voir. Je veux dire,

Alice et moi. J'espère que nous parviendrons à rester amis, malgré ça. Je veux dire, toi et moi… Je l'espère vraiment. Si tu ne voulais plus me revoir, je le comprendrais parfaitement, mais j'en serais terriblement affecté. Voilà ce que je voulais te dire.

*Un temps.*

**PAUL** : C'est tout ?

**MICHEL** : Non. *(Un temps.)* Voilà… Alice m'a dit que tu le savais depuis longtemps… C'est ce que tu lui as dit. Enfin, elle, elle m'a dit que c'était ce que tu lui avais dit.

**PAUL** : De quoi ?

**MICHEL** : Que tu étais au courant depuis le début.

**PAUL** : Oui.

**MICHEL** : J'imagine que tu m'en veux terriblement. Mais moi aussi, je t'en veux.

**PAUL** : Toi ?

**MICHEL** : Oui. De n'avoir rien dit. Ni à ta femme ni à ton ami…

**PAUL** : J'en ai parlé à Alice. Quand j'ai compris que vous étiez ensemble, j'en ai parlé à Alice. On s'est expliqués là-dessus.

**MICHEL** : La nuit dernière ?

**PAUL** : Non. Il y a six mois.

**MICHEL** : Quoi ? Alice m'a dit que vous aviez eu cette discussion hier dans la nuit…

**PAUL** : Oh ! non… On en a parlé il y a six mois. Et depuis, je crois qu'on n'a plus évoqué le sujet…

**MICHEL** : Je ne comprends pas… Tu es sûr ?

**PAUL** : Oui.

**MICHEL** : Tu ne te trompes pas dans les dates ?

**PAUL** : Non. Je lui en ai parlé dès que j'ai compris que vous…

**MICHEL** : Comment tu l'as découvert ?

**PAUL** : Hein ?

**MICHEL** : Comment tu as découvert que je… Il y a six mois…

**Paul :** C'est…

**Michel :** Oui ?

**Paul :** Quelle importance ?

**Michel :** Je voudrais savoir.

**Paul :** Tu veux vraiment ?

**Michel :** Oui.

**Paul :** Non… C'est inutile.

**Michel :** Dis-moi… Comment tu l'as découvert ?

**Paul :** C'est ta femme.

**Michel :** Pardon ?

**Paul :** C'est ta femme qui me l'a dit.

*Un temps.*

**Michel :** C'est ma femme qui t'a dit quoi ?

**Paul :** Que tu couchais avec la mienne.

**Michel :** *(ne le prenant pas au sérieux)* Tu plaisantes ?

**Paul :** Non.

**Michel :** *(catastrophé)* Tu veux dire qu'elle est au courant ?

**Paul :** Oui.

**Michel :** Elle est au courant ?

**Paul :** Oui. Depuis le début.

*Un temps. Michel encaisse.*

**Michel :** Tu veux dire que, elle aussi, elle me joue la comédie depuis six mois ? *(Un temps.)* Elle aussi ? Elle savait depuis le début, et elle ne m'a rien dit ? Elle me regardait faire, lui mentir, tenter d'être discret… Et elle savait… *(Petit temps.)* Quelle salope !

**Paul :** Hein ?

**Michel :** Mais quelle salope ! Tu te rends compte le niveau de manipulation de cette femme ? Pourquoi elle ne m'a rien dit ? Pourquoi ?

**Paul :** Pose-lui la question…

**Michel :** Tu te rends compte ? Vingt ans de mariage pour en arriver là… Pour découvrir que ta femme te ment, te manipule, te fait passer pour un… Quel échec ! Mais quel échec !

**Paul :** Elle avait peut-être des raisons pour ne rien te dire…

**MICHEL** : Et toi, pourquoi tu ne m'as rien dit, toi ? Espèce d'enfoiré !

**PAUL** : Je ne m'en sentais pas le droit.

**MICHEL** : Tu ne t'en sentais pas le droit ?

**PAUL** : Non.

**MICHEL** : Et si je te foutais mon poing dans la gueule, tu t'en sentirais le droit ?

**PAUL** : Pourquoi tu t'énerves ?

**MICHEL** : Mais je couchais avec ta femme, putain !

**PAUL** : Je sais.

**MICHEL** : Et toi, tu me dis que tu ne t'en sentais pas le droit…

**PAUL** : Je pensais que tu faisais ça par vengeance.

**MICHEL** : Hein ?

**PAUL** : Quoi ?

**MICHEL** : Comment ça par vengeance ? Par vengeance vis-à-vis de quoi ?

**PAUL** : Hein ?

**MICHEL** : Je ne comprends rien de ce que tu me dis.

**PAUL** : Je pensais que tu avais deviné.

**MICHEL** : Que j'avais deviné quoi ?

**PAUL** : Rien.

**MICHEL** : Si. Dis-moi… Paul… Que j'avais deviné quoi ?

**PAUL** : Pour Laurence et moi.

**MICHEL** : Pardon ? *(Paul se ressert un verre.)* Tu as eu une liaison avec Laurence ? Paul. Tu as eu une liaison avec ma femme ?

**PAUL** : Oui…

**MICHEL** : Quoi ? Mais depuis quand ?

**PAUL** : Quelle importance ?

**MICHEL** : Depuis quand ?

**PAUL** : Depuis le mois d'août.

**MICHEL** : *(catastrophé)* De l'année dernière ?

**PAUL** : Oui. Enfin, de l'année d'avant.

*Un temps. Michel encaisse.*

**MICHEL** : Tu es en train de me dire que tu as couché avec ma femme ?

**PAUL :** Oui.

**MICHEL :** *(scandalisé)* Avec ma femme ? *Avec la femme de ton meilleur ami ?*

**PAUL :** Oui.

**MICHEL :** Mais tu es une ordure ! Mais comment tu peux te regarder dans une glace ? Avec la femme de ton meilleur ami ! Ton meilleur ami, Paul… Tu me donnes envie de vomir !

**PAUL :** Je te rappelle que tu ne t'es pas privé de coucher avec ma femme.

**MICHEL :** N'essaie pas de retourner la situation ! Pas avec moi !

**PAUL :** Pourquoi tu t'énerves ?

**MICHEL :** Pourquoi je m'énerve ? Tu me demandes pourquoi je m'énerve ? C'est vrai, au fond, pourquoi je m'énerve ? Mon meilleur ami couche avec ma femme depuis des mois dans mon dos, il n'y a pas de quoi s'énerver… Tu veux savoir pourquoi je m'énerve ? Parce que je suis dégoûté par ton attitude.

**PAUL :** Je comprends.

**MICHEL :** Moi, je ne comprends pas. Je ne comprends pas comment ma femme a pu coucher avec un type comme toi. Non, mais regarde-toi… Un chômeur, en plus.

**PAUL :** À l'époque, j'étais directeur financier…

**MICHEL :** N'aggrave pas ton cas, s'il te plaît. N'aggrave pas ton cas… *(Un temps.)* Et Alice, tu lui as dit ? Tu lui as dit que tu couchais avec ma femme ?

**PAUL :** Évidemment.

**MICHEL :** *(parodique)* Évidemment.

**PAUL :** Quand j'ai appris que tu couchais avec la mienne, on a eu une longue discussion. Toute la nuit. Je viens de te le dire. On s'est dit la vérité.

**MICHEL :** Mais quand ?

**PAUL :** Je te dis… Il y a six mois. Quelque chose comme ça.

**MICHEL :** Donc elle savait. Elle aussi, elle savait que tu couchais avec ma femme ?

**PAUL :** Oui.

**MICHEL :** Si je comprends bien, j'étais le seul à ne pas être au courant, c'est ça ?

**PAUL :** D'une certaine façon, oui.

**MICHEL :** Formidable ! Et vous faisiez des dîners à trois, parfois, pour discuter de la situation ?

**PAUL :** Michel…

**MICHEL :** Quoi ? Quoi ? Tu couches avec ma *femme*, tu couches avec ma *maîtresse*, et tu te prétends mon *meilleur ami*… Tu veux mon *job* aussi, pendant que tu y es ?

**PAUL :** Calme-toi.

**MICHEL :** Que je me calme ?

**PAUL :** Oui. Prends un autre verre…

**MICHEL :** Si tu me ressers, je te préviens, je risque de te l'envoyer à la gueule.

**PAUL :** Michel…

**MICHEL :** Putain…

**PAUL :** Michel…

*Il le ressert. Un temps.*

**MICHEL :** *(plus calme)* Et Alice ? Pourquoi elle ne m'a rien dit ?

**PAUL :** C'est moi qui l'en ai dissuadée.

**MICHEL :** Toi ?

**PAUL :** Oui. Elle n'en pouvait plus de vivre dans le mensonge. Elle voulait tout te dire… Mais tu disais tout le temps qu'il ne faut pas dire la vérité…

**MICHEL :** Bref, vous m'avez sérieusement pris pour un con, tous les trois.

**PAUL :** Au contraire, Michel. Au contraire. C'est par amour pour toi qu'on ne t'a rien dit.

**MICHEL :** Oui, oui… Ne te fatigue pas, je connais la chanson. *(Un temps.)* Et dire que ce matin encore, pour ne pas te saper le moral, j'ai fait exprès de perdre au tennis… Je suis écœuré.

**PAUL :** Moi, ça fait un an et demi que je fais exprès de perdre.

**MICHEL :** Quoi ? Qu'est-ce que tu as dit ?

**Paul :** Rien.

**Michel :** Si. Qu'est-ce que tu as dit ?

**Paul :** J'ai dit que ça fait un an et demi que je fais exprès de perdre…

**Michel :** Tu es sérieux ? Paul, tu es sérieux ? Tu insinues quoi ? Que tu joues mieux au tennis que moi ? C'est ça que tu insinues ? *(Pas de réponse.)* Je crois que nous n'avons plus rien à nous dire. *(Il s'apprête à partir. Va vers la porte. Revient. Un temps.)* Tu la vois toujours ?

**Paul :** Hein ?

**Michel :** Ma femme, c'est toujours d'actualité ? Non, je voudrais juste savoir quelle pièce vous me jouez… Savoir si c'est une comédie ou une tragédie…

**Paul :** Avec les femmes, on ne sait jamais…

**Michel :** Tu la vois toujours ?

**Paul :** *(gêné, à son tour)* Justement, il y a quelque chose qu'il faut que tu saches…

*Un temps.*

*Noir.*

### Scène 7
### La vérité

*Michel débarque chez lui. Laurence n'est pas là.*

**Michel :** Laurence ! Laurence ! Tu es où ? Il y a quelqu'un ? *(Il traverse la scène plusieurs fois.)* Où est-ce qu'elle est encore ? Laurence !

*Soudain elle apparaît.*

**Laurence :** Pourquoi tu cries comme ça ?

**Michel :** Pourquoi je crie ? Tu me demandes pourquoi je crie ?

**Laurence :** Oui.

**Michel :** Je ne crie pas, Laurence, je t'appelle.

**Laurence :** J'étais dans le dressing. Je ne t'entendais pas.

**MICHEL :** Et on peut savoir ce que tu faisais dans le dressing ?

**LAURENCE :** *(amusée)* Je me préparais. Qu'est-ce qui te prend ?

**MICHEL :** Tu sors ?

**LAURENCE :** Oui.

**MICHEL :** Avec qui ?

**LAURENCE :** Tu veux vraiment le savoir ?

**MICHEL :** *(pensant à Paul)* Je le sais déjà.

**LAURENCE :** Alors pourquoi tu me poses la question ?

**MICHEL :** Pour te l'entendre dire.

**LAURENCE :** Je sors avec toi.

**MICHEL :** Avec moi ?

**LAURENCE :** Oui.

**MICHEL :** Première nouvelle.

**LAURENCE :** On dîne chez les Besson ce soir. Tu as oublié ?

**MICHEL :** Ce soir ? Tu es sûre ?

**LAURENCE :** Oui. Il faut partir dans une demi-heure…

**MICHEL :** Je ne veux pas y aller. Je veux rester ici. Il faut que je te parle.

**LAURENCE :** Michel, on ne peut pas tout annuler à la dernière minute…

**MICHEL :** Bien sûr qu'on peut. Si c'est important…

**LAURENCE :** Qu'est-ce qu'il y a d'important ?

*Un temps.*

**MICHEL :** Aujourd'hui, j'ai appris quelque chose. Quelque chose d'important.

**LAURENCE :** À quel propos ?

**MICHEL :** À propos de Paul. *(Un temps.)* Je reviens de chez lui. À l'instant.

**LAURENCE :** Ah ?

**MICHEL :** Oui. *(Un temps.)* Tu sais ce qu'il prétend ?

**LAURENCE :** Non.

**MICHEL :** Ça va te faire sourire.

**LAURENCE :** Dis-moi.

**MICHEL :** Il prétend qu'il fait exprès de me laisser gagner depuis un an et demi. Au tennis…

**LAURENCE :** Paul ?

**MICHEL :** Oui. Depuis le mois d'août pour être précis. Pas celui de cette année. Non. Celui de celle d'avant.

**LAURENCE :** Il dit ça parce qu'il est mauvais joueur.

**MICHEL :** Je sais…

**LAURENCE :** Alors ?

**MICHEL :** Tu comprends, il pense jouer un grand tennis. Alors que son revers, par exemple, laisse sérieusement à désirer. Je dis ça en toute objectivité, Laurence. En toute objectivité. Paul est un joueur moyen.

**LAURENCE :** Je ne vois pas où tu veux en venir.

**MICHEL :** Justement, j'y viens. *(Un temps.)* Je suis passé chez lui tout à l'heure, et on a bu quelques verres.

**LAURENCE :** *(amusée)* Oui, je me disais…

**MICHEL :** J'étais chez lui, on discutait, et soudain il m'annonce ça.

**LAURENCE :** Quoi ?

**MICHEL :** Il m'annonce qu'il me laisse gagner depuis tout ce temps. Il remet sérieusement en cause toutes mes victoires. Toutes, sans exception. Tu peux croire ça ?

**LAURENCE :** Quelle importance ?

**MICHEL :** Tu me poses la question…

**LAURENCE :** Vous ne jouez pas pour gagner. Si ?

**MICHEL :** Comment je pourrais faire confiance à un ami qui avoue te mentir depuis si longtemps ? *(Un temps.)* Je sais tout, Laurence.

**LAURENCE :** Tu sais tout ?

**MICHEL :** Oui.

**LAURENCE :** À quel propos ?

**MICHEL :** À ton avis ? *(Laurence fait un signe pour dire qu'elle ne sait pas.)* Tu vois, tu continues…

**LAURENCE :** Je continue quoi ?

**MICHEL :** La comédie. Les mensonges…

**LAURENCE :** Moi ?

**MICHEL :** Je te dis que je sais tout. Je sors de chez Paul. Il m'a tout dit !

**LAURENCE :** De quoi tu parles, Michel ?

**Michel :** J'avais confiance en toi, Laurence.

**Laurence :** Tu peux parler plus clairement ?

**Michel :** Mais je te dis que je sais, que je sais tout, et tu continues ce petit rôle minable que tu me joues depuis un an et demi. Un an et demi ! Dix-huit mois !

**Laurence :** Tu as trop bu, Michel.

**Michel :** Ça n'a rien à voir.

**Laurence :** Alors pourquoi tu m'attaques comme ça ? Sans raison…

**Michel :** Sans raison ? Sans raison, Laurence ? Tu me trompes depuis un an et demi !

**Laurence :** Moi ?

**Michel :** Oui, toi.

**Laurence :** Absolument pas.

**Michel :** Tu vois, tu continues de nier.

**Laurence :** Bien sûr que je nie.

**Michel :** Je rêve…

**Laurence :** Eh bien, réveille-toi ! Qu'est-ce que c'est que cette histoire ?

**Michel :** Il m'a tout dit, je te dis.

**Laurence :** Qui ? Paul ? Paul t'a dit que je te trompais ?

**Michel :** Oui. Et devine avec qui ?

**Laurence :** Aucune idée. Mais ça m'intéresse de le savoir…

**Michel :** Avec mon meilleur ami.

**Laurence :** Avec Paul ?

**Michel :** Exactement. *(Laurence se met à rire.)* Oui, moi aussi, au début ça m'a fait beaucoup rire…

**Laurence :** Mais c'est stupide, Michel.

**Michel :** Je suis bien d'accord avec toi. C'est stupide. Stupide et cruel. Comment tu as pu me faire ça ? Mon meilleur ami…

**Laurence :** *(presque avec l'envie de rire)* C'est Paul qui t'a dit ça ? Il t'a dit que je couchais avec lui depuis un an ?

**Michel :** Un an et demi.

**Laurence :** N'importe quoi.

**Michel :** Tu continues…

**Laurence :** *(rieuse)* Je te dis que c'est faux ! Écoute, ça ne tient pas la route une seconde, mon amour. Qu'est-ce que j'irais faire avec Paul ? Je l'ai toujours trouvé très sympathique… Mais sérieusement… Si je t'ai épousé, ce n'est pas pour prendre un amant comme Paul…

**Michel :** C'est-à-dire ?

**Laurence :** Ça me paraît clair, non ? Tu es plus beau que lui. Tu es plus intelligent que lui. Tu as plus d'humour que lui…

**Michel :** Je joue mieux au tennis.

**Laurence :** Oui. Et surtout je t'aime. Je crois vraiment que tu as trop bu pour croire à ce genre de choses…

*Un temps.*

**Michel :** Vous m'écœurez tous avec vos mensonges ! Il n'y a que moi qui sois honnête ? Il n'y a que moi qui ne passe pas mes journées à mentir ? Tu me mens. Paul me ment ! Alice ment !

**Laurence :** Quel est le rapport avec Alice ?

**Michel :** Écoute… Je reviens de chez Paul. On s'est déjà tout dit. Tout, tu m'entends. Il n'y a plus de secret entre nous. On s'est expliqués sur ma relation avec Alice, ainsi que sur la vôtre… Alors s'il te plaît, arrête de me mentir… Je suis fatigué.

**Laurence :** *(changeant subitement d'humeur)* Ta relation avec Alice ?

**Michel :** Oui, enfin… « relation »… C'est un grand mot.

**Laurence :** Quelle relation ?

**Michel :** Hein ?

**Laurence :** Tu es en train de me dire que tu as eu une histoire avec Alice ?

**Michel :** Ne fais pas comme si tu ne le savais pas.

**Laurence :** Tu as eu une histoire avec Alice…

**Michel :** Tu le sais très bien. C'est toi qui l'as dit à Paul !

**Laurence :** Et elle date de quand, cette relation ?

**Michel :** Presque rien. Six mois.

**LAURENCE :** Six mois ?

**MICHEL :** À peine.

**LAURENCE :** Tu trouves que c'est presque rien ?

**MICHEL :** Comparé à la vôtre, oui. C'est trois fois moins qu'un an et demi.

**LAURENCE :** Pourquoi ?

**MICHEL :** Un moment d'égarement…

**LAURENCE :** Non, je veux dire… Pourquoi tu me le dis ?

**MICHEL :** Hein ?

**LAURENCE :** Pourquoi tu me dis ça ? Comme ça… Sans ménagement…

**MICHEL :** Mais puisque je te dis que tu étais au courant !

**LAURENCE :** J'étais au courant ?

**MICHEL :** Mais oui…

**LAURENCE :** De ta relation avec Alice ? J'étais au courant ?

**MICHEL :** Oui. Depuis le début.

**LAURENCE :** Ah ?

**MICHEL :** Oui. Et tu fais comme si de rien n'était. Depuis des mois…

**LAURENCE :** Et ça aussi, c'est Paul qui te l'a dit ?

**MICHEL :** Oui. Depuis le début tu fais comme si de rien n'était. C'est ça qui me tue… T'imaginer en train de faire semblant pendant autant de temps… Comment veux-tu que je te fasse confiance maintenant ?

*Un temps. Elle n'en revient pas.*

**LAURENCE :** Tu te rends compte de ce que tu es en train de faire ?

**MICHEL :** Je suis en train de te parler sincèrement. Je suis en train de te supplier d'arrêter de me mentir.

**LAURENCE :** Mais tu ne comprends rien.

**MICHEL :** Moi, je ne comprends rien ?

**LAURENCE :** Rien.

**MICHEL :** Qu'est-ce que je ne comprends pas ?

**LAURENCE :** Laisse tomber.

**MICHEL :** Si. Vas-y. Dis-moi…

**LAURENCE :** Je n'ai jamais eu d'histoire avec Paul. Jamais. S'il t'a raconté ça, c'est uniquement pour…

**MICHEL :** Oui ?

**LAURENCE :** Je ne sais pas… Parce qu'il pensait que tu étais assez con pour venir m'avouer tout seul que tu avais une histoire avec Alice.

**MICHEL :** Hein ?

**LAURENCE :** Par vengeance…

**MICHEL :** Tu crois sincèrement que Paul serait assez tordu pour ça ?

**LAURENCE :** Oui.

**MICHEL :** *(défendant Paul)* Je te rappelle qu'on parle de mon meilleur ami !

**LAURENCE :** Tu es vraiment trop con, Michel.

**MICHEL :** Quoi ?

**LAURENCE :** Tu m'imagines avec Paul ?

**MICHEL :** Je ne pousse pas le vice jusque-là.

**LAURENCE :** C'est grotesque. Je n'ai jamais eu d'histoire avec Paul. Jamais.

*Un temps. Michel commence à douter.*

**MICHEL :** J'ai du mal à te croire…

**LAURENCE :** C'est la vérité. Désolée de t'enlever le beau rôle.

**MICHEL :** Mais Paul m'a dit…

**LAURENCE :** Il t'a menti.

*Un temps. Elle s'éloigne. Elle a l'air terriblement triste.*

**MICHEL :** Qu'est-ce qu'il y a ?

**LAURENCE :** Ce que j'ai ? Mon mari m'annonce qu'il a une maîtresse depuis six mois… À part ça, tout va bien.

**MICHEL :** Toi aussi, tu…

**LAURENCE :** Non. Moi, *non*.

*Un temps.*

**MICHEL :** Tu veux dire que… Qu'est-ce que… Moi, je n'y comprends plus rien à vos histoires !

**LAURENCE :** Si tu avais un tout petit peu d'amour, un tout petit peu d'égards pour moi, tu aurais fait en sorte que je ne l'apprenne pas. Tu aurais fait en sorte de me protéger.

**MICHEL :** De quoi tu parles ?

**LAURENCE :** De ton histoire avec Alice.

**MICHEL :** Quelle histoire ? Je n'ai jamais eu d'histoire avec Alice.

**LAURENCE :** Tu viens de me le dire.

**MICHEL :** C'était une image… Une métaphore… C'était…

**LAURENCE :** Arrête Michel. *(Un temps.)* Tu l'aimes ?

**MICHEL :** Mais non !

**LAURENCE :** Tu ne l'as même pas aimée ?

**MICHEL :** Non.

**LAURENCE :** Alors pourquoi ?

**MICHEL :** Je ne sais pas.

**LAURENCE :** Tu me mens depuis des mois… Tu mens à ton meilleur ami… Tu mens à tout le monde, en fait…

**MICHEL :** Aujourd'hui je te dis la vérité.

**LAURENCE :** Oui, mais sans le faire exprès. Et c'est précisément ça que je te reproche. Je ne suis pas naïve… Je sais très bien qu'on ne peut pas forcer quelqu'un à être fidèle pendant vingt ans… Mais au moins, on peut exiger de lui qu'il soit discret. Moi, je ne t'aurais jamais fait ça.

**MICHEL :** Tu m'aurais menti ?

**LAURENCE :** Bien sûr.

**MICHEL :** Je pensais que tu savais… C'est pour ça que je n'ai pas pris de pincettes… Je te demande pardon. Si tu savais comme je t'aime.

**LAURENCE :** C'est facile.

**MICHEL :** Oui, mais c'est vrai. Je veux dire… Je suis là. En face de toi. Tu es là. On s'aime. Depuis déjà vingt ans… Ce n'est pas rien, quand même. *(Un temps.)* Je te promets qu'à partir d'aujourd'hui, je te mentirai mieux. Je te mentirai quand il le faudra.

**LAURENCE :** *(ironique)* Tu me le promets ?

**MICHEL :** *(étonné par la situation)* Oui.

**LAURENCE :** Et moi, je te promets de te mentir en retour.

**MICHEL :** *(fronçant les sourcils)* Merci.

**LAURENCE :** De rien. *(Un temps.)* Tu la voyais où ?

**MICHEL :** Hein ?

**LAURENCE :** Alice… Comment vous faisiez ?

**MICHEL :** Quelle importance ?

**LAURENCE :** Dis-moi.

**MICHEL :** Je croyais que tu préférais ne rien savoir.

**LAURENCE :** Maintenant c'est trop tard. Maintenant que tu me l'as dit, j'ai besoin de savoir. Il faut qu'on se dise toute la vérité. Tu comprends ? Sinon, je ne vois pas comment on pourrait continuer à vivre ensemble…

**MICHEL :** Tu veux qu'on se dise « toute la vérité » ?

**LAURENCE :** Oui. Toute la vérité.

**MICHEL :** *(embêté)* Ah !

**LAURENCE :** Alors ? Comment vous faisiez ?

**MICHEL :** Hein ? On se croisait.

**LAURENCE :** Où ?

**MICHEL :** Hein ? Dans des hôtels. Mais rarement… Très rarement.

**LAURENCE :** Dans des hôtels ?

**MICHEL :** *(recommençant à mentir)* Oui. Dans des *bars* d'hôtel. On prenait le thé. On passait du temps ensemble. C'était très platonique.

**LAURENCE :** Et Paul a tout découvert ?

**MICHEL :** Oui et non. Il n'y avait pas grand-chose à découvrir, tu sais. Je veux dire, ce n'était pas une histoire… Au sens classique du terme. On s'est vus une fois ou deux. Pas plus…

**LAURENCE :** Tu m'as dit que ça avait duré six mois.

**MICHEL :** Mais non… Ça a commencé il y a six mois… Mais ça s'est très vite arrêté… Je te dis… C'est à peine si on s'est embrassés… Tu sais, on était dans une situation intenable… Si tu veux vraiment tout savoir, « toute la vérité », je pense que, si elle n'avait pas été la femme de

Paul, il y aurait peut-être eu quelque chose entre nous. Enfin, je veux dire, c'est possible. Je veux dire, quelque chose de fort. Mais ce n'était pas possible. Vu la situation. Avec Paul.

LAURENCE : Tu la vois toujours ?

MICHEL : Hein ? Non. Bien sûr que non. C'est du passé, je te dis. De toute façon, Paul va sans doute partir vivre en Suède.

LAURENCE : *(réagissant à cette annonce)* Quoi ?

MICHEL : Oui.

LAURENCE : Qu'est-ce que c'est que cette histoire ?

MICHEL : Il me l'a dit tout à l'heure… Il a reçu une réponse aujourd'hui. On lui propose un poste là-bas.

LAURENCE : Mais je croyais que c'était pour un poste à Paris, son entretien…

MICHEL : Oui. Au début, oui. Et puis finalement c'est ce qu'ils lui ont proposé. Un poste de directeur financier. À Stockholm.

LAURENCE : Et il va accepter ?

MICHEL : Il m'a dit que oui.

LAURENCE : *(inquiète)* Tu es sûr ?

MICHEL : Il vient de me le dire. *(Un temps. Elle s'écarte un peu. Pensive.)* J'imagine qu'Alice partira avec lui… Je ne la verrai plus. Je te dis ça pour te rassurer. Mais de toute façon, on avait pris la décision de ne plus se voir. Ça fait déjà longtemps qu'on a pris cette décision. Ce n'était pas possible. Je ne sais pas comment font les autres hommes, mais moi, c'est au-dessus de mes forces… Je n'arrive pas à me dédoubler. Je ne sais pas tricher… À travers elle, c'est sans doute ce que je venais chercher, la confirmation que je n'étais pas ce type d'homme… *(Elle a l'air ailleurs. Pense-t-elle au départ de Paul ?)* Tu m'écoutes ?

LAURENCE : Hein ? Et donc il part à Stockholm ?

MICHEL : Oui. À quoi tu penses ?

LAURENCE : À rien. Je pense à rien. *(On sent qu'elle surmonte un chagrin. Paul ? Soudain.)* Est-ce que tu m'aimes ?

**MICHEL :** Tu pleures ?

**LAURENCE :** Est-ce que tu m'aimes ?

**MICHEL :** Plus que jamais. Je m'en veux terriblement, tu sais. Si tu savais, mon amour, comme je m'en veux de te faire autant de peine… Je t'en supplie, essuie cette larme… Ne sois pas triste. Maintenant qu'on s'est tout dit, maintenant qu'on s'est dit « toute la vérité », aussi pénible soit-elle, on va s'en sortir. Hein ? Si tu me pardonnes… Tout ça n'aura pas été inutile, je te promets. Tout va bien se passer maintenant. Maintenant qu'il n'y a plus d'ombres entre nous.

**LAURENCE :** Oui.

**MICHEL :** Les choses vont pouvoir repartir. Mon amour… Sur des bases saines.

**LAURENCE :** Sans mensonges…

**MICHEL :** Sans mensonges, oui… Crois-moi. La vérité, il n'y a que ça de vrai.

*Ils se serrent l'un contre l'autre, soulagés d'avoir contourné une fois encore la vérité. Michel l'embrasse sur le front, tentant de consoler ce chagrin qu'il ne comprend pas.*

*Noir.*

*FIN*

# La Mère

## Personnages

LA MÈRE, *Anne*
LE PÈRE, *Pierre*
LE FILS, *Nicolas*
LA FILLE, *Élodie*

*La création de* La Mère *a eu lieu le 24 septembre 2010 au Petit Théâtre de Paris dans une mise en scène de Marcial Di Fonzo Bo et avec la distribution suivante : Catherine Hiegel (la Mère), Jean-Yves Chatelais (le Père), Clément Sibony (le Fils), Olivia Bonamy (la Fille).*

# ACTE I

## Scène 1

*La Mère et le Père. Une ambiance sonore qui souligne une tension grandissante, et un climat d'étrangeté.*

**LA MÈRE :** Ah ! tu es là…

**LE PÈRE :** Oui.

**LA MÈRE :** Tu es un peu en retard.

**LE PÈRE :** Un peu, oui. Ça va ?

**LA MÈRE :** Oui, oui. *(Un temps. Elle reprend, sans accusation.)* Tu étais où ?

**LE PÈRE :** Hein ?

**LA MÈRE :** Cet après-midi.

**LE PÈRE :** Comment ça ?

**LA MÈRE :** Tu étais où ?

**LE PÈRE :** Pourquoi ?

**LA MÈRE :** Je me demandais. C'est tout.

*Un temps.*

**LE PÈRE :** Et toi ? Tu as passé une bonne journée ?

**LA MÈRE :** Pourquoi tu me poses la question ? Alors que tu connais la réponse.

**LE PÈRE :** Pour savoir.

**LA MÈRE :** Ça t'intéresse ?

**LE PÈRE :** Oui.

**LA MÈRE :** Tu sais très bien que j'ai passé une journée de merde.

**Le Père :** *(étonné par sa réponse)* Qu'est-ce que tu as ? Anne…

**La Mère :** Rien. Je me demande seulement pourquoi tu fais semblant.

**Le Père :** Moi ? Mais de quoi ?

**La Mère :** De t'intéresser.

**Le Père :** Mais je ne fais pas du tout semblant, Anne. Qu'est-ce que tu racontes ? Ça m'intéresse. Beaucoup.

**La Mère :** Pourtant ce n'est pas très intéressant. Je suis restée là, à ne rien faire. J'ai attendu. *(Un temps. On sent le début d'un malaise.)* Et toi, ton séminaire, c'est demain ?

**Le Père :** Oui.

**La Mère :** Tu pars demain ?

**Le Père :** Oui. Demain matin.

**La Mère :** C'est bien. Tu es content ?

**Le Père :** C'est juste un séminaire. *(Un temps.)* Tu as l'air contrariée…

**La Mère :** Non, c'est juste… Nicolas.

**Le Père :** Quoi ?

**La Mère :** Il n'a toujours pas appelé.

**Le Père :** Pourquoi il aurait appelé ?

**La Mère :** Parce que je suis sa mère. Je lui ai laissé un message, mais il ne répond pas. Comme toujours. Je ne comprends pas pourquoi il ne donne jamais de ses nouvelles. Pourquoi il ne passe jamais me voir. Jamais. Il fait comme si je n'existais plus.

**Le Père :** Il est occupé.

**La Mère :** À quoi ?

**Le Père :** Hein ? Je ne sais pas. À vivre.

*Elle hausse les épaules. Un temps.*

**La Mère :** Alors ?

**Le Père :** Quoi ?

**La Mère :** Tu étais où ?

**Le Père :** Comment ça, j'étais où ?

**La Mère :** Cet après-midi.

**Le Père :** Au bureau, ma chérie. Pourquoi ?

**LA Mère :** Pour rien.

*Un temps. Il la regarde, vaguement inquiet.*

**LE Père :** Qu'est-ce que tu as ?

**LA Mère :** J'ai appelé ton bureau tout à l'heure.

**LE Père :** Mon bureau ?

**LA Mère :** Oui. Tout à l'heure. *(Un temps.)* Je voulais te parler.

**LE Père :** Oui ?

**LA Mère :** Et ils m'ont dit que tu n'étais pas là.

**LE Père :** Quand ?

**LA Mère :** Cet après-midi. Ils m'ont dit que tu n'étais pas là.

**LE Père :** J'étais en réunion.

**LA Mère :** Ah ! c'est ça…

**LE Père :** Oui.

**LA Mère :** Ah bon.

**LE Père :** Oui. Ma secrétaire ne te l'a pas dit ?

*Un temps. Pas de réponse.*

**LA Mère :** *(de façon anodine et légère, comme si c'était la première fois qu'elle posait la question)* Et toi, ça va ?

**LE Père :** Ça va…

**LA Mère :** *(toujours sans insistance)* Tu étais où, cet après-midi ?

**LE Père :** Hein ? Je t'ai dit que j'étais à mon bureau.

**LA Mère :** Tu avais une réunion ?

**LE Père :** Oui.

**LA Mère :** Tu préparais ton séminaire de demain ?

**LE Père :** Non, ça n'a rien à voir.

**LA Mère :** *(suspicieuse)* Ah bon ? *(Un temps.)* C'est bien demain, ton séminaire ? Non ?

**LE Père :** Tu m'inquiètes, Anne.

**LA Mère :** Moi ?

**LE Père :** Oui. Tu es étrange… Si, je te promets, tu es étrange ce soir.

**LA Mère :** Mais non… Pas du tout. Pourquoi tu dis ça ? *(Un temps. Comme pour elle-même.)* Je passe des journées toute seule à m'ennuyer. Pendant que tu t'envoies des petites salopes dans des chambres d'hôtel, alors forcément.

**Le Père :** *(comme s'il n'avait pas entendu)* Pardon ?

**La Mère :** Hein ?

**Le Père :** Qu'est-ce que tu dis ?

**La Mère :** *(comme si rien n'avait été dit)* Je dis que je ressens un grand vide.

**Le Père :** C'est de ta faute, aussi… Tu ne fais rien. Tu n'as développé aucune passion. Tu restes là, à ne rien faire. Alors forcément… Le monde te paraît… monotone.

**La Mère :** Qu'est-ce que tu veux que je fasse ?

**Le Père :** Je ne sais pas.

**La Mère :** Tu vois.

*Un temps.*

**Le Père :** Tu ne t'intéresses à rien. Depuis que les enfants ont quitté la maison, on dirait que… Enfin, il faut que tu te trouves des occupations. Des centres d'intérêt. Des…

**La Mère :** Je me suis fait avoir. Voilà l'explication. Je me suis fait avoir. Sur toute la ligne.

**Le Père :** De quoi tu parles ?

**La Mère :** Il y a eu les enfants, oui. Je me suis occupée d'eux. Ça, on peut dire que je m'en suis occupée, des enfants. Deux enfants, ce n'est pas rien. Enfin, deux… *Trois*, avec toi. Parce que je me suis occupée de toi, aussi. Et puis je me suis occupée de cette maison.

**Le Père :** C'est vrai.

**La Mère :** Mais maintenant tout le monde est parti. Et je me retrouve toute seule. Dans cette grande maison. Plus personne n'a besoin de moi. Et pas un seul coup de fil…

**Le Père :** Tu exagères…

**La Mère :** Il ne m'appelle jamais. Jamais. Sara, je ne dis pas. Mais lui… Nicolas… Pas un seul coup de fil… Pour me demander de mes nouvelles. Pour que, je ne sais pas, que j'entende sa voix. Il m'a rayée de sa vie.

**Le Père :** Il est amoureux. C'est normal…

*Un temps court.*

**La Mère :** *(comme pour elle-même)* Avec des petites salopes dans des chambres d'hôtel.

**Le Père :** Tu… Qu'est-ce qui t'arrive ? Anne… Ça va ? Tu n'as pas l'air d'aller…

**La Mère :** *(sur un ton soudain tout à fait normal)* Très bien. Et toi ? Ta journée s'est bien passée ?

**Le Père :** *(déconcerté)* Hein ? Oui.

**La Mère :** Tu as eu des réunions ?

**Le Père :** Pourquoi tu fais ça ?

**La Mère :** Pourquoi je fais quoi ?

**Le Père :** Répéter toujours la même chose.

**La Mère :** Tu n'as pas eu de réunion ?

**Le Père :** Si. Je t'ai dit que j'en avais eu une.

**La Mère :** Une seule ?

**Le Père :** Oui.

**La Mère :** Et alors ? Ça s'est bien passé ? Vous avez conclu ?

**Le Père :** Hein ? Oui.

**La Mère :** Formidable. Je suis contente pour toi.

*Un temps.*

**Le Père :** *(marchant sur des œufs)* Mais tu…

**La Mère :** Oh ! moi, je suis restée là… Je n'ai pas fait grand-chose. J'ai un peu rangé. Ah si ! je suis sortie… Je suis allée faire quelques courses. Je me suis acheté une robe. Tu veux que je te la montre ? Mais tu ne l'aimeras pas. Ce n'est pas ton genre. Elle est rouge. Il faut oser la porter. Ou alors il faut une occasion vraiment importante. Je la mettrai à ton enterrement.

**Le Père :** Tu as bu aujourd'hui ?

**La Mère :** Moi ?

**Le Père :** Oui. Tu as bu ?

**La Mère :** Pas du tout.

**Le Père :** Tu n'as pas bu ?

**La Mère :** Non. Pourquoi tu me regardes comme ça ?

**Le Père :** Pour rien.

*Un temps.*

**La Mère :** Je n'aurais jamais dû faire d'enfants, en fait.

**Le Père :** Quoi ?

**La Mère :** Je le sais. Je n'aurais jamais dû faire d'enfants. Surtout avec quelqu'un comme toi. Je veux dire, quelqu'un qui travaille. Qui a des réunions. Des séminaires.

**Le Père :** Anne…

**La Mère :** C'est vrai… Quand on s'est rencontrés, j'avais quoi, 22 ans ? J'étais naïve. Comment j'aurais pu savoir ? On n'en sait rien, à 22 ans, de l'immense tromperie de la vie. On n'en sait rien. On se fait facilement avoir. Surtout par un type comme toi. Qui présente bien, en apparence, à la surface des choses. Après, avec le temps, on est bien obligé de creuser. Et c'est là qu'on découvre l'étendue du désastre. En tout cas, et je ne dis pas ça pour te faire un compliment, Pierre, mais tu as été un père… misérable. Vraiment. Je tenais à te le dire.

**Le Père :** Moi ?

**La Mère :** Oui. Misérable. Un contre-exemple absolu. Du moins pour Nicolas.

**Le Père :** Pourquoi tu dis ça ?

**La Mère :** C'est Nicolas qui me l'a dit. Il m'a dit qu'il t'avait toujours pris comme contre-exemple. Forcément, c'est un artiste. Il m'a dit que pour lui, rater sa vie, ça voulait dire te ressembler. D'un certain côté, je suis d'accord avec lui.

**Le Père :** Tu entends ce que tu es en train de me dire ? Anne… Tu t'entends ?

**La Mère :** Sara, elle… Bon. Elle t'a peut-être un peu admiré. Oui. Vaguement. Jusqu'à ses 9, 10 ans. Mais on ne peut pas le lui reprocher. Tu es son père, après tout. Et puis elle n'est pas très… Pas très intelligente, si tu y réfléchis.

**Le Père :** Tu parles de Sara, là ? Tu parles de ta fille ?

**La Mère :** Oh ! ne fais pas cette tête… Ça n'a jamais été un secret pour personne. J'ai toujours préféré Nicolas… Où est le mal ? Sara, je ne sais pas… *(En chuchotant pour ne pas être entendue.)* Je la trouve antipathique. Pas toi ? Depuis qu'elle est née, d'ailleurs. J'ai tout de suite remarqué qu'elle était antipathique. C'est quelque chose de physique. Dans le visage. Une expression. Non ? Je me souviens, le premier jour, oui, le jour de sa naissance, je me souviens d'un étrange sentiment de répulsion. *(Un temps.)* Et toi, ta journée ?

**LE PÈRE :** Qu'est-ce que tu as fait pendant que…

**LA MÈRE :** *(soudain accusatrice)* Pendant que *quoi* ? *(Un petit temps. Joueuse.)* Je t'ai bien eu, là, hein ? Tu ne sais plus quoi répondre…

**LE PÈRE :** Je suis rentré tard. C'est ça ? Tu m'en veux à cause de ça ? *(Un temps.)* C'est à cause de ça ?

**LA MÈRE :** Ta réunion a duré plus longtemps que prévu.

**LE PÈRE :** Oui. Mais…

**LA MÈRE :** Alors ? Où est le problème ? Il n'y a pas de problème… Pourquoi tu compliques toujours les choses ? Tu as faim ?

**LE PÈRE :** On a déjà mangé.

**LA MÈRE :** Tu vois.

*Un temps.*

**LE PÈRE :** Écoute… J'ai l'impression que quelque chose ne tourne pas rond. Tu… Tu n'es pas un peu fatiguée ? Je vais peut-être appeler un docteur…

**LA MÈRE :** Non, c'est juste…

**LE PÈRE :** Juste quoi ?

*Un temps.*

**LA MÈRE :** C'est cette fille…

**LE PÈRE :** Quelle fille ?

**LA MÈRE :** Tu sais très bien. *(Un temps.)* Cette fille…

**LE PÈRE :** Qui ?

**LA MÈRE :** S'il te plaît…

**LE PÈRE :** Quoi ?

**LA MÈRE :** Arrête…

*Un temps.*

**LE PÈRE :** Tu veux dire…

**LA MÈRE :** Oui. *(Un temps.)* Celle dont il est amoureux.

**Le Père :** Nicolas ?

**La Mère :** Oui. Tu crois qu'elle a quelque chose contre nous ? Je veux dire, contre moi ?

**Le Père :** Non, je ne pense pas. Enfin, je n'en sais rien. Pourquoi ?

**La Mère :** C'est depuis qu'il la voit. Avant, il passait à la maison. Le dimanche. Pas tous les dimanches, d'accord. Mais certains dimanches. Tandis que maintenant... Je lui laisse des messages, il ne répond même pas.

**Le Père :** Il grandit.

**La Mère :** Tu appelles ça grandir ? Moi, j'appelle ça être cruel. Je le déteste.

**Le Père :** Il a 25 ans.

**La Mère :** Je sais très bien qu'il a 25 ans.

**Le Père :** Parfois on dirait que tu l'oublies.

**La Mère :** Comment je pourrais l'oublier ? Je te rappelle que j'étais là le jour de sa naissance. *(Un temps.)* Non, ce n'est pas ça. C'est autre chose. Je veux bien qu'il soit amoureux, et qu'il vive chez cette... *fille*. Il fait ce qu'il veut. C'est sa vie. Mais ce n'est pas une raison pour m'oublier. Je veux dire... C'est ridicule, mais j'en deviens jalouse. Tu te rends compte ? Jalouse de cette... *fille*. Alors que je suis sa mère. Non, ça, ce n'est pas possible. Ce n'est pas possible. Parfois je me dis... Je n'aurais jamais dû faire d'enfant avec un homme comme toi. C'est génétique, la lâcheté. C'est comme l'ingratitude. Ça se transmet. C'est comme la laideur.

**Le Père :** Bon. Écoute... Je vais appeler un...

**La Mère :** Non.

**Le Père :** Quoi ?

**La Mère :** Je veux que tu restes auprès de moi.

**Le Père :** Je vais au moins t'apporter un verre d'eau.

*Un temps. Il sort chercher un verre d'eau.*

**La Mère :** J'ai repensé à ton histoire de séminaire, tu sais. Ton séminaire de demain. C'est bien demain matin que tu

pars ? Si tu savais comme ça me fait rire. Un séminaire ?
Je t'imagine en train d'essayer de trouver une idée pour
justifier tes absences. Toi qui n'as aucune imagination…
Tu crois sincèrement que je suis jalouse ? Je le suis, mais
pas à cause de toi. C'est lui qui me manque. C'est mon fils.
Parce que je suis en train de le perdre. Mon petit d'amour.
Ma joie. Toi, je t'ai déjà perdu. Depuis des années. Alors,
va avec tes filles… De toute façon, je suis déjà toute seule.
Je me suis fait avoir sur toute la ligne.

*Il revient.*

**LE PÈRE :** Qu'est-ce que tu disais ?

**LA MÈRE :** Je disais que tu n'es qu'un sale type. *(Un temps.)* Et
  sinon, tu as passé une bonne journée ?

**LE PÈRE :** *(ne sachant plus quoi faire)* Tiens. Prends ça.

*La Mère boit.*

**LA MÈRE :** *(déçue)* C'est de l'eau ?

**LE PÈRE :** Oui.

**LA MÈRE :** Il n'y a pas autre chose ?

**LE PÈRE :** Non. Il ne vaut mieux pas.

**LA MÈRE :** Parce que j'aurais bien pris un…

**LE PÈRE :** Oui, mais non. C'est de l'eau.

*Un temps. Elle finit de boire.*

**LA MÈRE :** Merci.

**LE PÈRE :** Ça va mieux ?

**LA MÈRE :** Ça va.

*Un petit temps.*

**LE PÈRE :** Tu es sûre ?

**LA MÈRE :** Oui, oui.

**LE PÈRE :** Ça va mieux ?

**LA MÈRE :** Oui. Beaucoup mieux.

*Un petit temps.*

**LE PÈRE :** Tu devrais aller te coucher maintenant.

**LA MÈRE :** Je ne suis pas fatiguée.

**LE PÈRE :** Tu devrais quand même y aller. Tu devrais prendre
  un somnifère.

*Un temps. Elle respire profondément et essaie de passer à autre chose.*

**La Mère :** *(sur un ton léger)* Et toi ? Tu as passé une bonne journée ?

**Le Père :** Tu fais exprès ? Anne, tu le fais exprès ?

**La Mère :** Quoi ?

**Le Père :** Tu m'as déjà posé la question cent fois.

**La Mère :** Quelle question ?

**Le Père :** La question de savoir si j'avais passé une bonne journée…

**La Mère :** Moi ? Ne dis pas n'importe quoi. *(Un temps. Elle le regarde soudainement avec suspicion.)* Tu as l'air bizarre, Pierre. Si, je te promets. Tu as bu ? Pierre… Regarde-moi dans les yeux… Tu as bu ?

**Le Père :** Mais…

**La Mère :** Tu as bu.

**Le Père :** À quoi tu joues ?

**La Mère :** Moi ? À rien. Je me fais du souci pour toi, c'est tout. *(Un temps.)* À propos, c'est bien demain que tu pars à ton séminaire ?

**Le Père :** Arrête. Tu m'entends ? Arrête de jouer avec moi.

*Un temps. Rupture.*

**La Mère :** Je sais très bien que tu vas finir par partir. Alors, qu'est-ce que ça change que ce soit demain ou un autre jour ?

**Le Père :** De quoi tu parles ?

**La Mère :** Je ne suis pas idiote. Je sais que j'en ai l'air. Mais je ne suis pas idiote.

**Le Père :** De quoi tu parles ?

**La Mère :** Je sais très bien que tu vas finir par partir.

*Un petit temps.*

**Le Père :** C'est à cause de ce séminaire que tu dis ça ?

**La Mère :** Maintenant que les enfants ne sont plus là, il n'y a plus rien qui te retient. Tout ça, je le sais.

**Le Père :** Tu dis n'importe quoi.

**La Mère :** Arrête de me prendre pour une idiote. Je sais que c'est ton tour. Vous êtes tous partis les uns après les autres. Après m'avoir bien usée. Je ne vous sers plus à rien maintenant. Tu t'es toujours dit que tu ne partirais pas à cause des enfants. Maintenant ils ne sont plus là. Alors ? Qu'est-ce que tu attends ? La voie est libre.

**LE PÈRE :** Tu délires, Anne.

**LA MÈRE :** Tu vas enfin pouvoir vivre la vie que tu veux vivre. Sans te cacher. Ça va être le grand soulagement pour toi. Le grand soulagement. Plus besoin de m'inventer des séminaires… Des réunions. Tu vas pouvoir te les taper au grand jour, tes petites putes. Te les prendre par derrière. Au fond, tu sais, tu es un homme vraiment infect. *Tu veux que je te dise*, Pierre ?

**LE PÈRE :** Quoi ?

**LA MÈRE :** Tu es un homme infect.

*Noir.*


## Scène 2

*Même situation qu'au début de la scène 1. Presque sans transition. Le ton des acteurs est neutre et quotidien.*

**LA MÈRE :** Ah ! tu es là ?

**LE PÈRE :** Oui. Je suis un peu en retard. Tu n'as pas eu le message de ma secrétaire ?

**LA MÈRE :** Si, si… Elle m'a dit que tu avais une réunion.

**LE PÈRE :** Oui.

**LA MÈRE :** Ça s'est bien passé ?

**LE PÈRE :** Oui, oui. On a enfin conclu cette affaire.

**LA MÈRE :** L'affaire Markousin ?

**LE PÈRE :** Oui. C'est enfin derrière nous.

**LA MÈRE :** Formidable. Tu dois être content.

**LE PÈRE :** Je suis surtout épuisé. Et toi ? Ça va ?

**LA MÈRE :** Ça va. Rien de particulier.

**LE PÈRE :** Tu es restée ici ?

**LA MÈRE :** Oui. J'ai fait un peu de rangement.

**LE PÈRE :** Tu as déjà mangé ?

**La Mère :** Oui. Il reste du poulet dans le frigo, si tu veux…

**Le Père :** Non, c'est gentil. Je n'ai pas très faim. *(Un temps.)* Tu es restée ici ? Je veux dire, toute la journée ?

**La Mère :** Hein ? Oui. Enfin, non. J'ai fait des courses. J'ai acheté une robe. Tu sais de quelle couleur ? Rouge !

**Le Père :** Rouge ?

**La Mère :** Je sais. Maintenant, je cherche l'occasion de la porter.

*Le Père sourit. Pas elle.*

**Le Père :** Ça va ? Tu as l'air…

**La Mère :** J'ai l'air quoi ?

**Le Père :** Je ne sais pas. Sombre. Non ?

**La Mère :** Non, non. *(Un temps.)* À propos, je voulais te dire… J'ai laissé un message à Nicolas. Je lui ai proposé de venir déjeuner dimanche prochain. Avec…

**Le Père :** Avec Élodie ?

**La Mère :** Oui. Avec elle. Ça me ferait plaisir qu'ils viennent déjeuner tous les deux. Non ?

**Le Père :** Mais *ce* dimanche ?

**La Mère :** Oui. C'est la fête des…

**Le Père :** Mais tu sais bien que je ne suis pas là.

**La Mère :** Comment ça ?

**Le Père :** J'ai ce séminaire, Anne. Je t'en ai parlé…

**La Mère :** Celui de Dijon ?

**Le Père :** Oui. Je pars demain matin.

**La Mère :** Mais je croyais que c'était… Ça va jusqu'à dimanche ?

**Le Père :** Bien sûr. C'est sur quatre jours… Tu ne veux pas leur proposer la semaine d'après ? Ou sinon, tant pis, fais-le sans moi. Mais ça m'aurait fait plaisir de les voir…

**La Mère :** De toute façon, il ne m'a même pas répondu. Quand je lui laisse des messages, il met parfois une semaine avant de me rappeler.

**Le Père :** Écoute, fais comme tu veux. Tu me diras.

LA MÈRE : Oui. *(Un temps.)* Je ne sais pas pourquoi il ne me rappelle jamais.

LE PÈRE : Nicolas ?

LA MÈRE : Oui. Je lui laisse des messages. Parfois il met une semaine avant de me rappeler.

LE PÈRE : C'est normal.

LA MÈRE : Tu trouves que c'est normal ?

LE PÈRE : Je veux dire… Il a sa vie.

LA MÈRE : Moi aussi, j'ai ma vie. Ça ne m'empêche pas de penser à lui.

*Un temps.*

LE PÈRE : Il t'appellera sans doute demain.

LA MÈRE : Oui. *(Un temps.)* Et toi ? Tu pars demain alors ?

LE PÈRE : Oui. J'ai un train le matin.

LA MÈRE : Je suis sûre que tu n'as toujours pas fait ta valise.

LE PÈRE : Pourquoi tu dis ça ?

LA MÈRE : Parce que je te connais. Bien plus que tu ne le crois. Je te connais par cœur, Pierre. Par cœur, tu sais.

*Elle le regarde avec intensité, comme si derrière le « je te connais par cœur » se cachaient le séminaire, les après-midi à l'hôtel, le départ prochain, tout ce qui figurait dans la première scène, mais qui n'apparaît pas ici.*

LE PÈRE : Pourquoi tu me dis ça comme ça ?

LA MÈRE : Parce que je suis mariée avec toi depuis des années. Tu sais depuis combien de temps on est mariés ?

LE PÈRE : Oui. Bien sûr.

LA MÈRE : Combien ?

LE PÈRE : *(cherchant à gagner du temps)* Hein ?

LA MÈRE : Combien ?

LE PÈRE : Combien ? C'est facile…

LA MÈRE : Ça fait vingt-cinq ans.

LE PÈRE : Oui. C'est ça. Vingt-cinq ans. De bonheur.

LA MÈRE : Tout à l'heure, justement, je repensais à tout ça. À notre mariage. Oui. Et je me disais… Tu te rends compte, j'étais tellement jeune… J'avais 22 ans. J'avais l'âge de Sara.

**LE PÈRE :** Sara a 23.

**LA MÈRE :** Hein ?

**LE PÈRE :** Je dis, Sara a 23.

**LA MÈRE :** Oui. Enfin, je veux dire, j'étais plus jeune qu'elle. J'étais plus jeune que nos enfants.

**LE PÈRE :** Oui.

**LA MÈRE :** Ça me semble à peine croyable.

**LE PÈRE :** Oui. C'est passé vite.

**LA MÈRE :** Trop vite, tu veux dire. J'ai l'impression que c'était hier. *(Un temps court.)* Hier. Et demain tu pars.

**LE PÈRE :** Je ne vais pas très loin.

**LA MÈRE :** Si, justement. Tu vas loin. Tu vas beaucoup trop loin. Tu…

**LE PÈRE :** Dijon, tu trouves ça loin ?

**LA MÈRE :** Hein ?

**LE PÈRE :** Tu trouves ça loin, Dijon ?

**LA MÈRE :** Non. Tu as raison.

**LE PÈRE :** C'est à deux heures de train.

*Elle a l'air triste, d'un coup. Un temps court.*

**LA MÈRE :** *Tu veux que je te dise,* Pierre…

**LE PÈRE :** Quoi ? *(Un temps.)* Quoi ?

**LA MÈRE :** Non. Rien.

*Noir.*

# ACTE II

## Scène 1

*Le lendemain matin. La Mère est déjà là. Le Père entre.*

LE PÈRE : Tu es déjà réveillée ?

LA MÈRE : Oh ! mais tu es très perspicace ce matin ! Qu'est-ce qui t'arrive ?

LE PÈRE : Hein ? Je suis en retard. Je ne me suis pas réveillé…

LA MÈRE : Tu es en retard ?

LE PÈRE : Oui. J'ai mon train. Je suis en retard. Et toi, ça va ? Tu as bien dormi ?

LA MÈRE : Non.

LE PÈRE : Je t'ai entendue cette nuit. Tu t'es relevée, non ? Tu n'as pas dormi ?

LA MÈRE : Non. Enfin, presque pas. Ça se voit ?

*La Mère est dans un état de nervosité apparent. Le Père finit de boutonner sa chemise.*

LE PÈRE : Hein ? Non. Mais qu'est-ce qui s'est passé ?

LA MÈRE : Il est revenu.

LE PÈRE : Qui ?

LA MÈRE : Nicolas. Il est là.

LE PÈRE : Nicolas ? Mais où ?

LA MÈRE : Dans sa chambre. Il dort.

LE PÈRE : Ah bon ? Qu'est-ce qu'il fait là ? Je veux dire, ce n'était pas prévu…

**La Mère :** Il est rentré dans la nuit. Il dort encore.

**Le Père :** Pourquoi il est revenu ? Il ne t'a pas dit ce qu'il avait ?

**La Mère :** Il ne m'a rien dit.

**Le Père :** Il est rentré dans la nuit ?

**La Mère :** Oui.

**Le Père :** Et tu ne lui as pas demandé ce qu'il avait ?

**La Mère :** Je ne l'ai pas vu. Je n'ai pas voulu le réveiller.

*Un temps. Elle prépare le petit déjeuner.*

**Le Père :** Et pourquoi tu n'as pas dormi, alors ?

**La Mère :** J'étais… Je ne sais pas. Je me suis réveillée cette nuit. J'ai eu l'intuition, l'intuition qu'il était là. Qu'il était revenu. Alors je me suis levée. Et je suis allée dans sa chambre.

**Le Père :** *(il ne la croit pas)* Anne…

**La Mère :** Non. Mais cette fois, il était là. Cette fois, je ne me suis pas trompée. Il était vraiment là. Il dormait. Tout habillé sur son lit. Mon grand garçon.

**Le Père :** Écoute…

**La Mère :** Quoi ?

**Le Père :** Tu es sûre qu'il est là ? Je veux dire, tu es sûre…

**La Mère :** Mais… Je viens de te dire…

**Le Père :** Oui, je sais.

**La Mère :** Alors ? Traite-moi de folle, pendant que tu y es.

*Un temps.*

**Le Père :** Je vais le voir.

**La Mère :** Non.

**Le Père :** Hein ?

**La Mère :** Tu vas le réveiller. Prends un café. Il ne va sans doute pas tarder. *(Un temps. Il hésite.)* Prends un café en attendant. Il va descendre. Laisse-lui le temps de se réveiller.

**Le Père :** Tu as fait du café ?

**La Mère :** Oui. Sers-toi. J'ai tout préparé.

*Il hésite un instant, puis va s'asseoir. Un temps.*

**Le Père :** Tu n'as pas vu ma veste noire ? Je ne la trouve plus…

**La Mère :** Elle est dans l'entrée, je crois.

**Le Père :** Ah !

*Un temps court.*

**La Mère :** Je suis tellement heureuse de le revoir. Pas toi ?

**Le Père :** Tu dis ça comme si on ne l'avait pas vu depuis des années.

**La Mère :** J'ai l'impression que ça fait des années.

**Le Père :** *(regardant sa montre)* Je suis en retard. Je vais vraiment devoir partir.

**La Mère :** Oui.

**Le Père :** J'ai mon train dans… Enfin, il faut que je parte bientôt.

**La Mère :** Je sais. Oui. Pour Dijon.

**Le Père :** Je ne comprends pas pourquoi je ne me suis pas réveillé.

**La Mère :** C'est moi qui ai débranché ton réveil.

**Le Père :** Quoi ?

**La Mère :** C'est moi qui ai débranché ton réveil.

*Un temps.*

**Le Père :** *(comme si rien n'avait été dit)* C'est mon réveil. Il n'a pas sonné.

**La Mère :** Ah bon ?

**Le Père :** Non.

**La Mère :** *(à peine concernée par le sujet)* Ah !… *(Un temps. Le Père boit.)* À ton avis, pourquoi il est revenu ?

**Le Père :** Qui ça ?

**La Mère :** Nicolas… Pourquoi il est revenu ?

**Le Père :** *(ne la croyant toujours pas)* Mais Anne…

**La Mère :** Je te demande.

**Le Père :** *(rentrant dans son jeu)* Comment tu veux que je le sache ? Je ne sais pas… Pour nous voir. Pour te voir.

**La Mère :** Au milieu de la nuit ? Si c'était pour nous voir, il ne serait pas venu au milieu de la nuit. Il sait bien que nous, au milieu de la nuit, on dort. Enfin, normalement.

**Le Père :** Qu'est-ce que tu veux dire ?

**La Mère :** Je me demande si…

LE PÈRE : Si quoi ?

LA MÈRE : Je me demande s'il ne s'est pas séparé de…

LE PÈRE : D'Élodie ?

LA MÈRE : Oui. D'*elle*. Non ? C'est la première chose qui m'est venue à l'esprit. Quand je l'ai vu, cette nuit, dans son lit. Je me suis dit, il a dû se séparer d'Élodie.

LE PÈRE : Tu crois ?

LA MÈRE : Je ne sais pas. Peut-être. Sinon, pourquoi il serait revenu ici ? Je veux dire, sans prévenir… Au milieu de la nuit.

*Un temps court.*

LE PÈRE : Tu as peut-être raison.

LA MÈRE : Si c'est le cas, il va revenir vivre à la maison…

LE PÈRE : Il y a d'autres explications possibles.

LA MÈRE : Ah oui ? Lesquelles ?

LE PÈRE : Je ne sais pas. Il nous dira.

LA MÈRE : Je suis sûre que c'est ça. Il s'est séparé de cette… fille. Ça ne m'étonne pas, d'ailleurs. Il était beaucoup trop sensible pour vivre avec une… fille comme ça. Oui. Ils ont dû se disputer. Et il revient vivre à la maison. *(Un petit temps.)* Je suis tellement heureuse.

LE PÈRE : Anne…

LA MÈRE : Tu fais une tête. Comme si c'était une mauvaise nouvelle.

LE PÈRE : S'il s'est disputé avec Élodie, je ne vois pas en quoi ce serait une bonne nouvelle…

LA MÈRE : Vivre de nouveau avec mon fils, c'est la plus belle chose qui puisse m'arriver. Avec ta mort.

LE PÈRE : Pardon ?

LA MÈRE : Bien sûr que c'est une bonne nouvelle.

LE PÈRE : Qu'est-ce que tu as dit ?

LA MÈRE : C'est une bonne nouvelle. Qui sait ce qui se serait passé pendant tes quatre jours d'absence ?

LE PÈRE : De quoi tu parles ?

LA MÈRE : Je me serais peut-être sentie tellement seule que…

On ne sait pas ce qu'on peut faire dans ces moments-là. On peut se jeter sur une boîte de somnifères. Par exemple. On peut l'avaler et mélanger tout ça avec d'autres médicaments. Et puis s'étendre dans un lit. Et se glisser dans la mort, doucement, comme on se glisserait dans des draps blancs.

LE PÈRE : Qu'est-ce que tu racontes ?

LA MÈRE : Je te dis que maintenant, ça va aller. Ça ne me dérange plus que tu partes. Parce que, c'est vrai, j'étais, j'étais tellement triste que tu partes à ce séminaire. Je veux dire, sans moi.

LE PÈRE : *(un peu vif)* C'est un séminaire, Anne… Je ne vais pas t'emmener à un séminaire. C'est pour le travail, un séminaire. Ce n'est pas pour se détendre. La preuve, ça se passe à Dijon. Merde.

*Un temps.*

LA MÈRE : Parfois je fais des rêves dans lesquels je t'assassine. Ce sont mes rêves préférés. J'ai l'impression de vraiment me reposer, tu vois, quand je fais ce genre de rêves. Ça me fait un bien fou. Mais je sais faire la différence entre les rêves et la réalité.

LE PÈRE : Anne…

LA MÈRE : Je sais faire la différence, je te rassure.

LE PÈRE : Pourquoi tu dis ça ? Hein ? Pour que je reste ? *(Un temps.)* Qu'est-ce que c'est que cette histoire de médicaments ?

LA MÈRE : Une idée. Qui me trotte dans la tête.

LE PÈRE : Qui te « trotte dans la tête » ?

LA MÈRE : Oui.

LE PÈRE : Tu me dis ça pour que je ne parte pas à ce séminaire ? C'est ça ? Tu me fais du chantage ?

LA MÈRE : *(sincère)* Ça t'embêterait de me retrouver morte à ton retour ? *(Un temps court. Pas de réponse.)* Non, réponds-moi franchement. Ça t'embêterait ?

*Un temps.*

LE PÈRE : Je vais annuler mon séminaire.

**La Mère :** Pourquoi ? C'est inutile. Tout va bien.

**Le Père :** Non. Tout ne va pas bien.

**La Mère :** Je te dis que tout va bien. Maintenant qu'il y a Nicolas. Maintenant qu'il est revenu. Mon garçon.

**Le Père :** Je vais annuler mon « séminaire ».

**La Mère :** Arrête d'employer ce mot !

**Le Père :** Quel mot ?

**La Mère :** Arrête de toujours mentir ! *(Le Fils apparaît. Le Père est très surpris.)* Nicolas… *(Un temps d'arrêt.)* Tu as bien dormi ?

*Le Fils va s'asseoir au milieu du salon. Un temps. Suspension.*

**Le Fils :** Pas beaucoup.

**La Mère :** Tu veux du café ?

**Le Fils :** Je veux bien. *(Elle lui sert une tasse. Il vient de se réveiller. Un temps.)* Désolé de débarquer sans prévenir.

**La Mère :** Mais non. C'est chez toi. Il n'y a aucune raison d'être désolé, mon amour. Pas vrai ?

**Le Père :** Oui. Bien sûr.

**La Mère :** Ton père doit partir. Il a un séminaire. À Dijon. Tu crois que ça existe, toi, les séminaires à Dijon ? En tout cas, il doit partir. Il a son train. Son réveil n'a pas sonné ce matin. [C'est moi qui l'ai débranché, mais il n'en sait rien. Je reconnais que ce n'est pas très glorieux de ma part, mais c'était une petite vengeance. Une petite vengeance pour tout ce qu'il me fait par ailleurs. Ou plutôt, pour tout ce qu'il ne me fait plus. *(Un temps. Comme si de rien n'était.)*[13]] Tu veux du café ?

**Le Fils :** Je veux bien.

**La Mère :** Attends. Il en reste à la cuisine. J'ai tout préparé.

*Elle sort. Un temps.*

**Le Fils :** *(au Père)* Tu dois partir ?

**Le Père :** Oui. Pour le travail.

**Le Fils :** Tout de suite ?

**Le Père :** Presque. Je suis même un peu en retard.

**Le Fils :** Qu'est-ce qu'elle a ?

**Le Père :** Elle est… Elle est encore fragile.

**Le Fils :** Je croyais que ça allait mieux.

**Le Père :** C'est par période, tu sais bien. Elle m'inquiète un peu en ce moment.

**Le Fils :** Tu pars quand ?

**Le Père :** Là. Je dois y aller si je ne veux pas louper le train. *(Un temps court.)* Toi, ça va ?

**Le Fils :** Ça va.

**Le Père :** Rien de grave ?

**Le Fils :** Non. Rien de grave.

**Le Père :** Tu… Enfin, je… C'est gentil d'être passé. Elle n'arrête pas de dire que tu ne viens jamais la voir.

**Le Fils :** Je sais. Elle m'a laissé des messages. *(Un temps.)* Ne t'inquiète pas. Je prendrai soin d'elle.

**Le Père :** Oui. *(Un temps court.)* Bon. Il faut que j'aille faire ma valise.

**Le Fils :** Tu lui as dit ?

**Le Père :** Hein ?

**Le Fils :** Tu lui as dit ?

**Le Père :** Non. Pas encore.

*La Mère revient.*

**La Mère :** Tiens, mon amour. Voilà du café.

**Le Fils :** Merci maman.

**La Mère :** Tu veux quelque chose d'autre ? Du pain ? Ou quelque chose ? Tu veux que je te fasse un jus de fruit ?

**Le Père :** Je vais aller faire ma valise.

**La Mère :** C'est ça. Oui. Va faire ta valise. *(Un temps. Il sort.)* Tu ne veux rien d'autre ?

**Le Fils :** Non. C'est gentil.

**La Mère :** Tu y crois, toi, à ces histoires de séminaires ? *(Le Fils hausse les épaules.)* Mais peu importe. Comment tu vas ?

**Le Fils :** Et toi ?

**La Mère :** Ça va. Je suis contente de te voir.

**Le Fils :** Moi aussi.

**La Mère :** Qu'est-ce qui s'est passé ? Pourquoi tu es revenu ? Je veux dire, comme ça, sans prévenir…

LE FILS : C'est compliqué.

LA MÈRE : Tu n'as pas envie d'en parler ?

LE FILS : Non. Pas vraiment.

LA MÈRE : C'est à cause d'elle ?

LE FILS : Maman…

LA MÈRE : Dis-moi juste ça… C'est à cause d'elle ?

LE FILS : Oui.

LA MÈRE : Je le savais. *(Un temps.)* Tu es triste ? *(Le Fils fait « un peu » de la tête.)* En tout cas, tu sais que tu peux rester ici aussi longtemps que tu le veux. Tu ne me déranges pas.

LE FILS : C'est gentil.

LA MÈRE : Tu peux rester ici aussi longtemps que tu le veux.

LE FILS : Oui.

LA MÈRE : Tu crois que tu vas rester ici longtemps ?

LE FILS : Je ne sais pas. Je vais voir.

LA MÈRE : Vous vous êtes séparés ? *(Un temps.)* Elle t'a trompé ?

LE FILS : Hein ?

LA MÈRE : Elle t'a trompé.

LE FILS : Pourquoi tu dis ça ?

LA MÈRE : J'imagine, c'est tout. Elle a sans doute couché avec un autre garçon, et tu l'as découvert. C'est ça qui s'est passé ? Bien sûr que c'est ça. C'est toujours la même histoire. Elle a couché avec un autre garçon. Sans parler du fait qu'elle a probablement pris beaucoup plus de plaisir avec lui qu'avec toi. Elle en a pris beaucoup plus, c'est forcé. Je comprends que tu te sentes démoli, mon amour. C'est un coup de poignard dans le cœur. Non, je te comprends. Il vaut mieux tirer un trait définitif sur toute cette histoire.

LE FILS : Je suis juste revenu dormir ici, maman. Pour cette nuit…

LA MÈRE : Mais tu le sais, tu peux rester ici aussi longtemps que tu le souhaites…

LE FILS : Oui, tu me l'as déjà dit.

*Un temps.*

**LA MÈRE** : Et comment tu t'en es rendu compte ? Tu l'as surprise en pleine action ?

**LE FILS** : Quoi ?

**LA MÈRE** : Avec l'autre garçon… Tu es rentré plus tôt que prévu, et tu l'as vue dans les bras d'un autre homme, c'est ça ?

**LE FILS** : On s'est disputés, c'est tout.

**LA MÈRE** : Et tu as quitté l'appartement.

**LE FILS** : Oui.

**LA MÈRE** : Tu as eu raison.

**LE FILS** : Tu ne l'as jamais vraiment aimée…

**LA MÈRE** : Qui ?

**LE FILS** : Élodie.

**LA MÈRE** : Je la trouvais vulgaire.

**LE FILS** : Élodie ?

**LA MÈRE** : Oui. Et assez moche. Enfin, physiquement. Et ce n'est pas une bonne personne. D'un point de vue moral. *(Il rit.)* Quoi ? Pourquoi tu ris ?

**LE FILS** : Pour rien.

**LA MÈRE** : Si. Dis-moi.

**LE FILS** : Elle non plus, elle ne t'aimait pas beaucoup.

**LA MÈRE** : Ah bon ? Pourquoi ? Elle disait quoi ?

**LE FILS** : Elle disait que tu m'empêchais de vivre. Elle disait… *(Ils se regardent tous les deux droit dans les yeux. Un son vient renforcer le sentiment d'un tête-à-tête intense entre la Mère et le Fils. Le Fils continue, lentement.)* que tu ne savais pas vivre sans moi. Elle disait que j'étais ta respiration, ton souffle, et que tu ne voulais pas vivre en dehors de moi. Elle disait que tu ne me laisserais pas grandir, que tu préférerais me détruire plutôt que de me laisser grandir loin de toi. Elle disait que tu m'aimais trop.

*Un temps. Moment de gêne.*

**LA MÈRE** : Je ne vois franchement pas où elle va chercher tout ça. *(Un temps. Ils se regardent encore.)* « Aimer trop », ça ne veut rien dire. On ne peut pas aimer trop. On aime ou on n'aime pas. Voilà ce que je crois. Non ? Tu n'es pas d'accord ? *(Le Fils sourit.)* Pour te dire ce genre de choses, elle ne devait pas beaucoup t'aimer.

**LE FILS :** Elle m'aime. Je le sais.

**LA MÈRE :** *(dubitative)* Elle t'aime ? Après ce qu'elle t'a fait ? Peut-être que je t'aime trop, bon, admettons, mais tu veux que je te dise… Elle, pour te rendre aussi triste, elle ne t'aimait *pas assez.*

*Noir.*


## Scène 2

*Presque immédiatement. La Mère et le Père sont en train de prendre leur petit déjeuner. Le Père est exactement à la place qu'occupait le Fils à la fin de la scène précédente.*

**LE PÈRE :** Je suis en retard. C'est mon réveil. Je ne l'ai pas entendu. Il ne faut pas que je tarde si je ne veux pas louper mon train…

*Soudain le Fils entre.*

**LA MÈRE :** Nicolas !

**LE FILS :** Bonjour.

**LA MÈRE :** *(au Père)* Tu vois, je t'avais dit qu'il finirait par descendre. *(Au Fils.)* Tu as bien dormi, mon amour ?

**LE FILS :** Hein ? Ça va. *(Un temps court. Il vient s'asseoir sur le canapé.)* Et vous, tout va bien ?

**LE PÈRE :** Tu es revenu dans la nuit ?

**LA MÈRE :** *(agacée par le Père)* Il faut te répéter combien de fois les choses avant que tu ne les intègres ? Viens, prends du café. Ça te fera du bien.

**LE FILS :** Je veux bien. Merci.

*Un temps.*

**LA MÈRE :** Ton père ne va pas rester.

**LE PÈRE :** Je dois partir. J'ai un séminaire.

**LE FILS :** Ah bon ?

LE PÈRE : Oui.

LE FILS : Et tu pars…

LE PÈRE : Là… Je suis même un peu en retard. Ça tombe mal.

LA MÈRE : Alors vas-y… Sinon tu vas louper ton train.

LE PÈRE : Oui. Il faut que j'aille faire ma valise.

LE FILS : Tu pars combien de temps ?

LE PÈRE : Quatre jours. C'est un séminaire sur les micro-crédits.

LA MÈRE : À Dijon.

LE PÈRE : Oui.

*Un temps.*

LA MÈRE : Tu veux plus de café ? Je vais t'en chercher. J'ai tout préparé. Tu en veux plus ?

LE FILS : Je veux bien. Il n'y en a plus. *(Elle sort. Un temps.)* Vas-y, si tu es en retard.

LE PÈRE : Oui, je vais y aller. *(Un temps. Il n'y va pas.)* Et toi ? Tu… Ça va ?

LE FILS : Ça va.

LE PÈRE : Rien de grave ? Enfin, je veux dire…

LE FILS : Qu'est-ce que tu veux dire ?

LE PÈRE : Hein ? Rien. Tout va bien, quoi…

LE FILS : Oui. Désolé de débarquer sans prévenir…

LE PÈRE : Non. Au contraire. Ta mère est contente. Elle me dit souvent qu'elle ne te voit pas assez.

LE FILS : Je sais. Elle me laisse des messages.

LE PÈRE : Elle est souvent seule, tu sais. Depuis que Sara est partie.

LE FILS : Elle revient le week-end, non ?

LE PÈRE : Sara ? Parfois. Pas souvent.

LE FILS : Et toi, tu es là ?

LE PÈRE : Oui. Oui, je suis là. *(Un temps court.)* Pas toujours. *(Un temps court.)* Enfin, le travail, quoi. *(Un temps.)* Il faut qu'on fasse attention à elle.

LE FILS : Oui.

**Le Père :** Bon. Je vais finir ma valise.

*La Mère revient.*

**La Mère :** Voilà. Voilà du café. Avant tu prenais du thé le matin. Tu te souviens ?

**Le Fils :** Oui.

**La Mère :** Tu ne prenais jamais de café. C'est depuis que… Enfin, maintenant tu prends du café.

**Le Père :** Je reviens.

*Il sort. Un temps.*

**La Mère :** Tu veux quelque chose d'autre ? Du pain ou quelque chose ?

**Le Fils :** Non, c'est gentil. Tout va bien.

**La Mère :** Tu es sûr ?

**Le Fils :** Oui.

**La Mère :** Cette nuit, je me suis levée. Et j'ai vu ta veste dans l'entrée. C'est comme ça que… Ta veste noire. Enfin, j'ai compris que tu étais là.

**Le Fils :** Je voulais te prévenir, mais…

**La Mère :** Il n'y a pas besoin de prévenir. C'est aussi chez toi. *(Un temps. Le Fils boit son café.)* Tout à l'heure, j'ai repensé à cette époque, quand vous étiez petits… Le matin je me levais avant vous, et je vous préparais le petit déjeuner… Tu te souviens ? J'adorais ça. Mettre vos petits bols sur la table. Faire chauffer de l'eau. Sortir la confiture du Frigidaire. Et vous réveiller… C'était comme un rituel, et j'adorais ça. Puis on allait ensemble à l'école… Tu te souviens ? J'y repensais ce matin. J'ai tellement aimé cette période de ma vie, tu sais. Je l'ai tellement aimée. Je crois que, oui, j'ai été vraiment heureuse, à cette époque. *(Un temps. Le Fils est ailleurs. La Mère s'en rend compte.)* J'espère que tu n'as pas de problème, au moins.

**Le Fils :** Ça va.

*Un temps.*

**La Mère :** Vous…

**Le Fils :** Quoi ?

**La Mère :** Vous vous êtes disputés, c'est ça ?

**Le Fils :** Écoute… Je n'ai pas trop envie d'en parler. Pardon. Mais… Enfin, tu vois.

**La Mère :** Il n'y a pas de problème.

**Le Fils :** Je…

**La Mère :** Oui, oui.

**Le Fils :** Pardon, mais là…

**La Mère :** Non, non. Je comprends.

**Le Fils :** Oui, je…

**La Mère :** En tout cas, je suis toujours heureuse de te voir. Tu es mon amour, tu sais. Et tu pourras toujours compter sur moi.

**Le Fils :** Merci maman.

*Elle l'embrasse dans les cheveux.*

**La Mère :** Mon petit garçon… Tu as du linge propre ? Tu veux que je te fasse une lessive ?

**Le Fils :** Je… Je ne sais pas. Je dois avoir des affaires en haut.

**La Mère :** Tu n'as plus grand-chose, je crois. Tu avais tout emporté.

**Le Fils :** Ah bon ?

**La Mère :** Oui. Mais sinon, en attendant, tu emprunteras les affaires de ton père.

**Le Fils :** On verra…

**La Mère :** Oui. Mais tu penses que tu vas rester jusqu'à… Tu sais que dimanche, c'est la fête des…

*Le Père entre en parlant.*

**Le Père :** Bon. Je suis désolé de partir si vite. Mais il faut que j'y aille.

**La Mère :** Oui, on a compris.

**Le Père :** Oui. Alors, j'y vais. Je suis déjà en retard. *(Un temps court.)* Je vous appelle.

*Il s'apprête à partir. Le Fils se lève.*

**Le Fils :** Tu pars comme ça ?

**Le Père :** Comment ça ?

**Le Fils :** Tu n'as rien à dire ?

*Un temps.*

**Le Père :** *(mal à l'aise)* Je… Enfin, il faudrait que… Oui, pour… éclaircir la situation, tu veux dire ? Vis-à-vis de… Une situation « complexe », en fait. Des enjeux finalement assez « importants ». Les microcrédits. Mais je vous appelle à mon arrivée. D'accord ? Allez. À dimanche.

*Il sort. Un temps.*

**La Mère :** Ça y est, il est parti. *(Changement progressif d'atmosphère : le monologue qui suit sera dit dans une ambiance qui fera douter de son réalisme. Le Fils est-il vraiment rentré ? Ou tout ça se passe-t-il dans la tête de la Mère ?)* Quand je lui ai dit, ce matin, que tu étais là, que tu étais revenu dans la nuit, il ne me croyait pas. Je l'ai bien vu à sa façon de réagir. Il pensait que j'inventais cette histoire pour… Je ne sais pas. Pour l'embêter. Je lui disais que tu étais revenu, que tu étais revenu pendant la nuit, et il me regardait froidement. Comme on regarderait une folle. Il devait se dire : elle joue à la folle pour me retenir, pour m'empêcher de partir. Voilà ce qu'il se disait. Tu te rends compte ? Tu aurais vu sa tête… Tu aurais vu sa tête au moment où tu es arrivé dans le salon. Il n'en revenait pas. Il n'en revenait pas. Et moi non plus. Je me disais : ça y est, il est revenu. Mon amour est revenu. Hein ? Tu es revenu. Mais dis-moi, tu ne vas pas repartir ? Hein ? Maintenant que tu es là, tu ne vas pas repartir ? *(Un temps court.)* Tu ne me réponds pas ? *(Un temps court.)* Pourquoi tu ne dis rien ? Tu ne dis rien, mais je sais à quoi tu penses.

*Soudain le Père entre avec sa valise. Répétition, comme s'il n'était pas encore parti. Quand il prend la parole, l'ambiance antérieure est rétablie, comme un sursaut.*

**Le Père :** Bon. Je suis désolé de devoir partir si vite.

**La Mère :** Tu as déjà fini ta valise ?

**Le Père :** Oui. J'ai fait vite. Je ne voudrais pas manquer mon train. *(Un temps.)* Tu parlais toute seule ?

**La Mère :** Hein ? Non.

**Le Père :** Ça va ?

**La Mère :** Oui.

**Le Père :** Tu as l'air ailleurs…

**La Mère :** Moi ?

**Le Père :** Oui. À quoi tu penses ?

**La Mère :** À rien. Je me souvenais de l'époque où… De l'époque où je me levais, le matin. Je me levais pour vous préparer le petit déjeuner. Avec les enfants. Tu t'en souviens ? Après, je les emmenais à l'école…

**Le Père :** Oui.

**La Mère :** Tu t'en souviens ? Parfois ça me manque.

**Le Père :** *(tendre)* Essaie de te recoucher, en tout cas. Non ? C'est gentil de t'être levée ce matin, d'avoir pris le petit déjeuner avec moi, mais il est encore tôt. Tu as l'air fatigué.

**La Mère :** C'est toi qui me fatigues.

**Le Père :** Hein ? *(Un temps.)* Bon. Alors je t'appelle quand j'arrive. Et tu fais attention…

**La Mère :** À quoi ?

**Le Père :** À toi. *(Un temps court.)* Allez… *(Il l'embrasse et sort avec sa valise.)* À dimanche.

*Il lui fait un sourire, et sort. Un temps. Elle sourit à son fils.*

*Noir.*

# Acte III

## Scène 1

*Dans le salon, le lendemain. La Mère a mis sa robe rouge. Il y a un miroir dans lequel elle peut se regarder. Le Fils a l'air déprimé.*

**Le Fils :** Elle ne m'a toujours pas appelé.

**La Mère :** Tu as vu ma robe ?

**Le Fils :** Ça fait deux jours.

**La Mère :** Tu es parti, Nicolas. Sois logique. Pourquoi tu attends son appel ?

**Le Fils :** Je n'attends pas. Je constate seulement qu'elle n'a toujours pas appelé.

**La Mère :** Pourquoi elle appellerait ici ? Je veux dire, pourquoi *ici* ? Tu ne lui as pas dit où tu allais.

**Le Fils :** Elle doit bien se douter que je suis revenu ici. Où est-ce que j'aurais pu aller ? À part ici…

**La Mère :** Tu as vu ma robe ?

**Le Fils :** Elle est neuve ?

**La Mère :** Oui. Je l'ai achetée hier. Tu l'aimes ? *(Elle tourne sur elle-même, innocente.)* Hein ? Tu l'aimes ?

**Le Fils :** Elle est… rouge.

**La Mère :** Tu ne l'aimes pas ?

**Le Fils :** Si. Elle te va bien.

**La Mère :** Tu trouves ?

**Le Fils :** Oui.

**La Mère :** Tu trouves que je fais quel âge, dans cette robe ?

**Le Fils :** Je ne sais pas.

*Un temps.*

**La Mère :** Ce soir, tu ne veux pas qu'on sorte quelque part ?

**Le Fils :** Où ?

**La Mère :** Je ne sais pas. Quelque part.

**Le Fils :** Pour quoi faire ?

**La Mère :** Je ne sais pas. Pour sortir. *(Il hausse les épaules.)* Pour se changer les idées. Ça fait deux jours que tu tournes en rond.

**Le Fils :** C'est pour ça que tu as mis cette robe ?

**La Mère :** Je l'ai achetée l'autre jour. Sans raison particulière. C'est la couleur que j'aimais. Alors ? Tu es d'accord ?

**Le Fils :** Je n'ai pas vraiment envie de sortir, tu sais.

**La Mère :** Ça te fera du bien.

**Le Fils :** Je n'ai pas vraiment la tête à ça.

**La Mère :** Justement. *(Un temps. Elle est joyeuse.)* On pourrait aller dîner quelque part. Commander des fruits de mer. Avec un bon vin. Non ? Et ensuite, oui, aller danser. Sortir un peu. Se changer les idées.

**Le Fils :** C'est gentil, mais je ne préfère pas.

**La Mère :** Tu ne m'as pas répondu… Tu ne trouves pas que je fais plus jeune, dans cette robe ?

**Le Fils :** Maman…

**La Mère :** Quoi ? C'est une question…

**Le Fils :** Je n'en sais rien.

**La Mère :** Mais dis juste un chiffre… Tu trouves que je fais quel âge ?

**Le Fils :** J'ai toujours été mauvais avec les chiffres…

**La Mère :** Tu crois que les gens se diraient quoi, en te voyant à mon bras ? Ils ne penseraient pas forcément que tu es mon fils… Ils se diraient peut-être, tiens, la voilà avec son jeune amant.

**Le Fils :** Arrête.

*Elle se rapproche de lui.*

**La Mère :** *(toujours comme un jeu)* Moi, ce soir, je veux sortir avec mon jeune amant.

**Le Fils :** Je t'ai dit. Je n'ai pas la tête à ça.

**La Mère :** Qu'est-ce qui te ferait plaisir, alors ?

**Le Fils :** Que tu me laisses un peu tranquille.

*Un temps. L'enthousiasme retombe.*

**La Mère :** Pardon. Tu as raison. *(Un temps court. Une gêne. Elle reprend son rôle de mère.)* Tu veux que je prépare quelque chose à manger ?

**Le Fils :** C'est gentil, maman. Mais tu sais… Je n'ai pas faim.

**La Mère :** Tu es toujours aussi triste ?

**Le Fils :** J'ai du mal à respirer, si tu veux tout savoir.

*Un temps.*

**La Mère :** Tu as toujours été comme ça. Tellement sensible. Alors que tes frères, eux, étaient beaucoup plus durs. Beaucoup mieux armés pour vivre. Ils étaient moins mélancoliques que toi.

**Le Fils :** Pourquoi tu dis ça ?

**La Mère :** Quoi ?

**Le Fils :** Je n'ai pas de frères, maman.

**La Mère :** Hein ?

**Le Fils :** Je n'ai pas de frères.

**La Mère :** Je sais.

**Le Fils :** Alors ? Qu'est-ce que tu racontes ?

**La Mère :** Je veux dire, tu as toujours été différent.

*Un temps.*

**Le Fils :** Ce n'est pas ça. C'est seulement que cette fille, c'était *tout* pour moi. C'était tout, tu sais.

**La Mère :** Mais c'est toi qui es parti.

**Le Fils :** Ça revient au même. Je ne pouvais pas rester.

**La Mère :** Alors ? *(Un temps.)* Tiens, si tu veux, prends un somnifère, ça te fera du bien.

**Le Fils :** Un somnifère ?

**La Mère :** Oui.

**Le Fils :** Pour quoi faire ?

**La Mère :** Si tu le mélanges avec ça, tiens, cette pilule, une petite bleue, tu verras, ça ira mieux.

**Le Fils :** Qu'est-ce que c'est ?

**La Mère :** Un médicament. Moi, je n'arrête pas d'en prendre.

**Le Fils :** Pour dormir ?

**La Mère :** Non. Pour vivre. Ça te fera du bien. Tiens. Prends.

**Le Fils :** Merci.

**La Mère :** Moi, je n'arrête pas d'en prendre.

**Le Fils :** Ça sert à quoi ? C'est un calmant ?

**La Mère :** Calmant, excitant. Ça sert un peu à tout. *(Le Fils prend le cachet.)* Moi, je n'arrête pas d'en prendre. *(Le Fils l'avale.)* Et maintenant, on va essayer d'être heureux. D'accord ? On va… Je t'emmène dîner. Le chagrin, c'est l'ennemi de la vie.

**Le Fils :** Je ne sais pas.

**La Mère :** On va prendre ma voiture.

**Le Fils :** Mais tu veux aller loin ?

*Elle se rapproche encore.*

**La Mère :** Oui. Très loin.

**Le Fils :** Jusqu'où ?

**La Mère :** Le plus loin possible.

*Un temps. Soudain, une jeune fille apparaît : c'est Élodie.*

**La Fille :** Bonjour.

*Un temps. Le Fils se lève. Quelque chose se brise.*

**Le Fils :** Qu'est-ce que tu fais là ?

**La Fille :** Je voulais te voir. *(À la Mère.)* Bonjour…

**La Mère :** Bonsoir.

**La Fille :** Oui. Bonsoir. *(Un temps.)* Je pensais bien que tu étais là.

**Le Fils :** *(dur)* Qu'est-ce que tu veux ?

**La Fille :** Je voulais… Je ne sais pas… Te parler.

**Le Fils :** Parler de quoi ?

**La Mère :** Il n'y a rien à dire.

**La Fille :** C'est tellement atroce. Je… Je ne comprends pas pourquoi tu es parti comme ça. Si brutalement.

**Le Fils :** *(presque agressif)* Tu ne comprends pas pourquoi ?

**La Fille :** Si. Mais je trouve ça tellement brutal.

**La Mère :** Il fallait y réfléchir avant. Maintenant, c'est trop tard.

**Le Fils :** Maman.

**La Mère :** Quoi ?

*Un temps.*

**La Fille :** Je sais que je ne suis pas la bienvenue. J'accepte tous les torts. Mais je ne pouvais pas rester comme ça, sans te parler. Cela fait deux jours que je ne dors plus. *(Le Fils semble déstabilisé. Un temps.)* Tu ne dis rien ? Dis quelque chose…

**Le Fils :** Non.

*La Mère s'inquiète. Moment de suspension.*

**La Mère :** Nicolas…

**Le Fils :** Quoi ?

**La Mère :** Dis quelque chose.

**Le Fils :** J'ai un doute.

**La Mère :** Quoi ?

**Le Fils :** Je ne sais pas quoi faire.

*La Mère et le Fils parlent devant la Fille comme si elle n'était pas là, ou comme si elle était un objet.*

**La Mère :** Ne te laisse pas avoir, Nicolas. Regarde-la…

**Le Fils :** Justement…

**La Mère :** Mais regarde-la bien, Nicolas. Elles font toutes le même numéro.

**Le Fils :** *(comme un enfant)* Je suis en train de me laisser avoir, maman.

*Il est comme hypnotisé.*

**La Mère :** Mais regarde comme elle te regarde. Tu ne vas pas céder ? Hein ? Elle vient te chercher, elle te dit deux phrases, et toi, tu replonges ?

**Le Fils :** *(qui n'arrête pas de regarder la Fille)* Oui, mais elle est belle.

**La Mère :** Elle est belle, elle est belle… Il ne faut pas exagérer non plus.

**Le Fils :** Oui, mais regarde comme elle me regarde.

*La Mère s'approche pour regarder la façon qu'a la Fille de regarder son fils.*

**La Mère :** Je ne vois rien de particulier.

**Le Fils :** Tu ne vois pas ?

**La Mère :** Non. C'est juste une fille qui regarde. Une fille comme il y en aura des dizaines dans ta vie.

**Le Fils :** *(dans un élan poétique)* C'est son iris.

**La Mère :** Quoi, son iris ? Qu'est-ce qu'il a, son iris ?

**Le Fils :** Il me bouleverse.

**La Mère :** Si tu te laisses bouleverser par des iris…

**Le Fils :** Mais regarde…

*La Mère regarde l'iris de la Fille.*

**La Mère :** Je ne vois rien de particulier. Après ce qu'elle t'a fait. *(Un temps court. Il est toujours hypnotisé. La Mère s'en inquiète. Fragile.)* Nicolas, on était censés aller manger des fruits de mer tous les deux. On était censés aller danser. Ce soir… On devait passer la soirée ensemble. Tu te souviens ? Tu ne vas pas craquer ? Dis, tu ne vas pas craquer et me laisser toute seule ?

**La Fille :** *(froide)* Évidemment qu'il va craquer. Je suis jeune et belle.

**La Mère :** Hein ?

**La Fille :** J'ai 25 ans. Je suis jeune. Comme lui. On a envie de vivre.

**La Mère :** Et moi ?

**La Fille :** Et vous, quoi ?

**La Mère :** Mais… Qu'est-ce que je deviens dans tout ça ? *(La Fille hausse les épaules. Manifestement, elle s'en moque.)* Ça me donne envie de vomir.

**La Fille :** Tenez.

**La Mère :** Qu'est-ce que c'est ?

**La Fille :** Un mouchoir.

**La Mère :** Je n'ai pas dit que j'avais envie de me moucher. J'ai dit que j'avais envie de vomir. Et maintenant, j'ai envie de pleurer. Redonnez-moi votre mouchoir.

**La Fille :** Laissez-vous aller.

**Le Fils :** Oui. Laisse-toi aller, maman. *(Un temps.)* Ça va aller ?

*La Mère hausse les épaules.*

**La Fille :** *(presque impatiente)* Bon. On y va ?

**Le Fils :** Oui. On va y aller.

**La Mère :** Vous ne voulez rien manger ?

**Le Fils :** *(en regardant la Fille)* Tu…

**La Fille :** *(froide)* Non, c'est gentil. On va plutôt aller dîner dans un restaurant.

**La Mère :** Quel genre de restaurant ?

**La Fille :** *(comme pour la faire saliver)* Un restaurant avec des fruits de mer.

**La Mère :** Avec des fruits de mer ?

**La Fille :** Oui.

**La Mère :** Et à boire, vous allez prendre quoi ?

**La Fille :** Un bon vin, j'imagine.

**Le Fils :** Oui.

**La Mère :** Blanc ?

**La Fille :** Sans doute.

**La Mère :** Et moi ? Qu'est-ce que je vais faire ?

**La Fille :** Vous, vous allez rester ici toute seule… Vous allez manger des gâteaux secs. *(Un temps court.)* Nous, après le restaurant, nous irons faire l'amour. Ce sera fort. Ce sera bon. Il me prendra sur la table, dans le salon, et mon corps cognera contre la table en bois, et ça fera… *(Lentement et sensuellement.)* Boum… boum… boum… boum…

*Un temps court. Une gêne.*

**Le Fils :** Bon. On va y aller, maman.

**La Fille :** Oui. On a tellement de choses à se dire.

**Le Fils :** Oui.

**La Fille :** Tellement de choses à faire.

**Le Fils :** *(en riant)* Oui.

**La Fille :** Alors on va vous dire au revoir.

**La Mère :** Vous ne voulez pas rester encore un petit peu ?

**La Fille :** Non. C'est mieux si on part maintenant.

**La Mère :** J'ai cette bouteille de vin… Sinon, je vais la boire toute seule. J'ai peur de faire des mélanges, avec tous les médicaments que je prends en ce moment… Ça pourrait être dangereux.

LA FILLE : C'est gentil, mais on préfère y aller.

*Un temps court.*

LE FILS : Je… Merci pour tout, maman. Merci pour tout.

LA FILLE : Oui. Merci. Je peux vous appeler « maman » ?

*Pas de réponse.*

LE FILS : Bon.

LA FILLE : Oui. Il est tard.

LE FILS : On va te dire au revoir, maman. *(La Mère ne dit rien.)* Alors, au revoir…

LA FILLE : Oui. Au revoir, « maman ».

*La Fille sourit. Il faut sentir la cruauté de ce sourire. Ils sortent. La Mère reste seule un instant.*


## Scène 2

*La Mère se sert un verre de vin. Elle le boit. Longuement. Soudain on sonne. Elle va ouvrir.*

LA FILLE : Bonjour.

LA MÈRE : Bonsoir.

LA FILLE : Oui, bonsoir. Je… Je suis désolée de vous déranger… Je… Je ne vous dérange pas ? *(Pas de réponse. Un temps court. La Fille n'a plus l'assurance de la scène précédente.)* Je vous dérange ?

LA MÈRE : Ça dépend de ce qu'on entend par « déranger ».

*Un temps court.*

LA FILLE : Je… Je cherche Nicolas. Je… Je me suis dit qu'il était sans doute ici.

LA MÈRE : Qu'est-ce que vous voulez ?

LA FILLE : Je voudrais lui parler. Il n'est pas là ? *(Pas de réponse.)* Je m'étais dit qu'il était sans doute chez vous.

LA MÈRE : Il n'est pas là.

LA FILLE : Ah bon ? Mais il n'a pas dormi ici ? Je veux dire…

Vous n'avez pas de ses nouvelles ? Je le cherche partout. *(Pas de réponse.)* Vous ne savez pas où il est ?

LA MÈRE : Il est sorti. Je pense qu'il reviendra tout à l'heure.

LA FILLE : Il faut absolument que je lui parle. Ça vous dérange si je l'attends ?

LA MÈRE : C'est-à-dire que je dois partir, là…

LA FILLE : Ah ?

LA MÈRE : Oui. Je dois partir. C'est dommage. Vous voulez que je lui dise quelque chose ?

LA FILLE : Vous pouvez lui dire qu'il me rappelle ?

LA MÈRE : Je lui dirai.

LA FILLE : Oui. S'il vous plaît. Et dites-lui que c'est important. Il faut que je lui parle. D'une façon ou d'une autre. Il faut que je lui parle.

LA MÈRE : Oui. Je lui dirai.

*Un temps. Elle ne part pas.*

LA FILLE : Il vous a raconté ? Il vous a dit qu'on s'était disputés ?

LA MÈRE : Oui, évidemment.

LA FILLE : C'est tellement absurde. *(Elle entre dans le salon.)* Tout ça n'a aucun sens. Je ne comprends pas pourquoi il est parti comme ça. Si brutalement. On ne peut pas tout briser comme ça. Sans même se parler.

LA MÈRE : Qu'est-ce que vous voulez, Élodie ?

LA FILLE : Je voudrais… qu'il comprenne à quel point je tiens à lui. Je n'ai pas dormi de la nuit.

LA MÈRE : Ça se voit.

LA FILLE : Vous trouvez ?

LA MÈRE : Oui. Vous avez mauvaise mine. À votre place, j'irais me coucher.

LA FILLE : Je ne pourrai pas dormir avant de lui avoir parlé.

LA MÈRE : Je vous ai déjà dit qu'il n'était pas là.

LA FILLE : Mais qu'est-ce que je dois faire ? Dites-moi… Qu'est-ce que je dois faire ?

LA MÈRE : Vous devriez peut-être le laisser un peu tranquille. Et puis changer de robe.

**La Fille :** De robe ? Pourquoi ? Qu'est-ce qu'elle a, ma robe ?

**La Mère :** Elle ne vous met pas en valeur. Le rouge, c'est beau, oui, mais pas sur vous. Moi, je viens d'en acheter une. Regardez. Vous ne trouvez pas qu'elle me va bien ?

**La Fille :** Si.

**La Mère :** Elle me rajeunit, je trouve.

**La Fille :** Peut-être, oui.

**La Mère :** Je pense que ce soir nous allons sortir. Prendre un peu l'air. Vous comprenez, je voudrais qu'il se change un peu les idées. Ça fait des mois qu'il est malheureux. À cause de vous. Mais maintenant, ça va aller mieux. Nous allons être heureux.

*Un temps. La Fille est déstabilisée.*

**La Fille :** Ça vous dérange si je fume ?

**La Mère :** Pardon ?

**La Fille :** Si je fume, ça vous dérange ?

**La Mère :** Oui. *(La Fille s'allume une cigarette. Comme pour la défier. La Mère la regarde faire.)* C'est drôle, vous me faites penser à quelqu'un.

**La Fille :** À qui ?

**La Mère :** À Sara.

**La Fille :** Sara ?

**La Mère :** La sœur de Nicolas. Oui. C'est… quelque chose dans le visage…

**La Fille :** Ah bon ? Je ne la connais pas.

**La Mère :** Depuis qu'elle est partie, on ne la voit plus beaucoup. Ça nous fait des vacances. *(Un temps.)* Bon. Je suis désolée, mais je vais devoir y aller.

**La Fille :** Oui.

*La Mère s'approche, lui prend la cigarette de la bouche et l'écrase au sol.*

**La Mère :** Je ne veux pas vous mettre dehors, mais… De toute façon, je ne sais pas à quelle heure il rentrera. Ce sera peut-être tard.

*La Fille sort une enveloppe de son sac.*

**La Fille :** Alors… Est-ce que vous pourriez lui donner ça ?

**La Mère :** Hein ?

**La Fille :** C'est une lettre.

**La Mère :** Vous voulez que je la lui donne ?

**La Fille :** S'il vous plaît.

**La Mère :** Très bien.

**La Fille :** C'est important.

**La Mère :** Je la lui donnerai tout à l'heure.

**La Fille :** Et dites-lui que j'attends son appel.

**La Mère :** Oui.

**La Fille :** C'est tellement absurde. Si vous saviez comme je m'en veux.

**La Mère :** Si ça peut vous consoler, lui aussi, il vous en veut. *(La Fille baisse les yeux, dépitée.)* Ce matin encore, il vous traitait de « petite pute ». *(Un temps. Comme si rien n'avait été dit.)* Bon.

**La Fille :** Oui. Je vais y aller.

**La Mère :** Oui. Ce serait bien.

**La Fille :** *(emmêlée)* Pardon. Merci. Merci et à bientôt.

**La Mère :** À bientôt… Élodie.

**La Fille :** Et n'oubliez pas la lettre.

*Elle sort. Un temps. La Mère ouvre l'enveloppe et commence à lire. Puis la déchire.*

*Noir.*

## Scène 3

*La Mère et le Fils sont dans la même position qu'au début de la scène 1 de l'acte III. Il y a un miroir dans lequel elle peut se regarder.*

**Le Fils :** Elle ne m'a toujours pas appelé.

**La Mère :** Tu as vu ma robe ?

**Le Fils :** Ça fait déjà deux jours.

**La Mère :** Arrête de ressasser. Tu l'as quittée. Pourquoi tu attends son appel ?

**Le Fils :** Je n'attends pas. Je constate seulement qu'elle n'a toujours pas appelé.

**La Mère :** Pourquoi elle appellerait ici ? Je veux dire, pourquoi *ici* ? Tu ne lui as pas dit où tu allais.

**Le Fils :** Elle doit bien se douter que je suis revenu ici.

**La Mère :** Tu as vu ma robe ?

**Le Fils :** Oui.

**La Mère :** Je l'ai achetée hier. Tu l'aimes ? *(Elle tourne sur elle-même, innocente. Répétition de la scène 1.)* Hein ? Tu l'aimes ? *(Un temps.)* Ce soir, tu ne veux pas qu'on sorte quelque part ?

**Le Fils :** Tout à l'heure…

**La Mère :** Hein ?

**Le Fils :** *(froid et déterminé)* Tout à l'heure… Oui… Pendant que je dormais… Quelqu'un a sonné.

**La Mère :** Ah ?

**Le Fils :** Oui. Quelqu'un a sonné. C'était qui ?

**La Mère :** Quand ?

**Le Fils :** *(froid)* Tout à l'heure. Pendant que je dormais. C'était qui ?

**La Mère :** Hein ? Personne. *(Un temps.)* C'était le voisin.

**Le Fils :** C'était le voisin ?

**La Mère :** Oui. Pourquoi ? *(Un temps court.)* Il passait par là. *(Un temps. Elle est mal à l'aise.)* Non ? Qu'est-ce que tu en penses ? On pourrait sortir quelque part. Tu ne vas pas me dire que tu es fatigué ? Tu as dormi toute la journée.

**Le Fils :** J'aurais dormi toute la soirée aussi. S'il n'y avait pas eu cette sonnette.

**La Mère :** Quelle sonnette ?

**Le Fils :** *(voulant la confronter à son mensonge)* Le voisin. *(Un temps.)* Pourquoi tu ne m'as pas donné la lettre ?

**La Mère :** Hein ?

**Le Fils :** *(violent)* Pourquoi tu ne m'as pas donné la lettre ?

**La Mère :** Quelle lettre ? *(Un temps. Moment de tension. Elle reprend, comme si de rien n'était.)* On pourrait aller dîner quelque part. Non ? Et ensuite, oui, aller danser. Sortir un peu. Se changer les idées.

**Le Fils :** Je n'ai pas la tête à sortir.

**La Mère :** Je comprends. Je proposais ça juste pour… Pour te changer les idées.

**Le Fils :** Je n'ai pas envie de changer d'idées.

**La Mère :** Tu as envie de quoi, alors ?

**Le Fils :** J'ai envie d'être tranquille. J'ai envie de dormir. Je voudrais dormir pendant une semaine. Pendant un mois.

*Il se lève et se dirige vers sa chambre.*

**La Mère :** Tu vas déjà te coucher ?

**Le Fils :** Oui.

**La Mère :** Tu ne veux pas manger quelque chose ?

**Le Fils :** Je n'ai pas faim.

**La Mère :** Ni soif ? Tu ne veux pas que je t'amène quelque chose au lit ?

**Le Fils :** Non. Je veux seulement dormir. Tu comprends ?

*Il sort. Un temps.*

**La Mère :** Bon. Moi, je vais peut-être préparer le petit déjeuner demain matin. Je vais le préparer maintenant. Je vais mettre son bol sur la table. Au cas où il se réveille très tôt. Voilà ce que je vais faire. Je vais préparer son petit déjeuner. Comme avant.

*Au lieu de ça, elle va se servir un autre verre de vin. Elle le boit. Le Père entre avec sa valise, comme s'il s'apprêtait à partir pour son train. Répétition.*

**Le Père :** Bon. Je vais y aller. Je ne voudrais pas être en retard.

**La Mère :** *(s'énervant)* Tu commences franchement à nous énerver avec tes mensonges ! Avec tes histoires de séminaire ! Avec toutes tes histoires ! Tu ne peux pas arrêter de me prendre pour une idiote ! Tu ne peux pas arrêter, sans cesse, de me prendre pour une idiote ?

**Le Père :** *(très calme, sur un ton très général)* Tu es sûre que tout va bien ? Tu as l'air un peu sombre aujourd'hui. *(Un temps court. Sur un ton très général.)* Tu devrais te trouver une activité… Un centre d'intérêt… *(Un temps court. Sur un ton très général.)* Tu dois être fatiguée, il est tôt. Tu devrais aller te recoucher. *(Un temps court.)* Bon. Il faut que j'y aille, si je ne veux pas manquer mon train.

**LA MÈRE :** Je t'emmerde. Casse-toi ! Tu m'entends ? Casse-toi !

*Elle lui lance quelque chose, qu'il évite de justesse. Accélération.*

**LE PÈRE :** Tu es sûre que tout va bien ?

**LA MÈRE :** Non. Non, ça ne va pas. Ça ne va pas du tout.

**LE PÈRE :** Qu'est-ce qui t'arrive ?

**LA MÈRE :** J'ai la tête qui tourne.

*Il pose sa valise.*

**LE PÈRE :** Comment ça se fait ?

**LA MÈRE :** C'est à cause des somnifères.

**LE PÈRE :** Quoi ? Quels somnifères ?

**LA MÈRE :** J'en ai trop pris d'un coup. Avec les petites pilules
bleues. Et j'ai la tête qui va exploser maintenant. Et l'alcool.
Je ne comprends pas ce qui m'arrive.

**LE PÈRE :** Ne t'inquiète pas. Ça va passer.

**LA MÈRE :** Tu crois ?

**LE PÈRE :** Mais oui.

**LA MÈRE :** Cela me fait peur.

**LE PÈRE :** Mais non…

**LA MÈRE :** J'ai l'impression que je vais mourir.

*On sonne.*

**LE PÈRE :** Tu veux que j'y aille ?

**LA MÈRE :** Non. Je voudrais que tu restes.

**LE PÈRE :** Je vais ouvrir. C'est sans doute le voisin. *(Il y va. Il
ouvre. C'est la jeune fille. Le Père lui parle comme si c'était une autre jeune
fille.)* Ah ! c'est toi ?

**LA FILLE :** Tu es prêt ?

**LE PÈRE :** Oui.

**LA MÈRE :** C'est qui ?

**LA FILLE :** *(au Père)* Tu as fait ta valise ?

**LE PÈRE :** Elle est prête.

**LA FILLE :** *(allusive)* Tu n'as rien oublié, j'espère…

**LE PÈRE :** *(souriant)* Non…

**LA FILLE :** Tu lui as dit ?

**LE PÈRE :** Hein ?

**LA FILLE :** Tu lui as dit ?

**LE PÈRE :** Non. Pas encore. *(Un temps.)* Bon. Une minute. *(Il fait un pas vers la Mère.)* Alors j'y vais. Je ne voudrais pas louper mon train. Je… Tu comprends ? C'est important, ce séminaire. Il y a des « enjeux importants » pour moi. J'espère que tu comprends. La situation est « complexe » dans le domaine du « microcrédit ». Je ne peux pas me permettre de ne pas y aller. Hein ? Oui. Vis-à-vis de la situation économique… internationale. Oui. Alors à dimanche.

*La Fille s'avance sur scène. Elle peut, éventuellement, ramasser la cigarette de la scène 2 de l'acte III, la rallumer, en prenant son temps, et souffler la fumée au visage de la Mère, comme un acte de provocation extrême, avant de lui dire au revoir comme elle l'avait fait à la scène 1 de l'acte III.*

**LA FILLE :** Au revoir, « maman ».

*Ils sortent. La Mère se prend la tête dans les mains. Nicolas apparaît. Une valise à la main.*

**LA MÈRE :** Qu'est-ce que tu fais ?

**LE FILS :** *(fermé)* À ton avis ?

**LA MÈRE :** Tu pars ? *(Pas de réponse.)* Tu m'abandonnes ? Non. S'il te plaît… Reste encore un peu. Pas toi… Pas maintenant.

**LE FILS :** *(fermé)* Je ne peux pas.

**LA MÈRE :** S'il te plaît… Je te demande pardon. Je n'aurais pas dû. Je reconnais mes torts.

**LE FILS :** On dirait que tu veux m'empêcher de vivre.

**LA MÈRE :** Mais non… Mon tout petit… Au contraire. Tu sais bien que je t'aime. Reste un peu avec moi… Tu la rejoindras après. Reste avec moi jusqu'à dimanche. Au moins jusqu'à dimanche. Tu la rejoindras après… Je ne peux pas être seule. Tu comprends ? Je ne peux pas être seule.

*Le Fils traverse la scène. Elle essaie de le retenir.*

**LE FILS :** *(violent)* Arrête !

*Il se dégage et sort. Elle reste toute seule. Elle essuie ses larmes, et lentement se remet à la tâche et va mettre la table du petit déjeuner. Puis elle va au téléphone, compose un numéro. Elle tombe sur la messagerie.*

**LA MÈRE :** Allô, Nicolas, c'est maman… Je voulais savoir si tu as eu mon message. Mon message de la dernière fois.

Tu ne m'as pas répondu. Pourquoi tu ne viendrais pas déjeuner à la maison ? Tu pourrais venir dimanche avec… Enfin, vous pourriez venir tous les deux. Bon. Alors réfléchis, et tu me dis. *(Soudain on sonne. Elle sursaute.)* Attends, ne quitte pas…

*Elle pose le téléphone, sans raccrocher, et se précipite à la porte. C'est la jeune fille. Elle peut avoir une blouse d'infirmière. Ou pas.*

**LA FILLE :** Je vous dérange ?

**LA MÈRE :** Qu'est-ce que vous voulez encore ? Je vous ai déjà dit qu'il n'était pas là.

**LA FILLE :** Pardon ?

**LA MÈRE :** Il faut vous répéter combien de fois les choses ? Il n'est pas là. Il n'est pas là. Il n'est pas là.

*Un temps court.*

**LA FILLE :** Je viens pour la livraison.

**LA MÈRE :** Quelle livraison ?

**LA FILLE :** *(à d'autres, qui sont derrière)* C'est bon. Vous pouvez entrer. *(À la Mère.)* La livraison.

*Deux techniciens de plateau entrent et transportent un lit blanc qu'ils viennent installer dans le salon[14].*

**LA MÈRE :** Qu'est-ce que c'est ?

**LA FILLE :** C'est un lit.

**LA MÈRE :** Oui. Je vois bien que c'est un lit. Mais pourquoi vous livrez un lit chez moi ? J'en ai déjà un.

**LA FILLE :** C'est un lit d'hôpital.

**LA MÈRE :** Qu'est-ce que vous voulez que je fasse d'un lit d'hôpital ?

**LA FILLE :** Vous pouvez vous installer dedans, par exemple.

**LA MÈRE :** Mais je n'ai pas envie de dormir.

**LA FILLE :** Les draps sont propres.

**LA MÈRE :** Qu'est-ce que vous voulez que ça me fasse ?

**LA FILLE :** Allongez-vous.

**LA MÈRE :** Non.

**LA FILLE :** Vous avez pris trop de médicaments. Et vous les avez mélangés avec de l'alcool.

**La Mère :** Moi ? Et alors ? En quoi ça vous regarde ?

**La Fille :** Vous allez faire un malaise.

**La Mère :** Qu'est-ce que c'est que cette histoire ? Qui vous a demandé de mettre ce lit dans mon salon ?

**La Fille :** C'est le voisin.

**La Mère :** Le voisin ? Quel voisin ?

**La Fille :** Le vôtre. Il vous a trouvée au sol. Vous avez eu de la chance qu'il passe par là. Vous auriez pu y rester.

**La Mère :** Mais mon mari est au courant ? Où est mon mari ?

**La Fille :** *(elle consulte une fiche)* Il est parti au bord de la mer avec une jeune femme. Il ne reviendra que demain. Pour la fête des Mères. *(Un temps. Les techniciens de plateau rigolent. Elle reprend, plus conciliante.)* Allez… Installez-vous dans le lit.

**La Mère :** Non.

**La Fille :** S'il vous plaît.

**La Mère :** Je vous ai dit non.

**La Fille :** Ne me forcez pas à…

**La Mère :** À quoi ?

**La Fille :** À vous y forcer.

**La Mère :** Sortez de chez moi ! *(La Fille fait un geste aux deux techniciens de plateau qui se rapprochent de la Mère. Elle se met à courir pour leur échapper, et les deux techniciens lui courent après et tentent de l'attraper.)* Non, non ! Je ne veux pas y aller !

**La Fille :** Mais vous y serez très bien. Attrapez-la.

**La Mère :** Non ! non ! Je veux mes enfants ! Je veux mon mari ! Je veux mes enfants !

*Elle pleure et se laisse mettre dans le lit blanc, en poursuivant moins fort, presque dans un murmure : « Je veux mes enfants. Je veux ma maison. Je veux mon mari… » Pendant ce temps-là, les deux hommes la bordent tandis que la jeune femme lui caresse le visage.*

**La Fille :** *(comme si elle voulait l'apaiser)* Chut… Ça va aller maintenant. Vous allez vieillir seule. Triste et seule. Chut… Plus personne ne s'intéresse à vous. Vous allez beaucoup souffrir, et tout va pouvoir rentrer dans l'ordre. Calmez-vous… Ça sera très douloureux, vous allez avoir beaucoup de peine. Chut…

*La Fille se lève et va raccrocher le téléphone.*

*Noir.*

# ACTE IV

## Scène 1

*La Mère est allongée. À ses côtés, sur une chaise, le Fils la veille. Un long moment. Puis elle ouvre les yeux.*

**LA MÈRE :** Qu'est-ce qui se passe ?

**LE FILS :** Doucement.

**LA MÈRE :** On est où ?

**LE FILS :** Tu as dormi pendant… Tu as pris trop de somnifères, maman. Tu as dormi toute la journée.

**LA MÈRE :** Mais on est où ?

**LE FILS :** Je vais prévenir l'infirmière. Je vais lui dire que tu t'es réveillée.

**LA MÈRE :** Non. Attends. Ne me laisse pas seule.

**LE FILS :** Je reviens.

**LA MÈRE :** Non. Reste avec moi. Juste un peu…

*Un temps.*

**LE FILS :** Ça va ?

**LA MÈRE :** Je suis réveillée, là ? J'ouvre les yeux. Regarde, j'ouvre grand les yeux !

**LE FILS :** Oui, maman.

**LA MÈRE :** Ça prouve bien que je suis réveillée. Non ?

**LE FILS :** Oui.

*Un temps.*

**LA MÈRE :** Qu'est-ce que je fais ici ? C'est toi qui m'as amenée ici ? Vite, on rentre à la maison.

**Le Fils :** Il faut rester encore un peu, maman.

**La Mère :** C'est toi qui m'as amenée ici ?

**Le Fils :** On t'a retrouvée allongée dans le salon. Tu ne t'en souviens pas ?

**La Mère :** Hein ? Dans le salon ?

**Le Fils :** Une boîte entière. Tu as avalé une boîte entière. Après notre dispute…

**La Mère :** Quelle dispute ?

**Le Fils :** Tu ne te souviens pas ?

**La Mère :** Non. *(Un temps.)* C'est à cause de la lettre ? C'est à cause de ça qu'on s'est disputés ? *(Un temps.)* Je croyais que tu ne voulais plus en entendre parler, de cette fille…

*Un temps.*

**Le Fils :** Heureusement qu'il y a eu ce voisin.

**La Mère :** Quel voisin ?

**Le Fils :** Monsieur Simon. Il a sonné plusieurs fois. Et comme tu ne répondais pas, il… Enfin il est entré.

*Un temps court.*

**Le Fils :** Tu te sens mieux ?

**La Mère :** Je n'arrive pas à me lever…

**Le Fils :** C'est normal. Il faut attendre encore un peu.

*Un temps.*

**La Mère :** Merci d'être revenu.

**Le Fils :** Est-ce que j'avais le choix ?

*Un temps.*

**La Mère :** Tu me hais.

**Le Fils :** Je suis venu te dire que je vais retourner là-bas. Vivre avec elle. Mais que cette fois, tu devras me laisser partir. *(Un temps.)* Il n'est pas question que tu recommences, tu comprends ? *(Un temps.)* Ce n'est pas possible. *(Un temps. La Mère ferme les yeux.)* Sinon, je serai obligé de… *(Un temps.)* Tu comprends ? Je serai obligé de disparaître pour de bon.

*Un temps.*

**La Mère :** Et qu'est-ce qui se passe maintenant ?

**Le Fils :** C'est le moment le plus pénible.

**La Mère :** Ah bon ?

**Le Fils :** Oui.

**La Mère :** Pourquoi ? Qu'est-ce qui va se passer ?

**Le Fils :** *(lentement)* C'est le moment où je vais t'embrasser. Je vais t'embrasser très fort.

**La Mère :** Oui.

**Le Fils :** Et puis je vais poser mes mains sur ton cou.

**La Mère :** Ah ?

**Le Fils :** *(lentement)* Oui. Et je vais serrer. Je vais serrer très fort. Et je te regarderai dans les yeux. Et tu me regarderas. Mais tu ne diras rien. Tu n'imploreras même pas. Tu te laisseras emporter, et ce sera doux, et ce sera bon, et tu ne diras rien, et après tout ira mieux.

*Un temps.*

**La Mère :** Embrasse-moi mon amour.

*Il l'embrasse puis, fidèle à ce qu'il vient d'annoncer, l'étrangle lentement. Elle se laisse faire. Elle sourit. Ils se regardent avec intensité. Puis elle s'éteint.*

*Un temps.*

*Le Père et la Fille entrent. La Fille ne porte plus de blouse d'infirmière.*

**La Fille :** Ça y est ?

**Le Père :** Oui, ça y est. Il l'a fait.

**La Fille :** Il l'a fait pour moi.

**Le Père :** J'imagine, oui.

**La Fille :** C'est un beau cadeau. Je crois qu'il m'aime.

*Le Fils se tourne alors vers eux. Et se dirige lentement vers la sortie. Le Père et la Fille, côte à côte, le regardent sortir. Cette fois, le Fils a sa valise. Il sort de scène.*

*Un temps.*

*La Fille s'élance alors à sa poursuite. Le Père reste un instant seul. Puis se dirige vers le lit et s'assoit en position de veille — on retrouve l'image du début de la scène (avec le Père à la place du Fils). Soudain, la Mère se réveille de son cauchemar.*

**La Mère :** Qu'est-ce qui se passe ?

**Le Père :** Doucement.

**La Mère :** On est où ?

**Le Père :** Tu as dormi pendant… Tu as pris trop de somnifères, ma chérie. Tu as dormi toute la journée.

LA MÈRE : Mais on est où ?

LE PÈRE : Je vais prévenir l'infirmière. Je vais lui dire que tu t'es réveillée.

LA MÈRE : Non. Attends. Ne me laisse pas seule.

LE PÈRE : Je reviens.

LA MÈRE : Non. Reste avec moi.

*Un temps.*

LE PÈRE : Tu te sens mieux ?

LA MÈRE : Qu'est-ce que je fais ici ? C'est toi qui m'as amenée ici ?

LE PÈRE : Je suis rentré en catastrophe.

LA MÈRE : Quelle catastrophe ?

LE PÈRE : Je suis rentré de mon séminaire, Anne. On t'a retrouvée évanouie dans le salon. Le voisin t'a retrouvée évanouie. Heureusement qu'il était là… *(Un temps.)* Qu'est-ce qui s'est passé ? *(Un temps.)* Je m'en veux. Je n'aurais jamais dû partir à ce séminaire. Mais tu vois, il…

LA MÈRE : *(revenant au seul sujet qui l'intéresse)* Et Nicolas ?

LE PÈRE : Hein ?

LA MÈRE : Il est où ?

LE PÈRE : Je lui ai laissé un message.

LA MÈRE : Il ne m'a toujours pas appelée.

LE PÈRE : Non.

LA MÈRE : Tu crois qu'il viendra dimanche ?

LE PÈRE : Il viendra sans doute te voir. Oui.

LA MÈRE : Tu lui as dit ? Tu lui as dit que j'étais ici ?

LE PÈRE : Oui.

LA MÈRE : *(pleine d'espérance)* Et qu'est-ce qu'il a dit ?

*Le Père n'a pas de réponse. On comprend qu'il ne l'a pas eu au téléphone.*

LE PÈRE : *(pour la consoler)* Il viendra. Il viendra te voir.

LA MÈRE : Tu crois ?

LE PÈRE : Mais oui…

LA MÈRE : Non, il ne viendra pas. Il ne vient jamais.

LE PÈRE : Mais si… Ne t'inquiète pas. Je suis sûr qu'il viendra dimanche.

**La Mère :** J'espère qu'il viendra. Je lui ai laissé un message pour qu'il vienne déjeuner. Pour qu'il vienne dimanche. Je ne comprends pas pourquoi il ne me donne jamais de ses nouvelles. C'est comme s'il avait disparu.

[**Le Père :** Tu sais bien qu'il est occupé.

**La Mère :** À quoi ?

**Le Père :** Je ne sais pas. À vivre… *(Un temps. Sur un ton apaisant.)* Mais je lui ai laissé un message. Je suis sûr qu'il va passer te voir.

**La Mère :** Tu crois que tous les fils sont comme ça ? Je veux dire, aussi ingrats…

**Le Père :** C'est dans la nature des choses, je suppose.

**La Mère :** Ils disparaissent de nos vies, ils nous abandonnent sans se retourner.

**Le Père :** *(tendrement)* Chut…

**La Mère :** *(émue)* Et il ne nous reste que le souvenir de ces matins, très tôt, où il fallait se lever pour leur préparer le petit déjeuner. Oui. Les tartines et le lait. Et ensuite on partait à l'école. On marchait dans les rues matinales, l'un à côté de l'autre, et on portait le petit cartable pour qu'ils ne se fatiguent pas trop. Et devant l'école, ils vous embrassaient avec tellement de confiance. Tellement de douceur. Puis ils disparaissaient dans la cour. Ils disparaissaient parmi les autres enfants. Dans la foule des petits cartables… Alors, tu peux me dire… Tout ça pour quoi ? Hein ? Au fond… Tout ça pour quoi ?

*Un temps court. Le Père n'a pas de réponse.*[15]]

**Le Père :** Il viendra te voir. *(Un temps.)* Il viendra.

*Un temps.*

*Le Fils apparaît (ou pas). Comme une image. La Mère se dresse. Ils se regardent.*

*Un temps.*

*Noir.*

*Fin*

# Le Père

# Personnages

ANDRÉ, *un homme de 80 ans*
ANNE, *sa fille*
UN HOMME
UNE FEMME
LAURA
PIERRE

*La création du* Père *a eu lieu le mardi 28 août 2012 au Théâtre Hébertot dans une mise en scène de Ladislas Chollat et avec la distribution suivante : Robert Hirsch (André), Isabelle Gelinas (Anne), Éric Boucher (Un homme), Sophie Bouilloux (Une femme), Élise Diamant (Laura) et Patrick Catalifo (Pierre).*

> *« Quand un petit homme cherche, angoissé, un endroit où vivre*
> *dans une ville inconnue, il se trouve brusquement privé*
> *des défenses que le savoir dresse contre les emprises de la magie. [ . . . ]*
> *Il regarde moins les maisons que les maisons ne le regardent. »*
> Tennessee Williams

## 1

*Dans l'appartement d'André.*

**ANNE** : Alors ? Qu'est-ce qui s'est passé ?

**ANDRÉ** : Rien.

**ANNE** : Papa.

**ANDRÉ** : Quoi ?

**ANNE** : Dis-moi.

**ANDRÉ** : Je viens de te le dire. Il ne s'est rien passé.

**ANNE** : Il ne s'est rien passé ?

**ANDRÉ** : Rien du tout. C'est toi qui débarques chez moi comme s'il s'était passé quelque chose de… Mais il ne s'est rien passé. Rien du tout.

**ANNE** : Il ne s'est rien passé ?

**ANDRÉ** : Rien.

**ANNE** : Je viens de l'avoir au téléphone.

**ANDRÉ** : Et alors ? Qu'est-ce que ça prouve ?

**ANNE** : Elle est partie en pleurs.

**ANDRÉ** : Qui ?

**ANNE** : Tu ne peux pas te comporter de cette façon.

**ANDRÉ** : Mais je suis chez moi, non ? C'est tout de même invraisemblable. Je ne la connais pas, moi, cette femme. Je ne lui ai rien demandé.

**ANNE** : Elle est là pour t'aider.

**ANDRÉ** : Pour m'aider à quoi ? Je n'ai pas besoin d'elle. Je n'ai besoin de personne.

**ANNE :** Elle m'a dit que tu l'avais traitée de « petite garce ». Ou je ne sais plus quoi.

**ANDRÉ :** Moi ?

**ANNE :** Oui.

**ANDRÉ :** Peut-être. J'ai oublié.

**ANNE :** Elle était en larmes.

**ANDRÉ :** Seulement parce que je l'ai traitée de… ?

**ANNE :** Non. Parce que tu… Il paraît que…

**ANDRÉ :** Moi ?

**ANNE :** Oui. Avec la tringle à rideau.

**ANDRÉ :** Avec la tringle à… Qu'est-ce que c'est que cette histoire ?

**ANNE :** C'est ce qu'elle m'a dit. Elle m'a dit que tu l'avais menacée. Physiquement.

**ANDRÉ :** Cette femme est en plein délire, Anne. Avec la tringle à… Tu m'imagines ? Enfin… Tu vois bien qu'elle ne sait plus ce qu'elle dit. Physiquement ? Avec la… Non, c'est mieux qu'elle parte, crois-moi. Elle est en plein délire. C'est mieux qu'elle parte. Crois-moi. D'autant que…

**ANNE :** Que quoi ?

**ANDRÉ :** Hein ? Écoute… Si tu veux tout savoir, je la soupçonne de…

**ANNE :** De ?

**ANDRÉ :** De…

**ANNE :** De quoi ?

**ANDRÉ :** *(en chuchotant)* Je ne voulais pas te le dire, mais je la soupçonne de…

**ANNE :** *(impatiente)* De quoi, papa ?

**ANDRÉ :** De me voler.

**ANNE :** Isabelle ? Mais non. Qu'est-ce que tu racontes ?

**ANDRÉ :** Je te dis. Elle m'a volé ma montre.

**ANNE :** Ta montre ?

**ANDRÉ :** Oui.

**ANNE :** Tu ne crois pas que tu l'as simplement perdue ?

**ANDRÉ :** Non, non, non. J'avais déjà des soupçons. Alors je lui ai tendu un piège. J'ai laissé ma montre quelque part, bien en évidence, pour voir si elle mettrait la main dessus.

ANNE : Où ? Tu l'avais laissée où ?

ANDRÉ : Hein ? Quelque part. Je ne sais plus. Mais la chose que je sais, c'est qu'elle est maintenant introuvable. Introuvable. La preuve, je ne la retrouve plus. C'est cette fille qui me l'a piquée. Je le sais. Alors oui, je l'ai peut-être traitée de… comme tu dis. C'est possible. Je me suis peut-être un peu énervé. D'accord. Si tu veux. Mais enfin, Anne, la tringle à rideau, quand même… On nage en plein délire, là. *(Anne s'assoit. Elle a l'air désemparée.)* Qu'est-ce que tu as ?

ANNE : Je ne sais plus quoi faire.

ANDRÉ : À quel propos ?

ANNE : Il faut qu'on parle, papa.

ANDRÉ : Qu'est-ce qu'on est en train de faire, là ?

ANNE : Je veux dire : sérieusement. *(Un temps.)* C'est la troisième personne que tu…

ANDRÉ : Mais puisque je te dis que je n'ai pas besoin d'elle ! Ni d'elle ni de personne d'autre. Je me débrouille très bien tout seul !

ANNE : J'ai eu du mal à la trouver, tu sais. Ce n'est pas si facile que ça. Elle me semblait vraiment bien. Elle avait des qualités. Elle… Et maintenant elle ne veut plus travailler ici.

ANDRÉ : Mais enfin tu entends ce que je te dis ? Cette fille m'a volé ma montre ! Ma montre, Anne ! Je l'avais depuis des années, cette montre. Depuis toujours ! C'était sentimental. C'était… Je ne vais pas vivre avec une cambrioleuse.

ANNE : *(fatiguée)* Tu as regardé dans le placard de la cuisine ?

ANDRÉ : Hein ?

ANNE : Dans le placard de la cuisine. Derrière le micro-ondes. C'est là que tu caches tes objets de valeur.

*Un temps.*

ANDRÉ : *(stupéfait)* Comment tu le sais ?

ANNE : Hein ?

**ANDRÉ :** Comment tu le sais ?

**ANNE :** Je le sais, c'est tout. Tu as regardé s'il n'y avait pas ta montre ?

**ANDRÉ :** Hein ? Oui. Je… Je crois.

*Il fronce les sourcils.*

**ANNE :** Papa, il faut que tu comprennes que je ne peux pas venir tous les jours. C'est…

**ANDRÉ :** Qui te le demande ?

**ANNE :** La situation. Je ne peux pas te laisser seul.

**ANDRÉ :** Mais de quoi tu parles ? C'est insultant à la fin.

**ANNE :** Mais non, ce n'est pas insultant. Tu dois accepter l'idée que tu as besoin de quelqu'un. Ne serait-ce que pour faire tes courses. Sans parler de… Du reste. Moi, je ne peux plus le faire pour toi.

**ANDRÉ :** Tu as fouillé dans mon placard ?

**ANNE :** Quoi ?

**ANDRÉ :** Anne. Dis-moi la vérité. Tu as fouillé dans mon placard ?

**ANNE :** Mais non.

**ANDRÉ :** Alors comment tu sais que… ? Enfin… que parfois je… mes objets de valeur… pour ma… Oui. Bref. Comment tu sais ?

**ANNE :** Je ne sais plus. J'ai dû l'ouvrir par hasard. *(André a l'air catastrophé. Il se précipite vers la cuisine.)* Où tu vas ? *(Il sort.)* Je n'ai touché à rien, papa. Ne t'inquiète pas. Tu m'entends ? Papa ? Je n'ai touché à rien. *(Presque pour elle-même.)* On ne peut pas continuer comme ça. On ne peut pas. Comme ça… Ce n'est plus possible… Pourquoi tu ne comprends pas ? *(Il revient. Il a sa montre.)* Tu l'as ?

**ANDRÉ :** De quoi ?

**ANNE :** Ta montre.

**ANDRÉ :** Ah ! oui.

**ANNE :** Tu vois bien qu'Isabelle n'y était pour rien.

**ANDRÉ :** Parce que je l'avais cachée. Heureusement. Juste à temps. Sinon, à l'heure où je te parle, je ne pourrais plus savoir quelle heure il est. Il est 17 heures, au cas où ça t'intéresse. Moi, ça m'intéresse. Pardon d'exister. J'ai besoin de savoir où on en est exactement dans une journée. C'est une montre que je porte depuis toujours, tu sais. Si je la perdais, je ne m'en remettrais pas.

ANNE : Tu as pris tes médicaments ?

ANDRÉ : Oui. Mais pourquoi tu… ? Tu me regardes toujours comme si les choses n'allaient pas bien. Tout va bien, Anne. Le monde avance. Tu as toujours été comme ça. Soucieuse. Même sans raison. Tu es comme ta mère. Ta mère était comme ça. Toujours à avoir peur. À chercher des raisons d'avoir peur. Mais ce n'est pas comme ça que le monde fonctionne. Alors bien sûr… Tu me diras qu'il y a aussi une sorte de… Les ombres nous entourent. Mais principalement, *non*. Tu comprends ? C'est ça qu'il est important de comprendre. Ta sœur, elle, a toujours été beaucoup plus… beaucoup moins… Elle n'a pas cette vision inquiète du monde. Bref, elle me fout la paix, elle. D'ailleurs, où est-elle ?

ANNE : Je vais sans doute déménager, papa.

ANDRÉ : Déménager, tu veux dire… ?

ANNE : Vivre ailleurs.

ANDRÉ : Oui. Pourquoi pas. C'est bien.

ANNE : Je vais sans doute quitter Paris.

ANDRÉ : Ah bon ? Pourquoi ?

ANNE : Je t'en ai déjà parlé. Tu t'en souviens ?

*Un petit temps.*

ANDRÉ : C'est pour ça que tu tiens à ce que cette infirmière vive chez moi ? C'est pour ça, Anne ? *(Un petit temps.)* Évidemment que c'est pour ça. Les rats quittent le navire.

ANNE : Je ne serai plus là, papa. Il faut que tu comprennes.

ANDRÉ : Tu vas partir ? *(Un temps.)* Mais quand ? Enfin, je veux dire… Pourquoi ?

ANNE : J'ai rencontré quelqu'un.

ANDRÉ : Toi ?

ANNE : Oui.

ANDRÉ : Mais… un homme ?

ANNE : Oui.

ANDRÉ : Ah bon ?

ANNE : Tu dis ça comme si c'était improbable.

ANDRÉ : Non, c'est juste que… Depuis ton… Comment s'appelait-il déjà ?

ANNE : Antoine.

ANDRÉ : Voilà. Depuis Antoine, il faut dire que tu n'avais pas beaucoup… Et qu'est-ce qu'il fait dans la vie ?

ANNE : Il habite à Londres. Je vais aller vivre là-bas.

ANDRÉ : Toi ? À Londres ? Tu ne vas pas faire ça, Anne ? Enfin, ouvre les yeux. Anne… Il pleut toute l'année, à Londres ! *(Un temps.)* Je le connais ?

ANNE : Oui. Tu l'as déjà rencontré.

ANDRÉ : Tu es sûre ?

ANNE : Oui, papa. Plusieurs fois.

ANDRÉ : Ah ? *(Un temps. Il cherche dans ses souvenirs.)* Si je comprends bien, tu me quittes. C'est ça ? Tu me laisses tout seul…

ANNE : Papa…

ANDRÉ : Qu'est-ce que je vais devenir ? *(Un temps.)* Et pourquoi il ne vient pas vivre à Paris ?

ANNE : Il travaille là-bas.

ANDRÉ : Toi aussi, tu travailles.

ANNE : Oui, mais moi je peux travailler de chez moi. Je n'ai pas besoin d'être à Paris.

ANDRÉ : Je vois.

ANNE : Tu sais, c'est important pour moi. Sinon, je ne partirais pas. Je… Je l'aime vraiment. *(Un temps. Il ne dit rien.)* Je reviendrai souvent te voir. Certains week-ends. Mais je ne peux pas te laisser tout seul ici. Ce n'est pas possible. C'est pour ça. Si tu refuses l'aide d'une jeune femme, je serais obligée de…

ANDRÉ : De quoi ? *(Un temps.)* De quoi ?

ANNE : Il faut que tu comprennes, papa.

**ANDRÉ :** Tu seras obligée de quoi ? *(Elle baisse les yeux. Un temps.)* Anne… Tu seras obligée de *quoi* ?

*Un temps.*

*Noir.*


## 2


*Dans le même salon. André est seul.*

**ANDRÉ :** Il faut que je retrouve le numéro de cet avocat. Et que je l'appelle. Oui. Je n'ai pas vécu toutes ces années pour me faire avoir comme un… Comme ça. Non. Il faut que je passe un coup de fil de… Oui. Un avocat. Ma propre fille… Ma propre fille…

*Soudain un homme entre.*

**L'HOMME :** Tout va bien ?

**ANDRÉ :** Pardon ?

**L'HOMME :** Tout va bien ?

**ANDRÉ :** Qu'est-ce que vous faites là ?

**L'HOMME :** Pardon ?

**ANDRÉ :** Qu'est-ce que vous faites chez moi ? Qu'est-ce que vous faites dans mon appartement ?

**L'HOMME :** André, c'est moi… Pierre.

**ANDRÉ :** Hein ?

**L'HOMME :** Vous ne me reconnaissez pas ? C'est moi, Pierre…

**ANDRÉ :** Qui ? Qu'est-ce que vous faites ici ?

**L'HOMME :** J'habite ici.

**ANDRÉ :** Vous ?

**L'HOMME :** Oui.

**ANDRÉ :** Vous habitez ici ?

**L'HOMME :** Oui.

**ANDRÉ :** Vous habitez chez moi ? C'est la meilleure. Qu'est-ce que c'est que cette histoire ?

**L'HOMME :** Je vais appeler Anne. *(Il se dirige vers le téléphone.)* Votre fille…

ANDRÉ : Oui, merci, je sais encore qui est Anne ! Vous la
connaissez ? *(Un temps court.)* Vous êtes une de ses connais-
sances ? *(Pas de réponse.)* Je vous parle. Vous connaissez Anne ?

L'HOMME : Je suis son mari.

ANDRÉ : *(déstabilisé)* Ah oui ?

L'HOMME : Oui.

ANDRÉ : Son mari ? Mais depuis… longtemps ?

L'HOMME : Bientôt dix ans.

*Il compose un numéro.*

ANDRÉ : *(voulant dissimuler son trouble)* Ah oui ! bien sûr. Oui, oui.
Évidemment. Déjà dix ans ? Le temps passe à une de ces
vitesses… Mais je croyais que… Non ? Que vous étiez
séparés.

L'HOMME : Qui ça ? Anne et moi ?

ANDRÉ : Oui. Non ?

L'HOMME : Non.

ANDRÉ : Vous êtes sûr ? Enfin, je veux dire… Vous êtes sûr ?

L'HOMME : Oui, André.

ANDRÉ : Mais cette histoire d'Angleterre ? Elle ne devait pas
partir à Londres pour… ? Non ?

L'HOMME : *(au téléphone)* Allô, ma chérie. Oui, c'est moi. Dis-moi.
Est-ce que tu as bientôt fini ? Non, aucun problème. Mais
ton père ne se sent pas très bien. Je pense qu'il serait
content de te voir. Oui. Très bien. D'accord, on t'attend.
À tout de suite. Oui. Ne tarde pas trop. Non, non. Je t'embrasse. *(Il raccroche.)* Elle sera bientôt là. Elle est allée faire
une course en bas. Elle revient tout de suite.

ANDRÉ : Elle m'a dit qu'elle allait partir vivre à Londres.
Elle me l'a dit l'autre jour.

L'HOMME : À Londres ?

ANDRÉ : Oui.

L'HOMME : Qu'est-ce qu'elle irait faire à Londres ?

ANDRÉ : Elle a rencontré un Anglais.

L'HOMME : Anne ?

ANDRÉ : Oui.

**L'Homme** : Je ne crois pas, André.

**André** : Mais si. Elle me l'a dit l'autre jour, je ne suis pas fou ! Elle m'a dit qu'elle allait déménager. Pour aller vivre avec lui. Je lui ai même répondu que c'était une idée stupide, parce qu'il pleut toute l'année, à Londres. Vous n'étiez pas au courant ?

**L'Homme** : Non.

**André** : Aïe !

**L'Homme** : Quoi ?

**André** : J'ai fait une gaffe ? *(Petit temps. André, pour lui-même.)* J'ai fait une gaffe.

**L'Homme** : Mais non, ne vous inquiétez pas. Elle ne m'en a pas parlé, mais je suis sûr qu'elle comptait le faire bientôt…

**André** : Pour l'Anglais non plus, vous n'étiez pas au courant ?

**L'Homme** : *(amusé)* Non.

**André** : Aïe ! aïe ! aïe !… *(Un temps. Il lui met la main sur l'épaule.)* Allez. Courage. De toute façon, elles finissent toutes par partir un jour ou l'autre. Je vous dis ça en connaissance de cause.

*Un temps court.*

**L'Homme** : Vous voulez quelque chose à boire en attendant qu'elle revienne ? Un verre d'eau ? Un jus de fruit ?

**André** : Non, mais je veux dire… Qu'est-ce que je voulais dire déjà ? Ah ! oui, ça y est, ça me revient.

**L'Homme** : Quoi ?

**André** : C'est à cause de cette fille…

**L'Homme** : Quelle fille ?

**André** : Eh bien, cette infirmière…

**L'Homme** : Laura ?

**André** : J'ai oublié son prénom. Cette fille que ta femme veut absolument me mettre dans les pattes. Une infirmière. Tu es au courant ? Comme si je ne pouvais pas me débrouiller tout seul… Elle me dit que j'ai besoin de l'aide de cette… Alors que je peux très bien me débrouiller tout seul. Même si elle devait partir à l'étranger. Je ne

comprends pas pourquoi elle s'obstine à... Regarde-moi.
Non, regarde-moi bien...

*Il cherche le prénom de son interlocuteur.*

**L'Homme :** Pierre.

**André :** Oui, Pierre. Regarde-moi bien. Je peux encore me
débrouiller tout seul. Non ? Je ne suis pas encore complètement... Hein ? Tu es d'accord ? Je n'en suis pas à... *(Il se
plie en quatre comme un vieillard.)* C'est vrai ? Tu es d'accord ?
Regarde, j'ai encore l'usage de mes bras *(Il fait la démonstration
de cet usage.)*, tu vois ? De mes jambes. De mes mains. Bref,
tout fonctionne à merveille. Tu es d'accord ? Évidemment
tu es d'accord. Mais elle ? Je ne sais pas d'où lui vient cette
obsession. Cette obsession stupide. Et ridicule. Ridicule.
Elle n'a jamais su évaluer une situation, en fait. Jamais.
Voilà le problème. Ç'a toujours été comme ça. Depuis
qu'elle est petite. Elle n'est pas très futée, quoi. Pas très...
Tu es d'accord ? Pas très intelligente. Elle tient ça de sa mère.

**L'Homme :** Je pense qu'elle essaie de faire au mieux pour
vous, André.

**André :** « Au mieux », « au mieux »... Je ne lui ai rien
demandé. Non, je ne sais pas ce qu'elle trafique contre moi.
Mais elle trafique. Elle trafique, ça, je le sais. Je la soupçonne
de vouloir me mettre dans une maison pour... Si, si.
Pour... *(Il fait une grimace signifiant « vieux ».)* J'ai des indices.
C'est ce qu'elle a derrière la tête. Elle me l'a quasiment dit
l'autre jour. Mais que les choses soient bien claires : je ne
quitterai pas mon appartement ! Je ne le quitterai pas !

**L'Homme :** Ce n'est pas votre appartement, André.

**André :** Pardon ?

**L'Homme :** Vous vous souvenez que vous êtes venu ici, je veux
dire : que vous êtes venu à la maison en attendant de...

**André :** Quoi ?

**L'Homme :** Oui. En attendant de retrouver une nouvelle
aide-soignante... Parce que vous vous êtes disputé avec la
dernière... Avec Isabelle.

**ANDRÉ :** Ah oui ?

**L'HOMME :** Oui. Vous vous en souvenez ? C'est pour ça que vous êtes à la maison. En attendant.

*Un temps. André a l'air vaguement perdu.*

**ANDRÉ :** Et vous Antoine…

**L'HOMME :** Pierre.

**ANDRÉ :** Oui. Donc, vous êtes en train de me dire que là, je suis chez vous ?

**L'HOMME :** Oui.

*André rigole et lève les yeux au ciel.*

**ANDRÉ :** On aura tout entendu.

*La porte s'ouvre. La Femme entre, un sac à la main. Ce n'est pas Anne.*

**LA FEMME :** Voilà, j'ai fait au plus vite. Tout va bien ? Qu'est-ce qui se passe ?

**L'HOMME :** Rien de particulier. Ton père semblait un peu perdu. Je pense qu'il avait envie de… Non ? Envie de te voir.

**LA FEMME :** Ça ne va pas ? Tu vas bien, papa ? *(Il ne la reconnaît pas.)* Papa ?

**ANDRÉ :** Je…

**LA FEMME :** Oui ?

**ANDRÉ :** Qu'est-ce que c'est que cette histoire ?

**LA FEMME :** De quoi tu parles ?

**ANDRÉ :** Où est Anne ?

**LA FEMME :** Pardon ?

**ANDRÉ :** Anne. Elle est où ?

**LA FEMME :** Mais je suis là, papa. Je suis là. *(Elle réalise qu'il ne la reconnaît pas. Elle a un regard inquiet vers l'Homme.)* J'étais descendue acheter à manger. Mais maintenant je suis revenue. Je suis là, et tout va bien.

**ANDRÉ :** Je… Ah bon ? Mais… Et qu'est-ce que tu as acheté ?

**LA FEMME :** Un poulet. Ça te dit ? Tu as faim ?

**ANDRÉ :** Pourquoi pas.

*Il semble perdu. Et sombre.*

**L'HOMME :** Tiens, donne-le-moi. Je vais aller préparer tout ça.

**La Femme :** Merci. *(Il prend le sac et sort dans la cuisine. Un temps.)* Pierre m'a appelée. Il m'a dit que tu ne te sentais pas bien ?

**André :** Je me sens très bien. Seulement… Il y a quelque chose qui m'échappe… Je veux dire : dans toute cette histoire.

**La Femme :** Quoi ?

**André :** C'est difficile à expliquer. C'est difficile. Tu ne comprendrais pas.

**La Femme :** Mais si.

**André :** Mais non !

*Un temps.*

**La Femme :** Tu as l'air inquiet.

**André :** Moi ?

**La Femme :** Oui. Tu as l'air inquiet. Tout va bien ?

**André :** Tout va bien. C'est juste…

**La Femme :** Juste quoi ?

**André :** *(énervé)* Mais j'étais assis là. J'étais tranquillement dans le salon, je cherchais un numéro de téléphone, et soudain ton mari est arrivé et…

**La Femme :** Qui ?

**André :** Ton mari.

**La Femme :** Quel mari ?

**André :** Hein ? Le tien, ma chérie. Pas le mien.

**La Femme :** Antoine ?

**André :** Ton mari.

**La Femme :** Papa, je ne suis pas mariée.

**André :** Pardon ?

**La Femme :** J'ai divorcé il y a plus de cinq ans. Tu as oublié ?

**André :** Quoi ? Mais alors qui c'est ?

**La Femme :** Qui ?

**André :** Tu le fais exprès ou quoi ? Je te parle de… lui. Qui vient de partir avec le poulet.

**La Femme :** Avec le poulet ? Qu'est-ce que tu racontes, papa ?

**André :** Là, il y a une minute. Il y a bien quelqu'un qui t'a pris le poulet des mains ? *(Manifestement, elle ne voit pas de quoi il parle.)*

Le poulet ! Tu avais bien un poulet dans les mains, il y a encore une minute ? Un poulet. UN POULET !

LA FEMME : De quel poulet tu parles, papa ?

ANDRÉ : Tu m'inquiètes, Anne.

LA FEMME : Moi ?

ANDRÉ : Oui, crois-moi, tu m'inquiètes. Tu ne te souviens pas ? Elle ne se souvient pas. Tu as des problèmes de mémoire ou quoi ? Tu devrais consulter, ma vieille. Je te parle d'un événement qui s'est produit il y a tout juste deux minutes. Montre en main. *(Il vérifie qu'il a toujours sa montre au poignet. Soulagement.)* Il y a tout juste deux minutes. Oui. Montre en main. Avec un poulet pour le dîner. Que tu as acheté.

*Il s'approche de la cuisine.*

LA FEMME : Je crois que tu te trompes, papa. Il n'y a personne dans la cuisine.

ANDRÉ : Enfin, c'est quand même extraordinaire ! Il était là, il y a deux minutes.

LA FEMME : Qui ? *(Il sort un instant.)* Papa…

*Il revient.*

ANDRÉ : Il a disparu. *(Il le cherche partout.)* Il doit bien se cacher quelque part.

LA FEMME : *(avec un sourire)* L'homme avec le poulet ?

ANDRÉ : Ton mari. Pourquoi tu souris ? Pourquoi tu souris ?

LA FEMME : Pour rien. Pardon.

ANDRÉ : Vous allez me rendre fou avec vos histoires.

LA FEMME : Calme-toi.

ANDRÉ : Que je me calme ?

LA FEMME : Oui. Viens près de moi.

ANDRÉ : Il y a quelque chose qui ne tourne pas rond. Crois-moi, Anne, il y a quelque chose qui ne tourne pas rond !

LA FEMME : Viens t'asseoir à côté de moi. Viens… *(Il vient se rasseoir sur le canapé. Il est contrarié. La Femme lui sourit et pose sa main sur lui.)* Allez, ne t'inquiète pas. Tout va rentrer dans l'ordre. Hein ?

ANDRÉ : Je ne sais pas.

**LA FEMME :** *(tendre)* Mais si. Ne t'inquiète pas. Tu as pris tes médicaments ?

**ANDRÉ :** Quel est le rapport ?

**LA FEMME :** On va prendre les médicaments. Ceux du soir. Et après ça ira mieux.

**ANDRÉ :** C'est depuis quelque temps. Il se passe des choses étranges autour de nous. Tu n'as pas remarqué ? Il y avait cet homme qui prétendait que je n'étais pas ici chez moi. Un homme avec une tête vraiment antipathique. Un peu comme ton mari. En pire. Dans mon appartement, tu te rends compte ? C'est quand même la meilleure. Non ? Dans mon appartement. Il me disait que… Mais… Je suis bien chez moi, ici ! Hein ? Anne… Je suis bien chez moi ? *(Elle lui sourit sans rien dire. Elle prépare les médicaments.)* Non ? *(Un petit temps.)* Dis, Anne, c'est bien mon appartement, ici ?

*Un temps. Elle lui tend les médicaments. En silence.*

*Noir.*

## 3

*C'est à la fois le même salon, et un autre. Quelques meubles ont disparu : au fur et à mesure des scènes, le décor va se dépouiller pour devenir un espace vide et neutre. Anne est seule dans le salon. Elle est au téléphone.*

**ANNE :** Non, je l'attends d'un instant à l'autre. Je sais. J'espère que cette fois ça se passera bien. Oui. Tu ne peux pas t'imaginer comme c'est parfois… difficile. L'autre jour, il ne m'a même pas reconnue. Je sais. Je sais. Heureusement que tu es là, toi. Oui. Oui. Non, je ne vois pas d'autre solution. *(Soudain on sonne.)* Ah ! justement, on sonne. Oui. Ça doit être elle. Oui. Je… Je te laisse. D'accord. Je t'embrasse. Moi aussi. Moi aussi. *(Elle raccroche. Elle va ouvrir. La porte s'ouvre : c'est Laura.)* Bonjour.

**LAURA :** Bonjour. Je ne suis pas trop en retard ?

**ANNE :** Non, non. Pas du tout. Entrez. Entrez.

*Laura entre.*

**Laura :** Merci.

**Anne :** Je vous attendais. Entrez. Merci d'être venue aujourd'hui.

**Laura :** C'est normal.

**Anne :** Mon père est dans sa chambre. Je… Je vais aller le chercher. Vous voulez quelque chose à boire ?

**Laura :** Non, merci.

**Anne :** Installez-vous. Je… Donc, oui, comme je vous le disais, je… Il est un peu contrarié par l'idée de…

**Laura :** C'est normal.

**Anne :** Oui. Et ça déclenche chez lui quelque chose de… Enfin, je crois qu'il m'en veut un peu. Je vous dis ça pour vous prévenir qu'il peut avoir des réactions… surprenantes.

**Laura :** Jusque-là, il vivait seul ?

**Anne :** Oui. Dans un appartement, pas trop loin d'ici. C'était pratique. Je passais le voir presque tous les jours. Mais avec le temps, on a dû trouver une autre organisation. Ce n'était plus possible.

**Laura :** Je comprends.

**Anne :** Plusieurs aides-soignantes se sont succédé. Mais il a eu du mal à s'entendre avec elles. Il a son caractère… Tout ça a été assez folklorique. Oui. Assez folklorique. C'est pour ça que je l'ai installé ici, à la maison. Ça me semblait mieux pour lui. Mais toute seule, je n'y arrive pas. C'est trop lourd pour moi. Et je dois travailler. Je dois… Oui. C'est pour ça que… Enfin, que je voudrais que quelqu'un puisse m'aider.

*La porte de la chambre s'ouvre. André apparaît. Il est en pyjama.*

**André :** On a sonné ?

**Anne :** Ah ! justement… Papa. Je voudrais te présenter Laura.

**Laura :** Bonjour, monsieur.

**Anne :** Je t'ai expliqué que Laura devait passer aujourd'hui pour que vous puissiez vous rencontrer.

**André :** Bonjour, mademoiselle.

LAURA : Bonjour.

ANDRÉ : Vous êtes… ravissante.

LAURA : Merci.

ANDRÉ : Mais je… On se connaît ? On se connaît, non ?

LAURA : Non, je ne crois pas.

ANDRÉ : Vous êtes sûre ?

LAURA : Je crois, oui.

ANDRÉ : Votre visage me dit quelque chose.

LAURA : Ah bon ?

ANDRÉ : Oui. Non ? J'ai l'impression de vous avoir déjà vue.

LAURA : Peut-être. Je ne sais pas.

ANNE : Voilà. Donc, Laura est passée nous voir pour comprendre un peu comment tu vis et pour voir dans quelle mesure elle pourrait t'aider…

ANDRÉ : Je sais bien, ma chérie. Je sais bien. Tu me l'as déjà dit cent fois. *(À Laura.)* Ma fille radote. Vous savez ce que c'est… avec l'âge… Vous voulez quelque chose à boire ?

LAURA : Non merci, c'est gentil.

ANDRÉ : Vous êtes sûre ? Un petit apéritif ? Il doit bientôt être l'heure de l'apéritif, non ? Il est quelle heure ? Il est… Où est ma… ? Ma… Mais… Ma… Un instant, je reviens. Je reviens.

*Il va vers la cuisine et sort.*

ANNE : Il va chercher sa montre.

LAURA : Ah ?

ANNE : Oui. C'est un homme très… ponctuel. Même s'il est en pyjama au milieu de l'après-midi.

LAURA : Il a peut-être fait une sieste.

ANNE : *(un peu gênée)* Sans doute. Oui.

*Un temps.*

LAURA : Il est charmant, en tout cas.

ANNE : Oui. Pas toujours. Mais la plupart du temps, oui, il est charmant. Enfin, il a son caractère.

LAURA : Tant mieux.

*André revient avec sa montre au poignet.*

ANDRÉ : C'est bien ce que je me disais, il est l'heure de

l'apéritif. J'ai deux montres. J'en ai toujours eu deux. Une à mon poignet, et une dans ma tête. Ç'a toujours été comme ça. Vous voulez quelque chose, mademoiselle ?

ANNE : Papa…

ANDRÉ : Quoi ? Je peux quand même offrir quelque chose à notre invitée, non ? Qu'est-ce que vous voulez ?

LAURA : Qu'est-ce que vous prenez, vous ?

ANDRÉ : Un petit whisky.

LAURA : Alors pareil.

ANDRÉ : Très bien. Alors, deux whiskys. Deux ! Anne, je ne t'en propose pas. *(À Laura.)* Elle ne boit pas d'alcool. Jamais.

ANNE : C'est vrai.

ANDRÉ : Jamais. Pas une goutte. D'où son humeur très…

ANNE : Très ?

ANDRÉ : Sobre. Sa mère était comme elle. Sa mère était la femme la plus… sobre que j'aie jamais connue. Alors que sa petite sœur, elle… c'était autre chose.

LAURA : Vous avez eu deux filles ?

ANDRÉ : Eh oui. Même si je n'ai plus beaucoup de nouvelles de l'autre. Élise. Pourtant c'était celle que je préférais. *(Un temps.)* Tu as de ses nouvelles, toi ? Je ne comprends pas pourquoi elle n'en donne jamais. Jamais. Une fille brillante. Peintre. Artiste. Voilà votre verre.

LAURA : Merci.

ANDRÉ : À la vôtre. *(Ils trinquent.)* Je donnerais tout ce que j'ai pour un verre de whisky. Pas vous ?

LAURA : Vous savez, moi, je n'ai pas grand-chose…

ANDRÉ : Ah non ? Qu'est-ce que vous faites dans la vie ?

LAURA : Eh bien, je… je m'occupe des… des autres.

ANDRÉ : Des autres ?

LAURA : Oui. Je suis là pour aider ceux qui en ont besoin.

ANDRÉ : *(à Anne)* Comme une de ces filles que tu cherches à tout prix à me recaser ? *(Un temps.)* Ça doit être un métier difficile, non ? Passer toute la journée avec des… *(Une grimace signifiant des « grabataires ».)* Non ? Moi, je ne supporterais pas.

LAURA : Et vous, qu'est-ce que vous avez fait dans la vie ?

**ANDRÉ :** Danseur.

**LAURA :** Ah oui ?

**ANDRÉ :** Oui.

**ANNE :** Papa…

**ANDRÉ :** Quoi ?

**ANNE :** Tu étais ingénieur.

**ANDRÉ :** Qu'est-ce que tu en sais ? *(À Laura.)* De claquettes, essentiellement.

**LAURA :** Ça alors !

**ANDRÉ :** Ç'a l'air de vous étonner.

**LAURA :** *(rieuse)* Un peu, oui.

**ANDRÉ :** Pourquoi ? Vous ne m'imaginez pas en danseur de claquettes ?

**LAURA :** Si. C'est juste que… j'ai toujours adoré les claquettes.

**ANDRÉ :** Vous aussi ? J'ai de beaux restes d'ailleurs. Un jour, je vous ferai une petite démonstration.

**LAURA :** Avec plaisir.

*Il se lève, fait quelques pas dérisoires. Laura se met à rire. Il s'arrête.*

**ANDRÉ :** Pourquoi vous riez ?

**LAURA :** *(toujours dans son rire)* Pour rien. Pardon. Pardon.

*André se met aussi à rire.*

**ANDRÉ :** Vous ne me croyez pas ?

**LAURA :** Si, si. C'est juste…

**ANDRÉ :** Juste quoi ?

**LAURA :** C'est juste… ce whisky.

**ANDRÉ :** Ça y est, je sais. Je sais à qui vous me faites penser. Je sais à qui elle me fait penser.

**ANNE :** À qui ?

**ANDRÉ :** À Élise. Oui, c'est ça. À Élise, quand elle avait son âge.

**LAURA :** Élise ?

**ANDRÉ :** Mon autre fille. La plus petite. Un ange. Non ?

**ANNE :** Je ne sais pas.

**ANDRÉ :** Si. Il y a quelque chose.

**ANNE :** Peut-être, un peu.

**André** : Il y a quelque chose. Oui.

**Laura** : Ah ?

**André** : Oui. Cette façon de… Cette façon insupportable de rire bêtement. *(Tout le monde s'arrête de rire. Un temps.)* Je vous ai bien eues, là, non ? Ha ! ha ! *(Un petit temps.)* Je suis comme ça. J'aime bien prendre les autres par surprise. C'est une forme particulière d'humour. *(Un petit temps. André, soudain sérieux.)* Vous comprenez, la situation est simple. Je vis dans cet appartement depuis… longtemps. J'y suis forcément attaché. Je l'ai acheté il y a plus de trente ans. Vous imaginez ? Vous n'étiez pas née. C'est un grand appartement. Très agréable. Très grand. Et j'y ai été très heureux. Bref. Il intéresse beaucoup ma fille.

**Anne** : Qu'est-ce que tu racontes ?

**André** : J'explique la situation. Ma fille estime que je ne peux pas me débrouiller tout seul. Alors elle s'installe chez moi. Soi-disant pour m'aider. Avec cet homme qu'elle a rencontré il n'y a pas longtemps, juste après son divorce, et qui a sur elle une très mauvaise influence, je tiens à le dire.

**Anne** : Mais qu'est-ce que tu racontes, papa ?

**André** : Et maintenant, elle voudrait me convaincre que je ne peux plus me débrouiller tout seul. La prochaine étape, ce sera de m'envoyer je ne sais où… Enfin si, justement, je sais où. *Je sais.* Évidemment, pour récupérer mon appartement, ce sera beaucoup plus pratique.

**Anne** : Papa…

**André** : Mais ça ne se passera pas comme ça. Je préfère vous le dire. Je ne compte pas partir tout de suite. Ça, non. Je compte même vous enterrer. Toutes les deux. Exactement. Vous enterrer toutes les deux. Bon. Vous, je ne suis pas sûr de… Mais ma fille, oui. J'y mets un point d'honneur. C'est *moi* qui hériterai d'elle. Pas l'inverse. Le jour de son enterrement, je ferai un petit discours pour rappeler à quel point elle était manipulatrice et sans cœur.

ANNE : Je suis désolée, mademoiselle.

ANDRÉ : Pourquoi ? Mademoiselle comprend très bien. C'est toi qui ne comprends pas. *(À Laura.)* J'essaie de lui expliquer depuis des mois que je me débrouille très bien tout seul. Mais elle refuse de l'entendre. Elle refuse. Alors puisque vous êtes là, et que votre métier consiste justement à « aider les autres », vous allez peut-être pouvoir m'aider en lui expliquant clairement les choses : je n'ai pas besoin d'être assisté, par personne, et je ne quitterai pas cet appartement. Je veux seulement qu'on me foute la paix. Si vous aviez la gentillesse de lui expliquer cela, je vous en serais très reconnaissant. Voilà. *(Il finit son verre, se lève et sort un billet de sa poche qu'il lance sur la table, comme s'il payait l'addition.)* Sur ce, j'étais ravi, je vous laisse.

*Il sort.*

LAURA : Quand vous disiez qu'il avait « son caractère », ce n'était pas seulement une expression…

ANNE : Non… Je suis désolée.

*Anne a l'air particulièrement émue.*

LAURA : Ne vous en faites pas. C'est normal qu'il réagisse comme ça.

ANNE : Non, je suis désolée.

LAURA : Tout se passera très bien. J'en suis certaine. Ne vous en faites pas. *(Un temps court.)* Tout se passera très bien.

ANNE : Vous croyez ?

*Un temps. Laura boit une gorgée de son whisky. Un temps.*

*Noir.*

4

*Anne est seule. Pourtant, elle parle comme si elle s'adressait à quelqu'un et qu'elle réponde à un interrogatoire.*

ANNE : Je n'arrivais pas à dormir. J'étais tellement fatiguée, tellement fatiguée, que je ne parvenais plus à trouver le sommeil. Alors je me suis levée. Et je suis allée dans sa chambre. Dans la chambre de papa. Il dormait. Il ressemblait à un enfant. Il avait la bouche ouverte. Il était paisible. Si paisible. Et je ne sais pas ce qui m'a pris, une sorte de bouffée de haine, et j'ai posé mes mains sur son cou. Doucement. Je pouvais sentir les battements de son cœur sous mes mains. C'était comme de petits papillons. Et puis je les ai serrées. Mes mains. Je les serrais très fort. Il n'ouvrait pas les yeux. Il ne fermait pas la bouche. C'était juste un mauvais moment à passer. Une minute. À peine. Un mauvais moment. Immobile. Mais c'était étrangement doux. Doux et immobile... Quand j'ai relâché la pression, quand j'ai retiré mes mains, j'ai senti qu'il ne respirait plus, que c'était enfin terminé. Les papillons s'étaient comme envolés. Oui. Il souriait légèrement. Il était mort. Il était mort, mais on avait l'impression qu'il me disait « merci ».

*Un temps court.*

*Noir.*

## 5

*Anne met la table pour le dîner pendant que Pierre lit le journal. Le poulet est en train de cuire à la cuisine.*

ANNE : Non, ça s'est bien passé. Je crois. Elle a dit qu'elle viendrait dès demain.

PIERRE : À la maison ?

ANNE : Oui.

PIERRE : Tant mieux.

ANNE : Oui. Pour une première journée d'adaptation. J'avais tellement peur que ça ne se passe pas bien. Mais finalement, non. Il a été charmant.

PIERRE : Comme quoi.

ANNE : Oui. Elle a l'air très douce. Très compétente. Il lui a fait un numéro de charme...

PIERRE : Ah bon ?

**Anne :** Oui. Tu aurais vu… Il lui a raconté qu'il avait été danseur. De claquettes.

**Pierre :** *(souriant)* Non…

**Anne :** Si. Elle s'est mise à rire. Mais sans se moquer, tu vois. Il y avait quelque chose de bienveillant chez elle. Ça m'a soulagée. Je ne sais pas comment te dire. Comme si elle allait pouvoir… Enfin, comme s'ils allaient bien s'entendre, tous les deux… *(Un temps court.)* Il dit qu'elle ressemble à Élise.

**Pierre :** Ah bon ? Mais elle a quel âge ?

**Anne :** Je ne sais pas. 30 ans. Quelque chose comme ça.

**Pierre :** Elle est jolie ?

**Anne :** Pourquoi ? Ça t'intéresse ?

*Un temps.*

**Pierre :** Qu'est-ce que tu as ?

**Anne :** Moi ?

**Pierre :** Oui. Tu as l'air étrange. Si ça s'est bien passé, c'est plutôt une bonne nouvelle, non ?

**Anne :** Oui, oui.

**Pierre :** Alors ? Qu'est-ce que tu as ? Dis-moi.

**Anne :** C'est juste…

**Pierre :** Quoi ?

**Anne :** Tout à l'heure… Quand il ne m'a pas reconnue… Quand je suis descendue acheter le dîner. Ça m'a… Je ne sais pas. Ça m'a fait quelque chose.

**Pierre :** Je comprends.

**Anne :** Je trouve ça tellement dur.

**Pierre :** Allez. Viens dans mes bras.

**Anne :** Je l'ai vu dans son regard. Il ne me reconnaissait pas. Pas du tout. J'étais comme une étrangère pour lui.

**Pierre :** Il faut s'habituer.

**Anne :** Je n'y arrive pas.

**Pierre :** Moi, je trouve que tu y arrives très bien.

**Anne :** Tu te trompes. Parfois, j'ai l'impression que je n'y arriverai jamais. Et il n'arrête pas de parler d'Élise. Je ne sais plus quoi lui dire à ce propos. Je suis perdue.

**Pierre :** Allez…

*Un temps court.*

**ANNE :** L'autre nuit, j'ai fait un cauchemar atroce. J'ai rêvé que je l'étranglais. *(Un temps. Elle se ressaisit.)* Tu as mis le poulet au four ?

**PIERRE :** Oui. Ce sera prêt dans… dans dix minutes. Tu as faim ?

**ANNE :** Non. *(Un temps. Elle lui sourit.)* Et toi, ta journée ? *(André entre. Il voit Pierre. Il ne le reconnaît pas. Il fronce les sourcils.)* On passe à table dans dix minutes, papa. Ça te va ?

**ANDRÉ :** Très bien, ma chérie. Tout me va. Tout me… Mais… Bonjour.

*Pierre lui fait un sourire distrait.*

**ANNE :** Tu as faim, papa ?

**ANDRÉ :** Oui, oui. Mais… Nous avons des invités ce soir ?

**ANNE :** Non. Pourquoi ?

**ANDRÉ :** Pour rien, pour rien…

*André dévisage Pierre. Un temps.*

**PIERRE :** *(à Anne)* Non, rien de particulier. On a eu plusieurs réunions. Rien de particulier. On attend toujours la réponse de Simon. C'est toujours plus long que prévu. J'espère qu'on signera avant la fin du mois. Et toi ?

**ANNE :** Moi, je te dis. Il y a eu Laura. Hein, papa ? Laura est passée nous voir tout à l'heure.

**ANDRÉ :** Qui ?

**ANNE :** Laura. La jeune femme qui est venue nous voir tout à l'heure.

**ANDRÉ :** Ah ! oui.

**ANNE :** Et ensuite, je suis restée ici.

**PIERRE :** Tu n'as pas travaillé ?

**ANNE :** Presque pas. J'étais avec papa.

**ANDRÉ :** Personne n'aurait vu ma montre ? Je ne la retrouve plus.

**ANNE :** Encore ?

**ANDRÉ :** Je la cherche depuis tout à l'heure.

**ANNE :** Tu as dû la mettre dans ton placard. Non ? Dans ta cachette…

*André sursaute, de crainte que Pierre n'ait entendu le mot « placard » et ne découvre sa cachette.*

**ANDRÉ :** *(d'une voix adressée en réalité à Pierre)* De quoi tu parles, Anne ? Je ne vois vraiment pas de quoi tu parles ? De quel placard ? Hein ? Il n'y a aucun placard. Aucun placard. Non. Je ne vois pas de quoi tu parles. *(À Anne, presque en chuchotant.)* Tu ne pourrais pas être plus discrète ?

**ANNE :** *(parlant moins fort)* Tu es allé voir dans ton placard ?

**ANDRÉ :** Justement, j'en reviens. Elle n'y est pas. J'ai dû la perdre quelque part. Ou alors on me l'a volée.

**ANNE :** Mais non.

**ANDRÉ :** *(qui s'énerve, tout en chuchotant)* Comment ça, « mais non » ? Elle est bien quelque part, cette montre ! Elle ne s'est pas envolée ! Pourquoi tu dis « mais non » ? Pourquoi tu dis ça, alors qu'on me l'a peut-être volée ? Ma montre.

**ANNE :** Tu veux que j'aille voir ?

**ANDRÉ :** Je veux bien. Ça ne t'embête pas ? Parce que ça m'inquiète cette histoire. Ça m'inquiète. Je perds toutes mes affaires, et après tout le monde se sert. Bientôt, si ça continue, je serai tout nu. Tout nu. Et je ne sais plus quelle heure il est.

**ANNE :** Je reviens.

*Elle sort. Un temps. Pierre est dans la lecture de son journal. André le regarde de loin. Il se racle la gorge pour attirer son attention, comme on le ferait avec quelqu'un qu'on ne connaît pas.*

**ANDRÉ :** Hum, hum… *(Pas de réaction de Pierre.)* Hum, hum. *(Pas de réaction. André se racle la gorge encore plus fort. Pierre sort la tête du journal.)* Je vous dérange ?

**PIERRE :** Pardon ?

**ANDRÉ :** Je ne vous dérange pas ?

**PIERRE :** Hein ? Non.

*Un temps. Pierre retourne à son journal.*

**ANDRÉ :** Vous auriez l'heure ?

**PIERRE :** Oui.

**ANDRÉ :** Ah ! merci. *(Un temps court. Pierre continue de lire le journal.)* Et il est quelle heure ? Justement.

*Pierre regarde sa montre.*

PIERRE : Bientôt 20 heures.

ANDRÉ : Déjà ? On va passer à table alors…

PIERRE : Oui. Dès que le poulet sera prêt. Dans dix minutes.

ANDRÉ : On mange du poulet ce soir ?

PIERRE : Oui. Celui qu'Anne a acheté tout à l'heure.

ANDRÉ : Elle est jolie, votre montre. Elle est… Elle est jolie.
Elle est… Elle est à vous ? Je veux dire : elle est à vous ?

PIERRE : Hein ? Oui.

ANDRÉ : Je peux la voir ?

*Un temps. Pierre sort la tête de son journal.*

PIERRE : Alors ? Il paraît que ça s'est bien passé ?

ANDRÉ : Oui, très bien. De quoi ?

PIERRE : Eh bien, votre rencontre avec… l'aide-soignante.

ANDRÉ : Ah ? Oui. Très bien. Très bien. Elle est très…

PIERRE : Il paraît qu'elle ressemble à Élise ?

ANDRÉ : Ah oui ?

PIERRE : Je ne sais pas, moi. Je ne l'ai jamais vue.

ANDRÉ : *(toujours concentré sur la montre de Pierre)* Non, ça s'est… Ça
s'est bien passé. Anne avait l'air contente. C'est surtout
pour elle, vous savez. Moi, je n'ai pas vraiment besoin de…
Enfin, c'est surtout pour Anne. Je pourrais la regarder ?
Votre montre…

PIERRE : Vous avez raison, c'est important pour elle que ça se
passe bien. Elle se fait du souci pour vous, vous savez. Ça la
rend très malheureuse quand vous vous disputez avec…
Enfin, espérons que cette fois tout se passera bien. Hein ?
Que vous serez heureux avec cette femme. Que vous lui
réserverez un accueil un peu plus… chaleureux. Qu'est-ce
que vous avez avec ma montre ?

ANDRÉ : Rien. Je regardais… Je voulais vérifier si… Elle est
jolie. Elle est très jolie. Vous l'avez achetée ?

PIERRE : Pardon ?

ANDRÉ : Non, je veux dire… C'est un cadeau ou vous l'avez
achetée ?

PIERRE : Je l'ai achetée. Pourquoi ?

**ANDRÉ :** Et vous n'avez plus la facture, j'imagine…

**PIERRE :** De quoi vous parlez ?

**ANDRÉ :** De votre montre.

*Un temps.*

**PIERRE :** Et moi je vous parle d'Anne.

**ANDRÉ :** Vous la connaissez ? Je veux dire : vous… Oui, c'est vrai, vous êtes son… C'est ça ? Vous êtes son… *(Un temps court.)* Je suis son père. Enchanté. J'imagine que nous serons amenés à nous revoir. Si vous êtes son nouveau… Enfin, si ça dure entre vous. Moi, je ne sais pas pourquoi, ça n'a jamais collé entre nous.

*Pierre s'éloigne.*

**PIERRE :** Pourquoi vous dites ça ?

**ANDRÉ :** Je vous dis. On ne s'est jamais entendus. Contrairement à Élise. Mon autre fille. Elle, elle était merveilleuse. Mais ça fait des mois que je ne l'ai pas vue. Elle voyage, je crois. Elle fait le tour du monde. Elle a beaucoup de succès, je ne peux pas lui en vouloir. Peintre. Elle est peintre. Alors forcément. Mais je serais tellement heureux si un jour elle venait me voir. Je la prendrais dans mes bras et on resterait collés l'un à l'autre pendant des heures, comme on le faisait il y a longtemps, quand elle était petite, et elle m'appellerait encore « mon petit papa », « mon petit papa ». C'est comme ça qu'elle m'appelait. C'est beau, non, « mon petit papa » ?

*Un temps. Pierre se dirige lentement vers André.*

**PIERRE :** Je peux vous poser une question ?

**ANDRÉ :** Oui.

*Pierre se rapproche encore d'André. Son avancée est presque menaçante.*

**PIERRE :** Mais j'aimerais que vous me répondiez franchement. Sans faire le malin… Vous pouvez faire ça pour moi ?

**ANDRÉ :** *(déstabilisé)* Oui…

**PIERRE :** Alors voilà… *(Un temps court.)* Est-ce que vous comptez emmerder le monde encore longtemps ?

*Un temps.*

*Noir.*

# 6

*Anne et André. Plus tôt dans la journée.*

**ANNE :** Il faut que je te parle, papa.

**ANDRÉ :** Ça commence bien.

**ANNE :** Pourquoi tu dis ça ?

**ANDRÉ :** Ma chérie, quand quelqu'un te dit : « Il faut que je te parle », c'est qu'il a quelque chose de désagréable à te dire. Tu ne crois pas ?

**ANNE :** Non. Pas forcément.

*Un temps court.*

**ANDRÉ :** Alors ? Qu'est-ce que tu voulais me dire ?

**ANNE :** *(jugeant que ce n'est peut-être pas le bon moment)* Non, non. Rien. *(Un temps.)* J'ai parlé avec Pierre.

**ANDRÉ :** Pierre ?

**ANNE :** Pierre, papa. J'ai parlé avec lui.

**ANDRÉ :** Ton mari ?

**ANNE :** Papa… Pierre n'est pas mon mari. J'ai divorcé.

**ANDRÉ :** Il faudrait savoir.

**ANNE :** J'ai divorcé d'Antoine il y a cinq ans. Je vis avec Pierre maintenant. C'est l'homme avec lequel je vis.

**ANDRÉ :** Je ne le sens pas, ce type. Il est antipathique. *(Un temps court.)* Non ? Moi, je ne le sens pas.

**ANNE :** Ce n'est pas un « type », papa. C'est l'homme que j'aime. *(Un temps.)* Bref. Je lui ai parlé et… Tu sais que, dans un premier temps, si tu es venu à la maison, c'était… Enfin, c'était une solution provisoire. Tu le sais ? C'était… en attendant. Parce que tu t'étais disputé avec Isabelle. Mais… Comment te dire ? Je me demande si ça ne serait pas mieux de… Tu es bien dans ta chambre, non ? *(Un temps court.)* Dans la chambre du fond, tu es bien ?

**ANDRÉ :** Oui.

**ANNE :** Oui, tu as l'air d'y être bien. C'est ce que je me dis. Et je me demande si ce ne serait pas plus sécurisant… Plus agréable pour toi si on décidait ensemble que tu t'installes ici. Je veux dire : définitivement. Avec nous. À condition qu'il y ait quelqu'un pour nous aider. *(Un temps court.)* Comme ça, on se verra tous les jours. Ce sera plus facile. Qu'est-ce que tu en penses ? *(Un temps.)* J'en ai parlé avec Pierre. Il est d'accord.

ANDRÉ : Mais… Je croyais que… Je croyais que tu partais vivre à Londres.

ANNE : Mais non, papa. Pourquoi tu n'arrêtes pas de parler de Londres ? Je reste à Paris.

ANDRÉ : Je ne comprends rien à tes histoires. Tu changes tout le temps d'avis. Comment tu veux que les gens te suivent ?

ANNE : Mais il n'a jamais été question d'aller à Londres, papa.

ANDRÉ : Si. Tu me l'as dit.

ANNE : Mais non…

ANDRÉ : Je regrette, Anne. Tu me l'as dit l'autre jour. Tu as oublié ? *(Un temps.)* Tu as oublié. Écoute, Anne. J'ai l'impression que tu as parfois des problèmes de mémoire. Si, je te le dis. Ça m'inquiète pour toi. Tu n'as pas remarqué ?

ANNE : En tout cas, je ne vais pas à Londres.

ANDRÉ : Tant mieux. Il pleut toute l'année, à Londres.

ANNE : Je reste ici. Et Pierre aussi.

ANDRÉ : Et moi ?

ANNE : Toi aussi, papa. Tu restes ici.

ANDRÉ : Et ta sœur ? Elle est où ?

ANNE : Papa…

ANDRÉ : Quoi ? *(Un temps court.)* Si tu savais comme elle me manque…

Un temps.

Noir.


7


*Un peu plus tard dans la soirée. Anne et Pierre sont à table. André apparaît à la porte de la cuisine. Anne et Pierre ne l'ont pas remarqué.*

**PIERRE :** Il est *malade*, Anne. Il est malade.

*Anne et Pierre réalisent au même moment qu'André est dans la pièce. Anne sursaute. Malaise.*

**ANNE :** Papa. Qu'est-ce que tu fais debout ? Viens t'asseoir. Viens. *(Il ne répond pas.)* Papa… *(Un temps.)* Papa, viens. *(Un temps.)* Viens t'asseoir.

*Un temps.*

*Noir.*

## 8

*Presque immédiatement. Anne, Pierre et André. Quelques instants plus tôt dans la soirée. Ils mangent.*

**PIERRE :** Et donc, ça s'est bien passé ?

**ANNE :** Oui. Ça s'est très bien passé. Tu es d'accord avec moi, papa ?

**ANDRÉ :** Quoi ?

**ANNE :** Ça s'est bien passé, ta rencontre avec Laura…

**ANDRÉ :** Oui.

**ANNE :** Tu l'as fait beaucoup rire.

**ANDRÉ :** Ah bon ?

**ANNE :** Oui. Elle t'a trouvé charmant. C'est ce qu'elle m'a dit. Elle m'a dit qu'elle t'avait trouvé charmant. Que tu avais ton caractère, mais que tu étais charmant. Ce sont les mots qu'elle a employés. Elle doit revenir demain matin. Pour commencer à travailler à la maison. *(Un petit temps.)* Tu en veux encore un peu ?

**ANDRÉ :** Je veux bien. Il est bon, ce poulet. Non ? Où tu l'as acheté ?

**ANNE :** En bas.

**ANDRÉ :** Ah ?

**ANNE :** Pourquoi ?

**ANDRÉ :** Pour rien. Il est bon.

**ANNE :** Pierre ?

**PIERRE :** Non, merci. *(Il se ressert un verre de vin.)* Elle va faire des journées entières ? Je veux dire…

**ANNE :** Oui. Jusqu'à 18 heures.

**PIERRE :** Et ensuite ?

**ANNE :** Comment ça ?

**PIERRE :** À partir de 18 heures ?

**ANNE :** Je serai là.

*Un temps.*

**PIERRE :** *(à André, comme un reproche)* Vous êtes content ?

**ANDRÉ :** À quel sujet ?

**PIERRE :** Vous avez une fille qui s'occupe bien de vous. Non ? Vous avez de la chance.

**ANDRÉ :** Vous aussi, vous avez de la chance.

**PIERRE :** Vous croyez ?

*Un temps. Anne se lève et apporte le poulet à la cuisine.*

**ANDRÉ :** Qu'est-ce qu'elle a ?

**PIERRE :** Anne ? Elle est fatiguée. Elle aurait besoin de soleil.

**ANDRÉ :** Il faut s'occuper d'elle, mon vieux. Pourquoi vous ne partez pas ?

**PIERRE :** Pourquoi ? Vous voulez que je vous dise pourquoi ? *(Un temps court.)* Parfois je me demande dans quelle mesure vous ne faites pas exprès.

**ANDRÉ :** De quoi ?

**PIERRE :** De rien. *(Il se ressert un autre verre.)* Nous avions prévu de partir en Corse il y a dix jours.

**ANDRÉ :** Ah ?

*Anne revient.*

**PIERRE :** Oui. Mais nous avons dû annuler à la dernière minute. Vous savez pourquoi ?

**ANDRÉ :** Non.

**PIERRE :** Parce que vous vous étiez disputé avec Isabelle.

**ANDRÉ :** Isabelle ?

**PIERRE :** La femme qui s'occupait de vous. Avant Laura. Vous avez oublié ? *(Un temps court.)* On ne pouvait pas partir et vous laisser seul à Paris. Il a fallu annuler nos vacances et vous prendre à la maison. Et maintenant il est question que vous y restiez. Définitivement. Si j'ai bien compris… *(Un temps. Pierre, à Anne.)* Il a oublié. C'est extraordinaire.

**ANNE :** Arrête.

**PIERRE :** Quoi ?

**ANNE :** Je te trouve un peu…

**PIERRE :** Un peu quoi ?

**ANNE :** Sarcastique.

**PIERRE :** Au contraire, Anne. Je pense que je suis très patient. Très patient. Crois-moi.

**ANNE :** Qu'est-ce que tu veux dire ?

**PIERRE :** Rien.

**ANNE :** Si, dis-moi. *(Un temps.)* Pourquoi tu dis que tu es très patient ?

**PIERRE :** Je pense qu'un autre que moi…

**ANNE :** Oui ?

**PIERRE :** Un autre t'aurait poussée à…

**ANNE :** À quoi ?

**PIERRE :** À faire ce qui s'impose, Anne. Ce qui s'impose.

**ANNE :** C'est-à-dire ?

**PIERRE :** Tu sais très bien.

*Un temps*

**ANDRÉ :** Où est le poulet ? Tu as emporté le poulet ?

**ANNE :** Oui. Tu en voulais plus ?

**ANDRÉ :** Oui. Il est à la cuisine ?

**ANNE :** Je vais t'en chercher.

**ANDRÉ :** Non. Laisse, j'y vais.

*Il se lève et va à la cuisine. Pierre se sert un autre verre de vin.*

**ANNE :** Pourquoi tu parles comme ça devant lui ?

**PIERRE :** Qu'est-ce que j'ai dit ? *(Un temps.)* De toute façon, il oublie tout.

**ANNE :** Ce n'est pas une raison.

*Un temps.*

**PIERRE :** Écoute… Je comprends très bien ce que tu ressens.

**ANNE :** Non, tu ne comprends pas.

PIERRE : Mais si… Ce que je ne comprends pas, c'est…
Enfin, tu fais tellement de choses pour lui. Je te respecte
pour ça. Tu as pris la décision de le prendre à la maison.
Pourquoi pas ? Mais… Comment dire ? Je pense sincèrement que tu dois réfléchir à une autre solution… Il délire
complètement, Anne.

ANNE : Ne parle pas comme ça.

PIERRE : Tu veux que je parle comment ? Je dis la vérité. Il faut
trouver une autre organisation.

ANNE : C'est-à-dire ?

*André apparaît sur le seuil de la porte. Il écoute la conversation. Mais personne
ne l'a remarqué.*

PIERRE : Le mettre dans une institution.

ANNE : Dans un hôpital ?

PIERRE : Oui. Dans une institution spécialisée. *(Un temps.)*
Ce sera mieux pour lui.

ANNE : Pourquoi tu me dis ça aujourd'hui ? Je veux dire :
alors que demain matin… il y a cette…

PIERRE : Oui. Tu as raison. On verra. Peut-être que ça se
passera très bien avec cette fille. Tu as l'air de dire qu'elle est
bien. Mais crois-moi, il y a un moment où… Quelle que soit
la fille… Il est *malade*, Anne. Il est malade.

*Anne et Pierre réalisent au même moment qu'André est dans la pièce. Anne
sursaute. Malaise. Répétition.*

ANNE : Papa. Qu'est-ce que tu fais debout ? Viens t'asseoir.
Viens. *(Il ne répond pas.)* Papa… *(Un temps).* Papa, viens. *(Un temps.)*
Viens t'asseoir.

*Il sort sans rien dire, comme s'il allait se coucher. Un temps.*
*Noir.*

9

*Dans le salon, un peu plus tard. Pierre est seul. Anne apparaît à la porte.*
PIERRE : Il dort ?

**ANNE :** Oui. Ça y est.

**PIERRE :** Quelle journée…

**ANNE :** Oui.

*Un temps.*

**PIERRE :** Ça va ?

**ANNE :** *(un peu ailleurs)* Il m'a demandé de lui chanter une berceuse. Tu peux croire ça ? Il m'a demandé… une chanson. Il a tout de suite fermé les yeux, et il s'est endormi. Il avait la bouche ouverte. Il était paisible. Si paisible.

*Un temps court.*

**PIERRE :** Il a entendu ? Je veux dire…

**ANNE :** Oui. Tu as bien vu. Il était là. Oui. Il a forcément entendu.

**PIERRE :** Mais il ne t'a rien dit ?

**ANNE :** Non. Il avait l'air tellement triste. Il ressemblait à un enfant. Je te dis, il m'a demandé que je lui chante une berceuse. Ça m'a donné les larmes aux yeux.

**PIERRE :** Je comprends.

**ANNE :** Je me souvenais de l'homme qu'il a été… Il me faisait peur quand j'étais petite. Si tu savais. Il avait beaucoup d'autorité. Et maintenant, il est là, je lui chante une berceuse et il s'endort. Ça me semble à peine croyable. Et triste. Profondément triste. *(Un temps court. Elle voit le verre de vin de Pierre.)* Il en reste ?

**PIERRE :** Oui. Tu veux un verre ?

**ANNE :** S'il te plaît. *(Il se lève et lui en sert un.)* Il était tellement étrange ce soir.

**PIERRE :** Tu sais ce que j'en pense.

**ANNE :** Ça m'inquiète.

**PIERRE :** Tu ne veux pas qu'on parle d'autre chose ?

**ANNE :** Si. Pardon. *(Un temps. Très long. Une gêne.)* Il est bon ce vin.

**PIERRE :** Oui.

*Un temps. Ils se sourient l'un à l'autre. Silence. N'ont-ils rien d'autre à se dire ?*

**ANNE :** J'ai repensé à ce que tu disais tout à l'heure. À propos de… Quand tu disais qu'il fallait le mettre dans une institution spécialisée…

**PIERRE :** Ah ?

**ANNE :** Oui. Et je me dis que tu as peut-être raison. Tu as peut-être raison, au fond.

*Elle boit son verre d'un coup. Pierre lui sourit.*

*Noir.*

<br>

## 10

*Toujours le même salon, qui continue son dépouillement progressif. André vient de la cuisine. C'est le matin. Il a une tasse de café dans les mains.*

**ANDRÉ :** Est-ce que j'ai bien dormi ? Est-ce que j'ai bien dormi ? Est-ce que je sais, moi ? J'imagine que oui. Ah ! j'ai oublié le sucre. Le sucre !

**UNE VOIX DE FEMME :** *(de la cuisine)* Je l'apporte.

**ANDRÉ :** Oui. Pour mettre dans le… Je prends toujours du sucre dans le café. Le matin. Je prends deux sucres dans mon café. C'est simple, il y a deux types d'hommes. Ceux qui prennent du sucre dans leur café, et les autres. Le tout est de savoir à quelle catégorie on appartient. Moi, je suis de la catégorie de ceux qui en prennent. Dans le… Désolé, mais c'est comme ça. Bon. Tu apportes le sucre ?

**UNE VOIX DE FEMME :** *(de la cuisine)* Oui, oui. J'arrive…

**ANDRÉ :** Bien sûr que non, je n'ai pas bien dormi. J'ai fait un cauchemar. Il y avait cet homme qui s'était introduit chez moi. Je tombais nez à nez sur lui, et il prétendait qu'on était chez lui. Il prétendait qu'il était ton mari ou quelque chose dans le genre. Il me menaçait. *(Soudain il voit un meuble nouveau, un meuble qu'il ne reconnaît pas.)* Qu'est-ce que c'est que ça ? Qui a mis ça ici ? Anne ? Mais… Anne ? Tu pourrais au moins me demander mon avis avant de… Anne ?

*Laura entre.*

**LAURA :** Voilà. Je vous apporte le sucre.

*André est surpris de la voir.*

**ANDRÉ :** Hein ?

**LAURA :** Je vous en mets deux ?

**ANDRÉ :** Où est Anne ?

**LAURA :** Elle est sortie.

**ANDRÉ :** Ah bon ? Déjà ?

**LAURA :** Oui.

**ANDRÉ :** Mais il est quelle heure ?

**LAURA :** Elle reviendra tout à l'heure. En fin de journée. Je vais vous chercher vos médicaments.

**ANDRÉ :** Non. Attendez.

**LAURA :** Quoi ? *(Un temps court. Il hésite à lui faire part de son étonnement.)* Je reviens. Je vais juste chercher vos médicaments.

*Elle sort. Il a l'air troublé par sa présence.*

**ANDRÉ :** J'ai encore perdu ma montre. Merde. Décidément. Je… Je… J'aurais dû m'habiller avant qu'elle n'arrive… Je ne suis pas présentable. En pyjama. *(Laura revient avec un verre d'eau.)* Il est quelle heure ?

**LAURA :** L'heure des médicaments. Voilà. Il vaut mieux les prendre maintenant. Comme ça, ce sera fait. D'accord ? Aujourd'hui, il y en a trois. Dont la petite bleue… Celle que vous aimez. La petite pilule bleue. Regardez, c'est un beau bleu, vous ne trouvez pas ?

**ANDRÉ :** Je peux vous poser une question ?

**LAURA :** Oui.

**ANDRÉ :** Vous êtes bonne sœur ?

**LAURA :** Non.

**ANDRÉ :** Alors pourquoi vous me parlez comme si j'étais un demeuré ?

**LAURA :** Moi ?

**ANDRÉ :** Oui.

**LAURA :** Mais je ne vous parle pas du tout comme si vous… Au contraire, je…

**ANDRÉ :** *(l'imitant)* « La petite pilule bleue. » « La petite pilule bleue. »

**LAURA :** Je suis désolée. Je ne pensais pas vous…

**ANDRÉ :** C'est très désagréable. Vous verrez quand vous aurez mon âge. Ça viendra vite d'ailleurs. C'est très désagréable.

**LAURA :** Je vous demande pardon. Je… Je ne le referai plus.

ANDRÉ : *(l'imitant)* « La petite pilule bleue. » *(Elle lui tend le verre d'eau.)* Vous n'avez rien remarqué ?

LAURA : À quel sujet ?

ANDRÉ : À votre avis ? Au sujet de l'appartement !

LAURA : Non. Qu'est-ce qu'il a ?

ANDRÉ : Il a changé.

LAURA : Vous pensez ?

ANDRÉ : Oui. Ce meuble, par exemple. Là. Qui l'a mis là ?

LAURA : Je ne sais pas. Votre fille, je suppose.

ANDRÉ : Évidemment. Ma fille… Évidemment… C'est quand même extraordinaire ! On ne me demande même plus mon avis. Je… Vous savez ce qui se trame ? À propos de l'appartement…

LAURA : Non.

ANDRÉ : Moi, je sais. J'ai des yeux pour voir. J'ai des oreilles pour entendre. Je sais tout. *(Un temps.)* À ce propos, je voulais m'excuser si j'ai été un peu… La dernière fois qu'on s'est vus… Oui, j'ai peut-être été… Trop… Ou plutôt pas assez… Non ?

LAURA : Il n'y a pas de problème. Votre fille m'avait prévenue. Elle m'avait dit que vous aviez votre caractère.

ANDRÉ : Ah ?

LAURA : *(bienveillante)* Oui. Et vous savez ce que je lui ai répondu ?

ANDRÉ : Non…

LAURA : Je lui ai dit « tant mieux ».

ANDRÉ : Ah ? C'est gentil. C'est fou comme vous ressemblez à Élise. Mon autre fille. Pas Anne, non. L'autre. Celle que j'aime.

LAURA : Anne m'a dit ce qui lui était arrivé. Je suis désolée. Je ne savais pas.

ANDRÉ : De quoi ?

LAURA : Pour son accident.

ANDRÉ : Quel accident ?

LAURA : Hein ?

ANDRÉ : De quoi vous parlez ?

**Laura :** *(hésitante)* De rien… *(Un temps.)* Vous prenez vos médicaments ? Et après, on ira s'habiller.

**André :** Vous voyez ?

**Laura :** Quoi ?

**André :** Vous voyez ? Là, ce que vous venez de me dire…

**Laura :** Eh bien…

**André :** Vous me parlez comme si j'étais un demeuré.

**Laura :** Mais non.

**André :** Mais si !

**Laura :** Mais non, je…

**André :** « Et après, on ira s'habiller… » « La petite pilule bleue… » *(Un temps.)* Or, je suis très intelligent. Très. Parfois, ça me surprend moi-même. Il faut en tenir compte, vous comprenez ?

**Laura :** Oui, je… J'en tiendrai compte.

**André :** Merci. *(Un temps.)* C'est vrai. Je suis très… Parfois, ça me surprend moi-même. Une mémoire d'éléphant.
*(Un temps court. André, voulant préciser sa pensée.)* L'animal.

**Laura :** Oui, oui. *(Il boit son verre d'eau sans prendre les médicaments.)* Vous avez oublié les cachets !

*Il regarde dans le creux de sa main.*

**André :** Ah ! tiens, oui… Qu'est-ce qu'ils font là, eux ?

**Laura :** Je vais vous chercher un autre verre d'eau.

**André :** Non, non. Ne vous dérangez pas pour rien. Je vais me les rafistoler avec le…

**Laura :** Hein ?

**André :** Vous allez voir. Avec le café.

**Laura :** Vous êtes sûr ?

**André :** Certain.

**Laura :** Mais ce sera plus facile avec…

**André :** Mais non. Regardez. Là. *(Commençant ce qui lui semble être l'équivalent d'un tour de prestidigitation.)* Vous allez voir. Vous regardez ? Attention. Je les mets dans le bec. Regardez, voilà, hop ! ils sont dans ma bouche. Vous avez vu ? Vous avez vu ? Vous avez vu ?

LAURA : Oui, oui. Je… Je vois.

ANDRÉ : Bon. Et maintenant, le café. Attention… Hop ! *(Il avale les médicaments.)* Et voilà le travail.

LAURA : Bravo.

ANDRÉ : *(modeste)* J'ai fait un peu de cirque quand j'étais jeune.

LAURA : Ah oui ?

ANDRÉ : Oui. J'étais assez doué. Surtout pour la magie. Vous aimez la magie ? Vous voulez que je vous fasse un petit tour ? Il me faudrait un jeu de cartes. Vous en avez un ?

LAURA : Non.

ANDRÉ : Quelque part dans les tiroirs, il doit y en avoir un… Il faudrait le trouver. Trèfle, carreau, cœur et pique ! *(Il se frotte les mains.)* J'ai toujours aimé les cartes. Avant de me marier, je jouais souvent avec des amis. Parfois jusqu'au petit matin. Cœur et pique. Tapis ! Je vais vous faire un tour que vous n'avez jamais vu. Trèfle ! Un tour de magie que j'ai inventé. Vous allez voir. Ou plutôt, vous n'allez rien voir. Que du feu. Du feu. Du feu !

LAURA : On va d'abord aller s'habiller.

ANDRÉ : Maintenant ?

LAURA : Oui.

ANDRÉ : *(comme un enfant)* Oh non ! pas maintenant…

LAURA : Si.

ANDRÉ : Oh non !

LAURA : Si.

ANDRÉ : À quoi ça sert ? Il faudra bien se remettre en pyjama ce soir, non ? Alors autant gagner du temps.

LAURA : C'est juste. Mais si vous restez en pyjama, on ne pourra pas sortir.

ANDRÉ : Où voulez-vous aller ?

LAURA : Dans le parc. Il fait beau aujourd'hui.

*Soudain un homme entre. Il a aussi une tasse de café à la main.*

L'HOMME : Tout se passe bien ?

LAURA : Très bien. On allait s'habiller.

ANDRÉ : Mais…

**LAURA :** Vous venez avec moi ?

*André ne comprend pas ce que cet homme fait chez lui.*

**L'HOMME :** Tout va bien, André ? *(André reste figé, il ne répond pas.)* Ça ne va pas ?

**ANDRÉ :** Si, si…

**L'HOMME :** Je voulais vous parler. Justement.

**ANDRÉ :** À moi ?

**L'HOMME :** Oui.

**LAURA :** Dans ce cas, je… Je vais préparer vos affaires.

**ANDRÉ :** *(peureux)* Non, attendez…

**LAURA :** Je reviens.

**ANDRÉ :** Ne me laissez pas tout seul.

**LAURA :** Hein ? Mais je suis juste à côté. Je reviens tout de suite.

*Laura sort. On sent André intimidé, comme si la présence de cet inconnu était angoissante pour lui. On retrouve les places et la configuration de la scène 5.*

**L'HOMME :** Je peux vous poser une question ?

**ANDRÉ :** Oui.

*L'Homme se rapproche encore d'André. Son avancée est presque menaçante.*

**L'HOMME :** Mais j'aimerais que vous me répondiez franchement. Sans faire le malin… Vous pouvez faire ça pour moi ?

**ANDRÉ :** *(déstabilisé)* Oui…

**L'HOMME :** Alors voilà… *(Un temps court.)* Est-ce que vous comptez emmerder le monde encore longtemps ?

**ANDRÉ :** Moi ?

**L'HOMME :** Oui, vous. Je voudrais connaître votre sentiment. Du moins, à ce sujet. Je serais curieux de savoir si vous comptez nous emmerder encore longtemps. *(Un petit temps.)* Je veux dire : est-ce que vous allez continuer à pourrir la vie de votre fille ? Ou peut-on espérer que vous vous comportiez de façon raisonnable dans les prochains jours ?

**ANDRÉ :** Mais… de quoi vous parlez ?

**L'HOMME :** De vous, André. De vous. De votre attitude.

*Il lui donne une petite claque.*

**ANDRÉ :** Mais qu'est-ce que vous faites ? Je ne vous permets pas.

**L'HOMME :** Vous ne me permettez pas ?

**ANDRÉ :** Non.

**L'HOMME :** Et qu'est-ce que vous ferez si je recommence ?

**ANDRÉ :** Je…

**L'HOMME :** Oui ?

**ANDRÉ :** Vous aurez à faire à moi. Physiquement.

**L'HOMME :** Vous dites ça pour me tenter ? *(Un petit temps.)* Voyez-vous, moi aussi, il y a une chose que je ne permets pas. C'est qu'on emmerde le monde. Passé un certain âge.

*L'Homme lui donne une deuxième petite claque en souriant.*

**ANDRÉ :** Arrêtez ! Vous m'entendez ? Arrêtez tout de suite.

*L'Homme a toujours un grand sourire menaçant. André, en face, a l'air démuni.*

**L'HOMME :** Oui. Ça, je ne le supporte pas. Je trouve ça très déplacé. À votre âge.

*Il lui donne une troisième petite claque.*

**ANDRÉ :** Arrêtez ! Je vous dis d'arrêter !

**L'HOMME :** Très bien. J'arrête. Si vous le prenez sur ce ton. Mais j'espère que j'ai été clair. Que le message est passé. Sinon, je serai obligé de…

**ANDRÉ :** De quoi ? *(Un temps court.)* De quoi ?

**L'HOMME :** À votre avis ?…

*Il lève la main, comme s'il s'apprêtait à lui donner une autre claque, et André se protège le visage. Il reste un instant dans cette position défensive et humiliante. Puis Anne revient de la cuisine : suite de la scène 5. Changement d'ambiance. Elle apporte le plat avec le poulet.*

**ANNE :** Bon. Je n'ai pas retrouvé ta montre, papa. On la cherchera tout à l'heure, parce que là, le poulet est prêt. On va pouvoir passer à table. *(Elle voit son père.)* Papa. Papa, qu'est-ce qui t'arrive ?

*Noir.*


11


*Presque immédiatement. André et Pierre (à la place de l'Homme). Anne entre avec le plat dans les mains. Répétition.*

**ANNE :** Bon. Je n'ai pas retrouvé ta montre, papa. On la

cherchera tout à l'heure, parce que là, le poulet est prêt.
On va pouvoir passer à table. *(Elle voit son père.)* Papa. Papa,
qu'est-ce qui t'arrive ? *(À Pierre.)* Qu'est-ce qu'il a ?

**PIERRE** : Je ne sais pas.

*Elle pose le plat et va vers son père, qui reste dans la même position, comme s'il redoutait de recevoir des coups.*

**ANNE** : Papa… Papa… Qu'est-ce qui t'arrive ? Regarde-moi.
Ça va ? Qu'est-ce que tu as ?

**ANDRÉ** : Je…

**ANNE** : Qu'est-ce qui t'arrive ? *(André se met à sangloter.)* C'est à
cause de ta montre ? Papa, c'est à cause de ça ? Mais on va
la retrouver, je te promets. D'accord ? Je te le promets. Je n'ai
pas encore eu le temps de bien chercher. Mais on va la
retrouver. D'accord ? Chut. Allez, ne pleure pas. *(Pendant
qu'elle parle, elle le tient dans ses bras et lui caresse les cheveux. Elle regarde
Pierre avec une certaine inquiétude. Puis Pierre s'assoit à table. Il se sert un verre
de vin.)* Ça va aller maintenant. Hein ? Chut… Ça va aller.
Ça va aller. On va manger le poulet. D'accord ? Tu aimes ça,
toi, le poulet, non ?

**ANDRÉ** : Mais il est quelle heure ?

**ANNE** : Il est 20 heures. Il est l'heure de manger.

**ANDRÉ** : Le soir ?

**ANNE** : Oui, papa.

**ANDRÉ** : Mais je croyais qu'on était le matin. Je viens de me
lever. Regarde, je suis encore en pyjama.

**ANNE** : Non, on est le soir, et je t'ai préparé un poulet. Allez
viens, on va manger. Viens. Mon petit papa. Mon petit papa.

*Il a l'air très perdu. Un temps.*

*Noir.*


12


*Dans le salon, un peu plus tard. André est déjà couché. Pierre et Anne. Répétition.*

**ANNE** : Il en reste ?

**Pierre :** Oui. Tu veux un verre ?

**Anne :** S'il te plaît. *(Il se lève et lui sert un verre de vin.)* Il était tellement étrange ce soir.

**Pierre :** Tu sais ce que j'en pense.

**Anne :** Ça m'inquiète.

**Pierre :** Tu ne veux pas qu'on parle d'autre chose ?

**Anne :** Si. Pardon. *(Un temps. Très long. Une gêne.)* Il est bon ce vin.

**Pierre :** Oui.

*Un temps. Ils se sourient l'un à l'autre. Silence.*

**Anne :** J'ai repensé à ce que tu disais tout à l'heure. À propos de… Quand tu disais qu'il fallait le mettre dans une institution spécialisée…

**Pierre :** Ah ?

**Anne :** Oui. Je me dis que tu as peut-être raison. Tu as peut-être raison, au fond.

**Pierre :** Je crois, oui.

**Anne :** Ça m'a fait tellement de peine ce soir de le voir comme ça.

**Pierre :** Oui.

**Anne :** J'ai l'impression que tu lui fais peur.

**Pierre :** Je sais.

**Anne :** Moi aussi, tu me fais peur.

*Un temps. Étrangement, il sourit.*

**Pierre :** Allez, arrête de dire des bêtises. Arrête d'avoir peur. Crois-moi, c'est la bonne décision. Après, on pourra retrouver un peu de légèreté. Partir quelque part. Tu n'as pas envie de partir ?

**Anne :** Où ?

**Pierre :** Je ne sais pas. Loin. Tous les deux. Vivre… *(Un temps court.)* Crois-moi, tu n'as aucune raison de culpabiliser. Ça n'a pas de sens.

**Anne :** De sens ? Qu'est-ce qui a du sens ?

**Pierre :** D'être heureux. D'être ensemble. D'être vivants.

*Elle l'embrasse.*

*Noir.*

## 13

*Le lendemain matin. L'appartement est maintenant pratiquement vide. André est*
*seul dans le salon. Soudain Anne arrive.*

ANNE : Tu es déjà réveillé ?

ANDRÉ : Je n'ai pas dormi.

ANNE : Cette nuit ?

ANDRÉ : Non. Pas une minute.

ANNE : Pourquoi ? Ça ne va pas ?

ANDRÉ : Tu as vu ?

ANNE : Quoi ?

ANDRÉ : Comment ça « quoi » ? Regarde autour de toi. Il n'y a plus aucun meuble.

ANNE : Et alors ?

ANDRÉ : Et alors ? On a été cambriolés.

ANNE : Mais non.

ANDRÉ : Mais tu vois bien qu'il n'y a plus rien !

ANNE : Ç'a toujours été comme ça, papa. C'est la décoration de l'appartement.

ANDRÉ : Tu crois ?

ANNE : Mais oui. Ç'a toujours été comme ça.

ANDRÉ : Je regrette, tu te trompes.

ANNE : Si. Je crois. Tu n'aimes pas ? Tu trouves ça trop dépouillé ?

ANDRÉ : C'est horrible, tu veux dire. Qui a fait ça ? Qui a fait cette décoration ?

ANNE : C'est moi, papa.

ANDRÉ : Ah bon ? Mais il n'y a rien !

ANNE : Je sais. C'est ce que j'aime, moi. Bon. J'ai besoin d'un café. Pas toi ?

ANDRÉ : Il y avait des meubles. Je m'en souviens. Il y avait des meubles un peu partout.

ANNE : Tu confonds avec chez toi, papa. Ici, ç'a toujours été comme ça. Bon. Je vais prendre un café. Et après, on ira s'habiller.

*Anne sort.*

**André :** Déjà ?

**Anne :** *(off)* Oui. Tu as de la visite aujourd'hui. Tu t'en souviens ? *(Un temps. Off.)* Papa, tu te souviens ?

**André :** Ma chérie, perds cette habitude de me répéter mille fois les mêmes choses, c'est fatigant à la fin. Tu radotes, tu radotes, tu radotes. Tu n'en finis pas de radoter. Évidemment que je m'en souviens ! Comment j'aurais pu oublier ? Tu n'arrêtes pas d'en parler.

*Anne est revenue.*

**Anne :** Pardon. Je voulais juste être sûre que tu t'en souviennes. Elle ne devrait pas tarder.

**André :** Déjà ?

**Anne :** Oui. Elle est censée venir pour ton petit déjeuner. Tu veux un café avant que… ?

**André :** J'ai rêvé d'elle cette nuit.

**Anne :** De Laura ?

**André :** Oui. Enfin, je crois. Je revois son visage. *(Anne lui sourit.)* Tu sais qu'elle me fait vraiment penser à ta sœur…

**Anne :** Laura ? Oui. C'est ce que tu disais l'autre jour.

**André :** Tu ne trouves pas, toi ?

**Anne :** Hein ? Si, peut-être. *(Un temps.)* En tout cas, je suis contente si tu l'aimes bien. Elle a l'air vraiment gentille. Je veux dire : douce. Et compétente. Elle s'occupera bien de toi.

**André :** Oui. Je l'aime bien.

**Anne :** Bon. On va s'habiller avant qu'elle n'arrive, d'accord ?

**André :** Qui ?

**Anne :** Laura. La nouvelle infirmière. Celle que tu aimes bien.

**André :** Ah ! oui, oui, oui…

**Anne :** Ce sera mieux de l'accueillir avec une veste.

**André :** Et un pantalon.

**Anne :** Elle a beaucoup aimé votre rencontre, l'autre jour, tu sais. Elle t'a trouvé très…

**André :** Très ?

**Anne :** Je ne sais plus le mot qu'elle a employé… Ah ! si. Charmant. Elle a dit que tu étais charmant.

**ANDRÉ :** Ah oui ?

**ANNE :** Il faut dire que tu lui as fait un sacré numéro.

**ANDRÉ :** Ah bon ?

**ANNE :** Oui. Tu lui as fait croire que tu savais danser. Que tu faisais des claquettes.

**ANDRÉ :** Moi ?

**ANNE :** *(en riant)* Oui.

**ANDRÉ :** *(sourire d'enfant)* Et qu'est-ce qu'elle a dit ?

**ANNE :** Elle a dit qu'elle aimerait bien que tu lui fasses une démonstration. Un jour.

**ANDRÉ :** C'est drôle. Je ne savais même pas que je savais faire des claquettes. Tu le savais, toi ?

**ANNE :** Non.

**ANDRÉ :** J'ai des talents cachés.

**ANNE :** Il faut croire, oui.

**ANDRÉ :** Des claquettes ?

*Un temps court. Il songe. On sonne.*

**ANNE :** Ah !

**ANDRÉ :** C'est elle ?

**ANNE :** Sans doute.

**ANDRÉ :** Mais… Déjà ? Je ne suis pas prêt. Je ne suis pas habillé.

**ANNE :** Tant pis. Tu t'habilleras après.

**ANDRÉ :** Mais non. Je… Il faut que je mette un pantalon. Anne. Anne, je ne suis pas en tenue.

**ANNE :** Ce n'est pas grave.

*Anne se dirige vers la porte.*

**ANDRÉ :** Mais si, c'est grave.

**ANNE :** Tu en mettras un après. Elle est derrière la porte.

**ANDRÉ :** Anne.

**ANNE :** Quoi ?

**ANDRÉ :** Ne me laisse pas comme ça. Je ne suis pas en tenue. Qu'est-ce qu'elle va penser de moi ? Il faut que je m'habille. Où sont mes habits ?

**ANNE :** Papa. Pourquoi tu compliques toujours tout ? On s'habillera après. Tu n'as aucune raison de t'inquiéter.

ANDRÉ : Mais je vais avoir honte…

ANNE : Mais non…

ANDRÉ : Mais si. Regarde, je suis en pyjama. Il faut que je mette mon pantalon.

*On sonne une deuxième fois. Anne ouvre la porte. C'est la Femme qui apparaît.*

ANNE : Bonjour.

LA FEMME : Bonjour. Je ne suis pas trop en retard ?

ANNE : Non, non. Pas du tout. Entrez. Entrez.

*La Femme entre.*

LA FEMME : Merci.

ANDRÉ : Mais… Qui c'est, celle-là ?

ANNE : On vous attendait. Entrez. Merci d'être venue si tôt.

LA FEMME : *(à André)* Bonjour, André.

ANDRÉ : Mais Anne… Ce n'est pas elle.

ANNE : Papa. *(À la Femme.)* Vous voulez quelque chose à boire ? Un café ?

LA FEMME : Non, merci.

ANNE : Vous avez déjà petit-déjeuné ? Installez-vous. Je…

ANDRÉ : Ce n'est pas elle que je veux. Elle est où, celle que j'aime ? Elle est où ?

ANNE : Mais papa… Qu'est-ce que tu racontes ? Dis bonjour à Laura.

ANDRÉ : Il y a quelque chose qui ne s'emboîte pas. Ça ne s'emboîte pas !

*Un temps.*

LA FEMME : Vous vous souvenez de moi ? Nous nous sommes rencontrés l'autre jour. *(Un temps.)* Nous avions commencé à faire connaissance… *(Un temps. André a l'air paniqué. Il fait un pas en arrière.)* Et je vous ai dit que je repasserais… Pour voir un peu comment vous vivez et si je peux vous aider… *(Un temps.)* Vous vous souvenez ? *(Un temps.)* Vous ne vous souvenez pas ? *(Un temps.)* André ? Vous vous souvenez ? *(Un temps.)* Vous vous souvenez ?

*Un temps.*

*Noir.*

## 14

*Presque immédiatement. Plus de meubles. La Femme est là.*

ANNE : Il faut que je te parle, papa. *(Un temps. André a l'air apeuré.)* J'ai parlé avec Pierre.

ANDRÉ : Pierre ?

ANNE : Pierre, papa. J'ai parlé avec lui.

ANDRÉ : Je ne le sens pas, ce type.

ANNE : Ce n'est pas un « type », papa. C'est l'homme que j'aime. *(Un temps.)* Bref. Je lui ai parlé et… Tu sais que, dans un premier temps… Comment te dire ? Je me demande si ça ne serait pas mieux de… Qu'est-ce que tu penses de cette chambre ? *(Un temps court.)* Hein ? Elle est plutôt agréable, non ?

LA FEMME : La fenêtre donne sur le parc.

ANNE : Oui. C'est très agréable. On a l'impression d'être à l'hôtel. Non ?

LA FEMME : C'est ce que disent les résidents.

ANNE : Je me dis que tu seras peut-être mieux ici.

ANDRÉ : Où ?

ANNE : Ici. Je me demande si ce ne serait pas plus sécurisant… Plus agréable pour toi si on décidait ensemble que tu t'installes ici. *(Un temps court.)* Qu'est-ce que tu en penses ?

ANDRÉ : Mais toi ? Qu'est-ce que tu vas faire ? Où tu vas dormir ? Dans quelle chambre ?

ANNE : Tu te souviens que je vais partir vivre à Londres.

ANDRÉ : Mais non.

ANNE : Si. Tu t'en souviens ? Je t'en ai parlé… Tu t'en souviens ?

ANDRÉ : Mais tu m'as dit que… Tu es sûre ?

ANNE : Oui.

ANDRÉ : Tu m'as dit que tu restais ici, avec moi…

ANNE : Non, je dois y aller. C'est important. Je te l'ai déjà expliqué. Mais je viendrai te voir. Certains week-ends.

ANDRÉ : Et moi ?

ANNE : Toi, tu restes ici. À Paris.

**ANDRÉ :** Tout seul ? *(Un temps.)* Et ta sœur ? Elle est où ?

**ANNE :** Papa…

**ANDRÉ :** Quoi ? *(Un temps.)* Si tu savais comme elle me manque…

**ANNE :** Moi aussi, papa, elle me manque. Elle nous manque à tous.

*André a un regard pour elle, un geste, peut-être une caresse, comme s'il comprenait, pour une fois, ce qui ne se dit pas. Un temps.*

*Noir.*

## 15

*Un lit blanc, qui fait penser aux lits que l'on trouve dans les hôpitaux. André ne sait pas où il est. Puis la Femme entre. Elle a une blouse blanche.*

**LA FEMME :** Vous avez bien dormi ?

**ANDRÉ :** Qu'est-ce que je fais ici ?

**LA FEMME :** Il est l'heure.

**ANDRÉ :** Je ne vous ai pas demandé quelle heure il était. Je vous ai demandé ce que je faisais ici.

**LA FEMME :** Comment ça ?

*André sort du lit.*

**ANDRÉ :** Qui a mis ce lit ici ? Au milieu du salon ? C'est Anne ? Ça devient vraiment n'importe quoi. Pardon de vous le dire, mais ça devient n'importe quoi.

**LA FEMME :** Ne vous énervez pas.

**ANDRÉ :** Je ne m'énerve pas. Je vous dis seulement qu'on ne met pas un lit au milieu d'un salon. Ça n'a aucun sens. Où est Anne ?

**LA FEMME :** Tenez, je vous ai apporté vos médicaments.

**ANDRÉ :** Vous allez me foutre la paix une minute avec vos médicaments ! Vous êtes infirmière ou quoi ?

**LA FEMME :** Oui.

**ANDRÉ :** *(réalisant enfin à qui il parle)* Ah ! vous êtes… Ah ! c'est ça… Ah ! d'accord. Vous êtes infirmière…

**La Femme :** Oui.

**André :** Ah ! d'accord. Je me disais, aussi. Vous aviez le genre. Le genre infirmière. Et qu'est-ce que vous faites ici ?

**La Femme :** Pardon ?

**André :** Qu'est-ce que vous faites ici ?

**La Femme :** Je m'occupe de vous.

**André :** Tiens donc ! Vous vous occupez de moi ?

**La Femme :** Oui.

**André :** Première nouvelle. Et depuis quand ?

**La Femme :** Depuis plusieurs semaines.

**André :** Depuis plusieurs semaines ? Je suis content de l'apprendre. C'est extraordinaire ! On ne m'informe de rien dans cette maison. On me met toujours devant le fait accompli. Il faudra vraiment que j'aie une petite discussion avec Anne. On ne peut pas continuer comme ça. Ça commence vraiment à bien faire… Mais je croyais qu'il y avait une nouvelle.

**La Femme :** Une nouvelle ?

**André :** Oui. Une nouvelle infirmière. *(Un temps.)* Celle qui ressemble un peu à Élise. Mon autre fille. *(Un temps court.)* Je l'ai rencontrée l'autre jour. Non ?

**La Femme :** Bon. Vous prenez vos médicaments ?

**André :** Elle était censée commencer ce matin. Laura. Non ?

**La Femme :** Je pense que vous confondez, André.

**André :** Celle qui me fait penser à Élise…

**La Femme :** *(impatiente)* Bon.

**André :** Oui, bon, ça va. On va les prendre, ces médicaments. On n'est pas à une minute près, si ? *(Un temps. Il prend son temps.)* Il est quelle heure ?

**La Femme :** L'heure des médicaments.

**André :** J'ai perdu ma montre. Vous ne savez pas où est… ? J'ai perdu ma montre… Anne ? Anne ?

**La Femme :** Votre fille n'est pas là, André.

**André :** Ah ? Elle est où ? Elle est sortie ?

**La Femme :** Vous vous souvenez que votre fille vit à Londres…

**ANDRÉ :** Quoi ? Mais non, elle a pensé y aller. Mais finalement, ça ne s'est pas fait.

**LA FEMME :** Elle habite là-bas depuis plusieurs mois.

**ANDRÉ :** Ma fille ? À Londres ? Enfin, réfléchissez, il pleut toute l'année, à Londres.

**LA FEMME :** Regardez, hier, on a relu ensemble la carte postale qu'elle vous a envoyée. Vous ne vous souvenez pas ?

**ANDRÉ :** Qu'est-ce que c'est que cette histoire ?

**LA FEMME :** Regardez. *(Elle lui montre une carte postale. Il la lit.)* Je vous le dis tous les jours. Il faudrait que vous vous en souveniez maintenant. Elle vit à Londres parce qu'elle a rencontré un homme, qui s'appelle Pierre, et avec lequel elle vit. Mais elle vient parfois vous voir.

**ANDRÉ :** Anne ?

**LA FEMME :** Oui. Elle vient certains week-ends. Elle vient ici. Vous vous promenez dans le parc. Elle vous raconte sa vie, ce qu'elle fait. L'autre jour, elle vous a rapporté du thé. Parce que vous aimez le thé.

**ANDRÉ :** Moi ? Je déteste ça. Je ne bois que du café.

**LA FEMME :** Mais c'est du très bon thé.

*L'Homme entre. Il a lui aussi une tenue blanche.*

**L'HOMME :** Tout va bien ?

**LA FEMME :** Très bien. On allait s'habiller.

**L'HOMME :** Tout va bien ?

*André ne répond pas. L'Homme vient donner un document à la Femme, qui le signe.*

**LA FEMME :** Voilà.

**L'HOMME :** Merci. Bonne journée.

**LA FEMME :** À tout à l'heure.

**ANDRÉ :** Et lui, là… C'est qui ?

*Il sort.*

**LA FEMME :** Qui ?

**ANDRÉ :** Lui… Qui vient de sortir.

**LA FEMME :** C'est Olivier.

**ANDRÉ :** Olivier ?

**LA FEMME :** Oui.

**ANDRÉ :** Vous êtes sûre ?

**La Femme :** Oui. Pourquoi ?

**André :** Pour rien. Mais… Comment dire ? Qu'est-ce qu'il fait ici ? Je veux dire… chez moi. Je le connais ?

**La Femme :** Oui. C'est Olivier. Vous le voyez tous les jours.

**André :** Ah bon ? Mais vous…

**La Femme :** Quoi ?

**André :** Pardon de vous demander ça, mais j'ai un petit trou, là… Donc, vous… Vous… Vous êtes qui, déjà ?

**La Femme :** Moi, je suis Martine.

**André :** Martine. C'est ça. Oui, oui, oui. Martine. Et lui, c'était Olivier.

**La Femme :** Oui.

**André :** D'accord. D'accord. Et… Et moi ?

**La Femme :** Vous, quoi ?

**André :** Oui, moi… Je suis qui, moi, déjà ?

**La Femme :** Vous ? Vous êtes André.

**André :** André ?

**La Femme :** Oui.

**André :** Vous êtes sûre ?

**La Femme :** *(amusée)* Oui.

**André :** André ? C'est un joli nom, André… Non ?

**La Femme :** C'est un très joli prénom.

**André :** C'est ma mère qui me l'a donné. Je suppose. Vous l'avez connue ?

**La Femme :** Qui ?

**André :** Ma mère.

**La Femme :** Non.

**André :** Elle était tellement… Elle avait des grands yeux. C'était… Je revois son visage. J'espère qu'elle viendra me voir de temps en temps. Maman. Non ? Vous disiez que peut-être certains week-ends, elle viendrait…

**La Femme :** Votre fille ?

**André :** *(écrasé par un chagrin soudain)* Non, ma maman. Je… Je voudrais ma maman. Je voudrais ma maman. Je voudrais… Je veux partir d'ici. Qu'on vienne me chercher.

**La Femme :** Allez. Chut…

**ANDRÉ :** Je veux ma maman. Je voudrais qu'elle vienne me chercher. Je voudrais rentrer à la maison.

*André se met à sangloter. La Femme est surprise : elle n'avait pas du tout vu ce chagrin venir.*

**LA FEMME :** Mais… Qu'est-ce qui vous arrive ? André… André… Qu'est-ce qui vous arrive ? Venez. Venez contre moi. Dites-moi ce qui vous arrive…

**ANDRÉ :** Je…

**LA FEMME :** Oui ?

**ANDRÉ :** J'ai l'impression de… J'ai l'impression de perdre toutes mes feuilles, les unes après les autres.

**LA FEMME :** Toutes vos feuilles ? De quoi vous parlez ?

**ANDRÉ :** Mais des branches ! Et du vent… Je ne comprends plus ce qui se passe. Vous comprenez, vous, ce qui se passe ? Avec toutes ces histoires d'appartement ? On ne sait plus où mettre ses cheveux. Je sais où est ma montre. Elle est à mon poignet. Ça, je le sais. Pour la route. Mais sinon, je ne sais plus à quelle heure il faut que je…

**LA FEMME :** On va d'abord s'habiller, hein ?

**ANDRÉ :** Oui.

**LA FEMME :** On va s'habiller et ensuite on ira se promener dans le parc. D'accord ?

**ANDRÉ :** Oui.

**LA FEMME :** Voilà. Avec les arbres. Les feuilles. Et ensuite on reviendra manger ici. Dans le réfectoire. Puis vous ferez une sieste. D'accord ? Et si vous êtes en forme, nous irons faire une autre promenade. Dans le parc. Tous les deux. Parce qu'il fait beau aujourd'hui. Hein ?

**ANDRÉ :** Oui.

**LA FEMME :** Il y a un grand soleil. Il faut en profiter. Ce n'est pas tous les jours. Ça ne dure jamais très longtemps, quand il fait beau comme ça, hein ? Alors on va s'habiller, vous êtes d'accord ?

*Il s'agrippe à elle.*

**ANDRÉ :** Non.

**La Femme :** Allez. Ne faites pas l'enfant. Allez. Venez avec
  moi. D'accord ? Allez. Doucement. Doucement. Chut.
  Chut. Ça va aller maintenant. Ça va aller. Chut…
  Chut… Chut…

*Il se calme, blotti dans ses bras. Elle le berce doucement. Un temps.*
*Noir.*

*FIN*

# Notes

1. Si *Le Manège* a été montée après *L'Autre*, elle est en chronologie d'écriture la première pièce de l'auteur. C'est la raison pour laquelle elle ouvre le recueil. De la même façon, *La Vérité*, bien que montée en janvier 2011, a été écrite avant *La Mère*.

2. Les titres des séquences font référence aux motifs musicaux de « l'art du portrait » du XVIIIᵉ siècle. C'est à l'occasion du festival Couperin en mai 2004, et à l'initiative d'Olivier Baumont, que *L'Autre* a été lue pour la première fois.

3. Ces règles s'inspirent librement des « mesures disciplinaires » développées par François Bégaudeau et forment, en négatif, un écho ironique au célèbre « pacte amoureux » de Sartre et Beauvoir.

4. Les répliques des deux acteurs peuvent aller jusqu'à se chevaucher pour former ce « bruit de guerre ».

5. Le mot « livre » doit ici être perçu comme un objet incongru, voire légèrement comique.

6. Le personnage cite Gombrowicz (*Ferdydurke*).

7. En lecteur fidèle de Bernanos, Huguenin écrit dans son *Journal* : « La peur de la solitude, la peur d'être seul. » C'est autour de cette phrase que se développe la quatrième séquence de *L'Autre*.

8. Cette didascalie n'a aucun caractère impératif. Il s'agit davantage d'une suggestion. Lors de la création de la pièce en 2006, par exemple, elle n'avait pas été suivie par le metteur en scène.

9. Le personnage de Pierre fait allusion au film *Une femme est une femme*. Dans le dernier plan, Jean-Claude Brialy conclut : « Tu es vraiment infâme… » Et Anna Karina lui répond : « Non, je ne suis pas infâme. Je suis *une* femme. »

10. Le « tombeau » est un genre musical courant pendant toute la période baroque. Il se présente comme un hommage à un grand personnage, aussi bien de son vivant qu'après sa mort. En l'occurrence, le *Tombeau des regrets* est une composition de Sainte-Colombe.

11. Cette citation est extraite du recueil *Capitale de la douleur*. Elle ouvre également le roman *Les Amants du n'importe quoi*.

12. Ce court passage parodie les célèbres premières répliques de Brigitte Bardot dans *Le Mépris*.

13. Lors de la création de la pièce en 2010, le passage entre crochet a été supprimé.

14. De même, en l'absence de techniciens de plateaux, c'est le personnage de *La Fille* qui amenait le lit sur scène et qui forçait la mère à s'y allonger.

15. Enfin, toujours lors de la création de la pièce, le monologue final a été supprimé.

# Table des matières

## Collection des quatre-vents

Chauvet), *Cannibales* suivi de *Pudeur*, *Le Complexe de Thénardier*, *Mon Petit Poucet* suivi de *Monsieur, Blanchette et le Loup*, *Les Effracteurs* suivi de *Nous étions assis sur le rivage du monde…*, *Une famille ordinaire* suivi de *Miserere, Parabole, Quêtes*, *La Sœur de Zarathoustra*

Hadrien Raccah, *Voyage pour Hénoch*

Antoine Rault, *La vie sinon rien*

Ludmilla Razoumovskaïa, *Chère Elena Sergueievna* (texte français de Joëlle et Marc Blondel)

Alain Riou et Stéphane Boulan, *Hitch*

Jacqueline Recoing, *Le Naufrage de l'amiral Buquin*

Christine Reverho, *Chocolat Piment*

Fabrice Roger-Lacan, *Chien-Chien* suivi de *Cravate club, Quelqu'un comme vous*

Alain Sachs, *Un amour de théâtre*

Peter Shaffer, *Amadeus* (adaptation de Pol Quentin)

Murray Schisgal, *Les Dactylos* suivi du *Tigre* (adaptation de Laurent Terzieff), *Love* suivi des *Chinois* (adaptation de Pascale de Boysson et Maurice Garrel)

Paul Schrader, *Cleopatra's Club* (adaptation d'Élisabeth Quin)

Christian Siméon, *Le Cabaret des hommes perdus*, *Landru et fantaisies*, *Théorbe, La Vénus au phacochère*

Karine Tabet, *À l'ombre*

Sébastien Thiéry, *Dieu habite Düsseldorf*

Jean Verdun, *Alibi d'amour*

Jean-Michel Vier, *La Traversée de Samuel R.*

Anca Visdei, *La Patiente ou Femme-Sujet*

Éric Westphal, *Un éléphant dans le jardin*

Jeannine Worms, *Pièces pendulaires*

Guy Zilberstein, *Les Naufragés*

Ouvrage collectif, *Fantaisies bucoliques*, 20 pièces courtes

Ouvrage collectif, *Fantaisies gourmandes*, 14 pièces courtes

Ouvrage collectif, *Fantaisies microcosmiques (petit théâtre de bestioles)*, 23 pièces courtes

Ouvrage collectif, *Fantaisies mythologiques*, 17 pièces courtes

Ouvrage collectif, *Fantaisies potagères*, 22 pièces courtes

Ouvrage collectif, *Guerres et Paix*, 8 pièces courtes

Ouvrage collectif, *Les Nouveaux Caractères*, 13 pièces courtes

INÉDIT

Pierre Bourgeade, *Berlin, 9 novembre*

Sylvie Chenus, *Saga de la gare du Nord*

Marc Dugowson, *Dans le vif* (Grand Prix de littérature dramatique), *Un siècle d'industrie*

Gilles Granouillet, *Nuit d'automne à Paris*
Parviz Khazraï, *Mémoires d'une marionnette*
Eudes Labrusse, *Le Voyage du soldat David Sorgues*
Lucía Laragione, *Cocinando*
Stéphanie Marchais, *Dans ma cuisine je t'attends*
Pierre Notte, *Clémence, à mon bras*
Murray Schisgal, *Le Regard* (adaptation de Pascale de Boysson)
Louis-Charles Sirjacq, *Boulevard au crépuscule*, *Les riches reprennent confiance*
Jacques Tessier, *L'Ombre si bleue du cœlacanthe*
Ouvrage collectif, *Queneau que si !*

HUMOUR

Bruno Allain, *Assassinez-moi !*
Léa Fazer, *Porte de Montreuil*
Jean-Noël Fenwick, *Les Palmes de monsieur Schutz*
Jean Larriaga, *Les héros sont récurrents*
Sébastien Thiéry, *Sans ascenseur*
Jeannine Worms, *Pièces culinaires*

JEUNESSE

Valérie Alane, *Mister Cauchemar*
Jean-Paul Alègre, *C'est nous les loups !* suivi de *On a volé la lune*
Jean-Louis Bauer, *La Planète Prosper*
Irina Dalle, *Le Destin de Célestin*
Jean-Paul Daumas, *Les Sorcières*
Richard Demarcy, *L'Enfant d'éléphant*
Eudes Labrusse, *Le Collier de perles du gouverneur Li-Qing* suivi de *Monsieur et Monsieur*
Dominique Paquet, *Les Tribulations d'une Pince à glace* suivi de *Général Courant d'air*
Anca Visdei, *Peau d'Âne*, *Le Secret des pommes d'or* suivi de *La Princesse et l'Architecte*, *La Princesse mariée au premier venu*

RECUEILS

Fatima Gallaire, *Théâtre 1 (Princesses ; La Fête virile ; Les Coépouses ; Au loin, les caroubiers ; Rimm, la gazelle)*
Victor Haïm, *Théâtre 1 (Abraham et Samuel ; Comment harponner le requin ; La Visite)*
Jean Poiret, *Théâtre 1 (La Cage aux folles ; Douce-Amère)*

Cet ouvrage a été achevé d'imprimer
par l'imprimerie Jouve, Mayenne (53)
pour le compte de la
Collection des quatre-vents
Dépôt légal : juillet 2012 — Imprimé en France

Directeur de la publication : Philippe Tesson
Directeurs éditoriaux : Anne-Claire Boumendil, Olivier Celik
Suivi éditorial : Violaine Bouchard, Amandine Sroussi

L'avant-scène théâtre

75, rue des Saints-Pères, 75006 Paris
www.avant-scene-theatre.com